Mikhail Bakhtin

Coleção	Perspectivas
Direção	J. Guinsburg
Tradução	J. Guinsburg
Revisão	Geraldo Gerson de Souza
Projeto Gráfico e Capa	Adriana Garcia
Figura da Capa	Mikhail Bakhtin no traço de Seliverstov
Produção	Ricardo W. Neves, Sergio Kon e Juliana P. Sergio

Katerina Clark
Michael Holquist

Mikhail BAKHTIN

Trad. J. Guinsburg

PERSPECTIVA

Título do original em inglês
Mikhail Bakhtin

CIP-Brasil. Catalogação-na-Fonte
Sindicato Nacional dos Editores de Livros, RJ

Clark, Katerina
Mikhail Bakhtin / Katerina Clark, Michael Holquist ; tradução J. Guinsburg – São Paulo : Perspectiva, 2008 – (Perspectiva / direção J. Guinsburg)

Título original: Mikhail Bakhtin
2. reimpr. da 1. ed. de
Bibliografia
ISBN 978-85-273-0137-4

1. Bakhtin, Mikhail Mikhailovitch, 1895-1975
2. Bakhtin, Mikhail Mikhailovitch, 1895-1975 – crítica e interpretação I. Holquist, Michael. II. Título. III. Série.

98-0050 CDD: 891.709

Índices para catálogo sistemático:
1. Escritores russos : Apreciação crítica :
Literatura russa 891-709

1ª edição – 2ª reimpressão
[PPD]

EDITORA PERSPECTIVA LTDA.

Av. Brigadeiro Luís Antônio, 3025
01401-000 São Paulo SP Brasil
Telefax: (11) 3885-8388
www.editoraperspectiva.com.br

2019

Para Billye Holquist

Sumário

Ilustrações

Bakhtin e o Ocidente – Etapas de uma Aproximação

O livro *Mikhail Bakhtin* de Katerina Clark e Michael Holquist teve uma importância decisiva para os estudos desse autor no Ocidente. Publicado em 1984, ele na realidade marcava a superação do período de perplexidade e buscas desordenadas, características do primeiro impacto que essa obra causou.

Após a publicação em russo de *Problemas da Poética de Dostoiévski*[1], em 1963, logo se percebeu a importância de Bakhtin para os estudos literários, mas a divulgação caótica de sua obra, na própria Rússia, foi acompanhada de muitas confusões e equívocos no Ocidente.

Neste sentido, basta lembrar que uma estudiosa tão séria como Julia Kristeva, no prefácio a uma tradução francesa do referido livro, escreveu que "Bakhtin e seus amigos" [...] "pressentiam a intervenção freudiana"[2], sem saber que um desses amigos, V N. Volochinov, publicara o livro *Freudism*[3], certamente como resultado das discussões do grupo sobre esse tema. É hoje opinião corrente que a autoria deve ser atribuída fundamentalmente a Bakhtin, embora não se saiba, com precisão, em que medida o discípulo participou da obra do mestre. Muitas vezes, teóricos importantes criticavam as lacunas que percebiam na obra bakhtiniana, sem saber que o próprio autor estava cônscio da necessidade de abordar os seus temas de modo a eliminá-las, conforme se constata por alguns de seus escritos. Como exemplo, pode-se citar o norte-americano David Hayman[4], que se baseou nos livros de Bakhtin sobre Dostoiévski e Rabelais,

1. *Problêmi poétiki Dostoiévskovo* (*O Escritor Soviético*), 1963.

2. *Une politique ruinée,* estudo introdutório a Mikhail Bakhtine, *La poétique de Dostoiévski,* Paris, Seuil, 1970, p. 8.

3. V.N. Volochinov, *Freudism,* Moscou-Leningrado, *Zviezdá* (*A Estrela*), 1927

4. David Hayman, "Um Passo além de Bakhtin", *in* Tempo Brasileiro, n. 62, p. 29-52. O artigo foi publicado antes em francês na revista *Poétique.*

respectivamente, para criticar a sua visão unilateral do riso, que não é contraposto ao sofrimento, ao terrível. Mas apontamentos bakhtinianos de 1970 e 1971, incluídos em *Estética da Criação Verbal*[5], publicados postumamente, tratam da "importância das lágrimas e da tristeza para a contemplação do mundo", embora o teórico russo provavelmente não tenha conhecido o trabalho do norte-americano.

Quando o livro de Clark e Holquist saiu, os descaminhos da primeira assimilação de Bakhtin estavam em grande parte superados, embora aqui e ali ainda se incorresse em equívocos, como acontece às vezes até hoje. Houve até certa saturação no uso de categorias bakhtinianas, a tal ponto que o estudioso russo Vitáli Makhlin propôs no congresso de estudos bakhtinianos, realizado em Moscou em 1995 (centenário do nascimento do teórico russo), que os teóricos se abstivessem de utilizar termos como "dialogismo", "polifonia", "carnavalização", pois eles estavam viciados por excesso de uso e banalizados[6]. Ademais, a abordagem da obra de Bakhtin como um modelo para os estudos literários, lembram Clark e Holquist, resulta frequentemente na adoção de um paradigma que elimina os demais, isto é, uma solução monológica, justamente o avesso do pretendido pelo autor russo com a sua reflexão sobre dialogismo e polifonia, pois ele via tudo em constante comunicação – a comunicação como fundamento de toda a cultura e, mais ainda, da própria vida.

Ao mesmo tempo, foram surgindo estudos sérios, decorrentes da visão nova que Bakhtin trazia não só à teoria da literatura, mas às ciências humanas em geral. Os dois autores assinalam muito bem, que, na época da saída do livro, as concepções bakhtinianas já eram de uso corrente em diferentes setores, mas não se dava a devida importância aos seus estudos filosóficos. Realmente, antropólogos, historiadores, linguistas, arquitetos, estudiosos das artes já haviam assimilado o que a concepção bakhtiniana lhes poderia dar, mas faltava estudar a relação de Bakhtin com a filosofia. E isto viria a ser feito nos anos recentes, de modo que a abordagem por Clark e Holquist, realmente, tem muito de pioneiro. Depois da publicação de tantos trabalhos de Bakhtin que estavam inéditos (inclusive as suas anotações rápidas, porém muitas vezes tão agudas!), torna-se evidente a exatidão de um título de A. Ponzio: "Da Filosofia Moral à Filosofia da Literatura: Bakhtin de 1919 a 1929"[7]. E os estudiosos russos têm-se dedicado muito a esse tema.

Pois bem, no livro *Mikhail Bakhtin* ele já aparece estudado com bastante minúcia. Na Introdução, afirma-se que o melhor termo para designar Bakhtin é o de "pensador", pois ele foi sobretudo um filósofo assistemático, o que me parece muito exato. Realmente, se pensamos em sua obra como um todo, há uma concepção do

5. *Estética sloviésnovo tvórtchestva,* Moscou, *Iskustvo* (Arte), 1979.

6. *Apud* V.S. Vakhruchev, "O Jogo Tragicômico em torno do 'Carnaval' de M.M. Bakhtin", *in Dialóg. Carnaval. Khronotóp,* n. 4 de 1996. A revista em questão é trimestral, publicada em Vítiebsk, na Bielorússia.

7. A. Ponzio, "From Moral Philosophy to Philosophy of Literature: Bakhtin from 1919 to 1029", *in Dialóg. Carnaval, Khronotóp;* n. 3 de 1996.

homem e da vida, em termos de comunicação. Gosto muito de citar a seguinte passagem de seu projeto de reformulação de *Problemas das Obras Criativas de Dostoiévski*, de 1929, que daria origem a *Problemas da Poética de Dostoiévski*, de 1963:

> A vida é dialógica por natureza. Viver significa participar de um diálogo: interrogar, escutar, responder, concordar etc. Neste diálogo o homem participa todo e com toda a sua vida: com os olhos, os lábios, as mãos, a alma, o espírito, com o corpo todo, com as suas ações. Ele se põe todo na palavra, e esta palavra entra no tecido dialógico da existência humana, no simpósio universal[8].

Na realidade, esta concepção perpassa toda a sua obra, e os trabalhos de teoria literária são expressões de uma reflexão mais geral.

Mas, ao mesmo tempo, os autores do livro falam em filósofo assistemático, o que mais uma vez me parece bem correto, embora em outras ocasiões eu tenha duvidado da legitimidade de se considerar Bakhtin um filósofo. Com efeito, ele não pôde levar a cabo um desenvolvimento que parece lógico, em face do que deixou escrito. Em sua obra, aparecem passagem em que ele quase chega a contestar a dialética hegeliana, mas, nas condições da Rússia Soviética, era absolutamente impossível levar adiante tal discussão. Se, por um lado, ele foi essencialmente uma personalidade assistemática, no sentido de sistema como norma bem limitadora, é preciso considerar, também, que as condições vigentes não lhe permitiam elaborar plenamente o seu pensamento.

Em face dos seus textos, surge uma série de dúvidas. Qual é a relação entre dialogismo e polifonia e a dialética? Se em certas passagens ele trata do dialogismo como um fato dialético, não fica explicitado o que ele entende por este adjetivo.

Mas, ao mesmo tempo, sobretudo nos seus textos da primeira fase, há uma penetração evidente na problemática filosófica de seu tempo e até prenúncios do que seria depois desenvolvido por Heidegger e Sartre, como os autores chegam a apontar.

Outro fato que parece difícil de entender quando se começa a abordar a obra de Bakhtin é a sua condição de homem profundamente religioso que, ao mesmo tempo, é capaz de sólidas abordagens marxistas de uma realidade cultural. No meu entender, esta condição de cristão e marxista está bem de acordo com a sua personalidade de reunidor de contrários. Tem-se, assim, "o dialogismo aparecendo soberano na própria vida de quem teorizou sobre ele"[9], conforme já escrevi. O livro de Clark e Holquist esmiúça mais esta questão, estudando as sociedades religiosas a que Bakhtin esteve ligado, o que resultaria em sua condenação por crime político. Aliás, tal fusão de espírito

8. *Problêmi tvórtchestva Dostoiévskovo*, Leningrado, *Pribói* (*A Ressaca*), 1929. *Problêmi poétiki Dostoiévskovo*, v. nota 1. O trecho aparece em *Estética da Criação Verbal* (v. nota 5), e a tradução é minha, embora exista outra em português. V. Mikhail Bakhtin, *Estética da Criação Verbal*, São Paulo: Martins Fontes, 1992, tradução de Maria Ermentina Galvão Gomes Pereira.

9. *In* Beth Braig (org.), *Bakthin, Dialogismo* e *Construção do Sentido*, Campinas: Editora da Unicamp, 1997, p. 18.

revolucionário e aceitação da transformação revolucionária foi muito comum nos anos que se seguiram a 1917.

O livro trata, e bem, da materialidade de sua visão religiosa. Ao mesmo tempo, acho importante sublinhar que não parece apenas uma imposição externa a sua referência a obras de Marx e Engels; é algo orgânico em seu livro sobre Rabelais. É verdade que os autores tratam também de sua oposição aos marxistas, mas, neste caso, referem-se evidentemente aos que zelavam pela pureza ideológica e exigiam a submissão de todos à linha do partido.

Se o livro traz esta contribuição para a compreensão do legado de Bakhtin, ele cumpriu ainda um outro papel muito importante. Quando surgiram as primeiras traduções ocidentais deste pensador, desconhecia-se tudo sobre ele. Pois bem, os autores realizaram viagens à Rússia e fizeram pesquisa minuciosa para um levantamento de sua trajetória. Não só trabalharam em arquivos (e é sabido que dificuldades era preciso enfrentar nestes casos), mas procuraram todas as pessoas que pudessem dar algumas informações. Parece incrível o que eles conseguiram. Aparecem assim registros escolares, cartas inéditas, depoimentos, matérias publicadas em jornais do interior no período da Revolução etc. Temos assim uma série de dados sobre o pensador, e isso, a par do levantamento de seu percurso intelectual, nos dá um quadro absolutamente inédito. Tudo com extremo equilíbrio, pois os dados empíricos não atravancam o caminho para uma reflexão sobre o tema.

Ao apresentar os resultados desse trabalho, eles tiveram de enfrentar alguns problemas difíceis de nomenclatura. Acontece que o russo é uma língua muito maleável, havendo facilidade para a formação de novas palavras. Mas, ao mesmo tempo, não teve a tradição do alemão, do francês ou do inglês no trato com o pensamento abstrato. Bakhtin enfrentou esta dificuldade, criando uma série de neologismos, o que torna muito difícil a tradução para outras línguas. O tradutor brasileiro precisou, evidentemente, seguir a leitura que os autores fizeram dos originais, de modo que os problemas que ela apresenta, e que aparecem no texto inglês, não podiam deixar de aparecer em português, até por uma questão de fidelidade.

Vejamos alguns exemplos. O termo russo *otviétstvienost* significa, em linguagem corrente, "responsabilidade". Lidando com o texto original, eles chegaram certamente à conclusão de que Bakhtin o teria empregado no sentido etimológico, isto é, relacionando-o com *otviét*, "resposta". Em vista disso, escreveram em inglês: "answerability". No entanto, sem dúvida, o autor não pretendia eliminar o sentido ético do termo, e os seus intérpretes em inglês consideraram, ao que parece, que a "resposta" compreende isso também. Não cabe aqui julgar o acerto ou não da solução encontrada, mas deve-se lembrar que outros autores seguiram caminhos diferentes. Assim, na tradução para o português do texto de Bakhtin "Acerca da Filosofia do Ato", *otviétstvienost* aparece traduzido como "responsabilidade"[10].

10. "Acerca da Filosofia do Ato", *in Ciências Sociais* (publicação em português da Academia de Ciências da Rússia), n. 4 de 1987, divulgado primeiramente no anuário *Filossófia* i *Sotziológuia Naúki i Tiékhniki* (*Filosofia e Sociologia da Ciência e da Técnica*), Moscou, Náuka (Ciência), 1986.

Outro termo em que a tradução para o inglês apresentou problemas: *heteroglossia*, realmente fundamental na teorização de Bakhtin. O termo russo correspondente é *raznogolóssitza* e significa a ocorrência de vozes diferentes. Não tendo, ao que parece, encontrado um termo equivalente em inglês, os autores recorreram ao grego, e a palavra por eles utilizada realmente corresponde ao campo semântico do termo russo. Mas, ao mesmo tempo, este se baseia em dois vocábulos correntes na língua, e o recurso ao grego acrescenta uma solenidade e um rebuscamento que não existem no original.

Levo estes fatos ao conhecimento do leitor, não como critica ao trabalho dos autores, mas para que se compreendam um pouco as dificuldades que tiveram de enfrentar na abordagem da obra de Bakhtin.

Sem dúvida alguma, o que ele nos deixou vem assimilado no Ocidente graças à seriedade e pertinácia de estudiosos como Clark e Holquist.

Boris Schnaiderman

A Propósito desta Tradução

A tradução deste livro para o português nasceu, no que me diz respeito, de um acaso muito pessoal. Numa viagem aos Estados Unidos encontrei a obra de Katherine Clark e Michael Holquist em uma estante de livraria. Não sou um bakhtiniano de carteirinha, embora o pensador russo e suas ideias venham me interessando desde que o meu amigo Boris Schnaiderman, regressando da União Soviética, me transmitiu algumas das concepções de Mikhail Bakhtin, o que, mais tarde, inclusive pela repercussão que seu nome começava a ter no Ocidente, me levou a ler uns poucos textos deste autor e alguns comentários sobre a sua obra. Assim, meu contato com a devida bibliografia crítica deu-se de maneira perfunctória e os trabalhos dos dois pesquisadores americanos, neste campo, que certamente já eram do conhecimento dos especialistas, não o eram do meu.

Mas, desde logo, à primeira leitura, fui atraído não só pela riqueza das informações que delineavam um retrato biográfico e uma *mise au point* histórica muito precisos de uma figura que até então se me apresentava envolta nos mistérios da TCHEKA, GPU e NKDV, do dogmatismo ideológico-político e dos desterros stalinistas, como pela revelação na obra de Bakhtin de uma raiz e um embasamento filosóficos que iam além da semiótica antropológica, sociológica, linguística e estética com que para mim se configurava o dialogismo bakhtiniano.

De fato, independentemente desta ou daquela posição com respeito ao marxismo, ao formalismo, à ciência da linguagem, à Freud, ao processamento e à poética dos gêneros na sócio história e no *Zekgeist* das "mentalidades" cronotópicas, a figura intelectual de Bakhtin vagava em uma névoa bastante confusa de filiações conceituais que não me permitiam inteirá-la ou, pelo menos, estabelecer um fulcro original e conducente que organizasse de uma maneira mais compreensiva os necessariamente contraditórios elementos de sua composição. Clark e Holquist o fazem, e eu ousaria dizer brilhantemente, ao desvendar os vínculos do estudioso dos *Problemas da Poética de Dostoiévski* e de *Rabelais e seu Mundo* com o neokantianismo da Escola de Marburgo e sua fenomenologia da consciência. É claro que os dois pesquisadores ianques apontam outras afinidades, como o simbolismo, Buber, Bergson, o existencialismo religioso russo e o *revival* místico ligado à Igreja Ortodoxa, os neo-helenismos nietzschianos então em voga, bem como a relação com as análises formalistas, a escola de fisiologia russa, a psicologia social de Vigótski, o *folkismo* literário de Górki e o realismo socialista. Porém, eu diria que, em conjunto com o interesse de tais referências, a grande contribuição deste livro está em que os autores põem sobre dois pés, por assim falar, o curso da reflexão e da escritura crítica do formulador da heteroglossia e da polifonia como pivô da construção social dos significados e da autoria, na dialética elocutiva dos sujeitos nos atos de fala.

Aceitando no todo ou recusando as conclusões assim enfeixadas, a exegese especializada não pode mais desconhecer esta análise penetrante que lança uma luz reveladora e integrante sobre o complexo pensamento do dialogista eslavo. *Bildungsroman* de uma personalidade mutante que, no entanto, foi guiada em toda a sua longa trajetória por questões já detectáveis nos primeiros ensaios de sua indagação, *Mikhail Bakhtin,* de Clarke e Holquistt, é também o romance da construção de um sistema de filosofia da história, do homem, que é uma estética da comunicação, das linguagens e de suas articulações como vozes da literatura e da arte.

Traduzi-lo foi um prazer intelectual, mas também um desafio. Pois não faltaram dificuldades decorrentes não só das criações vocabulares de Bakhtin em russo que motivaram transposições heterodoxas para o inglês, as quais constituem, por seu turno, interpretações dos dois glosadores, mas também das conhecidas carências do português no tocante ao léxico filosófico e à sua resistência à criação de neologismos. Mas, na medida em que não podia fugir às demandas do texto, optei por escrever *self-selves* por não dispor na palavra "ego" (tão marcada pela psicanálise) do mesmo campo semântico; transpus *utterance* por "elocução", "enunciação" e "proferição", embora me pareça que esta última forma faça perceber de maneira mais imediata o ato físico da emissão vocal aí implicada; ative-me ao sentido etimológico de "locutor", bem como da forma derivada da mesma raiz latina, "locutivo", e os usei como sinônimos de "falante" e "de fala", respectivamente; permiti-me também compor, para atender necessidades conceituais, expressões que soam "bárbaras", como "romancidade" (*novelness*), "outridade" (*otherness*), "eudade" (*selfhood*), e utilizei o termo hoje mais corrente de *performance* para significar atos de desempenho aqui e agora; mantive, por uma distinção que julgo fundamental, a diferença entre *answerability*, "respondibilidade", e *responsability*, "responsabilidade", para ir ao encontro da lógica da ontologia semântica bakhtiniana, que se alicerça na criação dialógica da significação como ato em primeiro lugar epistemológico e, por implicação, ético também. Por fim, acompanhando Boris Schnaiderman no seu modo de *transcrever* a prosódia russa, procurei aproximar fonicamente a grafia desta em português e indicar por acentuação a pronúncia original.

Na expectativa de haver assim atalhado de algum modo os óbices com que me defrontei e contribuído para o melhor entendimento do texto em português, deixo o julgamento ao leitor.

J. Guinsburg

Prefácio

A história das reputações é uma crônica de maiores ou menores discrepâncias. Há sempre uma brecha entre aquilo que alguém faz e aquilo que o mundo percebe que a pessoa fez. Algumas discrepâncias são temporais, como a retardada "descoberta" de Viço; outras são espaciais, como o reduzido prestígio de Jack London nos Estados Unidos ante o seu elevado *status* na União Soviética. Mas poucas discrepâncias são tão grandes quanto os anacronismos e as ironias que caracterizam a carreira e a reputação de Mikhail Mikhailóvitch Bakhtin (1895-1975).

Bakhtin vem sendo visto crescentemente como um dos principais pensadores do século XX. Seus escritos abarcam, ao lado da linguística, da psicanálise, da teologia e da teoria social, a poética histórica, a axiologia e a filosofia da pessoa. Além disso, produziu trabalhos mais especializados, dedicados ao Vitalismo, ao Formalismo, a Dostoiévski, a Freud, a Goethe e a Rabelais. No entanto, no Ocidente, onde já conquistou considerável reconhecimento entre antropólogos, folcloristas, linguistas e críticos literários, a obra filosófica em que se baseiam suas contribuições às referidas áreas é, em grande parte, desconhecida. As discrepâncias maiores no estabelecimento de sua reputação encontram-se ainda em processo de superação.

Até agora, as mais manifestas descontinuidades na reputação de Bakhtin têm sido temporâneas. Durante os anos de 1920, ele era uma figura marginal na cena intelectual russa, sem emprego em nenhum instituto ou universidade e conhecido tão-somente por um pequeno grupo de amigos e admiradores. Na primeira metade da década de 1930, ficou em exílio político no Cazaquistão. Por um breve interlúdio entre 1936 e 1937, ocupou um posto acadêmico numa faculdade para a formação de professores na Mordóvia, longe dos centros intelectuais russos. Em seguida, durante o pior momento das depurações stalinistas, retirou-se para uma pequena cidade perto de Moscou, onde permaneceu em todo o transcurso da Segunda Guerra Mundial Após a conflagração, voltou ao seu cargo na Mordóvia, mantendo-o até aposentar-se em 1961.

Durante todo esse tempo Bakhtin escreveu, mas pouco do que redigiu apareceu em publicação. Por volta de 1929, havia estampado com seu próprio nome apenas um curto artigo num obscuro jornal provinciano, sendo todas as outras obras suas editadas sob o nome de amigos. Naquele ano, a sorte de Bakhtin parecia estar mudando, graças ao livro sobre Dostoiévski programado para sair então com o nome do autor, mas a obra apareceu só depois que este foi preso durante uma depuração de intelectuais de Leningrado. Em todo o restante da era Stálin, Bakhtin publicou somente um artigo a respeito de contabilidade em fazendas coletivas, que se baseava na sua experiência de trabalho no desterro e foi impresso numa revista de comércio. Ao fim da década de 30, tentou reingressar na corrente principal da vida intelectual escrevendo uma dissertação sobre Rabelais, mas anos de tratativas passaram-se até que o trabalho fosse aceito. Mesmo após a morte de Stálin, Bakhtin só conseguiu publicar um ou dois artigos, e assim mesmo unicamente em fontes mordovianas.

Destarte, aos olhos do mundo, Bakhtin morrera, para todos os efeitos, em 1929. Veio a renascer apenas às vésperas de sua aposentadoria da vida acadêmica, quando alguns estudiosos de literatura na União Soviética voltaram a ter interesse por ele. Essa revivescência levou à publicação, em 1963, da segunda edição de seu livro sobre Dostoiévski, trinta e quatro anos após a primeira. O reaparecimento deste trabalho, seguido em 1965 do livro sobre Rabelais, o colocou rapidamente em evidência. Bakhtin pôde então mudar-se para Moscou e uma primeira amostra de sua produção no desterro, parcialmente traduzida para o inglês sob o título de *The Dialogic Imagination* (*A Imaginação Dialógica*), foi editada em 1975, ano de sua morte. Quatro anos mais tarde, saiu outra coletânea de seus escritos, em tradução inglesa, em dois volumes, intitulada *The Architectonics of Answerability* (*A Arquitetônica da Respondibilidade*) e *The Aesthetics of Verbal Creation* (*A Estética da Criação Verbal*). Este livro, composto sobretudo de ensaios elaborados nos primeiros anos de sua produção, sintetiza bem a feição retardatária que persegue a carreira de Bakhtin.

Este padrão de discrepância entre data de criação e de edição, combinado com o hábito de publicar sob diferentes nomes, explica algo da confusão que tem caracterizado as tentativas de precisar suas realizações. Como no caso de Jack London, Bakhtin também foi avaliado de maneira diferente em países diferentes. As circunstâncias que acompanharam a descoberta de seu trabalho fora de sua pátria respondem por muitas dessas diferenças. Por exemplo, traduções de seus livros sobre Dostoiévski e Rabelais apareceram na França no fim dos anos 60, durante a maré montante estruturalista, de modo que o melhor entendimento de sua obra pareceu dar-se no contexto do Estruturalismo ou da semiótica. A proeminência de Bakhtin no mundo anglófono surgiu na esteira de sua voga em Paris, o que tornou difícil pensar a seu respeito de outro modo exceto como um crítico literário proveniente da tradição formalista ou em termos de um teórico das inversões carnavalescas e rituais da hierarquia.

O fosso alarga-se na União Soviética, onde muitos veem Bakhtin como um filósofo religioso na tradição da Igreja Ortodoxa.

Conquanto tal discrepância possa parecer a princípio espacial – Rússia versus Ocidente – ela é temporal na raiz. Tem a ver em boa parte com um hiato de tradução. O trabalho de Bakhtin nos primeiros tempos expressa mais claramente a tarefa que o ocupou durante toda a vida, que foi a de converter o seu dialogismo numa concepção de mundo plenamente desenvolvida, e no entanto os textos pertinentes só agora estão sendo vertidos. Estas obras iniciais revelam a ampla base filosófica sobre a qual repousa seu pensamento mais regional em linguística, crítica literária e teoria social.

As dificuldades decorrentes do hiato de tradução devem-se ao problema da autoria, a questão de saber se Bakhtin realmente escreveu os três livros e os vários artigos frequentemente atribuídos a ele, mas publicados sob os nomes de amigos. Este dilema textológico é manifestação de outro ainda maior que é o de onde situar Bakhtin em face das grandes lacunas e conflitos apresentados pelo material disponível.

Outro óbice é a escassez de dados confiáveis. Todos os membros da família de Bakhtin ou dos que foram seus amigos nos primeiros tempos morreram, com exceção de I.I. Kanaiev, que se recusa a falar com estrangeiros. Em consequência, as principais testemunhas são pessoas que conheceram Bakhtin em seus anos de velhice ou que conheciam outros que o conheciam. Não subsistem documentos pessoais reveladores como seria um diário. Apenas algumas poucas cartas estão preservadas, a maioria da década de 1920. Bakhtin era conhecido por não escrever cartas. Tampouco há material de arquivo sobre algumas das pessoas que lhe eram mais próximas, como o seu irmão Nikolai, e outros como Kagan, Pumpiânski e Iudina.

Embora seja possível consultar muitos documentos oficiais soviéticos a seu respeito, inclusive o registro de emprego e seu histórico de saúde, outros não puderam ser localizados, como algum papel que indicasse quando ele se formou na universidade. Bakhtin mesmo era descuidado com coisas como documentos e requerimentos legais. Além do mais, nem todo documento oficial pode ser considerado digno de confiança. Alguns, particularmente os registros em sua ficha de trabalho, foram anotados muito tempo depois do período correspondente, época em que o próprio Bakhtin já se sentia confuso sobre os fatos. Mesmo aqueles registros de trabalho feitos no devido ano nem sempre refletem a realidade do posto ocupado por Bakhtin, porque seus amigos, com o fito de melhorar a sua sorte, às vezes conseguiam registrá-lo falsamente, fazendo constar um certo tipo de serviço de modo a permitir-lhe receber o dinheiro ou os privilégios que acompanhavam o cargo. Acrescente-se que há também entre os documentos subsistentes inconsistências e contradições, a ponto de se encontrarem duas versões conflitantes quanto à data de seu nascimento.

Agora, depois de publicada a maioria dos textos remanescentes de Bakhtin, muitos em tradução, chegou a hora de efetuar uma avaliação do conjunto de sua contribuição. Para tal fim, empreendemos três viagens de pesquisa à União Soviética, onde tivemos acesso ao arquivo de Bakhtin, às fontes bibliográficas e à maioria das pessoas sobreviventes que o conheceram. Visitamos também a Inglaterra e a Escócia, a fim de realizar pesquisas acerca do irmão de Mikhail Bakhtin, Nikolai, e a Budapeste, com o objetivo de investigar possíveis vínculos entre Lukács e Bakhtin. Pudemos assim resolver pelo menos algumas das incongruências e das questões não respondidas que cercavam a sua figura.

Este livro não teria sido realizado sem a ajuda de muitas pessoas e organizações. Deixamos de consignar a maioria de nossas fontes orais. Pelo apoio financeiro, desejamos agradecer a American Philosophical Society, University of Texas Research Institute, Indiana University Office of Research and Graduate Development, e Humanities Research Centre of the Australian National University. Recorremos com frequência ao University of Illinois Library Slavic Reference Service, especialmente a Mary Stuart, que atendeu aos nossos pedidos mais difíceis com presteza e cortesia. Peter Steiner, Stephen Rudy, Clara Strada Janovic, Vittorio Strada, A. Yakimov e Militsa Colan ajudaram-nos na bibliografia. Para os elementos sobre Nikolai Bakhtin, somos gratos a R.F. Christian da Saint Andrews University, que nos mostrou cartas que Nikolai recebera da família; a Francesca Wilson e Stanley Mitchell em Londres; a R.F. Willetts, Roy Pascal, Fanya Pascal e George Thomson em Birmingham; aos conservadores do arquivo de Nikolai Bakhtin na University Library em Birmingham; e ao Professor Serge Konovalov da Universidade de Oxford. Temos uma dívida especial para com Caryl Emerson, que leu todos os nossos rascunhos. Nosso amigo e colega Vadim Liapunov contribuiu com ideias úteis e ajudou na indicação de fontes. Agradecemos a Gary Saul Morson, James Wertsch e Sidney Monas os conselhos que se mostraram de importância crucial, e a Susan Layton, Robert Edwards, Carol Avins e Mark von Hagen a ajuda prestada quanto a fontes na Rússia. Somos gratos a Kate North, Gianna Kirtley, Marilyn Nelson, Shannon Jumper, Dawn Thoma e, especialmente, a Karen Hohne por datilografar nossos rascunhos caóticos. Temos uma dívida especial de gratidão com Virginia LaPlante, nossa editora na Harvard University Press. Por fim, gostaríamos de agradecer a muitas pessoas na União Soviética que nos deram tantas coisas de tudo. A alegria deste livro reside nos amigos que nos trouxe.

Partes deste livro apareceram sob forma diferente em Michael Holquist, "The Politics of Representation", em *Allegory and Representation,* ed. Stephen J. Greenblatt (Baltimore: Johns Hopkins University Press, 1981); Michael Holquist, "Answeringas Authoring: Bakhtin's Translinguistics", *Criticai Inquiry,* dezembro de 1983; Michael Holquist, "Bakhtin and Rabelais: Theory as Praxis", *boundary 2,* setembro de 1983; Katerina Clark e Michael Holquist, "Neo-Kantianism in the Thought of M.M. Bakhtin", em *Aspects of Literary Scholarship,* ed. Joseph P. Strelka; Michael Holquist, "Dostoevsky:

Ancient as Modern", *Rossia,* n. 5 (1984); Katerina Clark e Michael Holquist, "Bakhtin in the 1920s", *Esprit,* 1984.

Os nomes russos no texto aparecem nas versões padrão, em inglês*. As citações russas no texto e nas notas são transliteradas de conformidade com o sistema internacional.

* Na tradução, eles foram adaptados ao português.

Нет ничего абсолютно мертвого:
у каждого смысла будет свой
праздник возрождения.

Михаил Михайлович Бахтин,
1974

Nada é absolutamente morto: o sentido de cada coisa terá sua festa de renascimento.

Mlkhail Mikháilovitch Bakhtin
1974

Introdução

Eles não compreendem como estando em desacordo algo concorda consigo próprio: há uma conexão que trabalha em ambas as direções, como no arco e na lira.

Heráclito

Aquele que entende... torna-se ele próprio partícipe do diálogo.

Para uma Metodologia das Ciências Humanas.
Bakhtin

Poucos pensadores se sentiram tão fascinados pela plenitude das diferenças no mundo quanto Mikhail Bakhtin. Paradoxalmente, sua preocupação com a variedade, a não recorrência e a descorrespondência serve para unir num todo coerente as desnorteantes contradições de sua carreira. Tal como os pânditas cegos que, tendo tocado partes diferentes do corpo do elefante, deram definições diferentes do animal, do mesmo modo aqueles críticos que vieram a deparar-se com uma ou outra das diversas atividades de Bakhtin, isoladamente, formularam impressões diferentes sobre sua vida e pensamento, algumas das quais se mostram mutuamente contraditórias.

Uma das causas destas contradições é que toda a obra de Bakhtin se apresenta sob o signo da pluralidade, do mistério do um e do muito. Isto é verdade no sentido superficial de que ele publicou coisas num espectro assustador de assuntos, da metafísica à contabilidade do *kolkhoz,* às vezes sob nomes supostos. Além do mais, trabalhos diferentes de sua lavra falam linguagens ideológicas diferentes: alguns estão na tradição neokantiana, outros empregam o vocabulário marxista e outros, ainda, recorrem a impecável "stalinês". Em um nível mais fundamental, Bakhtins diferentes surgem nos próprios textos. Por exemplo, alguns dos princípios enunciados nos seus escritos teóricos são objeto de zombaria em seus estudos mais particularizados. Muitos Bakhtins são encontradiços inclusive entre especialistas soviéticos que têm ligado o seu nome aos mais disparatados movimentos intelectuais, que vão da Igreja Ortodoxa clandestina à vanguarda pró-revolucionária.

É difícil precisar qual o ponto de vista de Bakhtin numa série de questões cruciais, inclusive seu relacionamento com a religião e a Igreja Ortodoxa, sua atitude no tocante à Rússia, à União Soviética e ao Ocidente, e seu compromisso com os vários movimentos, grupos e círculos de amigos que formavam seu ambiente intelectual. Uma razão para esta dificuldade é a falta de informações sobre a sua pessoa, o que o converte numa espécie de esboço de figura intelectual a ser preenchido com não importa que número de tintas diferentes da paleta de cores ideológicas já existentes. A principal razão, todavia, tem a ver com sua personalidade e seu credo.

Uma descrição de um homem que atribuía a maior importância ao "não finalizado" e ao "vir-a-ser" não pode aspirar a um caráter conclusivo. Bakhtin salientou que o *self* nunca coincide com o si-mesmo (*kself*) e ele próprio jamais chegou a "coincidir" com qualquer grupo ou posição ideológica. Ele travou diálogos cornos principais movimentos e pensadores de seu tempo, de preferência por escrito mais do que pessoalmente, mas se recusou a filiar-se a qualquer movimento, dirigi-lo ou sequer segui-lo. Os pensadores e os movimentos intelectuais constituíram mais um campo de força em cujo âmbito ele se movia do que elementos a exercer uma influência definitiva sobre a sua pessoa ou a estabelecer uma posição com a qual se identificasse.

Bakhtin apresentava-se ao mundo como um indivíduo esquivo, contraditório e enigmático. Discriminava entre suas atividades públicas e sua vida privada do espírito, entesourando esta última ao máximo. Em seus pronunciamentos públicos acomodava-se ao regime e à sua retórica. Não pensava mal daqueles que entravam em compromisso e assumiu quanto a si quaisquer aparências ditadas pela conveniência política. Quando solicitado a corrigir seus textos por motivos de censura, em vez de ficar ofendido ou mostrar-se aflito, passava sobre o assunto com um dar de ombros.

Contudo, os textos de Bakhtin estão longe de ser meros exercícios de acomodação. Podem ser lidos em muitos níveis e ele sabia exprimir neles com grande habilidade as suas próprias ideias. Em seus escritos era simultaneamente um ideólogo apaixonado em relação a seu modo de ver e um ventríloquo impassível em relação às locuções aceitáveis em termos políticos. Ostensivamente, a maioria de seus escritos são atos de erudição acadêmica e exercícios de teoria literária ou linguística, mas por baixo são manifestos pessoais, amiúde com mensagem política ou filosófica. No entanto, Bakhtin não se insere efetivamente naquela consagrada tradição de lutadores pela verdade dentre a *intelligentsia* russa, em parte por causa de suas relações singularmente fleumáticas e flexíveis com o mundo oficial, mas sobretudo por causa de sua oposição fundamental à noção de que possa haver uma "única verdade".

Mesmo nas trocas de opiniões em conversas não oficiais, mostrava-se distante e superficialmente acomodatício. Era diplomático com interlocutores de todas as convicções e dava-lhes a impressão de que concordava com suas ideias. Quando interrogado com perguntas diretas sobre suas crenças, respondia de maneira evasiva ou ficava em silêncio.

Acertar com precisão um Bakhtin definitivo é ainda mais complicado porque sua evolução passou por vários períodos. Houve uma fase filosófica entre 1918 e 1924 aproximadamente, quando, sob pesada influência do neokantismo e da fenomenologia, tentou pensar cabalmente uma compreensiva filosofia própria. Entre 1925 e 1929, começou a afastar-se da metafísica e entrar em diálogo com movimentos intelectuais então em curso, como o freudismo, o marxismo soviético, o formalismo, a linguística e até a fisiologia. No terceiro período, durante os anos de 1930, Bakhtin procurou uma poética histórica na evolução do romance. E, finalmente, nas décadas de 1960 e 1970, retornou à metafísica a partir de uma nova perspectiva da teoria social e da filosofia da linguagem.

Assim, Bakhtin regalou-se com uma profusão de assuntos, ideias, vocabulários, períodos e disfarces autorais. Não deve, pois, causar muita admiração que diferentes facções no Ocidente, tais como os neomarxistas, os estruturalistas e os semioticistas, hajam cooptado como próprio um Bakhtin tão difuso. O poder de falar a cada uma dessas facções foi por ele adquirido ao preço de uma redução do escopo aparente de sua obra. Muita gente se apropriou dele, mas poucos o viram em sua inteireza.

Estudiosos ocidentais tendem a focalizar apenas algumas poucas das muitas linhas possíveis de pesquisa abertas pelos trabalhos de Bakhtin. Alguns críticos literários encaram-no primordialmente como o autor do livro sobre Dostoiévski que apresentou uma nova teoria sobre o ponto de vista autoral, conhecida como polifonia. Outros críticos literários, folcloristas e antropólogos o definem por seu livro sobre Rabelais como o teórico do carnaval e da ruptura das hierarquias sociais. Um outro grupo ainda, de críticos de literatura, teóricos no campo social e historiadores intelectuais, apossa-se dele em nome da doutrina marxista. Para estes, o texto crucial é *O Marxismo e a Filosofia da Linguagem*. Quanto aos intérpretes anglófonos, ele emerge em *The Dialogic Imagination* (*A Imaginação Dialógica*) como o teórico do romance. Todos estes empregos de Bakhtin são legítimos, porém nenhum é suficientemente heteroglótico a ponto de incluir as categorias que o próprio Bakhtin achava mais importantes para o seu pensamento.

Bakhtin não se via a si mesmo como um teórico da literatura, em primeiro lugar. O termo que julgava mais próximo daquilo que estava tentando fazer era o de *antropologia filosófica*. Os numerosos e variados assuntos com que se havia pareciam-lhe valiosos por si mesmos. Mas ao mesmo tempo encarava-os como meios para elaborar problemas filosóficos. Quando a meta para ele prevalente em todos os seus diversos tópicos, disfarces e vozes é vista como uma busca filosófica, os muitos Bakhtins fundem-se em uma figura mais compreensiva.

Esta figura mais compreensiva nunca pôde, no entanto, ser delegada a um único Bakhtin definitivo. De fato, tentar estabelecer uma *Gestalt de* talho duro, finalizada, o "Bakhtin real", uma figura de mestre a quem é dado atribuir autoridade, seria afrontar tudo o que ele aprovava. Bakhtin, e não importa o que mais ele possa ter sido, era um ferrenho opositor dos cânones, e pretender que alguma versão de sua pessoa seja a correta significaria estreitar numa camisa-de-força o filósofo da variedade, "monologizar" o cantor da polifonia.

Infelizmente, um número muito grande de pessoas tem feito isso. Bakhtin tornou-se uma figura de culto entre a intelectualidade moscovita dos anos 1960 e 1970, que puxou sobre ele uma cortina hagiográfica. Há muita ironia, e não menos motivo para cautela, no fato de a maioria dos que cruzaram com Bakhtin durante estas duas décadas agora o descrevam em termos que lembram aqueles com os quais se costumava descrever Lênin e Stálin no auge de seu culto. Muitos asseveram que encontrá-lo mudou suas vidas, que ele lhes deu a impressão de perfeito entendimento e que Bakhtin funcionou como um ímã a extrair-lhes os pensamentos mais íntimos. Afirmações extravagantes também são feitas acerca de seu caráter. Muitos veem em sua paciência em face da perseguição stalinista uma forma de santidade.

O culto da personalidade à sua volta teria sido anátema para Bakhtin. Entretanto, mais do que reagir a ele com ultraje ou consternação, provavelmente tê-lo-ia refugado com um sorriso. Bakhtin adorava pregar peças, comprazia-se com tratantices e excentricidades. Deliciava-se com as inversões radicais de hierarquias sociais e conceituais que são características do carnaval, e teria sem dúvida se divertido com as leituras enganosas de suas obras que resultaram na canonização do autor. Na verdade, gostou a vida inteira de "Como Ser Ciapelletto Tornou-se Santo Ciapelletto" de *O Decamerão*, uma história acerca da canonização de intenções subversivas. Neste conto, um maldoso mercador, que passara todos os seus anos mentindo, trapaceando e fornicando, fica doente durante uma visita a uma cidade estrangeira e reconhece estar a ponto de morrer. Manda chamar um santo frade para a última confissão. Por artifícios e manipulações do dogma católico, a pérfida criatura convence o sacerdote de que levara uma vida de virtude sem paralelos. Depois que o ardiloso comerciante morre e é enterrado em solo consagrado, o frade conta a todo o mundo a sua maravilhosa descoberta de um santo homem anteriormente insuspeitado. Logo se iniciam peregrinações ao túmulo do mercador convertido em santo e começam a acontecer milagres no santificado lugar.

A história, que Bakhtin pedia para lhe ser lida nos seus últimos dias, quando já não podia lê-la ele próprio, ilumina atributos de Bakhtin o homem, tais como sua religiosidade inortodoxa e sua crença no poder do diálogo, a carnavalização da autoridade e os mistérios da autoria. Mas ela também tem relação com sua reputação póstuma. Serve de conto admonitório a nós, como autores, advertindo-nos a não assumir o papel de sacerdotes enganados em face do Ser Ciapelletto de Bakhtin. O conto serve ainda para lembrar aos nossos leitores que não devem aceitar nenhuma versão particular sobre Bakhtin, nem a nossa, como canônica. Ao mesmo tempo em que esperamos evitar a credulidade do frade de Boccaccio, esperamos também celebrar o milagre menor pelo qual, após todas as vicissitudes de repressão, de manuscritos perdidos ou pseudepigrafados, e de tradução a obra de Bakhtin, não obstante, sobrevive e seu diálogo com o mundo continua.

O budismo tibetano fala de um terceiro olho que confere àqueles que o possuem uma visão da unidade secreta que mantém a criação junta. Bakhtin parece ter tido um terceiro ouvido, um que lhe permitia ouvir diferenças lá onde outros percebiam apenas mesmices. Esta percepção o levou a repensar os modos pelos quais tradicionalmente foi atribuída à heterogeneidade a aparência de unidade. Em suas diversas tentativas de encontrar um único nome para a variedade, tais como *heteroglossia* ou *polifonia*, deu-se ao trabalho de nunca asfixiar por completo o papel energizador do paradoxo e do conflito que estava no coração de sua empreitada. Sempre buscou o grau mínimo de homogeneização necessário a qualquer esquema conceitual. Empenhou-se em preservar a heterogeneidade que pensadores menos escrupulosos ou pacientes julgaram amiúde intolerável e à qual se apressaram, como consequência, a consignar um rótulo unificador. Uma paciência assim, como a de Bakhtin, em face de uma multiplicidade que ameaça eludir até as mais elásticas categorias, é o seu próprio tipo de coragem. Bakhtin não temia ser engolfado pelo fluxo da existência. Nunca teve medo de ser acusado de deselegância teórica salvo quando se sentia compelido a uma prematura sistematização. Essa sensibilidade para a variedade coloca uma carga a mais sobre aqueles dentre nós que procuram achar um desígnio abrangente na própria obra de Bakhtin. Cumpre-nos aprender a caracterizar seu pensamento continuando a atentar a sua constante injunção para que resistamos à finalização.

O maior problema que Bakhtin apresenta a seus leitores não é a necessidade de assimilar um novo léxico exótico ou de repensar quaisquer das categorias particulares de conhecimento. É de fato muito fácil desdobrar termos tão caracteristicamente bakhtinianos como *heteroglossia* ou *cronótopo*, mesmo que seja apenas como encantamentos para dignificar hábitos analíticos já existentes que não foram afetados de alguma maneira significativa pelo pensamento de Bakhtin. O difícil em Bakhtin é a exigência que seu modo de pensar faz ao nosso, a exigência de mudar as categorias básicas que a maioria de nós utiliza para organizar o próprio pensamento. A fim de conhecer Bakhtin, temos de modificar as habilidades que desenvolvemos para chegar a conhecer *qualquer coisa* anterior ao nosso encontro com ele. A maioria de nós tende a crer que estamos pensando o melhor possível quando pensamos "logicamente", quando separamos nitidamente um objeto particular em suas partes, que são tidas como cognoscíveis nessa forma atomizada e de constituir, no entanto, um todo que, de outro modo, não se entregaria ao conhecimento como objeto unificado. O pensamento pós-aristotélico no Ocidente sempre honrou a aptidão de decompor um tópico muito grande em unidades menores que seriam, considera-se, mais tratáveis pela análise. Esse ímpeto de dividir o objeto de análise, seja na metafísica seja na filologia, é tão poderoso que só a ele foi outorgado o honorífico adjetivo de *sistemático*. Na epistemologia europeia o impulso para atomizar tópicos em fragmentos facilmente classificáveis e, por conseguinte, analisáveis, tornou-se norma para todas as outras formas de cognição. Os maiores avanços em várias ciências distintas, tais como a psicologia ou a antropologia, só passam a ser percebidos como fatos ocorrentes quando o que fora previamente condenado como caótico ou primitivo no âmbito destas disciplinas é por fim submetido ao desmembramento analítico. A demonstração de Freud segundo a qual a psicose pode ser uma forma de lógica altamente sequencial, cuja patologia consiste precisamente na sua lógica demasiado sequencial, ou o argumento de Lévi-Strauss de que o pensamento aparentemente caótico dos povos "primitivos" constitui apenas a prossecução da física ou da astronomia por outros meios, é saudado não só como uma brecha aberta na compreensão do desvio da norma social ou das formas exóticas de organização social, mas também como uma confirmação dos meios universalmente sistemáticos e isolantes de entendimento humano, até entre pacientes de males mentais e aborígines que não se julgava anteriormente que usassem tais meios.

Mas uma tal estratégia isolante talvez não seja a base universal de pensamento, ou mesmo do pensamento sistemático. Como Freud e Lévi-Strauss demonstraram, há modos diferentes de pensar sistematicamente. Ávida de Bakhtin e seu pensamento têm em comum o fato de cada qual à sua maneira rejeitar o preconceito da cultura europeia pós-setecentista, pelo qual somente formulações nítidas de categorias isoladas são válidas ou "científicas". De muitas maneiras ele está próximo daquele matético* revolucionário Kenneth Burke. Um paralelo entre os dois pensadores é a ênfase de ambos no que Burke chamou "perspectiva por incongruidade", isto é, a capacidade de ver a identidade de uma coisa, não como algo solitariamente isolado de todas as outras categorias, mas como uma variável contrastante de todas as outras que poderiam, sob condições diferentes, preencher a mesma posição na existência. Em vez de cortar fora todas as outras coisas para ver esta coisa particular, cumpre triangular todas as outras que poderiam servir na mesma posição, e as várias razões resultantes da apropriabilidade hão de mostrar qual delas se ajusta melhor às relações desta posição particular neste tempo particular.

A ênfase dada por Bakhtin à relação e a consequente importância da distinção *in praesentia/in absentia* têm paralelo nos modelos estruturalistas da linguística pós-saussuriana ou da teoria literária. Não obstante, há grande diferença entre o impulso essencialmente mecanicista ou mentalista do Estruturalismo e a predileção mais orgânica de Bakhtin. A atuação, a história, a realidade em ato (*actuality*) e a abertura

* De MATHESIS ("ensino").

de diálogo são por ele acentuadas como contrapostas à dialética fechada das oposições binárias estruturalistas. Bakhtin realiza o enorme salto entre o pensamento dialético, ou partitivo, que continua sendo presumidamente a norma universal, e o pensamento dialógico ou relacional.

Uma das dificuldades apresentadas por Bakhtin é como evitar que se pense, a partir da interioridade, uma simultaneidade difundida por toda a parte sem ao mesmo tempo cair no hábito de reduzir tudo a séries de oposições binárias: não um dialético ou/ou, mas um dialógico ambos/e. No âmago de sua obra há um reconhecimento da existência como uma atividade incessante, uma enorme energia, que está constantemente no processo de ser produzida pelas próprias forças por ela impulsionadas. Tal energia pode ser concebida como um campo de força criado pelo embate ininterrupto entre forças centrífugas, que se empenham em manter as coisas variadas, separadas, apartadas, diferenciadas umas das outras, e centrípetas, que se empenham em manter as coisas juntas, unificadas, iguais. As forças centrífugas compelem ao movimento, ao devir e à história; elas aspiram à mudança e à vida nova. As forças centrípetas exigem estase, resistem ao devir, abominam a história e desejam a quieta mesmice da morte. O choque zoroastriano entre estes poderes é levado a cabo em muitos níveis diferentes, como na interação entre forças eletromagnéticas, químicas e termodinâmicas no cosmo físico, no corpo humano e no universo das partículas subatômicas. Mas o *yin* e o *yang de* tais forças atuam igualmente no mundo das relações sociais, entre indivíduos, classes econômicas e culturas inteiras. A carreira de Bakhtin foi uma tentativa, ao longo da vida, de compreender e especificar os vários modos particulares com que o grande diálogo entre tais forças se manifesta em outras espécies de diálogo.

É impossível aos participantes da luta entre forças centrípetas e centrífugas permanecerem neutros. Alguns pensadores como Aristóteles, Descartes e Hegel favoreceram o caráter ordenador das forças centrípetas, em oposição àqueles filósofos, de Heráclito a Emmanuel Levinas, que têm preferido os poderes inerentes às forças centrífugas. Bakhtin pertence à segunda tradição, de modo que, ao chamar o seu empreendimento de "arquitetônica", tira este termo técnico não apenas da filosofia, onde significa a ciência de sistematizar conhecimento, mas também da edificação, onde tem a ver com mensurações efetivas, proporções de pedras e madeira reais e a infinita variedade que estas podem assumir em construções específicas.

Embora Bakhtin nunca haja abandonado o esforço de sistematizar as laborações maniqueístas da estase e da mudança, suas várias tentativas de ordená-las sempre estiveram marcadas pela suspeita da generalidade e do preconceito a-histórico que caracteriza a maioria dos sistemas filosóficos. Assim, ele se devotou a áreas específicas em que a batalha não podia ser observada, em algum recontro cósmico de abstrações, mas em escaramuças da vida diária, com todas as suas contingências, hesitações e desordem. Tais áreas mudaram no curso dos anos, movendo-se, por exemplo, da interação de gêneros literários para as camadas estriamentosas do discurso social que compõem uma linguagem natural. A variedade mascarou a unidade dinâmica no constante projeto bakhtiniano de capturar os modos com os quais o grande duelo entre forças centrífugas e centrípetas afetava a existência histórica específica de indivíduos particulares. A própria carreira de Bakhtin é, destarte, uma ilustração biográfica do princípio formulado por Goethe como *Dauer im Wechsel* [lit. "duração na mudança"], "identidade em fluxo", o princípio da simultaneidade. Esta é a mais larga categoria por trás de várias outras que assomam amplamente nas obras de Bakhtin, tais como a polifonia no livro sobre Dostoiévski, a diversidade social em *O Marxismo e a Filosofia da Linguagem* e a heteroglossia em *A Imaginação Dialógica.*

Um indicador dessa continuidade sobrepujante por entre todas as mudanças na longa carreira de Bakhtin é o que este pensador tem a dizer acerca da natureza da linguagem em vários pontos no tempo. Bakhtin é importante menos por causa dos problemas abstratos que ele propõe do que por causa dos meios específicos que aduz para o seu estudo. Muitos outros filósofos tomaram por domínio próprio o mesmo conjunto de problemas. O que o distingue deles é a sua invenção de uma filosofia da linguagem que tem aplicação imediata não só na linguística e na estilística, mas também na maioria das preocupações prementes da vida cotidiana. Ela é, com efeito, uma filologia existencialista. Várias outros empenharam-se em pensar por meio das implicações de uma definição interpessoal do significado do mundo e da identidade pessoal, mas somente Bakhtin colocou a dinâmica social da prática observável da linguagem como a força especificadora que estrutura as relações interpessoais no *Zwischenwelt,* ou "mundo na consciência intermédia". Sua ênfase na linguagem como prática tanto cognitiva quanto social o põe à parte.

A característica fundamental do pensamento de Bakhtin é a sua tentativa de compreender os complexos fatores que tornam possível o diálogo. O diálogo não é entendido meramente no sentido óbvio de conversação entre duas pessoas. Tal ocorrência corriqueira proporciona uma abertura para alcances ulteriores da possibilidade dialógica, onde, em grande parte como em Santo Agostinho ou Heidegger, uma concepção "vulgar" do tempo deve ser o começo de qualquer tentativa de apreender significados mais profundos do tempo. O diálogo é concebido de maneira mais compreensiva como o extensivo conjunto de condições que são imediatamente moldadas em qualquer troca real entre duas pessoas, mas não são exauridas em semelhante intercâmbio. Em última análise, diálogo significa comunicação entre diferenças simultâneas.

Uma questão que alimenta o trabalho todo de Bakhtin é, pois: O que torna diferente as diferenças? A diferença é a maior preocupação do pensamento filosófico moderno, sendo a *differance* de Derrida apenas uma de suas mais recentes e mais notórias instâncias. O fator que distingue Bakhtin nessa tradição é sua concentração na possibilidade de abranger diferenças numa simultaneidade. Ele concebe o velho problema da identidade não no sentido de "o mesmo que", porém de "simultâneo com". Assim, é levado a meditar sobre a interação de forças que outros pensadores concebem como mutuamente exclusivas. Como é possível, por exemplo, jungir na mesma parelha a exigência de significados fixos inerente à linguagem, e a necessidade não menos premente de seus usuários, que precisam de significados passíveis de ser variados no sem-número de contextos diferentes criados pelo fluxo da vida cotidiana? Como pode a exigência de estabilidade, que é própria das sociedades, ser conciliada com a sua necessidade de adaptar-se a novas condições históricas? Como pode um texto ser o mesmo e, no entanto, diferente em contextos diferentes? Como pode um *self* individual, um eu, ser único e, ainda assim, incorporar também tanta coisa que é compartilhada com outros?

O termo usado por Bakhtin para designar essa atividade capaz de compreender simultaneamente energias tão díspares é *elocução*. É este o bloco fundamental com que ele edifica a sua concepção dialógica. Uma elocução falada ou escrita, é sempre expressa de um ponto de vista, o qual, para Bakhtin, é um processo mais do que uma localização. A proferição é uma atividade que determina diferenças em valores. Em nível elementar, por exemplo, as mesmas palavras podem significar coisas diferentes dependendo da entonação particular com que são enunciadas em um contexto específico: a entonação é o som que o valor faz.

O modo como os valores assumem a forma de expressão, introduzindo diferenças em um complexo elástico mais do que em uma unidade estática, é o que Bakhtin entende por atividade autoral. Destarte, todos nós que efetuamos declarações compreendidas como tais, quer faladas quer escritas, somos autores. Nós operamos a partir de um ponto de vista e moldamos valores como formas. O modo de fazê-lo é o meio pelo qual articulamos o que somos em meio à heteroglossia de possibilidades ideológicas abertas a nós em qualquer momento dado. Bakhtin trata os valores não como uma axiologia abstrata, porém como um labor prático de construção. Enformando respostas na constante atividade de nosso diálogo com o mundo, determinamos a arquitetônica de nossa própria responsabilidade.

Tais preocupações dão origem a uma filosofia da linguagem que Bakhtin denomina "metalinguística", mas que preferimos chamar "translinguística" porque o termo *meta* se tornou demasiado banal no Ocidente. O traço distintivo dessa filosofia da linguagem reside na sua ênfase dialógica em articulações entre categorias cuja oposição é a base de outras teorias linguísticas. Bakhtin consagra tanta atenção à diferença, variedade e alteridade, porque deseja detectar conexões que permanecem ocultas aos olhos menos acostumados a graus tão extremos de pluralidade e outridade. Por exemplo, embora Bakhtin não exclua a sistematicidade que caracteriza a linguística pós-saussuriana, também procura compreender a complexidade multíplice de elocuções específicas em situações particulares que, considera ele, têm uma sistematicidade diferente, porém não menos ordenada. Ele enfatiza a articulação, seja no sentido da enunciação, seja no da conjunção de dois elementos díspares, como processo de mediação. Trata-se, para ele, de compreender como as características repetíveis, formais, da linguagem são convertidas nos significados não menos formais mas não repetíveis das proferições reais. Bakhtin está, portanto, dentro da grande tradição do pensamento linguístico russo que, de Baudouin de Courtenay a Sierguei Kartzévski e Roman Jakobson, insistiu na prioridade da semântica. Conquanto difira substancialmente dos linguistas profissionais na sua maneira de desenvolver o estudo da linguagem, Bakhtin compartilha com Jakobson, o maior linguista de seu país, a pressuposição de que tudo significa.

No caso de Bakhtin, o único rótulo que se adequa ao largo escopo de sua atividade é o termo comumente usado para designar um filósofo assistemático: Bakhtin era um "pensador". E até onde um tópico singular pode ser definido como o objeto de seu pensamento, ele era um filósofo da liberdade. Em seu trabalho sobre o jogo de valores na medida em que energizam forças sociais e são coagidas por elas, tenta pensar através das condições de possibilidade para graus maiores de liberdade pessoal e política. A liberdade, para ele, não está assentada na vontade de um Deus monológico, no curso inevitável da história ou no desejo dos homens, mas, antes, na natureza dialógica da linguagem e da sociedade. Por meio de sua translinguística, Bakhtin procura dar tanto aos *selves* individuais quanto aos conjuntos sociais o que lhes é plenamente devido. Suas tentativas de transpor o velho abismo entre sistema e desempenho mediante o encontro de conexões para ambos no campo extrapessoal, mas não transcendente, das energias sociais, teve por efeito imprimir novo movimento e possibilidade de troca à dicotomia entre o *self* e o outro.

O modo como Bakhtin vê a linguagem difere das duas outras concepções correntes. A primeira, denominada "personalista" e associada a Wilhelm Wundt, Karl Vossler e Benedetto Croce, sustenta que *"Eu* possuo significado". Existe um laço estreito entre o senso que eu tenho de mim mesmo como ser único e o ser de minha linguagem. Esta maneira de ver, com seu pesado investimento na pessoalidade dos indivíduos, está profundamente envolvida na tradição humanista ocidental. É o polo oposto de outra concepção corrente, denominada "desconstrucionista", a qual sustenta que *ninguém* possui significado. A própria concepção de significado, para nada dizer sobre a das pessoas, invocada pela epistemologia tradicional, começa por pressupor ilicitamente uma presença, cujo fim Nietzsche anunciou quando fez saber que Deus havia morrido na História. Bakhtin defende o ponto de vista contrário, isto é, que *"nós* possuímos significado" ou, se não o possuímos, podemos ao menos alugá-lo. Os personalistas sustentam que a fonte do significado é o indivíduo singular. Os desconstrucionistas localizam-no na estrutura da possibilidade geral de diferença subjacente a todas as diferenças particulares. Bakhtin enraíza o significado no social, muito embora este seja concebido de maneira especial.

Bakhtin argumenta que o significado não ocorre como produto solitário de uma intenção determinada pela vontade de um ego soberano. Nem é em última análise inobtenível por causa do jogo arbitrário de uma força misteriosa chamada "diferença". No primeiro caso, o significado dar-se-ia como uma presença imediata, o que o sujeitaria à crítica dos desconstrucionistas. No segundo, tal crítica seria evitada ou, no mínimo, despojada de seu ferrão, por ser acatada na ordem de nosso discurso. Mas o preço de semelhante tato diplomático seria a perpétua evanescência do significado ao desvanescer-se no relê fantasma da cadeia significante.

A abordagem personalista supõe que nós podemos, pela fala, apropriar para o nosso uso a estrutura impessoal da linguagem, que se encontra "já sempre ali". O alento de nossa vida é o material das palavras; nossa voz nos casa com a linguagem. A outra maneira de ver vai ao extremo oposto: a voz humana é concebida meramente como outro meio de registrar diferenças, um meio que não é necessariamente privilegiado. Ele é muito menos poderoso, por exemplo, do que a escrita.

A explicação da linguagem por Bakhtin é ao mesmo tempo profunda e sensível. Evita ambos os extremos. Ele argumenta que a aparente contradição mútua entre essas duas colocações extremadas obscurece outros modos de conceber a linguagem. A oposição entre um superconfiante monólogo, num extremo, e um ascético silêncio, noutro, cria um falso *tertium non datur*, uma contradição mútua que resulta num beco sem saída. O ponto de vista bakhtiniano é que eu *posso* significar o que eu digo, mas só indiretamente, num segundo passo, em palavras que tomo da comunidade e lhe devolvo conforme os protocolos que ela observa. Minha voz pode significar, mas somente com outros – às vezes em coro, porém o mais das vezes em diálogo.

O significado nesta concepção é feito como um produto, quase da mesma forma como uma obra de folclore é "feita" em sociedades que se atem estritamente a suas tradições. Uma obra de folclore vem à existência apenas no momento em que é aceita por uma comunidade particular[1]. Muitas versões de uma canção popular ou de uma epopeia podem ser postas em circulação, mas somente uma será capaz de resistir à amnésia estrutural do grupo. Sua aceitação pela comunidade é o nascimento real, mesmo que cronologicamente secundário, do texto que será a canção popular ou a epopeia. Como metáfora do modo pelo qual o significado se produz, este processo é extremamente tosco, mas tem a virtude de pôr em foco um traço central da epistemologia, tal como Bakhtin a entende: minhas palavras já vêm envoltas em muitas camadas contextuais sedimentadas pelas numerosas intralinguagens e pelos vários patoás sociais, cuja soma constitui "a" linguagem de meu sistema cultural.

Essas três ideias acerca da linguagem diferem em termos do espaço semântico que cada uma delas pressupõe: para os personalistas tal espaço é interno, para os desconstrucionistas ele está algures e, para Bakhtin, em algum lugar no entremeio. Este "entremeio" sugere não apenas a necessidade de o significado ser sempre compartilhado, mas também o grau com que a multiplicidade e o embate caracterizam a heteroglótica concepção bakhtiniana da linguagem. Em seu nível mais elevado de abstração, a disputa pode ser concebida como uma luta maniqueísta. De um lado

1. Roman Jakobson e Pyotr Bogatyrev, "Die Folklore als ein besondere Form des Schaffens", *Selected Writings*, vol. 1, Haia: Mouton, 1966, p. 4-13.

se alinham as forças que servem para unificar e centralizar o significado, as quais conduzem a uma estruturalidade indispensável, se é que o texto há de manifestar um sistema. Do lado oposto postam-se aquelas tendências que fomentam a diversidade e a aleatoriedade necessárias para manter sendas abertas ao mundo contextual constantemente flutuante que cerca qualquer enunciação. Os aspectos normativos e sistêmicos da linguagem têm atraído a atenção da maioria dos linguistas, desde os neogramáticos até os estruturalistas, bem como de numerosos críticos literários. E este desequilíbrio que Bakhtin procura corrigir ao estudar as forças centrífugas da linguagem, particularmente à medida que são convertidas em específicas nos vários patoás de profissão, classe, geração, período e outros, que a ficção necessária, mas acadêmica, de uma linguagem nacional unitária procura conter. Tal estratificação, diversidade e aleatoriedade, que Bakhtin denomina *heteroglossia,* é

não apenas um invariante estático na vida da linguagem, mas também assegura sua dinâmica [...] A par das forças centrípetas, as centrífugas da linguagem prosseguem em seu trabalho ininterrupto; a par [...] da centralização e unificação, o processo ininterrupto de descentralização e desunificação segue adiante[2].

Formulada nesses termos gerais, a contenda pode parecer um choque incruento entre abstrações, mas tal modo de ver está longe de ser o caso. Este conflito anima toda proferição concreta feita por qualquer sujeito falante:

a elocução não só responde às exigências de sua própria linguagem na qualidade de encarnação individualizada de um ato de fala, mas também responde às exigências da heteroglossia; ela é de fato um partícipe ativo de tal diversidade de fala[3].

Isto determina o perfil e o estilo linguísticos de uma elocução em grau não menor do que o faz sua inclusão em qualquer sistema normativo centralizador de uma linguagem unitária.

A troca dialógica entre uma realidade constantemente flutuante e os signos estáticos utilizados para modelar tal realidade foi descrita em 1929 por Kartzévski:

O significador (som) e o significado (sentido) deslizam continuamente sobre a "encosta da realidade". Cada um deles "alaga" o membro a ele designado por seu parceiro: o significador procura expressar-se por outros meios além de seu signo [...] é graças ao dualismo assimétrico da estrutura de seu signo que um sistema linguístico pode desdobrar-se: a posição "adequada"

2. Baxtin, "Slovo v romane", *Voprosy literatury i èstetiki* (Moscou: Xudožestvennaja literatura, 1975, p. 85, trad. em *The Dialogic Imagination: Four Essays by M.M. Bakhtin,* ed. Michael Holquist, trad. Caryl Emerson e Michael Holquist (Austin: University of Texas Press, 1981), p. 272.

3. Baxtin, "Slovo v romane", p. 272.

do signo é continuamente deslocada por meio de sua adaptação às exigências da situação concreta[4].

Ou como Edward Sapir nunca se cansou de repetir: "Todos os sistemas vazam".

Em lugar do hiato neoplatônico entre o sonho de ordem da *langue* e o desvio necessário da *parole*, Bakhtin propõe um *continuum* entre sistema e desempenho, a complementariedade de ambos. O elemento comum que liga os dois níveis é uma disputa incessante entre canonização e heteroglossia que é travada em cada nível. O processo é bastante óbvio nos níveis mais elevados de generalização, se não por outro motivo pelo menos porque lá a contenda serviu de tema tradicional à filologia, que constitui a vitória de uma linguagem sobre outra, a suplantação de um dialeto normativo por outro – na verdade, a vida e a morte de linguagens inteiras. Mas o embate está presente também nas enunciações individuais, onde é mais difícil percebê-lo, uma vez que nos níveis mais imediatos do recontro nem a linguística tradicional, que estuda a linguagem fora de seu contexto social, nem a estilística comum, que estuda os textos como herméticos conjuntos individuais, fornecem unidades de estudo adequadas às complexidades do conflito. A concentração da linguística em feições invariantes, tais como os marcadores gramaticais ou fonêmicos, não consegue acertar o alvo, porque boa parte da peleja é travada por meio da interação entre essencialmente os mesmos sistemas de gramática e de som. A atenção dedicada pela estilística a unidades como parágrafos e sentenças inteiras deixa de levar em conta o fato de que a contenda pode ser travada como um duelo de dois códigos sociais dentro de uma sentença isolada – de fato dentro de uma palavra isolada Bakhtin argumenta que, em casos tão locais como o romance cômico inglês, o que amiúde é escrito ao correr da pena como mera ironia constitui efetivamente um paradigma para a enunciação toda: eu só posso apropriar-me do significado aos meus propósitos falando como ventríloquo.

Sendo este o caso, nós somos todos autores. Nós levamos a linguagem a representar – somente por meio de linguagens representantes. O $E = mc^2$ do sistema de Bakhtin está contido na sua convicção de que

> a palavra é um ato bilateral. Ela é determinada igualmente por [dois agentes]: palavra de quem ela é e para quem ela é tencionada [...]. Uma palavra é território *compartilhado* tanto pelo emissor quanto pelo destinatário, pelo locutor *e* por seu interlocutor[5].

Este conceito territorial da palavra requer uma política de representação. Como é governado o referido território? O que legisla o modo pelo qual o significado é repartido em uma dada proferição? A vida e o pensamento de Bakhtin foram dedicados ao intento de responder a estas perguntas.

4. Sergej Kartsevsky, "Du dualisme asymetrique de signe linguistique", *Travaux du cercle linguistique de Prague* (Praga, 1929), p. 188.

5. V.N. Vološinov (M.M. Bakhtin), *Marxism and the Philosophy of Language*, trad. Ladislav Matejka e I.R. Titunik (Nova York: Seminar Press, 1973), p. 85-86.

I

Os Irmãos Corsos 1895-1917

Mikhail Mikhailóvitch Bakhtin nasceu na cidade provincial de Orel, ao sul de Moscou, a 16 de novembro de 1895 (4 de novembro no velho calendário)[1]. Seu pai, Mikhail Fedoróvitch, pertencia à nobreza não titulada e remontava a sua linhagem ao século XIV. Em Moscou, em Orel e na Sibéria, houve membros da fidalguia chamados Bakhtin. O trisavô de Mikhail Mikhailóvitch, em Orel, doou os ganhos auferidos na venda de 3 000 servos a fim de estabelecer na cidade uma escola militar de cadetes, que até 1918 ainda se denominava Escola de Cadetes Bakhtin de Orel. O avô fundou um banco comercial, em várias de cujas agências o pai de Mikhail trabalhou como gerente[2].

A família era cultivada e liberal, especialmente a avó paterna, a quem os netos eram muito apegados. Os pais de Bakhtin procuraram dar aos filhos a melhor educação possível, inclusive acesso à cultura e ao pensamento europeus. Na maioria dos aspectos, entretanto, tratava-se de uma família de feitio convencional. As relações entre pais e filhos eram formais, como seriam, durante toda a vida, as relações de Bakhtin com outras pessoas. Este foi um traço curioso em um homem que acentuou o valor da mescla desembaraçada de pessoas e corpos, e é mais uma indicação de seu caráter contraditório e da cisão que nele dividia doutrina e atuação.

Mikhail tinha um irmão mais velho, Nikolai, nascido em 1894, e três irmãs mais jovens – Ekaterina, posteriormente professora de escola provincial; Maria, nascida em 1898; e Natália, da qual virtualmente nada se sabe. Nem estas irmãs nem a mãe se fizeram notar de maneira especial. O próprio Bakhtin, durante a vida adulta, não

1. Outra versão sobre a data de nascimento de Bakhtin, que ele próprio utilizou algumas vezes, é 17 de novembro, mas um de seus testamenteiros literários, Sierguei Bocharov, está convencido de que a data correta é a de 16 de novembro.

2. Outra versão menos atraente pretende que o pai dele foi mero funcionário de um banco.

foi muito chegado à família. Sua mãe queixava-se, em meados dos anos 1920, que a família nunca recebia notícias de "Mischa" e não conhecia sequer o endereço dele em Leningrado[3]. Mas os contatos devem ter sido renovados, pois, quando Bakhtin foi para o exílio em 1930, ele traspassou o seu apartamento à família, a fim de que esta pudesse mudar-se para a cidade. Seu pai, que esteve doente por algum tempo, faleceu na década de 1930, ao passo que sua mãe e Natália morreram durante o cerco de Leningrado, na Segunda Guerra Mundial. Não há informações sobre o destino das duas outras irmãs.

Para Bakhtin, o membro mais importante da família era o irmão Nikolai. A relação entre os dois constituiu o grande aspecto definidor da infância de Mikhail e o contato formativo de maior relevância em sua vida. Nikolai foi o "outro" mais significativo que Bakhtin jamais encontrou. A alteridade seria mais tarde a feição básica das filosofias de um e de outro. Nikolai definiu sua vinculação com Mikhail em um poema escrito em 1924, quando já vivia em Paris e se dirigiu a "Um daqueles que ficaram atrás". Nele, descreve as relações com o irmão em termos que Mikhail definiria posteriormente como apropriados ao "honorável oponente". O poema abre-se com uma observação sobre "a inimizade que nos dividiu", mas termina assegurando que "o mesmo tremor tocará duas almas diferentes / Meu inimigo e irmão – e através da inimizade e dos anos, /Tu [*ty*] ouvirás minha saudação e compreensão"[4].

O "inimigo" aqui referido pode ser a Revolução e a Guerra Civil que separaram os dois após 1918, visto que Nikolai se juntou aos Guardas Brancos e mais tarde, acompanhando-os, deixou para sempre a Rússia, enquanto Mikhail permaneceu na União Soviética. Mas o conflito entre os dois irmãos não foi apenas fadado pela história. Um e outro se compraziam com o diálogo e o debate, e Nikolai foi a única pessoa com quem Mikhail se deparou, quando criança, com um intelecto capaz de o enfrentar. Além do mais, suas personalidades eram em certos aspectos diametralmente opostas. Embora ambos fossem precoces, dotados, excêntricos e apaixonados por ideias, Nikolai era brilhante, extrovertido, impulsivo, agitado e de veneta, ao passo que Mikhail era de temperamento equilibrado, otimista, reservado e socialmente despretensioso. Como consequência, Mikhail ficou algo à sombra do irmão durante a infância, ainda que fosse o único capaz de tirá-lo dos frequentes estados de humor negro.

Mais notável do que as diferenças entre os irmãos é a similaridade das preocupações que animaram e guiaram a vida adulta de ambos, mesmo depois que *eles* se separaram para sempre, dando estranha inflexão ao interesse teórico de Bakhtin pela questão da simultaneidade da diferença. Os passos por meio dos quais cada um dos irmãos atingiu muitas das mesmas posições foram diferentes e chegaram a pontos diferentes em seu desenvolvimento, porém uma série misteriosa de paralelismos dominou sem

3. Da mãe, em Nevel, para Nikolai em Paris, 16 de junho de 1924, em poder de R.F. Christian, Universidade de Saint Andrews.

4. Nicholas Bachtin, "Odnomu iz ostavišxsja", em R.F. Christian, "Some Unpublished Poems of Nicholas Bachtin", *Oxford Slavonic Papers* 10 (1977): 115.

dúvida suas vidas. Eles são uma versão hodierna dos gêmeos corsos de Dumas. Começando como cultores dos estudos clássicos, ambos os irmãos voltaram-se mais tarde para a filosofia da linguagem e chegaram a concepções cuja semelhança impressiona. Nikolai é, destarte, figura das mais importantes no fundo dialogizante do próprio desenvolvimento de Mikhail.

Os dois irmãos começaram a trilhar caminhos separados no curso da Primeira Guerra Mundial, quando Nikolai decidiu de repente tornar-se lanceiro ulano no exército do Czar. Ele o fez por impulso, quando alguém lhe disse que em culotes de uniforme sua aparência seria garbosa, e em seguida não quis omitir-se da aventura da própria guerra. Após a Revolução, procurou refúgio na casa do poeta Volóchin, em Koktebeil, na Crimeia, onde muitos escritores haviam encontrado abrigo, inclusive Mandelschtam a certa altura. Enquanto ali estava, deparou por acaso com seu antigo comandante, que o convenceu de estar ele moralmente obrigado a juntar-se aos Guardas Brancos. Nikolai deixou a Rússia com o Exército Branco em retirada e por um breve período tornou-se marinheiro no Mediterrâneo. Em Constantinopla, certa noite, embriagado, alistou-se na Legião Estrangeira francesa. Serviu na Legião por três anos e meio na África do Norte, até sofrer sério ferimento em combate. Os médicos mal conseguiram salvar-lhe o braço direito e a mão, estraçalhados. Dando baixa, para ganhar a vida em Paris passou a colaborar em duas revistas dos emigrados russos *Zveno* (*Elo*) e *Čisla* (*Números*). Mais tarde, prosseguiu os seus estudos clássicos na Sorbonne e, após 1932, em Cambridge, onde conquistou o seu Ph. D. (doutorado em filosofia) com uma tese sobre as origens do mito centauro-lapita na Tessália do século XIII antes de nossa era.

Durante os anos em que estudou em Cambridge, Nikolai ligou-se estreitamente à gente de esquerda. Por exemplo, ele impressionou o filósofo Wittgenstein, que passava então por uma fase tolstoiana radical, e os dois decidiram em princípio viver no que consideravam ser a área da "classe trabalhadora" na cidade. Em Cambridge, naquela época, alguns dos espíritos mais dotados dentre os jovens professores e alunos de pós-graduação sentiam-se atraídos pelo comunismo. Nikolai estabeleceu relação estreita com dois destes comunistas, George Thomson, o classicista, e Roy Pascal, o germanista[5].

Depois de graduar-se, Nikolai lecionou no Departamento de Estudos Clássicos da Universidade de Southampton. Em 1939 foi para a de Birmingham, onde Thomson, agora professor nesta universidade, arranjou-lhe um lugar de docente. Thomson, um romântico, sentia-se tentado a encontrar um análogo da antiga civilização grega entre os pastores da Irlanda ocidental; estava à procura dos helenos homéricos[6] em County Galway. Durante a Segunda Guerra Mundial, Nikolai chegou a lamentar o seu passado de Guarda Branco, filiou-se ao Partido Comunista britânico e falou em voltar para a Rússia.

5. Andrew Boyle, *The Climate of Treason*, Londres: Hutchinson, 1979, p. 63.
6. E.R. Dodds, *Missing Persons: An Autobiography*, Oxford: Clarendon Press, 1977, p. 113.

Passou até a admirar Stálin. Em 1946, fundou o Departamento de Linguística em Birmingham, onde permaneceu até que veio a falecer, em 1950, de ataque cardíaco.

A opção de Nikolai pelos Guardas Brancos foi algo decisivo na vida dos dois irmãos, pois eles que haviam estado por tanto tempo tão próximos nunca mais veriam um ao outro. A princípio Mikhail escrevia ao irmão, depois só a mãe e as irmãs o faziam, e após 1926, quando escrever começou a tornar-se muito perigoso, a correspondência entre eles cessou. Nikolai não soube do livro de Mikhail sobre Dostoiévski até 1930, quando o descobriu por acaso em uma livraria parisiense. O encarceramento do irmão, em 1929, só chegou ao seu conhecimento durante a Segunda Guerra Mundial e, quando morreu, ainda supunha que ele havia perecido no curso dos expurgos. Mikhail, contudo, no início da década de 1970, recebeu lembranças póstumas do irmão, sob a forma de um pacote de materiais sobre Nikolai reunidos por seus amigos em Birmingham[7].

Apesar da ausência de qualquer comunicação entre eles desde meados de 1920, os irmãos mantiveram uma notável proximidade de interesses e ideias. Ambos não só passaram a preocupar-se cada vez mais com o problema da linguagem, como tentaram igualmente ir além de Saussure, repensando exatamente as mesmas questões. Nikolai, como Mikhail, procurou estabelecer o que chamou de "linguística funcional" com base bem mais ampla do que a concepção de linguagem dominante na disciplina acadêmica. Nikolai acentuou o aspecto semântico da linguagem e seu lugar na nova ciência dos signos a abranger todas as operações mentais. Como Mikhail, tinha um dom especial para descobrir lugares-comuns, experiências do dia-a-dia capazes de iluminar complexas questões filosóficas. Por exemplo, utilizava o folheto oficial sobre a sinalização nas estradas como texto de suas preleções no campo da semiologia. Como Mikhail, acreditava que a linguagem reside no âmago da vida psíquica ("a pega estranhamente firme das palavras nos estratos mais antigos da psique") e que "a psicanálise tem muito a ensinar à linguística, mas tem muito mais a aprender [dela]"[8].

Nikolai foi, entretanto, marcadamente menos feliz do que Mikhail no desenvolvimento cabal de suas ideias e na produção de textos escritos. Seus cadernos de anotações estão repletos de esquemas grandiosos para repensar a natureza da linguagem. Era sem sombra de dúvida um pensador extraordinário. Suas conversas com Wittgenstein constituíram um dos fatores que levaram o filósofo a passar do positivismo lógico do *Tractatus* – às *Investigações Filosóficas* de caráter especulativo mais amplo[9]. Mas, com exceção de um compêndio sobre o grego moderno, para ser usado no Departamento de Estudos Clássicos de Birmingham,

7. De Roy Pascal para os autores, 10 de outubro de 1979.

8. Arquivo de Nicholas Bachtin, Biblioteca da Universidade de Birmingham, Caixa 8, Envelope 16.

9. Esta é a opinião de Fanya Pascal, mulher de Roy Pascal. Ver também Terry Eagleton, "Wittgenstein's Yriends", *New Left Review* 135, set./out. 1982, p. 64-90.

1. Nikolai Bakhtin, o "irmão corso". Cambridge, 1935.

Nikolai jamais conseguiu terminar algo mais longo do que o texto de uma aula. Deixou cinco caixas compactas de notas para um *opus magnum* onde pretendia repensar a natureza da linguagem, com o emprego do *Crátilo* de Platão como centro teórico, mas são rascunhos caóticos e repetitivos, indicando certa incapacidade de reunir captações dispersas em um todo coerente. Suas preleções sobre a linguagem para um seminário de professores interromperam-se no ponto em que procurava resposta para a questão: "O que é uma sentença?" A ironia aqui é que Nikolai estava falhando no intento de articular uma filosofia da linguagem, sob condições das mais favoráveis, cercado de colegas simpáticos, alunos interessados e magníficas bibliotecas, enquanto Mikhail estava sendo bem-sucedido na mesma tarefa, sob condições das mais adversas, incluindo desterro, desamparo acadêmico e existência à margem da vida intelectual russa, muito longe dos grandes acervos de livros.

As sementes da proximidade ulterior na obra dos dois irmãos foram sem dúvida plantadas na infância. Os meninos tiveram uma governanta alemã até que Mikhail chegou aos nove anos, quando ambos passaram a frequentar uma escola. Mikhail era especialmente afeiçoado à preceptora, que possuía pendores intelectuais e lia Darwin. Ela lhes proporcionou uma iniciação completa na cultura europeia, com ênfase nos Antigos, ainda que tudo refratado pelo meio alemão. Os irmãos leram a *Ilíada* e a *Odisseia*, por exemplo, na prosa de uma tradução germânica. Na maior parte do tempo eles até se comunicavam com a governanta em alemão. Ela organizou com eles dramatizações em que lhes incumbia representar cenas da *Ilíada*. Os rapazes continuaram a montar tais armações dramáticas muito tempo depois de a governanta ter ido embora e, ainda em Nevel, após os anos de universidade, Mikhail permanecia envolvido com o teatro.

Os dois também prosseguiram em suas amplas leituras por conta própria. Muito antes de ingressarem na universidade, eram intelectualmente precoces. Nikolai tinha tanta sede de conhecimentos que acordava quatro ou cinco horas da manhã para estudar Kant e Hegel, despertando a admiração e a compaixão dos criados[10]. Os irmãos costumavam discutir tudo o que liam e tais debates, sem dúvida, exerceram efeito formativo na obra ulterior de ambos e respondem em parte pelo fenômeno dos gêmeos corsos que ocorreu com os dois Bakhtin.

Quando Mikhail tinha nove anos, seu pai foi transferido de Orel para Vilno, onde a família permaneceu por seis anos. Vilno, a capital da Lituânia, era uma cidade bem maior do que Orel, contando na época com uma população de 200 000 almas. Embora a Lituânia permanecesse sob governo russo desde a terceira partilha da Polônia, em 1795, também estivera sob o domínio de outros países no curso de sua história. Em consequência, Vilno era um museu de culturas e períodos contrastantes. A velha cidade, cheia de ruas estreitas e sinuosas, todas elas calçadas, galgava as encostas

10. Francesca M. Wilson *et al.*, "Biographical Introduction", em *Nicholas Bachtin: Lectures and* Essays, ed. A.E. Duncan-Jones, Birmingham: University of Birmingham Press, 1963, p. 2.

de uma colina em que se erguiam as ruínas de um castelo. Havia muitas igrejas e edificações em diferentes estilos – barroco, gótico, renascimento e clássico. A cidade abundava em lendas e mistérios[11].

Recém-chegado de uma cidade provinciana sem nada de excepcional, Bakhtin sentiu-se cativado por Vilno e desenvolveu forte interesse pela história local. Gostava das velhas edificações que se lhe apresentavam nos passeios pelos arredores da cidade. Até a escola que Mikhail e Nikolai frequentavam, o Primeiro Ginásio de Vilno, sediava-se num prédio majestoso na histórica Antiga Universidade. Suas paredes eram muito grossas e, em vez de uma escadaria, um largo corredor serpeava gradualmente para cima. Um velho muro cercava o pátio, dividindo o Primeiro Ginásio de Vilno do Segundo, e sobre ambos os edifícios avultava uma torre de observatório com um friso a mostrar signos do zodíaco[12].

O que impressionou Bakhtin, ao chegar a Vilno vindo da província russa, não foi apenas a variação da arquitetura, mas também a colorida mistura de línguas, classes e grupos étnicos. A Lituânia era virtualmente uma colônia russa, governada por russos, em que o russo era a língua oficial e a ortodoxia russa, a religião oficial. A maioria da população, entretanto, composta ou de poloneses ou de lituanos, era de fé católica romana e inteiramente hostil aos russos ortodoxos. Ela buscava liderança intelectual e cultural sobretudo na Polônia católica. Em Vilno também havia numerosa população judaica. Grande parte dela usava o ídiche como sua língua, muito embora os mais prósperos e integrados falassem russo. Vilno, um renomado centro intelectual do judaísmo europeu, era conhecida como "a Jerusalém do Norte". O movimento sionista dispunha aí de um forte contingente de adeptos e o trabalho efetuado nas escolas hebraicas locais contribuiu para o posterior renascimento da língua bíblica em Israel. Vilno também era famosa por seus exegetas do Talmud.

A Vilno da juventude de Bakhtin era, pois, um exemplo consumado de heteroglossia, um fenômeno que se converteria na pedra angular de suas teorias. A heteroglossia, ou a mistura de diferentes grupos de língua, cultura e classes, foi para Bakhtin a condição ideal, garantindo uma perpétua revolução linguística e intelectual que guardava contra a hegemonia de qualquer "linguagem única da verdade" ou "língua oficial" em dada sociedade, contra a ossificação e a estagnação do pensamento. De fato, em um de seus ensaios dos anos 1930, apelou "A Pré-história do Discurso Novelístico", onde sustenta que o pluralismo linguístico da Grécia helenística promoveu o desenvolvimento do romance grego, Bakhtin descreve Samósata, berço natal de Luciano, em termos que se aplicam igualmente a Vilno, tal como a conheceu. Assim, na cidade helenística, os habitantes de proveniência local eram sírios que falavam aramaico, enquanto a elite cultivada falava e escrevia grego. Mas Samósata era governada pelos romanos, que tinham uma legião lá estacionada, e portanto o latim era a

11. Czeslaw Milosz, *Native Realm: A Search for Self-Definition*, trad. Catherine S. Leach, Nova York: Doubleday, 1968, p. 55.

12. M.V. Dobužinskij, *Vospominanija*, vol. 1, Nova York: Put'žizni, 1976, p. 55.

língua oficial. E uma vez que a localidade estava situada junto a uma rota comercial, ouviam-se também muitos outros idiomas em suas ruas[13].

Ironicamente, Mikhail e Nikolai pertenciam, em Vilno, ao grupo que, embora minoritário, representava a "língua oficial". Frequentavam escolas russas e igrejas russas. Além do mais, os vários grupos culturais e étnicos eram hostis uns aos outros, de modo que ocorria muito pouco daquela entremescla que Bakhtin veio a admirar tanto. Na escola, ambos os irmãos foram submetidos ao currículo padrão de caráter russocêntrico, apresentado numa atmosfera escolástica formal, exceto que, por não incluir o grego, eles contrataram um professor particular para lhes ensinar a matéria. Mas justamente então começaram a esboçar-se mudanças que conduziriam a um reordenamento radical da mistura étnica e linguística da cidade e a uma grande entremescla dos diferentes grupos religiosos e etnias.

Na história cultural e intelectual russa, as duas primeiras décadas do século XX foram épocas de turbulência – o preâmbulo, por assim dizer, de 1917. Nasceram então, um após outro, movimentos políticos, estéticos e religiosos que procuravam desestabilizar o *status quo* ou as correntes em voga e substituí-los por algo novo e diferente. A maioria deles tendia também a querer pôr fim à sociedade ou à moralidade burguesas, e alguns inclinavam-se a dispensar a Igreja e o Estado também. Esta excitação milenária infiltrava-se não menos no Primeiro Ginásio de Vilno.

Nikolai e seus amigos, aos onze ou doze anos, foram tomados pela febre revolucionária então em expansão. Formaram pequenos círculos para discutir a teoria marxista e mantinham cadernos secretos em que copiavam canções subversivas. Nikolai relembra

> essa coisa excitante que chamávamos "demonstração política". A meia-noite começávamos discretamente a nos infiltrar no lavatório – o único lugar na escola que gozava de imunidade extraterritorial, uma vez que não era percorrido pelas rondas de inspeção. Quando o lavatório ficava apinhado de meninos, entoávamos a *Internacional,* a *Warchavianka* e outras canções revolucionárias. Era esta a demonstração política[14].

Não demorou muito, entretanto, para que tal ardor esfriasse e as "demonstrações políticas" cessassem. Agora, não era mais Marx e Engels que eles discutiam, porém Nietzsche, Baudelaire, Wagner e Leonardo da Vinci. Não cantavam mais hinos revolucionários, mas recitavam uns para os outros poemas simbolistas e os versos que eles próprios escreviam, imitando-os.

O simbolismo era então dominante entre as tendências em moda, não só devido ao poder da poesia, mas também ao fato de ser, como o romantismo, não apenas um movimento literário. Na Rússia, houve pelo menos duas ondas

13. Bakhtin, "From the Prehistory of Novelistic Discourse", *The Dialogic Imagination: Four Essays by M.M. Bakhtin,* ed. Michael Holquist, trad. Caryl Emerson e Michael Holquist, Austin: University of Texas Press, 1981, p. 64. Veja também Milosz, *Native Realm.*

14. Nicholas Bachtin, "The Russian Revolution as Seen by a White Guard", *Nicholas Bachtin,* p. 47.

simbolistas. A primeira, que prevaleceu até por volta de 1904, constituiu em certa medida um eco do simbolismo francês, com sua *décadence*. A segunda, que durou até os inícios da década de 1920 e foi representada principalmente por Viatcheslάv Ivanov, Biéli, Blok e Merejkóvski, sofrerá influências mais ponderáveis de fontes alemãs e apresentava uma propensão mais filosófica e religiosa. A variedade germânica foi que exerceu maior impacto sobre os dois irmãos na época em que frequentavam a escola e eram estudantes.

O simbolismo na Rússia surgira em certa medida em reação aos vários ismos que haviam dominado o pensamento russo desde a radical "geração dos anos sessenta", tais como o positivismo, o materialismo, o industrialismo e o racionalismo. O simbolismo salientava os valores estéticos da arte e rejeitava a noção de que o dever do artista era expor os males sociais. Na primeira onda do simbolismo russo, a francesa, esta reação exprimiu-se em um esteticismo *fin de siècle e* num prazer de chocar o público. A segunda onda, a alemã, não abandonou o pendor para um extravagante inconformismo, mas produziu uma resposta mais filosófica ao nexo dos valores postos em xeque. No centro de sua estética havia toda uma epistemologia. Estes simbolistas acreditavam num tipo de cognição situado muito além do alcance do positivismo mundano. A seu ver, existia uma realidade superior que não podia ser conhecida por meios objetivos, mas à qual o poeta dispunha de acesso, pois a intuição e a imaginação artísticas teriam êxito nessa tarefa em que a racionalidade havia falhado. Tais simbolistas aduziam com frequência a afirmação de Goethe, "Tudo o que existe é apenas um símbolo", a fim de provar que uma arte que proporcionasse uma representação simbólica da realidade levaria, como Ivanov o colocara, "a alma do espectador *a realibus ad realiora* [do real a uma realidade mais alta]"[15].

Nikolai foi atraído pela corrente nietzschiana do movimento simbolista, ainda como ginasiano. A leitura de *O Nascimento da Tragédia*, aos onze anos de idade, mudou o rumo de sua vida. *A Morte dos Deuses* de Merejkóvski também lhe causou forte impressão. Ainda adolescente, tornou-se líder e gênio de um pequeno e seleto círculo de colegas de ginásio que viviam "em estado de contínua tensão intelectual, sabendo que tinham milhares de livros para ler e uma infinidade de coisas para aprender, mas acreditando que tão logo houvessem absorvido os séculos de pensamento humano, desenvolveriam uma linha própria e se tornariam, por sua vez, criadores". Não se sabe se Mikhail também era membro desse grupo, mas é indubitável que o referido círculo fazia parte integrante do ambiente intelectual em que ele cresceu. O caráter e a estrutura do grupo antecipavam o de Nevel, do qual participaria mais tarde, embora o de Vilno apresentasse um inconformismo mais extravagante em seu modo simbolista. Um antigo integrante deste último recorda que ocasionalmente eles passavam a noite festejando e bebendo ou, com a esperança de

15. Vjačeslav Ivanov, *Po zvezdam: Opyty filosifskie, èstetičeskie i krítičeskie*, reimp., Letchworth, Herts: Bradda Books, 1971, p. 248.

induzir visões, fumando haxixe, mais frequentemente porém ficavam passeando por Vilno até o amanhecer, recitando poesia e filosofando"[16].

Mikhail sempre foi apaixonado pela literatura simbolista, especialmente pela poesia de Blok, Ivanov e Ânenski. O simbolismo, entretanto, era para ele algo mais do que apenas uma questão de predileção estética. Os escritos filosófico-religiosos de certos simbolistas exerceram muito cedo influência em suas tentativas de equilibrar a religião com outros aspectos da vida. A preocupação dos simbolistas russos em justificar sua poesia em termos de uma compreensiva "filosofia da cultura" também estimulou Bakhtin a elaborar uma "antropologia filosófica" de sua própria lavra.

Por volta de 1919, quando Bakhtin escreveu sua primeira obra subsistente, já havia deixado para trás em sua evolução intelectual as ideias mais românticas e fantasiosas desenvolvidas pelo simbolismo tardio. Colocava agora a linguagem e a aquisição da linguagem no centro de sua epistemologia e rejeitava tanto a noção freudiana de inconsciente quanto o privilégio simbolista dado as fontes não verbais e não racionais da cognição, tais como a música, a intuição, o frenesi e os símbolos. Acima de tudo, negava o acento neoplatônico que os simbolistas faziam recair sobre uma ordem superior de realidade inacessível aos comuns dos mortais. Bakhtin, ao contrário, defendia a causa da realidade e da experiência presentes, cotidianas. A etiqueta simbolista *de realia ad realiora* opunha uma radicalização do *hic et nunc* (aqui e agora).

Bakhtin, entretanto, reconheceu sua dívida para com Viatcheslàv Ivanov, sobretudo no tocante à coletânea de ensaios *Borozdy i meži* (*Sulcos e Fronteiras*), que apareceu em 1916 mas incluía trabalhos publicados em revistas num período de oito anos. Por exemplo, o ensaio sobre *Dostoiévski*, impresso originalmente em 1911, prefigura a teoria bakhtiniana do romance polifônico. O fato de o autor transpor a todo momento o problema filosófico do conhecimento e da natureza da verdade religiosa para o problema cognato da comunicação constituía algo pertinente aos interesses de Bakhtin, uma vez que a comunicação e o diálogo residiam no coração de sua epistemologia. Os simbolistas da geração de Ivanov, em oposição aos decadentes da anterior, sentiam necessidade de temperar a doutrina do individualismo com alguma forma de coletividade. O próprio Ivanov elaborou uma teoria da comunicação com base, quer na experiência religiosa, quer na epistemológica, em termos de o "eu" tomar consciência de outro modo de ser, interno, um "tu"[17]. Esta oposição eu/tu foi tópico favorito de muitos outros pensadores ocidentais e russos da época, mas, dada a relação de Ivanov com a antiga Grécia e com o pensamento cristão-ortodoxo, sua versão teve especial ressonância em Bakhtin.

16. Wilson *et al.*, "Biographical Introduction", em *Nicholas Bachtin*, p. 2-3.

17. Ivanov, *Po zvezdam*, p. 427. Ver também Baxtin, "Iz lekcii po istorii russkoj literatury: Vjačeslav Ivanov", *Èstetika slovesnogo tvorčestva* (Moscou: Iskusstvo, 1979), p. 374-383.

Embora a ênfase de Ivanov no valor da coletividade o distinguisse de Nietzsche, na maioria dos aspectos estava em uníssono com os principais nietzschianos russos de seu tempo. Nutria especial interesse pela religião helênica, pela tragédia grega e pelo modelo dionisíaco-apolíneo. Suas preleções sobre "A Religião Helênica do Deus Sofredor", publicadas em 1906, exerceram grande influência no pensamento de então. Ainda que Bakhtin se declarasse mais tarde opositor de Nietzsche, é provável que ele, como seu irmão, tenham passado por uma fase inicial nietzschiana. De fato, a despeito da ulterior desaprovação ao filósofo alemão, há indícios de seu impacto na obra de Bakhtin.

Quando Mikhail contava quinze anos, seu pai foi transferido para Odessa. A família inteira mudou-se para lá, com exceção de Nikolai, que permaneceu durante dois anos em Vilno a fim de concluir o curso ginasial antes de reunir-se à família. Mikhail, entrementes, completou seus estudos secundários em Odessa.

Odessa era uma cidade muito especial. Como Vilno, tinha uma nítida marca judaica. Mas, enquanto Vilno dirigia seu olhar ao Ocidente, para a cultura polonesa, a azafamada Odessa era o principal elo entre a Rússia czarista e a Europa Meridional. Palmeiras, um enorme porto e um imponente teatro de ópera tornavam a cidade parecida com Marselha. Abrigava não só tavernas de marinheiros e covis de ladrões, mas também rica vida cultural. Era a cidade onde o violinista Iascha Heifetz estreara. Nela estavam sendo nutridos naquele tempo os escritores e outros intelectuais que extravasariam o seu âmbito para deixar a marca de sua presença nas capitais setentrionais durante os anos 1920, quando os intelectuais judeus passaram a gozar de uma mobilidade social jamais sonhada sob o regime dos czares. Em Odessa haviam nascido os humoristas Ilf e Petrov, bem como o irmão de Petrov, Valentin Katáiev, um destacado escritor soviético. Babel não só crescera nas ruas dessa cidade, como as convertera no palco de seus relatos sobre Biênia Krig, o grande gangster judeu.

Odessa, portanto, como Vilno, era um cenário apropriado para um capítulo na vida de um homem que viria a ser o filósofo da heteroglossia e do carnaval. O mesmo senso de gozação e irreverência que deu nascimento ao rabelaisiano gangster de Babel ou às artimanhas e às burlas de Ostap Bênder, a pícara personagem criada por Ilf e Petrov, imprimiu suas pegadas em Bakhtin.

Houve também um lado sério para a vida de Mikhail naquela cidade. Um preceptor alemão a serviço de uma das famílias de comerciantes de Odessa julgou o rapaz brilhante, não só pelo espírito, como pelo largo espectro do que já lera, sendo ainda tão jovem. Foi ele quem o iniciou nos trabalhos de Martin Buber. Pouco depois de chegar a Odessa, Bakhtin também tomou contato com os escritos de Kierkegaard, tendo sido de tal modo atraído por eles que tentou aprender dinamarquês a fim de lê-los no original. Mas, por limitação de tempo, viu-se forçado a abandonar o projeto e contentar-se com uma tradução alemã. Assim, antes ainda de ingressar na universidade, Bakhtin possuía extraordinário cabedal de leituras, particularmente na área da teologia especulativa. A única nuvem a pender sobre os anos passados em Odessa foi a primeira manifestação da osteomielite, quando Mikhail tinha dezesseis anos. A moléstia, extremamente dolorosa, atormentá-lo-ia até o fim da vida.

Em 1913, Mikhail entrou na universidade local, no mesmo ano em que Nikolai ingressou no Departamento de Letras Clássicas da Universidade de S. Petersburgo. Mikhail estudou em Odessa somente um ano e depois se transferiu para a capital czarista, cuja universidade mudou de nome durante a Primeira Guerra Mundial, quando a cidade passou a chamar-se Petrogrado. Seguindo os passos do irmão, Mikhail matriculou-se nos estudos clássicos da Faculdade Filológico-Histórica. A certa altura, como estudantes, os irmãos moraram juntos na Rua Nikolaiévski, 77 (agora Marat). Perto havia uma academia de equitação onde Nikolai, o aristocrata, se exercitava. Em outro momento, Nikolai alugou ura quarto na casa de uma irmã do pintor simbolista Vrúbel, onde Mikhail talvez também tenha residido.

Foi uma época excitante na vida intelectual de Petersburgo. Os jovens estavam desafiando as ideias e os modos de vida das gerações mais velhas e novos movimentos começavam a formar-se. Muitos acreditavam encontrar-se no limiar de uma nova era ou à beira de uma grande convulsão coletiva. Os simbolistas passaram a dedicar maior atenção aos problemas da identidade nacional e do envolvimento social. Mas o simbolismo, por sua vez, estava sendo reptado por novos movimentos literários e artísticos, tais como o acmeísmo e o futurismo. O acmeísmo, cujos principais expoentes eram Mandelschtam, Akhmátova e Gumilióv, opunha-se à noção de que os poetas deviam procurar um "belo além" e, trabalhando com imagens altamente específicas, empenhavam-se, ao invés, na busca da "bela clareza". O futurismo russo, entre cujos condutores figuravam Maiakóvski e Khlébnikov, era um movimento iconoclasta e seu manifesto pretendia ser "Uma Bofetada na Cara do Gosto Público". Conhecidos por seus experimentos formais, chegaram eles ao extremo na poesia do "trans-senso" e na eliminação de objeto em sua arte fortemente provocativa e avessa à imagística tradicional do discurso simbolista, que substituíam por imagens retiradas da atmosfera citadina e da era tecnológica.

Dos dois movimentos, o futurismo era o mais significativo em termos da postura intelectual de Bakhtin. Ele emparelhou com os futuristas em vários pontos de sua carreira e, embora fosse adversário da maioria das correntes contemporâneas de vanguarda, seu pensamento traz sinais desta contiguidade. Os futuristas, não obstante o seu desdém pela "academia", tinham ligações com a Faculdade Filológico-Histórica da Universidade de Petersburgo. Durante o período em que Bakhtin foi estudante, Maiakóvski, por exemplo, visitava com frequência o *campus*.

Os aliados mais próximos dos futuristas, na faculdade, eram os formalistas, o grupo que havia de funcionar como o "ilustre outro" para Bakhtin, em seus debates nos anos 20 sobre a natureza da literatura e da linguagem. A maioria das cabeças condutoras do formalismo de Petrogrado, tais como Tinianov, Eikenbaum, Chklóvski, Polivanov e Iakubínski, estudava ou ensinava na universidade local na época em que Bakhtin a frequentava. A corrente viera à luz mais ou menos às vésperas do ingresso de Bakhtin no curso universitário, num cabaré de vanguarda, em dezembro de 1913, quando Chklóvski leu um texto onde argumentava que a poesia futurista, ao chamar a atenção para os sons das palavras, as emancipara de sua significação tradicional e tornara possível percebê-las de novo. A função da arte em geral deveria ser a de forçar estas novas percepções da palavra e do mundo. Chklóvski publicou o trabalho em 1914, sob o título de *Ressurreição da Palavra.* O texto agitou os futuristas aos quais aderira, e também repercutiu entre alguns estudantes dos cursos de linguística. Eles decidiram formar um círculo chamado OPOYaZ ou Sociedade para o Estudo da Linguagem Poética. O grupo, composto por estudiosos de filologia, converteu-se em movimento crítico plenamente caracterizado, denominado Formalismo Russo, com ramos em Moscou e em Petrogrado.

Durante seus anos de universidade, Bakhtin teve menos a ver com os formalistas ou qualquer outro grupo literário, artístico ou político, do que com alguns círculos teológicos radicais. Sentiu-se particularmente atraído pela Sociedade Filosófico-Religiosa de Petersburgo que existiu de 1907 a 1917. As concepções religiosas de Mikhail, na época, podem ser inferidas do fato de que seu pedido de admissão a essa entidade em 1916 foi patrocinado por Anton Kartachev, que um ano mais tarde, como Ministro das Confissões do Governo Provisório, veio a ser a primeira pessoa na história russa a introduzir um corte no antigo vínculo entre Estado e Igreja, em favor da tolerância e da opção de crença, libertando, assim, judeus e cristãos não ortodoxos da perseguição religiosa.

Nas duas primeiras décadas do século XX houve uma acentuada revivescência religiosa no seio da *intelligentsia* russa, mas o espírito desse reavivamento estava de acordo com o espírito revolucionário reinante no país. Sintomaticamente, a Sociedade Filosófico-Religiosa de Petersburgo não era de maneira alguma o que seu nome poderia sugerir, um refúgio de obscurantismo e conservantismo em uma época de radicalismos. Era antes um foro para focalizar o debate da *intelligentsia,* muito embora a primazia coubesse a questões religiosas e ao papel da Igreja na Rússia. Como o formulou um de seus membros, as discussões do grupo estavam abertas "a todos aqueles que se encontravam à deriva na sociedade moderna" e em certo momento haviam decidido até a admitir ateus[18]. Esse foro atraía muitos dos que procuravam uma alternativa para a sociedade czarista contemporânea, inclusive anarquistas místicos e gente próxima aos terroristas revolucionários. Durante os anos de 1908 e 1909, vários socialdemocratas tomaram partido nas controvérsias que agitavam a Sociedade Filosófico-Religiosa e participaram mesmo de suas reuniões.

Os membros da Sociedade Filosófico-Religiosa de Petersburgo e de muitos outros grupos menores gerados pelo movimento de revivescência religiosa assumiam, em geral, posições radicais em uma ou outra das seguintes três áreas de debate: religião

18. Com respeito a estas observações de A.A. Meier, um membro da sociedade que era próximo de Bakhtin, ver George F. Putnam, *Russian Alternatives to Marxism: Christian Socialism and Idealistic Liberalism in Twentieth-Century Russia,* Knoxville: University of Tennessee Press, 1977, p. 96.

organizada ou Igreja Ortodoxa, política, e moralidade pessoal ou familial. Para muita gente, a preocupação com o desenvolvimento de uma nova consciência religiosa na Rússia ligava-se inextricavelmente ao desejo de fundar uma ordem social renovada, uma sociedade mais comunalista. Alguns tiravam os modelos, para esta nova organização social, das primeiras comunidades cristãs, outros do socialismo utópico francês ou do populismo russo e outros ainda pregavam um ideário que importava numa teocracia comunista[19].

A irrupção da Primeira Guerra Mundial em 1914 provocou uma crise dentro dos grupos religiosos da *intelligentsia,* na medida em que procuravam definir a sua postura no problema do patriotismo versus internacionalismo ou pacifismo. A controvérsia agitava-se precisamente em torno deste ponto quando Bakhtin entrou, em 1916, na Sociedade Filosófico-Religiosa de Petersburgo. Sua postura na questão do russofilismo ou eslavofilismo, de um lado, versus cosmopolitismo ou internacionalismo, de outro, permanece um mistério. Ele foi influenciado em outros aspectos pelas figuras exponenciais de ambos os lados da controvérsia, inclusive A.A. Meier, um porta-voz do internacionalismo, e o Padre Páviel Florênski, um porta-voz do eslavofilismo[20]. O fato de Bakhtin não ter se apresentado como voluntário ao exército, como Nikolai o fez, não constitui prova de sua posição, pois com sua osteomielite crônica teria sido recusado para o serviço militar de qualquer modo. Seja como for, muito embora fosse um grande estudioso e amante da tradição russa, Bakhtin também tinha ampla perspectiva pan-europeia.

O período em que Bakhtin frequentou a Universidade de Petrogrado, de 1914al918, coincidiu quase exatamente com o da Primeira Guerra Mundial e o das duas revoluções de 1917. Foram anos de turbulência e caos, fatos que inevitavelmente afetaram a vida universitária. Havia números minguantes nas salas de aula e crescente tibieza nas exigências dos cursos[21]. Tais liberdades proporcionaram a Mikhail largo espaço de escolha nos estudos. Não obstante, o seu próprio Departamento de Estudos Clássicos pareceu-lhe "a coisa mais próxima a um professor que eu jamais tive – se é que houve alguém assim (outro afora Nikolai, cuja influência fosse maior)". Fadei F. Zielínski, catedrático de Filologia Clássica na Universidade por mais de trinta anos, era um especialista com reputação internacional, mas também um preletor excêntrico e cheio de colorido que influenciou a vida de muitos estudantes. O poeta simbolista Blok o citou como um de seus melhores mestres[22].

19. Ver Juta Scherrer, *Die Petersburger Religios-Philosophischen Vereinungen: Die Entwicklung der Religiosen Seibstverständnisses ihrer Intelligencija-Mitglieder* (1901-1917). (Berlim: Osteuropa Institut an der Freien Universität, Historische Veröffentlichungen, 1973), vol. 19; Putnam, *Russian Alternatives to Marxism,* p. 74-76; Bernice Glatzer Rosenthal, *D.S. Merezhkovsky and the Silver Age: The Development of the Silver Age* (Haia: Martinus Nijhoff, 1975), p. 133-139.

20. Scherrer, *Die Petersburger Religios-Philosophischen Vereinungen,* p. 329-330.

21. Vsevolod Rozdestvenskij, *Stranicy zizni: Iz literaturnyx vospominanij,* 2. ed. ampl., Moscou: Sovremennik, 1974, p. 119-120.

22. Konstantin Močul'skij, *Aleksandr Blok,* Paris: YMCA Press, 1948, p. *135.*

As ideias de Zielínski deixaram marcas tanto nos escritos quanto no pensamento de Bakhtin. Boa parte de seu ulterior material sobre tipos cômicos na literatura latina proveio de trabalhos que escreveu acerca de Ovídio e Catulo sob a supervisão de Zielínski. A concepção deste, segundo a qual as formas básicas de todos os tipos de literatura já se achavam presentes na Antiguidade, refletiu-se no modo de Bakhtin encarar subsequentemente a evolução literária. Zielínski falava do triunfo da prosa sobre a poesia, algo que Bakhtin descreveu mais tarde como a novelização da cultura. Para Zielínski, como para Bakhtin, o diálogo era a expressão literária da liberdade filosófica, tornando as coisas presentes para o leitor, à vista dos argumentos que vão e voltam diante de seus olhos. A distinção estabelecida por Zielínski entre a cultura oficial de uma sociedade e a não oficial, porém mais vital, assomou largamente em Bakhtin. Ambos acreditavam no potencial do popular para minar a pesantez e o dogmatismo da alta cultura. Ambos também acreditavam que não deveria haver um corte absoluto entre o mundo de Deus e o dos desejos humanos, entre o divino e o terreno, entre o alto e o baixo. E, por fim, Zielínski sublinhava o papel revivificante do humor na peça satírica, que se tornou um exemplo favorito de Bakhtin. Zielínski, entretanto, era em essência expressão da fase nietzschiana da vida intelectual russa, identificando-se estreitamente com simbolistas como Ivanov[23]. Bakhtin desenvolveu-se para além de seu primeiro mentor ao assimilar uma linguística e uma teoria social sofisticadas, de modo que suas reformulações das ideias de seu mestre têm hoje ressonância, enquanto as formulações de Zielínski parecem datadas.

Por sua identificação com o simbolismo, Zielínski não capturou a imaginação daqueles contemporâneos de Bakhtin que se identificavam com a vanguarda literária e crítica, a qual tendia a relegar o simbolismo a um segundo plano. Chklóvski, por exemplo, julgava-o erudito porém arrogante, um nietzschiano que "acreditava num superfuncionário que, tendo concluído o ginásio com uma educação clássica, podia considerar-se acima da moralidade comum"[24]. Mas Zielínski exerceu profunda influência sobre os estudantes da geração de Bakhtin que não eram seguidores da vanguarda. Ele foi um importante ideólogo do assim chamado Helenismo, um movimento a que pertenceram em um e outro momento muitos dos amigos de Bakhtin e o seu irmão, assim como possivelmente ele próprio.

De acordo com os princípios deste movimento, a era do helenismo na Grécia, introduzida pelas conquistas de Alexandre Magno, possuía um *ethos* ideal para os dias de hoje. Durante a época helenística, quando o poder das velhas cidades-Estado estava em declínio, o império grego expandiu-se a ponto de abranger muitos outros países, grupos étnicos e culturas do Oriente. A sociedade grega tornou-se menos

23. Fadej Zelinskij, *Drevnyj mir i my* (S. Petersburgo, 1903), p. 70-77; Zelinskij, *Religija èllenizma* (Petrogrado: Academija, 1922), p. 13; Thaddeus Zielínski, *Die Märchenkomödie in Athen* (S. Petersburgo, 1885): Roždestvenskij, *Stranicy zizni*, p. 175.

24. Vikor Šklovskij, *Žili-byli: Vospominanija, memuarnye zapisi, povesti o vremeni konca xix v. po 1964 g.* (Moscou: Sovetskij pisatel', 1966), p. 93.

autoritária e desenvolveu forte interesse nas questões individuais e éticas. Foi uma época inquieta de constantes comoções. Por terem se desvanecido as velhas linhas que separavam nações, classes, famílias, raças e até sexos, um novo cosmo social precisou ser criado. Os valores apresentavam-se em estado de constante fluxo; nada parecia certo e tudo estava sujeito à reavaliação. O interesse pelo mundo externo também era crescente. Os gregos tornaram-se menos nacionalistas e elitistas. Outros grupos étnicos não eram mais encarados como meros bárbaros. Os gregos denotavam grande tolerância para com a outridade e estavam prontos não só a experimentar os produtos locais onde quer que fossem, como até a assimilar as religiões dos povos conquistados à sua própria religião. Ao mesmo tempo, passaram a estar menos interessados em conquistas militares e mais preocupados com a humanidade. Como W.S. Ferguson o exprimiu, "a teoria política dos gregos saltou, com um só pulo, da realidade da *polis* para a visão do 'universo do homem', o *oecumene*"[25].

Zielínski procurava conquistar prosélitos para o seu ensinamento sobre o papel central dos estudos clássicos na educação geral, salientando que a cultura clássica não devia ser "uma norma, porém uma força viva em nossa cultura"[26]. No seu afã de cerrar o hiato de tempo, chegava a colocar que se podia aprender muita coisa da antiga Hélade por meio do moderno folclore grego. Esta ideia foi levada adiante pelo "pupilo favorito" de Zielínski, o irmão de Bakhtin, o qual levou as concepções do mestre para Birmingham, onde pôs logo todos os alunos do Departamento de Estudos Clássicos a estudar o grego moderno a fim de que a língua grega pudesse ter uma expressão oral viva.

Assim, para a *intelligentsia,* o helenismo proporcionava outra solução à velha busca de uma verdadeira comunidade, uma busca que no século XIX produzira panaceias como a comuna aldeã ou *mir* e o movimento populista. No helenismo, entretanto, a intelectualidade mais culta não propunha uma solução retrogressiva, como a de reduzir o seu elevado nível de educação ao do povo, nem aventava uma solução puramente local. Pelo contrário, sua panaceia endossava a alta cultura e o espírito de livre indagação. Tinha em vista uma espécie de revolução intelectual perpétua conduzida com o mais alto grau de consciência e responsabilidade éticas.

Os helenistas eram também em geral intelectuais buscadores de Deus ou ortodoxos. Viam a tradição helenística como parte da linhagem da tradição religiosa russa, que seguiu a igreja bizantina ou grego-ortodoxa e não a católico-romana. No entanto, seu helenismo era concebido não como estreito e dogmático, porém como ecumênico e tolerante no espírito, algo passível de ser alcançado em uma igreja ortodoxa russa "renovada" ou até em uma associação religiosa inteiramente nova. Esta nova associação seria fundada na Rússia,

25. W.S. Ferguson, "The Leading Ideas of the New Period", *The Cambridge Ancient History,* vol. 7, Cambridge: Cambridge University Press, 1954, p. 36.

26. Zelinskij, *Drevnyj mir i my,* p. 64; *Nicholas Bachtin,* p. 122-132.

mas seria internacional no escopo[27]. Era, acima de tudo, este espírito internacionalista ecumênico do helenismo que atraía para o movimento os jovens intelectuais de Petersburgo.

Ao ver dos helenistas, o espírito de investigação reafirmou-se periodicamente na história, antes de tudo em oposição ao espírito de dogmatismo ou de opressão autoritária que os helenistas deploravam. Duas vezes na história europeia este espírito "helenístico" prevaleceu assim sobre o seu antagonista a ponto de dominar toda uma época e, ao fazê-lo, gerar uma renascença cultural. Estes dois períodos foram diferentemente identificados como a revivescência helenística em Roma seguida pelo Renascimento, ou como a Renascença italiana seguida pela Renascença alemã[28]. Muitos helenistas, entre eles o próprio Zielínski, que gostavam de enxertar o helenismo na velha teoria de Moscou-terceira-Roma, prediziam o advento de um "terceiro Renascimento" na Rússia.

Assim, o helenismo constituía, em muitos aspectos, apenas expressão particular do fervor milenário amplamente difundido entre a *intelligentsia* russa à véspera da Revolução de 1917. Ele pregava a revolução intelectual, isto é, a abolição dos regimes dogmáticos autoritários, e o internacionalismo, combinados idiossincraticamente com a necessidade de uma educação clássica como trampolim para alcançar todos esses valores e com a importância de algum componente religioso, se não efetivamente ortodoxo. Ser um acadêmico versado na cultura helênica parecia a Nikolai, na época, tal qual a seus amigos, "como participar de uma perigosa e excitante conspiração contra as próprias bases da sociedade moderna em nome do ideal grego"[29].

Não se sabe quão envolvido ficou Mikhail no movimento da Terceira Renascença, embora a maioria dos ideais desta enformem seus escritos. Mas Nikolai foi membro dirigente de uma sociedade organizada por Zielínski e denominada União da Terceira Renascença, que se compunha de uma dúzia de jovens filósofos, poetas e especialistas no campo dos estudos gregos. Na última reunião da entidade, ocorrida em 1917, às vésperas da Revolução de Outubro, com o fogo dos canhões já espoucando embaixo, nas ruas, Zielínski citou os versos de Tiutchov: "Benditos sejam aqueles que visitaram este mundo em seus momentos fatais". Nikolai pronunciou então uma palestra onde comparava a cultura da Rússia de Petersburgo, não com o período helenístico, porém com a anterior civilização micênica. Argumentava que ambas as civilizações eram meras expressões locais de outras maiores – a da Rússia, da civilização europeia, e a de Micenas, da cultura cretense. Aqueles micênios que se esconderam nas montanhas escaparam por isso "aos encantos de Creta e mantiveram seu espírito helênico puro de liga minoana". Quando a oportunidade chegou,

27. Ver G.P. Fedotov, *I est' i budet: Razmyšlenie o Rossii i o revoljucii* (Paris: Novyj grad, 1932), p. 202-203.

28. Ver F. Zelinskij, "Vjačeslav Ivanov", em *Russkaja literatura xx veka (1890-1901)*, ed. S.A. Vengerov, vol. 1 (Moscou: Mir, 1922), p. 112-113.

29. Para esta e as subsequentes citações no presente capítulo, ver *Nicholas Bachtin*, p. 43-44.

desceram de suas montanhas e, insensíveis aos atrativos de uma civilização estrangeira, varreram o mundo micênico e a elite cretizada que o criara, mergulhando a península em destrutiva confusão, a partir da qual devia erguer-se a verdadeira Grécia – mas somente após longos séculos de Idade das Trevas.

Por analogia, chegara agora o momento em que a Rússia, que vivera longamente sob a égide de uma elite ocidentalizada e da "civilização de Petersburgo" que ela criara, havia de ser atirada à confusão e à escuridão pela revolta dos operários, dos camponeses e dos pobres, para quem a civilização de Petersburgo era incompreensível e alheia e que estavam "afirmando os direitos da alma cita que *nós* traímos". Nikolai desafiava o auditório nos seguintes termos:

> Examinai vossas fidelidades e vede o que é mais forte. Devemos ficar aqui [...] esperando que o novo mundo surja (e lembrai-vos que teremos de esperar longamente)? Ou içaremos vela rumo à nossa pátria espiritual, a Creta (pois nossa Creta é ainda poderosa e nossa Cnossos ainda está de pé)?

O veredicto unânime do grupo foi de que deviam ir para Creta. Dois meses mais tarde, no trem em que deixava Petrogrado a fim de dirigir-se para o sul em disfarce de soldado desmobilizado, Nikolai anotou que toda a população parecia estar abandonando a cidade e movendo-se para o sul, na direção de Moscou, a capital original, e concluiu com um flOrelo: "O período de Petersburgo [...] está agora finalmente encerrado".

Nikolai estava sendo, como de costume, mais grandioso do que correto. A cultura de Petersburgo ainda era algo muito vivo e continuaria a fazer-se sentir. Entretanto, a sua partida marcou o fim de uma era para Mikhail, a era em que fora a sombra do irmão, e assinalou a entrada de Mikhail para a vida intelectual adulta.

2

Nevel e Vitebsk 1918-1924

A reação da *intelligentsia* russa à revolução bolchevista foi, como seria de prever, complexa. Alguns intelectuais acolheram-na com horror, outros com entusiasmo. Havia aqueles que acreditavam ter a Revolução apenas permitido aos filisteus conspurcar e pilhar os tesouros da cultura russa. Outros viam-na como a realização de profecias escatológicas. Outros ainda consideravam-na uma força depuradora que desalojara o regime czarista e abrira espaço para novas atitudes, gostos, costumes, arte, literatura e até cidades.

Em geral, a resposta à Revolução correu por linhas demarcadas pela geração. O velho *establishment* intelectual foi em grande parte alienado pela Revolução. Em particular, os pensadores religiosos ou os autores influenciados pela religião, como Viatcheslàv Ivanov. Por volta de 1923, a maioria de tais figuras havia deixado a Rússia ou fora expulsa. Mas o êxodo não ficou restrito aos religiosos ou à ala da direita. Até Máximo Górki abandonou o país, em 1921, para retornar tão somente no fim da década.

Os jovens, em compensação, saudaram com entusiasmo a Revolução. Estes seus defensores incluíam não apenas a ala política da esquerda, mas também a vanguarda cultural interessada na experimentação formal em literatura e arte. No meio vanguardista reinava uma atmosfera de euforia, entusiamo milenário e auto sacrifício. O poeta cubofuturista Maiakóvski, por exemplo, dormia no assoalho do Telégrafo Central de Moscou, de modo a estar pronto a elaborar os cartazes de propaganda com base nos acontecimentos, à medida que saíam quentes da fita do teleimpressor.

Os moços tinham bons motivos para aplaudir a Revolução. Na esfera cultural, eram os seus principais beneficiários. O alheamento ou pura emigração da geração mais velha propiciou aos jovens maior mobilidade ascensional e oportunidades mais prematuras de reconhecimento nos respectivos campos. Muitos escritores foram propelidos à proeminência em tão tenra idade que algumas das figuras hoje dirigentes na União dos Escritores já eram bem conhecidas nos anos de 1920. Os futuristas deixaram de ser figuras do anti*establishment* e se moveram para o topo da hierarquia cultural, detendo postos no Ministério da Cultura e dirigindo institutos de arte.

O período pós-revolucionário assistiu a uma expansão sem precedentes da educação superior e das instituições culturais. O número de estabelecimentos terciários, por exemplo, subiu em fins dos anos 1920 de 97 em 1913 para 151. Um decreto de 1918 aboliu todos os pré-requisitos educacionais ao ingresso numa faculdade; era necessário apenas, para ter direito à matrícula, uma votação do conselho da escola. Esta ampliação, juntamente com as vacâncias causadas pela demissão de todo e qualquer elemento politicamente suspeito, significava que os aspirantes a cargos acadêmicos conseguiam amiúde o seu intento sem ter de percorrer o caminho normal da titulação pós-graduada e o aprendizado com alguém mais velho na carreira. Foi assim que o discípulo dos formalistas, Kaviérin, que acabava de concluir seu curso universitário, pôde com vinte e dois anos de idade dirigir seminários sobre literatura moderna no recém-credenciado Instituto para a História das Artes de Petrogrado, onde a maioria dos mentores do jovem professor, eles próprios apenas ligeiramente mais velhos do que ele, estavam instalados nas posições superiores da hierarquia acadêmica[1].

Os intelectuais de regiões afastadas também se beneficiaram com a Revolução. Novas universidades foram fundadas nas províncias com o fito de estabelecer equilíbrio em relação aos privilégios detidos por Moscou e Petrogrado. Inversamente, tornou-se mais fácil para o provinciano fazer carreira na antiga e na nova capital russa. Um dos grupos a ser favorecido com isso foi o judaico, cujos membros eram anteriormente mantidos fora da corrente principal da vida cultural, a menos que se batizassem e pertencessem à classe média, como Boris Pasternak. Durante os anos 1920, muitos judeus, como Babel e a maioria dos formalistas, tornaram-se figuras proeminentes na vida literária soviética.

O preço desta maior mobilidade foi a convulsão, a desordem e o caos. Tão logo a Revolução se tornou vitoriosa e a União Soviética viu-se fora da Primeira Guerra Mundial, o país mergulhou na Guerra Civil e sofreu o assalto das potências intervencionistas estrangeiras. Eram tempos muito árduos e perigosos. Suprimentos essenciais, tais como comida e combustíveis, ficaram escassos, havendo muita pilhagem e anarquia generalizada.

As duas principais cidades, Moscou e Petrogrado, figuravam entre as mais duramente atingidas. Durante o terrível inverno de 1918, Petrogrado ficou enterrada sob as nevascas. Os bondes não circulavam e não havia iluminação nas ruas. As pessoas, envoltas em seus casacos de pele, permaneciam sentadas dentro dos apartamentos

1. D.P. Končalovskij, *Vospominanija i pis'ma (ot gumanizma k Xristu)*, Paris: Librairie du cinq continents, 1971, p. 158-161; Veniamin Kaverin, *Sobesednik: Vospominanija i portrety*, Moscou: Sovetskij pisatel', 1973, p. 9.

regelados. Em vez de pão, comiam pútrido peixe seco e biscoitos feitos de casca de batatas. O inverno seguinte não foi melhor. Os que viviam em prédios dependentes de aquecimento central morriam de frio. Os encanamentos d'água estouraram e os condutos de esgoto congelaram. Os moradores eram obrigados a aliviar-se nas ruas. Os que tivessem a sorte de possuir uma estufa bojuda queimavam tudo quanto estivesse à vista – primeiro a mobília, depois os livros e finalmente as tábuas do assoalho. Muitos pereceram de fome ou sucumbiram ao cólera e ao tifo[2].

Estranhamente, os intelectuais estavam em melhor situação do que muitos outros. Górki desempenhou certo papel neste sentido, estabelecendo uma organização de ajuda, do tipo Cruz Vermelha, chamada Comitê de Melhoria das Condições de Vida dos Doutos, que dava a quem fosse considerado digno de recebê-la uma "ração acadêmica" de provisões extras. O escritor também ajudou a encontrar lugares de abrigo para autores e eruditos em alojamentos e hospitais, onde os residentes eram abastecidos com lenha, comida e roupa. Tais refúgios não acolhiam unicamente escritores ligados ao Partido ou simpatizantes, pois naqueles anos de confusão até dissidentes, como V. Khodasiévitch e Viatcheslàv Ivanov, foram aí abrigados.

Os intelectuais em geral não se sentiram abatidos pelo desconforto material. Ao contrário, ficaram num estado de espírito de "júbilo desesperado". Era uma época de grande excitação intelectual e, como compensação para a escassez de papel, o que tornava muito difíceis as publicações, eles desenvolviam boa parte de suas atividades por via oral. Os russos têm um gosto particular pelas apresentações verbais. Naqueles anos também, reuniam-se em grupos, debatiam em público e davam preleções. Na cozinha da mais famosa hospedaria de escritores, a Casa das Artes em Petrogrado, autores de todas as orientações juntavam-se e discutiam noite adentro. Organizavam-se debates públicos entre pessoas de convicções opostas. Por exemplo, no Museu Politécnico de Moscou, Viatcheslàv Ivanov travou uma discussão pública com Lunatchárski, o Comissário para a Instrução, sobre a existência de Deus, um tópico muito popular naqueles anos[3].

Afora as privações materiais desse tempo, os intelectuais corriam sempre o risco de serem presos por ligações politicamente duvidosas. Em consequência, um grande número fugiu de Moscou e Petrogrado para as províncias, onde os suprimentos eram melhores e os perigos menores – tal como a família Jivago, que vai para os Urais no romance de Pasternak. Muitos, porém, não conseguiam permanecer por longo tempo em seus locais de refúgio. A medida que a guerra civil avançava ou os amigos e a família

2. Konstantin Močul'skij, *Aleksandr Blok* (Paris: YMCA Press, 1948), p. 397; Victor Shklovsky, *A Sentimental Journey: Memoirs, 1917-1922,* trad. Richard Sheldon (Ithaca: Cornell University Press, 1970), p. 114-115, 175, 235.

3. Clarence Brown, *Mandelshtam* (Cambridge: Cambridge University Press, 1973), p. 85; Vsevolod Roždestvenskij, *Stranicy žizni: Iz literaturnyx vospominanij* (Moscou-Lenin-grado: Sovetskij pisatel', 1962), p. 192-193; O. Desart, "Vvedenie", em Vjačeslav Ivanov, *Sobranie sočinenij* vol. 1 (Bruxelas: Foyer Oriental Chretien, 1971), p. 160.

chamavam, eles se transferiam para outros sítios. Para numerosas personalidades literárias, a Guerra Civil foi um período de repetidos desarraigamentos[4].

Nesta existência inquieta, errante, surgiam breves interlúdios em cidades provincianas, uma após outra, quando espíritos apurados se reuniam por acaso. Seu encontro desencadeava brilhantes, mesmo que efêmeros, intercâmbios intelectuais, acompanhados talvez pela fundação de alguma sociedade ou revista. Um lugar assim foi Kiev, onde em 1919, como Victor Chklóvski assevera em suas memórias com típica hipérbole, "a burguesia e a *intelligentsia* da Rússia estavam invernando"[5]. Outro bolsão provincial de brilho foi a casa do poeta Volóchin em Koktebeil, na Crimeia, onde Nikolai ficou por algum tempo. Mais um foi Vitebsk, cidade em que grupos de artistas de vanguarda, como Chagall e Malévitch, tomaram parte num breve renascimento cultural. Um bolsão menos conhecido existiu em Nevel, para onde, após formar-se na universidade, Bakhtin se dirigiu na primavera de 1918, a fim de escapar à fome e ao frio de Petrogrado, tendo sido seguido pouco depois por sua família.

A Revolução, que coincidiu mais ou menos com o ingresso de Bakhtin na vida adulta, não o impeliu a um prematuro estabelecimento como autor ou professor, algo que aconteceu a muitos jovens da província. Ele não desfrutou da "ração acadêmica" nem encontrou lugar em alguma das instituições de estudos superiores onde pudesse lecionar ou publicar. Para Bakhtin, a primeira década pós-revolucionária foi a de uma longa luta, quer para ganhar o sustento, quer para divulgar os seus pontos de vista. Esta luta ocorreu em parte porque não era agressivo nem prático, mas principalmente porque estava, como os soviéticos diziam, em "descompasso com sua época" (*nesozvučen èpoxe*). Estava em descompasso não só com o pensamento marxista dominante naquele período, mas também com o inconformismo da vanguarda. Pregava não uma revolução estrutural, porém uma imersão na complexidade e na interioridade.

A Revolução, não obstante, exerceu grande impacto sobre o desenvolvimento intelectual de Bakhtin. As privações e os deslocamentos vindos na esteira revolucionária e da sequente partida de Nikolai para fora da Rússia tiraram Mikhail do tipo de vida que, do contrário, teria levado. Durante dois anos, em Nevel, lecionou no que era de fato um ginásio e trabalhou como cabeça do *presidium* do conselho da escola[6]. Envolveu-se também com um círculo filosófico que, em termos de estimulação e vinculações, preencheu a lacuna deixada pelo irmão. A partir das discussões deste grupo, Bakhtin

4. Ver *e. g* Brown, *Mandelshtam*, p. 72-101.

5. Shklovsky, *A Sentimental Journey*, p. 156.

6. Bakhtin, *Trudovoj spisok* (Carteira de Trabalho, documento oficial). Segundo esta Carteira, Bakhtin empregou-se como professor de escola secundária em 1 de janeiro de 1918, e começou a trabalhar no ginásio apenas em agosto, o que significaria que ele se mudou para Nevel e principiou a trabalhar antes de formar-se pela Universidade de Petrogrado em meados de 1918. Isto era bem possível naqueles tempos caóticos, e no início de 1918 Bakhtin tinha provavelmente que completar apenas seus longos ensaios a fim de graduar-se. Entretanto, de acordo com a a maioria dos relatos, Bakhtin mudou-se para Nevel na primavera de 1918.

formulou os conceitos e as preocupações que haveriam de lhe dominar o pensamento para o resto de sua vida.

Nevel não era um lugar auspicioso para ser um centro intelectual. Era uma pequena cidade, a cerca de 300 milhas ao sul de Petrogrado por ferrovia. Sua população, em 1923, somava apenas 13 000 almas, e a área era sobretudo agrícola, embora a cidade pudesse gabar-se de contar com quatro serrarias, um curtume e algumas cooperativas de cerâmica[7]. Era um sítio aprazível, com bosques em derredor e um grande lago. Devido a sua localização na Rússia ocidental, tinha uma história política cheia de altos e baixos. Pertencera sucessivamente à Lituânia, à Polônia e, desde 1772, à Rússia. Na época da Revolução, dada a imposição czarista com respeito à Pale, isto é, a zona de residência permitida aos judeus, Nevel era uma cidade essencialmente judaica.

Neste lugar pouco promissor aconteceu que um certo número de intelectuais se reuniu, em 1918, para formar um grupo. Conquanto vários deles levassem uma vida peripatética naqueles tempos caóticos, de seus encontros emergiu um senso de compromisso de um com outro e uma crença de que estavam fazendo algo de importante. Os membros do grupo tinham em comum uma paixão pela filosofia e pelo debate de ideias. Encontravam-se para as assim chamadas noites filosóficas em que os participantes ou discutiam uma obra importante no campo da filosofia, "dos antigos gregos até Kant e Hegel", ou um trabalho contemporâneo ou um texto de um pensador religioso como Santo Agostinho, Vladimir Solovióv ou Viatcheslâv Ivanov. Era uma época de "chá forte e conversa até o amanhecer". Os espíritos estavam animados, os debatedores eram jovens, sendo a maioria também excêntrica, e as discussões, que se tornavam às vezes acirradas, eram "magníficas". De fato, tais reuniões eram mais do que meras "noites filosóficas". Naqueles ingênuos e impetuosos anos pós-revolucionários seus jovens participantes acreditavam que algum dia haveriam de irromper na frente filosófica e fundariam a "escola Nevel de filosofia"[8].

O círculo de Nevel incluía um largo espectro de interesses e ocupações profissionais. Foi formado por dois grupos de velhos amigos, bem como por alguns indivíduos da região, como um certo Koliubákin que era um médico bacteriologista local. Um dos grupos de amigos compreendia Vladimir Zinoviévitch Ruguévitch, Valentin Nikolaiévitch Volochinov e Boris Mikhailóvitch Zubákin, que haviam frequentado o ginásio juntos, provavelmente em São Petersburgo. Ruguévitch, um engenheiro de origem polonesa, tinha convidado os outros dois, juntamente com a mãe de Volochinov, a virem abrigar-se das provações de Petrogrado na propriedade da família Otradnoie em Izocha, uma cidade ao norte de Nevel. Nesta época Ruguévitch conheceu sua futura esposa, Ana Sergueiévna Reibisova, uma neta de Rubinstein. Ana Sergueiévna,

7. *Nevel'skij uezd pskovskoj gubernii: Istoriko-èkonomičeskij očerk* (Nevel': Krasnyj pečatnik, 1925), p. 7, 27.

8. *Marija Veniaminovna Judina*, ed. A.M. Kuznecov (Moscou: Sovetskij kompositor, 1978), p. 32, 308; "Pis'ma M.M. Baxtina M.I. Kaganu", *Pamjat': Istoričeskij sbornik*, n. 4 (Paris: YMCA Press, 1981), p. 266.

médica em Nevel, que tinha forte interesse por arte, também se tornou membro desse círculo.

Volochinov, nascido em Petersburgo em 1895 ou 1896, estudou por pouco tempo na Faculdade de Direito da Universidade de Petrogrado antes de mudar-se em 1916 ou 1917 para Izocha, onde lecionava na escola local. Como foi típico dos membros deste círculo, Volochinov tinha outros interesses além da filosofia, tais como a história da música, campo em que mais tarde publicou trabalhos. Não pôde prosseguir o estudo de seu instrumento eleito, o piano, por causa de um braço definhado, sequela de uma tuberculose, mas como amador empreendeu composições que denotavam influência de alguns discípulos de Scriábin. Também escreveu poesia, bastante medíocre, e considerava-se um "poeta do coração"[9].

Volochinov foi um dos membros menos coloridos do círculo. Por contraste, o seu melhor amigo no grupo, Zubákin, era o mais imperturbavelmente inconformista e efervescente. Nascido em São Petersburgo, em 1894, era um místico que, mais tarde, veio a ser um dos poucos maçons sobreviventes na Rússia. Foi também um aventureiro e, dentre todos os participantes do círculo de Nevel, o que chegou mais próximo da condição de uma personagem de "carnaval". Zubákin era famoso pelas atrevidas peças que pregava. Adorava jogo de palavras e palavras mágicas e tinha um estoque infinito de truques de salão. Numa festa, por exemplo, fazia com que quinze pessoas lhe dessem cada qual uma palavra; depois compunha um poema triste usando os termos coletados na ordem em que haviam sido pronunciados e, em seguida, inventava um poema cômico, invertendo a ordem das palavras.

O segundo grupo de amigos no círculo de Nevel compreendia Bakhtin, Lev Vasiliévitch Pumpiânski e Maria Veniaminovna Iudina. Bakhtin encontrara Pumpiânski na universidade e este, que havia prestado o seu serviço militar esporadicamente em Nevel desde 1915 ou 1916, foi um dos que primeiro sugeriram a Mikhail a vinda para Nevel. Pumpiânski era uma figura inquieta mas inspiradora, estando sempre cercado de discípulos. Nascido em Vilno, de mãe francesa, tendo o francês como sua primeira língua, estava sempre orientado para a Europa Ocidental. Embora três anos mais velho do que Nikolai, é quase certo que o tenha conhecido no ginásio de Vilno[10]. Pumpiânski, que fora rebelde em sua juventude, saíra de casa aos dezessete anos e daí por diante sustentara-se com aulas particulares. Fora obrigado a deixar a Universidade de Petersburgo em 1912 sem formar-se, mas continuara estudando lá intermitentemente até 1919.

O discípulo mais próximo de Pumpiânski, em Nevel, foi a futura concertista de piano Iudina. Nascida em 1899, em Nevel, onde o pai dela, um médico judeu e veterano adepto das reformas, passara a encabeçar o soviete da cidade após a Revolução. A filha, aluna do conservatório em Petrogrado, respondera com entusiasmo à

9. Entrevista de Nina Arkadievna Volochinova, em Leningrado, a Susan Layton, em 6 de maio de 1980, e a Katerina Clark, em 19 de novembro de 1983.

10. Tanto Nikolai quanto Pumpiânski citaram Lopatto e Kobeko como sendo seus amigos mais próximos no ginásio.

Revolução de Fevereiro e atirara-se ao trabalho de pronto-socorro, assistindo à milícia local, e instruindo pessoas no modo de conduzir um *playground* para crianças. Em 1918, abandonou os estudos e regressou a Nevel a fim de atender à mãe que estava à morte. Lá, era professora de jardim de infância e ensinava música durante o dia e, de noite, extenuava-se nas discussões com o grupo de Bakhtin. Iudina e Mikhail, que eram muito amigos, empreendiam juntos longos passeios ao redor do lago e travavam incessantes debates filosóficos. Tinham em comum não só o amor pela filosofia, como também, desde criança, a imersão na cultura alemã.

De todos os membros do círculo de Nevel, o mais próximo de Bakhtin, todavia, era Matvei Isaiévitch Kagan. Nascido em 1889, foi o que mais contribuiu para preencher o claro intelectual e pessoal que a partida de Nikolai abrira. Por ser ligeiramente mais velho e ter um doutorado em filosofia na Alemanha, bem como um certo número de publicações em alemão ligadas a seu nome, atuava como uma espécie de mentor do grupo. Era natural da província de Pskov, mas sua família vivia em Nevel desde que ele tinha dois anos de idade. Recebera a educação usual de um judeu pobre na Rússia, significando isto que não falara russo na infância. As primeiras palavras russas que ouvira foram: "Vou te matar" e "Passou pelo censor"[11]. Como era comum entre os intelectuais judeus daquela época, Kagan aderiu ao Partido Social-Democrata ainda na escola e sofreu na juventude várias prisões e desterros. Estando em Smolensk a serviço do Partido, como afirmou mais tarde, conseguiu ocultar Stálin das garras da polícia. Mesmo sendo judeu, logrou frequentar o ginásio de Nevel e inscrever-se como externo para os exames da Universidade de Petersburgo, em 1909. Depois foi para a Alemanha a fim de estudar filosofia, matemática, ciências naturais e economia. Ao deflagrar-se a Primeira Grande Guerra, foi preso como estrangeiro inimigo e solto dois meses mais tarde, mas não teve permissão de deixar o país até a assinatura do Tratado de Brest-Litovsk, em 1918.

De volta a Nevel, Kagan passou a trabalhar no museu histórico local, a ensinar na escola e a organizar cursos destinados a elevar o nível cultural da juventude judaica da cidade. Fazia também frequentes visitas a Moscou e a Petrogrado a fim de realizar conferências e participar de debates, como era típico do grupo de Nevel, que de modo algum estava isolado da vida intelectual da capital. Como a maioria dos membros daquele círculo, Kagan tinha largo espectro de interesses e era bem-dotado em muitas coisas, sendo o seu campo principal a matemática. Enquanto permaneceu em Nevel, porém, escreveu principalmente sobre filosofia. Alguns de seus textos menores vieram à luz na imprensa local e dois trabalhos mais substanciais foram posteriormente impressos em revistas especializadas[12].

11. As informações sobre a vida de Kagan vêm de fontes orais e da "Avtobiografičeskie zametki M.I. Kagana", *Pamjat*, n. 4, p. 253-256, 276.

12. M.I. Kagan, "O vozmožnosti istorii", *Zapiski orlovskôgo universiteta*, Série de Ciências Sociais, n. 1 (Orel: Giz, 1922); "German Kogen", *Naučnye izvestija Akademičeskogò centra Narkomprosa*, vol. 2 (Moscou, 1922).

2. O círculo de Bakhtin em Nevel, 1919. A partir da esquerda: Bakhtin, Pumpiânski, Ruguévitch, Gutman (?) e Kagan.

Tais eram, pois, as principais personalidades que se reuniam em Nevel após a Revolução. Este grupo dominava a vida intelectual e cultural da cidade. Por exemplo, um concerto sinfônico local foi aberto com uma palestra de Kagan, e uma noite de leituras literárias iniciou-se com uma preleção de Bakhtin. Este também proferiu a principal alocução na solenidade comemorativa da morte de Tchékhov, e ele e Pumpiânski falaram, ao passo que Iudina tocou, numa reunião dedicada a Leonardo da Vinci. Bakhtin e Pumpiânski realizaram juntos uma montagem, ao ar livre, do *Édipo em Colona,* de Sófocles, usando um elenco de mais de quinhentos alunos das escolas locais, representação para a qual Iudina ajudou no arranjo da música. Bakhtin deu palestras públicas sobre tópicos tão elevados como "O Significado da Vida". A sonolenta Nevel respondeu com gosto a esta barragem de fogos[13].

Bakhtin e seus amigos não eram os únicos intelectuais naquela cidade. Havia também jovens marxistas, especialmente Josif Naumóvitch Gúrvitch, responsável pelo Departamento de Educação de Nevel, e um certo Gutman. Entre os dois grupos não reinava clima de inimizade. Como era típico daqueles primeiros anos pós-revolucionários, os representantes de pontos de vista opostos gostavam de travar diálogos amistosos. Bakhtin e seus amigos não eram hostis à Revolução e ao socialismo. Gúrvitch e Gutman frequentavam vários círculos de estudo conduzidos pela turma de Bakhtin e os dois grupos convidavam a cidade para discussões conjuntas sobre questões controversas. Bakhtin, Pumpiânski e Kagan ou Zubákin formavam em geral uma equipe. Entre os tópicos assim debatidos figuravam o amor, a arte e a cultura[14].

Como nas capitais, em Nevel a religião era um tópico popular para debates públicos. Bakhtin tomou parte em pelo menos quatro discussões sobre o tema. Uma pesada sessão em 27 de novembro de 1918 atraiu uma audiência de 600 pessoas, uma verdadeira multidão para uma cidade tão pequena. Às seis da tarde, duas horas antes de iniciar-se o debate, a plateia não só lotava a sala, como se comprimia nos compartimentos adjacentes, no corredor e nas escadas. A sessão foi aberta por Pumpiânski, que confessou ser cristão ortodoxo, mas louvou os comunistas, declarando-se mero espectador (*v storonke*) de sua obra. Ele falou, porém, em termos tão eruditos que o público em sua maior parte não pôde entendê-lo. Bakhtin, que também reconheceu o valor do socialismo, prosseguiu pecando em matéria de obscuridade e, ao censurar a Revolução por "não se preocupar com os mortos", não ficou claro se estava se referindo ao presente derramamento de sangue ou ao passado. No entanto, a discussão parece não ter-se desenrolado em atmosfera de acrimônia. De fato, Pumpiânski e Bakhtin aplaudiram vivamente o último orador marxista. E a multidão mostrou-se

13. Registros em *Den'iskusstva,* n. 1 (1919): 8; *Molot,* n. 101 (13 de junho, 1919): 3; n. 96 (27 de maio, 1919): 1; n. 101 (13 de junho, 1919): 3; n. 81 (1 de abril, 1919): 1; n. 128 (18 de agosto, 1919): 1.

14. *Molot,* n. 101 (13 de junho, 1919): 3; n. 81 (1 de abril, 1919): 1; n. 128 (18 de agosto, 1919): 1.

tão entusiástica que permaneceu no local até as duas da madrugada, quando o debate foi oficialmente encerrado[15].

Para o círculo de Nevel, Gúrvitch era uma figura autorizada, na medida em que ajudou os membros do grupo a encontrar uma plataforma para suas ideias. Graças a ele, em agosto de 1919 fundaram a Associação Cultivada de Nevel. Na abertura, Pumpiânski sentiu-se inspirado a declarar que em nenhum outro canto da terra, salvo a União Soviética, a arte e o estudo poderiam florescer em liberdade[16]. Havia bons motivos para que ele se mostrasse tão efusivo, pois, no âmbito da associação, Bakhtin pôde promover um grupo de estudos sobre a *Crítica da Razão Pura* de Kant, texto que na época era visto como encarnação central do pensamento "idealista" e, portanto, antimarxista.

O grupo de Nevel encarava com um senso de missão o trabalho de ilustrar as massas. Nos anos imediatamente pós-revolucionários os intelectuais russos ficaram preocupados com a necessidade de compartilhar seus privilégios culturais com os menos afortunados e diminuir a brecha entre as classes educadas e as massas, no mesmo espírito de auto sacrifício dos populistas dos anos de 1860 e 1870, quando eles se propuseram a "ir ao povo", muito embora houvesse agora um sentido menos declarado de missão política. Em 1919, por iniciativa de Gúrvitch, a Orquestra Sinfônica de Nevel viajou para uma aldeia das redondezas a fim de dar um concerto na Casa do Povo local. A maior parte da audiência na sala não aquecida nunca ouvira música clássica antes. Um ano mais tarde, Bakhtin prelecionou sobre arte na abertura de um concerto de aldeia, empreendido num espírito similar[17].

Sob a rubrica geral do programa de ilustração das massas, membros do grupo de Nevel também davam palestras livres para audiências locais. Pumpiânski proferiu oito preleções acerca da cultura europeia patrocinadas pelo Departamento de Educação. Sob os mesmos auspícios, Bakhtin pronunciou uma série de aulas sobre literatura e arte e outra sobre língua russa. Realizou também duas séries de conferências no Sindicato dos Artistas, onde falou sobre encenação teatral e história literária. Dedicou ainda outra série de palestras sobre literatura aos jovens. Além disto, envolveu-se no trabalho de organizar cursos técnicos para o Sindicato dos Metalúrgicos[18]. E provável que a motivação de tais conjuntos de preleções não proviesse unicamente do altruísmo ou do zelo proselitista, mas também do desejo de ganhar algum dinheiro a mais em tempos difíceis.

Em 1919 Gúrvitch resolveu publicar um periódico cultural, *Den'iskusstva (O Dia da Arte)*. O primeiro e único número aparece imbuído de *pathos* milenarista, o que

15. *Molot,* n. 47 (3 de dez., 1918): 3. Para informes sobre os três outros debates, ver *Motot,* n. 47 (3 de dez., 1918): 3; n. 93 (16 de maio, 1919): 3; n. 96 (27 de maio, 1919): 1; n. 136 (9 de set., 1919): 1.

16. *Molot,* n. 122 (4 de agosto, 1919): 2.

17. S.M. "Muzika v derevne", *Den'iskusstva,* n. 1 (1919): 6: *Molot,* n. 162 (19 de nov., 1919): 2.

18. Ver *Molot,* n. 80 (28 de mar., 1919): 2; n. 178 (22 de dez., 1919): 2; n. 63 (9 de junho, 1920): 2; n. 65 (14 de junho, 1920): 2.

dá uma percepção do *ethos* reinante na cidade. O tom febril das colaborações tipifica a excitação e as expectativas do período que se seguiu à vitória bolchevista. As mais utópicas possibilidades são atribuídas à arte e as metas mais ambiciosas lhe são consignadas. Em suas "Saudações à Arte Livre", Gúrvitch descreve os escritores, artistas e músicos como os "arautos da liberdade" que hão de "transformar o mundo" agora que as "cadeias da escravidão" foram quebradas. A arte coloca-se ao lado dos povos oprimidos e desbaratará o "conservadorismo acadêmico".

As colaborações de outros membros do grupo de Nevel exprimem uma fé similar no advento de um mundo melhor. Em um artigo, Kagan reflete o espírito comunalista e internacionalista circulante no país, ao convocar a arte a envolver-se mais estreitamente com a vida e a não servir os interesses de qualquer facção ou grupo étnico. Em outro escrito, apresenta propostas para melhorar o aspecto de Nevel, fazendo inclusive a sugestão de que os artistas decorem as paredes das casas[19]. A proposta, que reflete mais ou menos aquilo que a vanguarda já estava realizando em Vitebsk, representa um dos muitos indícios, na revista, da existência de estreitos laços entre a vida intelectual das duas cidades. Culturalmente, Nevel constituía em muitos ângulos um posto avançado do centro maior e mais brilhante que era Vitebsk. Gúrvitch, ele próprio artista plástico, havia exposto em Vitebsk no mesmo ano em que editara o periódico.

O círculo de Bakhtin sentia-se cada vez mais atraído por Vitebsk, cidade para a qual vários de seus membros se mudaram. Pumpiânski foi o primeiro a transferir-se para lá, em fins de 1919. Ele criou junto ao conservatório um seminário neokantiano, que dirigiu até 1920, de modo que, na realidade, o grupo de Nevel contava agora com duas bases, a segunda em Vitebsk. Por volta desta época, diversos participantes do círculo de Nevel, incluindo Pumpiânski, Kagan e Bakhtin, também começaram a dar conferências públicas em Vitebsk[20].

Bakhtin foi para Vitebsk depois de Pumpiânski, em 1920. É provável que o tenha feito não só por causa da vida cultural mais rica, mas também devido ao melhor abastecimento de comida. Seja como for, o grupo em Nevel começava a fragmentar-se e cessou de funcionar em 1921. Neste ano, Kagan deixou Orel a fim de ensinar filosofia em uma das recém-fundadas universidades provinciais. Zubákin foi para Smolensk com o fito de trabalhar no ramo local do Instituto Arqueológico de Moscou, e Iudina retornou a Petrogrado para retomar os estudos no conservatório. O restante do grupo, agora crescentemente centrado em torno de Bakhtin, continuou funcionando em Vitebsk, enquanto novos membros eram admitidos e os velhos vinham fazer visita.

Vitebsk, situada a cerca de cem quilômetros ao sul de Nevel na mesma estrada de ferro, era uma cidade muito menos provinciana. Tinha um porto fluvial e conexões diretas com Petrogrado, Moscou e Brest. Antes da guerra fora em grande parte um centro comercial, onde quase a metade da população de mais de 90 000 pessoas era

19. Registros em *Den'iskusstva*, n. 1 (1919): 2-3, 5, 7.

20. Registros em *Izvestija vitebskogo soveta*, n. 188, 195, 196, 199, 211, 228, 230, 236, 276, 294 (ago.-dez., 1919).

judaica; contava, em comparação com apenas trinta igrejas, mais de sessenta sinagogas e estabelecimentos de ensino judaico. Afora os judeus, os seus demais habitantes eram russos, poloneses e lituanos. Em 1924 o distrito foi oficialmente incorporado à Bielorrússia.

Na época pré-revolucionária, Vitebsk havia sido muito conhecida como estação de águas. Vinham pessoas de Moscou e Petersburgo para as várias estâncias hidrominerais nas regiões em derredor. A cidade mesma, porém, não era muito atraente. Com exceção de uma pequena área perto do centro urbano, compreendia na maior parte casas de madeira e ruas não pavimentadas – uma paisagem imortalizada nas pinturas de Marc Chagall, o filho mais famoso da localidade[21].

Nos primeiros anos após a Revolução, a cidade foi subitamente propelida para fora de sua relativa obscuridade, tornando-se um fenômeno cultural. A assim chamada renascença de Vitebsk constituiu um dos mais duradouros daqueles pequenos bolsões de brilho cultural que brotaram nas províncias em função dos intelectuais que fugiam das calamitosas condições reinantes em Moscou e Petrogrado, embora Vitebsk mesma não fosse na época nenhuma Xangrilá, pois o *front da* Guerra Civil passava perto da cidade, que se via a braços continuamente com movimentos de tropas, incursões de bandidos e escassez. Por estar mais próxima de Petrogrado do que Kiev ou a Crimeia e dispor de ligação ferroviária direta com a capital, tornou-se refúgio não apenas de indivíduos mas também de instituições inteiras. O governo local subvencionava as atividades dos intelectuais refugiados e Vitebsk adquiriu rica e cosmopolita vida cultural. Antes da Revolução fora tudo menos um centro musical, agora porém podia vangloriar-se de ter um conservatório, cinco escolas de música e uma orquestra sinfônica que, em sua primeira temporada, deu 22 concertos e, nos dois anos e meio subsequentes, fez-se ouvir em 240 audições. Nikolai Malko, um regente do Teatro Mariínski para bale e ópera, de Petrogrado mudou-se para Vitebsk, assim como um professor do Conservatório de Petrogrado. Conhecidas companhias de teatro e artistas de Moscou e Petrogrado vinham com frequência apresentar-se, proeminentes estudiosos e escritores visitavam a cidade, que fundou por iniciativa própria vários teatros, inclusive um experimental[22].

Mas o que realmente transformou Vitebsk naqueles anos foi a invasão da cidade por artistas da vanguarda, a maioria deles autoproclamados paladinos da "arte de esquerda". Os proponentes deste movimento saudavam a Revolução como uma força

21. *Al'bom "Vitebsk"* (Minsk: Zvezda, 1966); A. Sapunov, "Očerk vitebskoj gubernii v estestvenno-istoričeskom i geografičeskom otnošenijax", *Bjulleten' officialnyx razpoijaženij i soobščenij vitebskogo gub ONO,* n. 7 (15 de fev., 1924): 30; Franz Meyer, *Marc Chagall: Life and Work,* trad. Robert Allen (Nova York: Harry N. Abrams, 1963), p. 21.

22. *Kratkij otčet vitebskogo gorodskogo soveta rabočix krestjanskix i krasnoarmejskix deputatov 3-go sozyva (s 15-20 dekabrya, 1920 goda po 15-oe aprelja 1921 goda* (Vitebsk, 1921), p. 1-2; Nikolaj Andreevič Mal'ko em *Pamjati I.I. Sollertinskogo: Vospominanija, materialy issledovanija* (Leningrado: Sovetskij kompozitor, 1974), p. 94; Pavel Medvedev, "K postanovke 'Danton' Romen Rolana (v mesto recensii)", *Iskusstvo,* n. 2-3 (abr.-maio, 1921): 25.

iconoclástica que varreria a velha sociedade corrupta. Acreditavam na erradicação da ordem burguesa e na infusão do espírito revolucionário no mundo. Entretanto, criam também que uma revolução na consciência, para a qual a arte deles proporcionaria o principal estímulo, constituía uma precondição para que ocorressem a revolução política e a social. Rejeitavam a arte do velho estilo como sendo representativa da complacência e estagnação e defendiam uma nova arte do mundo da tecnologia e da vida urbana. Esta deveria ser brilhantemente colorida, desafiadora e, em geral, não representacional. Também queriam derrubar as barreiras entre arte e vida, removendo as paredes do teatro ou tirando a arte das sufocantes salas de concerto e dos museus onde usualmente residia como um acessório da burguesia[23].

A invasão de Vitebsk pela nova ordem começara quando Chagall voltou do Ocidente para a sua cidade natal, em 1918, inflamado com a visão de um novo tipo de escola de arte, que serviria à comunidade local e ensinaria os desprivilegiados mas também operaria na vanguarda da arte mundial. Para este fim, entrou em negociações com o Comissário da Instrução, Lunatchárski, e foi nomeado, por sua vez, comissário dos assuntos de arte em Vitebsk. Chagall não era ele próprio um proponente da arte de esquerda. Tampouco estava apaixonado pela era tecnológica moderna ou entusiasmado com a revolução política então em progresso. Partilhava, porém, com os artistas de esquerda, do anseio de transformar o mundo e levar a arte para as ruas.

Chagall organizou um museu de arte local, primordialmente para abrigar a sua própria obra e a da arte de esquerda. Criou também a Academia de Arte de Vitebsk, que atraiu para o seu corpo de professores artistas conhecidos como Mstislav Dobujínsky, Ivan Puni, El Lissítski, Casímir Malévitch, Vera Ermolaieva e Falk. Este centro abriu suas portas em janeiro de 1919, o mesmo ano em que a Bauhaus começou a funcionar em Weimar. Assim, o experimento de Vitebsk era uma expressão tanto do movimento pan-europeu de vanguarda quanto da euforia pós-revolucionária. Vitebsk não era Weimar; era uma monótona e sonolenta cidade provincial mergulhada no caos da Guerra Civil. Todavia, a partir desse posto avançado artistas procuraram deslumbrar e transformar o mundo.

A academia admitiu seiscentos alunos. A fachada branca da mansão em que se instalara estava coberta de pinturas, a maioria das quais de Chagall. A filosofia inicial da escola, tal como foi delineada por seu idealizador, propunha-se dar aos filhos de gente pobre a oportunidade de estudar arte, e a desviá-los da "mais prontamente acessível das estradas, a senda da rotina" para "o caminho revolucionário da arte, o caminho da procura". Chagall conclamou os moradores da cidade a apoiarem o referido trabalho pagando aos estudantes a pintura de paredes e tetos[24]. Para grande consternação dos referidos cidadãos, tais superfícies eram em geral pintadas com figuras de judeus voadores, cavalos verdes e outras marcas distintivas da arte chagalliana, ou com desenhos até mais vanguardistas.

23. M. Pustynin, "Teatr-zverinec: Paradoksy o scene", *Iskusstvo,* n. 1 (mar. 1921): 6.

24. Marc Sagal', "O vitebskom narodnom xudozestvennom učiliščе (k pervoj otcetnoj vystavke učasixšja)", *Škola i revoljucija* (Vitebsk), n. 22 (30 de junho, 1919): 7.

O corpo docente da academia estava longe de partilhar de um mesmo entendimento da arte. Havia muitos desacordos, particularmente entre Chagall e Malévitch, que era muito mais radical quer política quer artisticamente. Após uma disputa pelo poder, Chagall deixou Vitebsk em fins de 1919, indo para Moscou[25].

Malévitch, permaneceu na cidade, empreendendo ardente proselitismo em favor de sua nova proposta de arte, conhecida como Suprematismo. No começo de 1920 fundou um grupo chamado UNOVIS, os Afirmadores da Nova Arte. O movimento, muito embora de vida curta, foi influente na Rússia. O suprematismo era compreendido como um passo além do cubismo, que estava então atraindo os artistas avançados no Ocidente. As pinturas suprematistas, ainda que não representacionais, usavam formas geométricas, tais como círculos, quadrados e cruzes, em cores puras, para representar o que Malévitch denominava "a única realidade verdadeira do mundo não objetivo"[26]. Aversão mais extrema do suprematismo está numa série de pinturas feitas por Malévitch por volta deste tempo em que sobrepunha um quadrado branco a outro quadrado de tonalidade ligeiramente diferente do branco.

A substituição de Chagall por Malévitch significou que as atividades artísticas da cidade se tornaram ainda mais *outrées*. Quando, num transporte de tropas, o diretor de cinema Eisenstein apareceu inesperadamente em Vitebsk, em 1920, no curso de suas peregrinações na época da Guerra Civil, sentiu-se impressionado com o que viu:

> Era uma estranha cidade de província, como muitas outras na região ocidental [...] empastada em fuligem e melancolia. Mas esta cidade era particularmente estranha. Aqui os tijolos nas ruas principais apresentavam-se caiados. E todo este fundo branco estava salpicado de círculos verdes, quadrados laranjas e retângulos azuis [...]. Lá, dessas paredes ressoavam as palavras: "As praças são nossas paletas"[27].

Durante os anos de 1920 e 1921 muitos espetáculos de vanguarda foram realizados em Vitebsk, a maioria com cenografia suprematista. Um deles foi a ópera futurista *Vitória sobre o Sol* (1913), que é quase inteiramente abstrata. O texto compõe-se de frases alógicas e despidas de sentido imediato, enquanto a música é atonal, empregando um piano fora de tom e um coro a cantar desafinado. Outra apresentação vanguardista que impressionou foi um bale dirigido por Nina Kogan e concebido como "uma dança abstrata sem enredo nem linha narrativa". Os cenários foram projetados de modo a "cinetizar" as configurações que apareciam como padrão nas obras suprematistas. Moviam-se

25. Meyer, *Marc Chagall*, p. 265-277. Chagall voltou posteriormente a Vitebsk e depois deixou a cidade para sempre em maio de 1920.

26. K. Malevič. "Unovis", *Iskusstvo*, n. 1 (mar. 1921): 9; Jean-Claude Marcadé, "K.S. Malevich: From *Black Quadrilateral* (1913) to *White on White* (1917): From the Eclipse of Objects to the Liberation of Space", trad. Sherry Goodman, em *The Avant-Garde in Russia, 1910-1930: New Perspectives*, ed. Stephanie Barron e Maurice Tuchman (Cambridge: MIT Press, 1980), p. 20-23; Eugen E Kowtun, "Wera Michailowna Ermolaewa", em *Kunstlerinnen der Russischen Avantgarde, 1910-1930: Ausstelung Dec. 1979-Mar 1980*, Galeria Gmurzynska (Colônia, 1979), p. 104-105.

27. S.M. Ejzenstejn, "Zametki o Majakovskom", *Iskusstvo kino*, n. I (1958): 73.

e mudavam constantemente de forma – às vezes representando uma estrela, às vezes um círculo e, no final, um quadrado[28].

Bakhtin mudou-se, pois, para Vitebsk numa época em que a arte de esquerda dominava ao máximo a vida cultural da cidade. Considerando-se o quanto amava derrubar cânones recebidos, poder-se-ia esperar que fosse atraído por este movimento que procurava levar a arte para as ruas e desafiar as velhas formas; além disso, pessoalmente apreciava Chagall. Mas não gostava da arte de esquerda, em grande parte pela posição pró soviética que ela adotava. Preferia o simbolismo, ou seja, o movimento mesmo que a nova vanguarda acreditava ter superado.

Enquanto permaneceram em Vitebsk, Bakhtin e Pumpiânski promoveram um animado grupo de discussão no conservatório[29]. Mas a sua mais valiosa atividade intelectual realizou-se sem quaisquer auspícios, nos debates do velho círculo de Nevel, que agora se encontrava em Vitebsk. A participação variava conforme quem estivesse na cidade. Volochinov mudou-se para Vitebsk em 1921, Iudina visitava-a periodicamente para dar concertos e Kagan veio algumas vezes, assim como Zubákin.

O círculo conquistou também novos membros em Vitebsk. Um dos mais importantes foi Ivan Ivanóvitch Solertínski. Nascido em Vitebsk em 1902, foi levado para São Petersburgo em 1906. Em 1919, após haver concluído o ginásio, a família voltou a mudar-se para Vitebsk. Solertínski trabalhava na Seção Cultural do Departamento Provincial de Educação[30]. Muito jovem, entrou no grupo de Bakhtin como discípulo de Pumpiânski, mas era tão dotado intelectualmente que logo se tornou um dos líderes do círculo por direito próprio.

O segundo membro destacado a juntar-se ao grupo de Bakhtin em Vitebsk foi Pável Nikolaiévitch Miedviédiev, que nascera em Petersburgo em 1891 e se formara na Faculdade de Direito da Universidade de Petrogrado antes de alistar-se como voluntário no exército russo, a fim de lutar na Primeira Guerra Mundial. Após a Revolução, em 1917, Miedviédiev veio para Vitebsk como reitor da Universidade Proletária. Também lecionava no Instituto Pedagógico e em escolas militares. Não demorou muito para tornar-se um dos líderes da organização de cultura local devido a sua nomeação para a chefia da Seção de Teatro e Educação Extramural do Comissariado de Instrução da cidade. Tanto a Universidade Proletária como a Seção de Educação Extramural preocupavam-se primordialmente com a causa da instrução das massas iletradas e a campanha de alfabetização[31]. Assim, boa parte da carreira inicial de Miedviédiev foi posta a serviço

28. John E. Bowlt, "Some Very Elegant Ladies", em *Künstlerinnen der Russischen Avantgarde*, p. 39; Kowtun, "Wera Michailowna Ermolaewa", p. 105.

29. Ju. Vajnkop, em *Pamjati I.I. Sollertinskogo*, p. 138.

30. *Pamjati I.I. Sollerünskogo*, p. 262.

31. Ver P. Medvedev, "Vneškol'naja rabota v Vitebskoj gubernii: Bibliotečnoe delo v Vitebske", e P.M., "Proletkul't v Vitebsk", *Vneškol'noe obrazovanie* (Petrogrado), n. 4-6 (fev.-mar. 1919): 81-83; Pavel Medvedev, "Vitebskij gubernskij s"ezd po vneskolnomu obrazovaniju", *Vneškol'noe obrazovanie* (Petrogrado), n. 6, 8 (1919): 100-102; Relatório sobre um programa de preleções de Miedviédiev a respeito da história da literatura e sociedade russa, *Zapiski Vitebskogo proletarskogo uni ver si teta*, n. 1 (j an. 1919).

dos ideais da Revolução na esfera cultural. Além de redator de *Iskusstvo* (*Arte*), a revista local de cultura, era o porta-voz das diferentes facções que aí vicejavam, inclusive a bolchevista. Quer Miedviédiev, quer Volochinov, mas não Bakhtin, publicaram no referido periódico recensões, artigos acadêmicos e, no caso de Volochinov, composições poéticas também.

Miedviédiev desempenhou para o grupo de Bakhtin em Vitebsk quase as mesmas funções que Gúrvitch desempenhara em Nevel. Sua filiação proporcionou aos membros do círculo patrocínio oficial para muitas de suas atividades e ele os amparou nos esforços de obter trabalho e contratos de palestrantes. Miedviédiev ajudou Bakhtin a agenciar uma lista impressionante de serviços, ao menos no papel. O principal emprego deste último era o de professor no Instituto Superior de Educação de Vitebsk. Prelecionava no conservatório, num círculo literário que estava a seu cargo na Escola Regional do Partido Comunista, no Clube do Partido, no Departamento Político da Quinta Divisão de Infantaria de Vitebsk, no Centro de Propaganda, na União dos Trabalhadores em Comunicação e na União dos Trabalhadores dos Sovietes. Era guarda-livros e consultor econômico do Birô Estatístico de Vitebsk, utilizando presumivelmente qualificações que obtivera no banco de seu pai. Participou com Miedviédiev e Volochinov de um estúdio literário organizado pelo Sindicato dos Trabalhadores nas Artes. O estúdio dava cursos sobre estética, teoria da criatividade, literatura ocidental e russa, história da arte e jornalismo. E Bakhtin foi persuadido pelo Departamento Provincial das Mulheres a integrar uma comissão encarregada de organizar aulas e discussões públicas sobre questões femininas como parte do empenho pós-revolucionário de libertação da mulher[32]. Estas múltiplas associações, mesmo que em grande parte decorrentes do patrocínio de Miedviédiev, mostram quão bem entrosado estava na vida institucional do regime soviético nestes primeiros anos de sua vigência. Nas aulas ministradas a grupos do Partido, Bakhtin prosseguiu o diálogo com a posição marxista que iniciara nos debates de Nevel.

Bakhtin tomou parte nos debates e nas preleções para o grande público, como em Nevel. Por exemplo, participou de uma série de "julgamentos" de caráter literário, que seguiam um modelo então em moda em Petrogrado e foram organizados na sala do teatro local. Nestes julgamentos, sempre assumia o papel de advogado de defesa e sua perícia era tal que ganhou todos menos um para os seus "querelados", que incluíam Khléstakov do *Inspetor Geral* de Gógol e Katerina Maslova de *Ressurreição* de Tolstói[33].

32. "Literaturnaja studija Sorabisa", *Iskusstvo*, n. 4-6 (1921): 48; o trabalho de Bakhtin no Departamento Feminino tomou especial pungência à luz da acusação de que *Rabelais e seu Mundo* suporta o viés antifeminista de *Gargântua*. Wayne Booth, "Freedom of Interpretation: Bakhtin and the Challenge of Feminist Criticism", *Critical Inquiry* 9.1 (set. 1982): 63.

33. R.M. Mirkina, "Baxtin kakim ja ego znala: Molodoj Baxtin", p. 2-3.

Além disso, proferia palestras na biblioteca pública, sempre para um auditório abarrotado. Denotava extraordinária capacidade de comunicar-se com pessoas de todas as condições de vida e nível educacional, cativando-lhes a imaginação para as mais complexas questões de literatura e filosofia. Raramente usava notas e às vezes entremeava as exposições com recitações dramáticas de seus poemas favoritos.

Após uma das preleções de Bakhtin sobre Púchkin, dez ou doze pessoas que haviam assistido à exposição, assim como o desempenho do orador nos julgamentos literários, decidiram formar um círculo de estudos da literatura russa e pediram a Bakhtin que o conduzisse. Durante um ano reuniram-se em seu alojamento, que ficava no primeiro andar de uma casa de madeira, baixa, de propriedade de um médico. Entre os que frequentaram o curso estava Rakhil Moisseiévna Mirkina e sua irmã mais velha Míriam. O quarto onde ocorriam as aulas era escassamente mobiliado, mas na parede pendia uma inscrição redigida por Volochinov: "Aqui viveram um poeta e um filósofo / em amargos dias hibernais / e muitas malditas questões / eles decidiram então"[34]. Volochinov julgava ser ele próprio o "poeta" e Bakhtin, o "filósofo".

Ao proferir as aulas para este pequeno círculo de estudos, Bakhtin se comportava sempre como se estivesse se dirigindo a todo um auditório. Dizia aos alunos que, se uma pessoa é autoridade, não há necessidade de conhecer sua vida privada. Bakhtin nunca fez observações pessoais a seus estudantes, nem esboçou qualquer tentativa de conhecê-los. Aparentemente nem sequer chegou a perceber que as Mirkinas eram irmãs.

No entanto, Vitebsk exerceu importante papel na vida pessoal de Bakhtin, pois foi aí que encontrou sua futura esposa, Elena Aleksandrovna Okolóvitch. Nascera em 1900, na localidade vizinha de Biechenkóvitch, onde o pai era funcionário provincial (*gubernskij sekretar*). Por haver oposição da família a que a jovem prosseguisse os estudos após o ginásio, ela saiu de casa e conseguiu um emprego na Biblioteca Pública de Vitebsk a fim de levar à frente o seu desenvolvimento. Vivia num quarto alugado na mesma casa em que Bakhtin morava e foi aí que os dois se conheceram.

O encontro de Bakhtin com Elena Aleksandrovna foi providencial para ele, pois em Vitebsk a saúde de Mikhail se deteriora mais ainda e ele necessitava muito de alguém que o ajudasse. A osteomielite se espalhara, atingindo a canela e a coxa direita, assim como a articulação do quadril e a mão direita. Estava constantemente impedido de entregar-se às atividades normais. Na realidade, foi para cuidar de Bakhtin que Volochinov se mudara de Nevel, em 1921, para Vitebsk, onde também se encontrou com aquela que seria sua mulher, Nina Arkadievna Alekseievskaia, a filha da senhoria. No mesmo ano, Bakhtin foi acometido de febre tifoide, e uma das complicações da doença, uma inflamação da medula do osso na perna direita, requeria uma operação. Elena Aleksandrovna

34. "Zdes' žili poet i filosof / V surovye zimnie dni / I mnogo prokljatyx voprosov / Rešali v to vremja oni." Citado em Mirkina, "Baxtin kakim ja ego znala", p. 2.

serviu-lhe de enfermeira durante a enfermidade e a intervenção cirúrgica[35]. Mais tarde, naquele mesmo ano eles se casaram.

Como consequência da operação na perna direita, Bakhtin sofria inflamações periódicas na articulação do quadril, que se manifestavam várias vezes por ano, causando-lhe dores agudas e temperaturas altas e forçando-o a guardar o leito por um ou dois meses. A febre subia tanto que sua esposa se via obrigada a mudar de lençol repetidas vezes durante a noite. E sentia dores tão agudas que dava suas aulas reclinado num sofá.

Esta condição tornou Bakhtin especialmente dependente de sua mulher, mas a relação do casal era muito estreita em outros aspectos também. Ele era uma pessoa despida ao extremo de espírito prático e ela se converteu em sua âncora na realidade. Ele era como uma criança na falta da esposa. Ele se recusava a falar ao telefone e raras vezes respondia a uma carta. Além de executar todos estes serviços para o marido, Elena Aleksandrovna cuidava das finanças da casa com mão de ferro. A mais importante de suas funções era atender a todas as necessidades de um homem muito assentado em seus hábitos, permitindo-lhe pensar e escrever. As exigências de Bakhtin eram simples: sossego, uma infinidade de copos de chá forte, cigarros de uma marca particular e refeições em horas fixas.

Pouco tempo depois da chegada de Bakhtin, o florescimento cultural de Vitebsk começou a declinar. Em parte, porque as verbas governamentais destinadas às atividades locais começaram a secar. Em 1921, a orquestra foi dissolvida e a revista *Arte* cessou a publicação. O declínio intensificou-se em 1922, quando Malévitch, tendo perdido uma luta pelo poder na academia de arte, deixou a cidade com a maioria de seus sequazes, embora Ermolaieva, um dos membros influentes da UNOVIS que dirigia a Academia de Arte de Vitebsk, permanecesse aí até 1923[36].

Nem este fato nem a doença de Bakhtin parecem haver-lhe afetado muito a produtividade. Na verdade, saudou o descanso que a moléstia lhe impusera como uma oportunidade para realizar mais leituras e escrever à vontade. O período que passou em Vitebsk veio a ser, pois, extremamente fecundo não só em termos de suas obras escritas, como na sua atividade de ensino e nas preleções públicas. Foi então que formou seus hábitos de trabalho característicos que se mantiveram inalterados durante toda a sua vida. Levantando-se muito cedo, ficava até o entardecer lendo e pensando junto a uma mesa sobre a qual se espalhavam vários cadernos escolares de anotações chamados *tetradi.* Elaborou livros inteiros a lápis sobre papel grosseiro, numa caligrafia difícil de ser decifrada, consumindo galões de chá e

35. M.M. Baxtin, "V narodnyj komissariat zdravoxranenija po delu o naznačentii vračebnoj komissii dlja osvidetel'stvovanija sostojanija zdorov'ja M.M. Baxtina: Zajavlenije", *Pamjat',* n. 4, p. 267; Bakhtin para Kagan, *Pamjat',* n. 4, p. 257; Bakhtin para Kagan, março de 1921, *Pamjat,* n. 4, p. 260.

36. A. Romm, "Vystavka v Vitebske, 1921", *Iskusstvo,* n. 4-6 (1921): 41-42; *Von der Flache zum Raum,* Ausstellung vom 18 September bis Ende November, 1974, Galeria Gmurzynska (Colônia, 1974), p. 84.

fumando maço após maço de cigarros. Continuava a trabalhar sobre muitos dos mesmos assuntos e até várias das mesmas obras que o haviam preocupado em Nevel, fatos que constituíram os anos de 1918a 1924 em período singular na evolução de seu pensamento.

Referências em revistas e jornais da época, mais a correspondência de Bakhtin, tornaram possível reconstituir os vários projetos em que estava empenhado. Por exemplo, em carta a Kagan, de fevereiro de 1921, afirma estar elaborando um livro sobre os "Padrões da Criatividade Verbal". O jornal de Vitebsk noticia, no mês de março, que Bakhtin estava escrevendo uma obra dedicada à filosofia moral. Numa carta de janeiro de 1922, endereçada a Kagan, o missivista indica que começara a redigir um ensaio sobre "o sujeito na vida moral e o sujeito na lei", destinado a servir de introdução a um trabalho mais amplo consagrado à filosofia moral. Sete meses depois, em agosto de 1922, a revista de Petrogrado, *A Vida da Arte,* afirmava que Bakhtin havia concluído um livro sobre Dostoiévski e uma monografia intitulada *A Estética da Criatividade Verbal*[37].

Assim, entre 1918 e 1924 Bakhtin trabalhou pelo menos em seis textos: "Arte e Respondibilidade", um curto artigo que apareceu, em setembro de 1919, na revista de Nevel, *O Dia da Arte;* um livro sobre Dostoiévski que é sem dúvida uma versão da obra sobre o mesmo tema publicada em 1929; uma monografia, *A Estética da Criação Verbal,* da qual "O Problema do Conteúdo, Material e Forma na Criação Verbal Artística" (1924) representa provavelmente uma porção; um texto sobre filosofia moral; outro sobre as diversas maneiras pelas quais os autores se relacionam com as personagens por eles criadas; e um terceiro sobre ética e lei. Os títulos e projetos mencionados no decurso desses anos, embora dedicados aos tópicos aparentemente incompatíveis da estética, de um lado, e da filosofia moral, de outro, constituem todos diferentes tentativas de lidar com o mesmo conjunto de problemas. Todos, salvo um, o livro sobre Dostoiévski, são não só diferentes abordagens do mesmo projeto, mas diferentes versões da mesma obra. Tais escritos representam provavelmente partes de um projeto mais amplo, cujo título coletivo mais descritivo é *A Arquitetônica da Respondibilidade* (*Arxitektonika otvetstvennosti*).

Alguns dos cadernos de apontamentos destes anos conservaram-se, embora não tragam datas nem títulos. As cores diferentes dos cadernos e as variações da caligrafia, bem como os temas abordados, sugerem dois conjuntos diferentes de anotações. Uma série, que lida com a natureza ética das ações na vida cotidiana, pode ser na realidade uma parte do livro sobre filosofia moral mencionado na revista *Arte* em 1921, sendo, por sua vez, provavelmente, uma versão do texto sobre "o sujeito na ética e o sujeito na lei",

37. *Pamjat'*, n. 4, p. 257; *Iskusstvo,* n. 1 (mar., 1921): 23; Bakhtin para Kagan, 18 de jan., 1922, *Pamjat'* n. 4, p. 263; S.G. Bočarov, nota sobre "o Sujeito na Vida Moral-e o Sujeito na Lei", em M.M. Baxtin, *Èstetíka slovesnogo tvorxestva,* ed. S.G. Bočarov e S.S. Averincev (Moscou: Iskusstvo, 1979), p. 363; "Teatral'no-literatur naja xronika", *Žizn' iskusstva,* n. 33 (22-28 ago. 1922): 4

cuja conclusão foi anunciada em *A Vida da Arte,* em agosto de 1922. Este conjunto de cadernos é provavelmente o mais antigo dos dois, posto que se apresenta mais carregado de tópicos e termos característicos da escola neokantiana de Marburgo, cujos principais expoentes foram Hermann Cohen, Paul Natorp e Ernst Cassirer, e corresponde à época em que Bakhtin estava abrindo caminho, a partir do neokantismo, para uma posição mais inequivocamente sua. O texto contido no conjunto mais tardio e consideravelmente mais extenso de apontamentos, que foi publicado, em 1979, sob o título "Autor e Protagonista na Atividade Estética", dedica-se a uma meditação sobre o que significa ser autor de algo[38].

A despeito do peso diferente dos tópicos nos dois citados conjuntos de notas, é altamente provável que não constituam obras completamente diversas, porém tentativas de escrever o mesmo livro. Por exemplo, conquanto as ênfases difiram, os tópicos gerais são os mesmos em ambos os registros. Os dois estão preocupados com a natureza do *self,* tal como é definido pelo padrão de suas respostas ao mundo. Os rascunhos mais antigos parecem, além do mais, pertencer a uma obra muito mais ambiciosa em quatro partes. Uma delas, um ensaio introdutório, concerne à ação como resposta do sujeito ao mundo; uma outra trata das questões teóricas da autoria. Na terceira, Bakhtin intenta cobrir o problema da ética na vida política; e uma quarta seção pretendia examinar a relação entre ética e religião. Mas na realidade ele não chegou a terminar as várias partes ou então os textos redigidos vieram a perder-se.

Muito embora Bakhtin tenha podido assim realizar em Nevel e Vitebsk trabalhos da maior envergadura, nenhuma das duas cidades provinciais estava em condições de oferecer-lhe uma posição de grau acadêmico, uma oportunidade de publicar suas obras ou sequer uma boa biblioteca. Além do mais, os vários e diferentes empregos por ele obtidos naquelas localidades trouxeram-lhe somente ingressos reduzidos, e agora que o estado de saúde de seu pai era mau e a família toda dependia de Mikhail, tinha necessidade de ganhar mais. Daí ter-se esforçado tanto no transcurso inteiro de sua estada em Vitebsk para encontrar uma colocação universitária, de preferência em Moscou ou em Petrogrado. Tentou fazer uso da relação com Kagan a fim de lograr um posto em Orel ou Moscou e da relação com Zubákin para conseguir trabalho em Smolensk. Também procurou serviço em Petrogrado, numa casa editora denominada Literatura do Mundo, famosa na década de 1920 por prover trabalho, mormente de tradução, para intelectuais que não conseguiam obtê-lo alhures. Mas tudo isso de nada adiantou. A certa altura, Kagan realmente arrumou para o amigo um serviço em Orel, mas, quando a doença de Bakhtin o impediu de viajar de pronto para lá, a possibilidade gorou[39].

Bakhtin queria deixar Vitebsk, e seus motivos não nasciam apenas de considerações profissionais e financeiras. Animava-o também o sonho, partilhado por outros do grupo de Nevel, de achar um lugar onde seus membros, agora dispersos, pudessem

38. M.M. Baxtin, "Avtor i geroj v èsteticeskoj dejaterl'nosti", *Èstetika slovesnogo tvorčestva*, p. 7-180.
39. Bakhtin para Kagan, março de 1921, *Pamjat',* n. 4, p. 260-261.

3. Bakhtin e sua mulher Elena Aleksandrovna, em Vitebsk, 1923.

reagrupar-se e prosseguir com suas "magníficas noites filosóficas de chá forte e conversa até a madrugada" em bases mais regulares[40]. Embora o círculo não mais se reunisse em Nevel e nenhum de seus principais participantes lá permanecesse após 1921, tanto os membros mais antigos quanto os recrutados após a partida de Bakhtin consideravam-se como integrantes da "escola de Nevel" de filosofia. Continuavam tentando elaborar muitas das mesmas ideias que os haviam absorvido anteriormente, utilizando inclusive em boa parte o mesmo vocabulário de filosofia. Em decorrência, o desenvolvimento de Bakhtin no período de sua estada nas duas cidades constituiu uma só fase filosófica.

Entretanto, o único trabalho de filosofia e, de fato, o único escrito de qualquer gênero que Bakhtin logrou publicar no decorrer deste período foi 'Arte e Respondibilidade". Este breve ensaio, o primeiro a vir à luz, abre-se com a contraposição de duas diferentes concepções do que constitui uma unidade. A primeira espécie de unidade é mecânica: as partes que formam este todo são ligadas por uma articulação que é inteiramente externa. Tais partes são como mônadas conectadas umas às outras, mas cada qual suficiente para si mesma e estranha a todas as outras. A segunda espécie é uma em que as partes não estão ligadas de forma mecânica, porém conceitual, como nos processos unificadores no pensamento de um indivíduo: cada parte interage com todas as outras e lhes é sensível. Por exemplo, os componentes de um automóvel são unificados numa só máquina por meio de técnicas mecânicas que obedecem às leis da física. Mas as partes díspares de uma pintura são levadas à unidade somente por um ato de percepção, governado pelas leis da consciência e da convenção social.

O espaço e o tempo da arte constituem um mundo inteiramente diverso do espaço e tempo da experiência real. Há um corte entre os dois, segundo Bakhtin: "Quando uma pessoa se encontra no campo da arte, ela não se encontra no da vida e vice-versa". Ecoando o princípio básico de Cohen, Bakhtin observa que nada é dado na natureza da arte e nada é dado na natureza da personalidade humana que em si mesmo possa assegurar um liame significativo entre as duas. A conexão entre elas não é algo dado, porém algo que precisa ser trabalhado, configurado, conceituado. A unidade é aqui criada pela atividade arquitetônica da mente. A vinculação entre arte e vida só é efetuada lá onde um ser humano percepiente a efetua. Só é estabelecida quando eu tomo a meu próprio cargo uma respondibilidade distintiva. "Pois o tanto que eu experimentei e entendi em arte devo responder com minha vida, de modo que aquilo que experimentei e entendi na arte não permanece sem efeito na vida"[41]. Esta estética da respondibilidade pessoal leva à rejeição geral das formas tradicionais de conceber a conexão entre arte e vida.

40. Pumpjanskij para Kagan, c. 1926, *Pamjat'*, n. 4, p. 266.
41. M.M. Baxtin, Tskusstvo i otvetstvennost'", *Èstetika slovesnogo tvorčestva*, p. 5.

Arte e experiência são duas espécies de atividade absolutamente diferentes, mas elas têm uma coisa em comum. Cada qual – ou criando forma ou dando vida – procura simplificar a sua tarefa, ignorando a existência complicante da outra. Cada lado da oposição esforça-se em livrar-se da carga representada pela outra: "Pois é mais fácil criar do que responder à vida e é mais fácil viver sem levar em conta a arte. Arte e vida não são uma só coisa, mas podem tornar-se uma unidade em mim, na unidade constituída pela respondibilidade que eu assumo a fim de fazer com que elas se juntem em minha vida[42]".

"Arte e Respondibilidade" é importante na medida em que revela o pensamento de Bakhtin em um ponto crucial de sua gênese. A extraordinária densidade do texto resulta da tentativa do autor de comprimir em seis parágrafos algumas das principais teses de sua obra filosófica mais ampla, *A Arquitetônica da Respondibilidade,* que era então objeto de seus cuidados e na qual estava procurando amalgamar os três grandes tópicos da metafísica ocidental – epistemologia, ética e estética – em uma única teoria dos atos. Bakhtin abordou a empreitada pela tentativa de responder à pergunta: Como é que a experiência e a atividade da arte se relacionam com outros tipos de atividade e experiência? Ele não estava sozinho nessa área geral de preocupação, pois muitos outros na União Soviética, no curso daqueles anos, também se achavam vivamente empenhados em compreender o lugar da arte no seio da vida. A questão encontrava--se no âmago das diferenças entre críticos formalistas e sociologizantes, bem como entre poetas futuristas e simbolistas. Todas essas controvérsias ocorriam no âmbito de uma tradição mais ampla, que datava dos tempos czaristas, segundo a qual a literatura como instituição tinha uma importância única na Rússia. A Revolução deu nova atualidade a tais discussões, tendo todas elas desempenhado certo papel no direcionamento das ambições do jovem Bakhtin. Influências mais próximas de casa também foram importantes para ele, tais como a apaixonada insistência de seu mestre Zielínski de que não somente a arte mas também o saber – o pensamento sobre arte – nunca devem distanciar-se das necessidades da vida cotidiana. Ainda assim, o rumo específico dos escritos de Bakhtin nesta fase não lhe foi impresso por nenhuma dessas influências nativas, porém por sua imersão no neokantismo de Marburgo.

Entre 1870 e 1920, o neokantismo foi a escola filosófica dominante na Alemanha, numa época em que este país era considerado pela maioria dos russos a pátria da filosofia. Nas principais universidades, não só na Alemanha como na Rússia, as cátedras de filosofia estavam a cargo de neokantianos de um ou de outro tipo. Eles se encontravam particularmente bem entrincheirados na Universidade de São Petersburgo durante os anos em que Bakhtin lá estudou[43]. O neokantismo constituía um fenômeno largamente espalhado e abrigava sob o seu guarda-chuva diversas filosofias que variavam altamente em suas preocupações. Kant era o ponto de partida para todas

42. M.M. Baxtin, *Èstetika,* p. 6.

43. Ver Katerina Clark e Michael Holquist, "Neo-Kantianism in the Thought of M.M. Bakhtin", em *Aspects of Literary Scholarship* (Festschrift for René Wellek), ed. Joseph P. Strelka.

elas, porém bem diversos eram os aspectos da obra kantiana que cada filósofo neokantiano escolhia como enfoque, a linguagem que utilizava e as respostas que proporcionava.

Havia, porém, um traço do pensamento de Kant que todos eles, de um ou de outro modo, não podiam deixar de encarar. Era a sua formulação da relação da mente com o mundo, que estava no coração de todo o seu sistema. Kant considerava a solução que havia dado a este problema como uma revolução copernicana na filosofia, porque, ao responder tanto aos reclamos da mente quanto aos do mundo, superava as limitações de todos os outros sistemas. Tentativas anteriores de descrever o modo como os dois interagiam erravam de um lado do relacionamento ou do outro. Leibniz intelectualizou as aparências e diminuiu o papel do mundo fora da mente. Locke foi muito longe na outra direção e sensualizou os conceitos, convertendo a mente em mero receptor de informações fornecidas pelas sensações do mundo. A brecha aberta por Kant foi a de insistir na necessária interação – o diálogo – entre os dois. Argumentou que o pensamento é uma síntese de duas fontes de conhecimento, a sensibilidade e o entendimento. A sensibilidade é *grosso modo* aquilo que os empiristas, como Locke e Hume, supunham ser a única base do conhecimento, o reino da sensação. E o entendimento é *grosso modo* aquilo que os racionalistas, como Leibniz, supunham ser a única base do conhecimento, o reino dos conceitos. Mas a capacidade de fazer juízos, que era aquilo que Kant entendia por pensamento, exige a reunião de ambas as formas de conhecimento em uma simultaneidade, em uma "síntese transcendental". Há dentro da mente conceitos *a priori* independentemente de qualquer experiência específica, como é o caso da causalidade, que ela utiliza para organizar as sensações do mundo fora da mente. O mundo, o reino da coisa-em-si, tem existência real, mas a mente também, o reino dos conceitos. O pensamento é o toma-cá-dá-lá entre os dois.

Os que vieram depois de Kant interpretaram essa síntese de várias maneiras. Entre os neokantianos, Cohen salientou-se por sua revisão radical da relação mente/mundo tal como Kant a definira. Cohen perturbou mais uma vez o equilíbrio entre os dois termos, ao proclamar um idealismo militante em que o domínio do conceito, da lógica, é tudo, e o mundo externo, material, não é nada. Por esta razão, Cohen foi selecionado como alvo de um ataque especial de Lênin[44]. Após a Revolução, o termo geral soviético de injúria, "idealista", assumiu um significado particularmente execrável no tocante à escola de Marburgo. O envolvimento de Bakhtin com a filosofia de Cohen foi, portanto, um dos aspectos de sua carreira que o tornaram suspeito aos olhos das autoridades.

Cohen era talvez menos um neokantiano do que um antikantiano, na medida em que abomina o dualismo da explicação de Kant quanto o modo como o pensamento interno se relaciona com a experiência externa. Cohen tinha um espírito

44. V. I, Lênin, "Materializm i empirokriticizm", *Polnoe sobranie sočinenij*, vol. 18 (Moscou: Nauka, 1947), p. 326-327; Lênin para A.N. Petrossov, vol. 46, p. 30.

extraordinariamente preciso: sua filosofia é uma maravilha de sistema. Procurou unificar todas as operações da consciência. E seu método para fazê-lo era o de jogar fora a coisa-em-si kantiana a fim de afirmar a existência só da mente, o reino dos conceitos que é unicamente lógico. Ele argumentava que o objeto do pensamento, não importa como seja concebido, continua sempre um objeto que é pensado. E na medida em que o é, trata-se de um objeto raciocinado que é formado pelas categorias do pensamento lógico.

A luta para superar a coisa-em-si deu origem ao princípio básico de Cohen, segundo o qual "O mundo não é dado, mas concebido" ("Die Welt ist nicht gegeben, aber aufgegeben"), que se tornou o grito de guerra da escola de Marburgo. Na versão russa (*Mir ne dan, a zadan*) este princípio veio a ser também a divisa do círculo de Bakhtin, tanto assim que Konstantin Vaguinov o usou como farpa paródica a fim de identificá-los no romance satírico *à clef*, *A Canção do Sátiro*. Com esta fórmula, Cohen procurava negar categoricamente que o mundo nos é dado ao pensamento como um objeto pré-fabricado. O processo da consciência consiste antes em nosso deparar com um *X* desconhecido e então, aplicando as categorias formais do pensamento em uma série de sínteses, converter *X* em objeto do entendimento. *X* não é a coisa-em-si, porém meramente o limite da conceituação. O processo de assimilação é portanto sempre aproximado e nunca chega a ser terminado. Este aspecto do pensamento neokantiano de Cohen atraiu Bakhtin, que sempre enfatizou a atividade em face da completitude e para quem "inacabado" constituía um termo positivo, enquanto oposto às conotações negativas de "completo" e "findo". Mas ele julgou que Cohen fora a um extremo insustentável nas lições que extraía da ideia do mundo como criação da mente. No ataque à coisa-em-si, desenvolvido mediante uma análise da base matemática das ciênciais naturais modernas, o mestre de Marburgo ia tão longe a ponto de afirmar coisas que Bakhtin, mais pragmático, não podia aceitar, tais como "A matéria é apenas uma hipótese". Cohen queria tirar Kant do mundo da vida cotidiana, enquanto Bakhtin desejava invocá-lo para uma compreensão mais plena da experiência vivida. Bakhtin utiliza as ideias kantianas acerca do tempo e do espaço, mas difere de Kant "ao tomá-las não como 'transcendentais', porém como as formas da mais imediata realidade"[45].

Na fase mais antiga de seu desenvolvimento, quando ainda entregue ao primeiro ardor de entusiasmo pela filosofia de Marburgo, Bakhtin também divergia da esmagadora ênfase dada por Cohen à unidade. Como se vê em "Arte e Respondibilidade", seu autor está mais próximo de Kant do que dos neokantianos, na medida em que aceita a distinção do mestre de Königsberg entre mente e mundo. De fato, se a síntese kantiana de mente e mundo é pensada como uma balança, Cohen está à "direita" de Kant, no sentido de fazer pender o prato em favor da mente, enquanto Bakhtin está à "esquerda", em virtude de atribuir um papel maior à imediatidade do mundo. Não

45. Konstantin Vaginov, *Kozlinaja pesn'* (Leningrado: Priboj, 1928), *passim;* Hermann Cohen, *Logik der reinen Erkenntnis* (Berlim, 1902), p. 379; M.M. Bakhtin, *The Dialogic Imagination*, ed. Michael Holquist, trad. Caryl Emerson e Michael Holquist (Austin: University of Texas Press, 1981), p. 85.

era o anseio de Cohen pela unidade, com o racionalismo acompanhante, que atraía Bakhtin para o sábio de Marburgo. Era antes o acento no processo, no caráter "não dado" da experiência, com a abertura e energia – as seteiras – que tal concepção prometia, que seduzia o pensador russo.

Bakhtin simpatizava, em especial, com as elaborações de Cohen em seus últimos anos, quando o grande exegeta de Kant tornara-se, a seu próprio modo, militantemente intelectual, um buscador de Deus. Uma linha de preocupação ética desceu diretamente de Kant, através de Cohen, para o dialogismo de Bakhtin. Os três pensadores estavam obcecados pela necessidade de superar a rachadura entre fé e conhecimento, uma brecha anunciada de forma dramática no chamado de Pascal ao "Deus de Abraão, Deus de Isaac, Deus de Jacó – e não ao Deus dos filósofos e dos eruditos". Pascal resolveu o problema de como lidar com o Deus dos filósofos, abandonando-o e entregando-se ele próprio por completo à fé. Para Kant e Cohen, não poderia haver absoluta translação de um envolvimento com o "Deus dos filósofos" para a presença imediata de um Deus que dissera a Moisés "Aqui estou Eu"[46]. Kant procurou encontrar base para a existência de Deus numa filosofia que, esperava ele, se mostraria mais poderosa do que os argumentos fornecidos pela teologia.

Cohen, como Kant, lutou para superar a brecha entre razão e crença, metafísica e teologia, entre o Deus dos filósofos e o Deus de Abraão. Nos últimos anos de vida, deixou a Universidade de Marburgo, de cujo nome a sua obra se tornara sinônima, e mudara-se para Berlim a fim de consagrar-se à Escola de Altos Estudos Judaicos. Esta mudança refletia sua crescente convicção de que precisava juntar as duas principais preocupações de sua vida: a filosofia sistemática e o empenho nas causas judaicas na Alemanha. Dedicou os anos entre 1912 até seu falecimento em 1918 ao que deveria ser a grande súmula de sua carreira de pensador alemão e judeu, *A Religião da Razão a Partir de Fontes no Judaísmo,* que era uma tentativa de combinar a metafísica clássica com a tradição hebraica. Sua luta dolorosa entre a defesa de Deus como um conceito intelectual e o desejo não verbalizado de uma experiência direta de Deus teve impacto sobre Bakhtin. A violência mesma com que Cohen insistia em que Deus é uma ideia desincorporada sugeria quão difícil lhe era resistir ao apelo da imediatidade no Deus de Abraão. Cohen procurava forjar uma unidade entre a metafísica ocidental, que culminava em Kant, e a linha judaica de pensamento, que remontava à Tora. Suas tentativas de unificar o dualismo kantiano fundiam-se com argumentos em prol da necessidade de um Deus ao modo monoteísta, como ao escrever, "O que é característico da teologia [de Kant] é o não pessoal [...] o princípio verdadeiramente espiritual – a sublimação de Deus em uma ideia [...] E nada menos do que isto constitui a base mais profunda da ideia judaica de Deus"[47].

46. Êxodo 3:15.

47. Citado em Martin Buber, *The Writings of Martin Buber,* ed. Will Herberg (Nova York: World, 1956), p. 106.

A tentativa de Cohen era uma tentativa heroica de domesticar o Deus do Velho Testamento, de modo a tornar possível a sua assimilação no âmbito de uma tradição que é essencialmente humanista, mas na qual Deus é concebido, não obstante, como "completamente outro" (*ganz Andere*). Cohen sustentava que a unicidade de Deus mais do que a sua mera unidade era o ponto fundamental do monoteísmo judaico. Ao mesmo tempo tornava Deus o garante da individualidade humana. O "centro de gravidade [do monoteísmo] reside na relação entre Deus e o indivíduo"[48]. Em suma, o centro de gravidade está no dar e receber entre uma entidade única, Deus, e outra entidade única, o indivíduo.

A grande fissura entre mente e mundo, que era objeto da preocupação de Kant, foi tratada por Cohen como uma cesura entre o homem e Deus. Como o seu mestre, o filósofo de Marburgo sentia profundamente a separação precisamente porque desejava com premência sobrepujá-la. Devotou muita reflexão às possíveis formas de unidade, e o termo que ao fim propôs como o liame entre o homem e Deus foi "Santidade". Interpretou a passagem do Levítico 19:2, "Vós sereis santos: pois eu o eterno Deus sou santo", no sentido de que "Santidade[...] significa para o homem uma tarefa, enquanto para Deus designa o ser". Neste argumento o sagrado espírito é simplesmente um "elo de conexão" e Deus meramente uma "correlação"[49]. Cohen assemelha-se a Bakhtin quando enfatiza a fenda entre dois níveis diferentes de realidade e a consequente tarefa de descobrir termos capazes de mediá-los.

A carreira de Bakhtin dava seus primeiros passos quando se evidenciou que nem Kant nem seus seguidores da escola de Marburgo haviam conseguido resolver a tensão entre Deus como ideia e Deus como experiência. Uns e outros tinham ido longe demais no sentido da intelectualizarão. Bakhtin prosseguiu nessa tentativa de tornar a filosofia de alguma maneira congruente com a teologia. Se se quisesse situá-lo algures, num espectro entre Kant e Pascal como extremos, haveria de ser em algum lugar mais próximo de Pascal. Porém, boa parte de sua obra inicial, suas preleções em especial, preocupava-se não com a teologia como tal, mas com uma filosofia da religião, um intento de entender e descrever um mundo em que a prece tem nexo. A desconfiança de Bakhtin em relação às ideias exangues e sua correspondente predileção pelo que é densamente particular não se exprime, em um oculto, introvertido conhecimento individual do Deus de Abraão. Bakhtin não procurava Deus, no que São João da Cruz chamou "a fuga do sozinho para o sozinho", mas no exato oposto, o espaço entre os homens transponível pela palavra, pela elocução. Em vez de buscar o lugar de Deus na estase e no silêncio, buscava-O na energia e na comunicação. Procurando uma conexão entre Deus e os homens, Bakhtin concentrou-se nas forças que possibilitavam as ligações, na sociedade e na linguagem, entre os homens.

48. Gustav Otto, *The Idea of the Holy*, trad. John W. Harvey (Nova York: Oxford University Press, 1958); Hermann Cohen, *The Religion of Reason out of the Sources of Judaism*, trad. Simon Kaplan (Nova York: Ungar, 1972), p. 35.

49. Cohen, *The Religion of Reason*, p. 96.

3

A Arquitetônica da Respondibilidade

Um traço distintivo da carreira de Bakhtin como pensador é que ele jamais cessou de perseguir diferentes respostas para o mesmo conjunto de questões. As várias maneiras em que efetivamente colocou o problema das relações entre o *self* e o outro, ou o problema de como a aparência de mesmice emerge da realidade da diferença, apresentam-se com grande diversidade no curso dos anos. Mas as questões em si permanecem constantes, dando ávida de Bakhtin a estrutura de uma busca ou de um projeto. Nos anos compreendidos entre 1918 e 1924 esta agenda de tópicos tomou forma numa série de textos, nenhum dos quais parece ser completo. Eles não constituem fragmentos de diferentes trabalhos. Representam, antes, diferentes tentativas de escrever o mesmo livro, ao qual Bakhtin nunca atribuiu um título, mas que é aqui denominado *A Arquitetônica da Respondibilidade*[1].

O trabalho é visivelmente filosófico, mas se ajusta sem dificuldade aos gêneros disponíveis do discurso filosófico. É um tratado sobre a ética no mundo da experiência cotidiana, uma espécie de axiologia pragmática. A atividade ética é concebida como um ato (*postupok*). A ênfase não recai naquilo em que a ação resulta, o produto final da ação, mas antes no ato ético em seu fazimento, como um ato no processo de criar ou "autorar" um evento que pode ser chamado de ato, quer ele seja uma ação física, um pensamento, uma elocução ou um texto escrito – sendo os dois últimos encarados como coextensivos. Bakhtin chega a este processo meditando sobre a forma

1. Estão incluídas sob este título as obras publicadas como "Arte e Respondibilidade" e "O Autor e o Herói na Atividade Estética", obras perdidas ou inéditas como "A Estética da Criação Verbal" (não o livro de 1979 com este título, editado por Bocarov e Averincev) e o texto, sem título, sobre filosofia moral e outros trabalhos que Bakhtin estava produzindo no campo da filosofia da religião durante o período de 1918-1924.

da atividade autoral que é mais paradigmática, isto é, a criação de textos literários. Afim de estudar os meios pelos quais as relações entre o *selfs* o outro são produzidas, examina os modos como os autores literários moldam sua relação com as personagens e a relação de tais personagens entre si na ficção de uma obra de arte unificada.

A Arquitetônica e os englobantes ensaios da fase final, nos anos de 1970, estabelecem, em termos filosóficos, os colchetes de todo o trabalho interveniente que Bakhtin devotou a tópicos mais localizados e específicos. Isto não significa que seu autor não tenha sofrido mudanças no curso dos anos ou que *A Arquitetônica* possa ser empregada como guia canônico para mensurar a correção das interpretações conflitantes de obras ulteriores. Tal pretensão negaria historicidade a um dos mais poderosos proponentes do vir-a-ser. *A Arquitetônica* é, antes, uma agenda de tópicos tão basais e complexos que nem sequer o transcorrer de uma vida inteira bastaria para ponderá-los até o fim.

Os termos "arquitetônica" e "respondibilidade" são os que melhor abarcam o tema principal da obra, isto é, a respondibilidade que temos por nosso lugar único na existência e dos meios pelos quais relacionamos essa singularidade com o resto do mundo que é outro para ela. Bakhtin supõe que cada um de nós "não tem álibi na existência". Nós próprios precisamos ser responsáveis, ou respondíveis, por nós mesmos. Cada um de nós ocupa um lugar e um tempo únicos na vida, uma existência que é concebida não como um estado passivo, mas ativamente, como um acontecimento. Eu calibro o tempo e o lugar de minha própria posição, que está sempre mudando, pela existência de outros seres humanos e do mundo natural por meio dos valores que articulo em atos. A ética não se constitui de princípios abstratos, mas é o padrão dos atos reais que executo no acontecimento que é minha vida. Meu *selfs* aquilo mediante o que semelhante execução responde a outros *selves* e ao mundo a partir do lugar e do tempo únicos que ocupo na existência.

A Arquitetônica avulta amplamente no trabalho ulterior de Bakhtin, por causa de sua ênfase na ação, movimento, energia e *performance.* A vida, enquanto acontecimento, pressupõe *selves* que são "performadores". Para ser bem-sucedida, a relação entre mim e o outro precisa ser moldada em performance coerente e, assim sendo, a atividade arquitetônica da autoria, que é a construção de um texto, corre em paralelo com a atividade da existência humana, que é a construção de um *self.* E se a atividade do ser é gerada pelo constante deslizamento entre o *selfs* o outro, então a comunicação – a jamais convergente, mas sempre recíproca interdependência de ambos – é de interesse supremo. É uma questão central não só na espécie de linguagem estudada por linguistas e filólogos, mas também nos discursos requeridos para um diálogo entre todos os *selves s* todos os outros. A proferição ocorre não apenas em palavras ou textos, como ainda em pensamentos e atos. Um conceito de autoria tão abarcante necessita de uma ciência mais substanciosa do que uma simples poética ou até uma estética. E uma tão generosa noção de elocução exige uma ciência que transcenda uma simples linguística. O senso imperativo de semelhantes necessidades foi o que impeliu Bakhtin a devotar sua vida ao dialogismo.

Bakhtin concebe a outridade como o fundamento de toda a existência e o diálogo como a estrutura primacial de qualquer existência particular, representando uma constante troca entre o que já é e o que não é ainda. O registro e o plasmador dessas transformações é a consciência humana, que modula o intercâmbio contínuo entre as atividades "eu" e tudo o que é "não eu-em-mim". A distinção *self/*outro *é* assim a oposição primária em que estão baseadas todas as outras diferenças: o mais alto princípio estrutural do mundo efetivo dos atos é a concreta oposição arquitetônica e epistemológica entre eu e o outro.

A dicotomia *self/*outro em Bakhtin não enfatiza, como na filosofia romântica, o *self* sozinho, uma subjetividade radical que ameaça cair na sombra de solipsismos extremos. Pela mesma razão o *self,* tal como é concebido por este filósofo russo, não é uma presença na qual se aloja o privilégio supremo do real, a fonte de soberana intenção e o garante da significação unificada. O *self* bakhtiniano nunca é completo, uma vez que só pode existir dialogicamente. Não é uma substância ou essência por direito próprio, porém existe apenas num relacionamento tenso com tudo o que é outro e, isto é o mais importante, com outros *selves.*

As ideias de Bakhtin sobre a linguagem estão em paralelo com as dos pensadores alemães do período romântico, como Wilhelm von Humboldt. Mas o modo de ver do teórico russo é de natureza completamente oposta ao anelo romântico da inteireza, esta nostalgia que produziu a visão germânica de uma antiga *Gemeinschaft* grega em relação à qual toda a história subsequente constitui uma queda, um segundo exílio do Éden, para um mundo de consciência fatalmente cindida no *self o* de alienação na sociedade. O dialogismo, por contraste, celebra a alteridade: é uma gaia ciência, uma *fröliche Wissenschaft* do outro. Assim como o mundo necessita de minha alteridade para lhe dar significado, eu necessito da autoridade dos outros a fim de definir o meu *self ou* ser o seu autor. O outro é, no sentido mais profundo, meu amigo, porque é somente do outro que eu posso obter o meu *self* O termo inusual, *drugost',* para designar a alteridade atrai a atenção para a difusividade do outro através de sua terminação *–ost'*, um marcador gramatical que indica abstração, como *– ness* em inglês. A palavra também aponta para o relacionamento entre os vocábulos que nomeiam "amigo" (*drug*) e "outro" (*drugoj*), em que *–oj* representa o marcador adjetivo padrão aditado à raiz *drug.* Este sombreado sugere os valores positivos do outro no pensamento bakhtiniano. O fato de nunca podermos atingir plena presença, uma completa identidade unitária em si mesma, quer na experiência imediata de nós próprios ou nos rigores lógicos do pensamento dialético, não deve ser lamentado.

Este contraste do eu/outro espelha-se no mundo natural, o que explica o grande interesse de Bakhtin pela biologia. Os cientistas que estudam formas microscópicas de vida usam um critério muito simples para decidir, coisa às vezes difícil, se uma das minúsculas formas é matéria morta ou tecido vivo. Se a forma tem a capacidade de reagir a um dado estímulo, como a luz, ela é viva. Se não sofre mudança em presença de circunstâncias alteradas, está construída de modo a não ter vida. Em outras palavras, neste nível primitivo, a capacidade de reagir ao ambiente ou interagir com ele é a prova de vida, mais ou menos como se diz que uma pessoa, quando deixa de responder a um estímulo qualquer, não mostra "sinais de vida", sendo considerada morta. O protozoário não poderia sobreviver sem o alimento a ele proporcionado por seu ambiente; necessita daquilo que se acha fora dos limites infusos de sua configuração integral a fim de assegurar a continuação de sua capacidade interna e reativa que é definida como sua vida. Responder ao ambiente, ser capaz de responder-lhe, é em si mesmo vida. O que quer que gere uma resposta particular do organismo em uma situação específica – ainda que seja unicamente a modesta contração da hidra diante da luz – é o centro de sua vida. E isto que, em nível mais alto de complexidade, nos seres humanos, é chamado de *self*. Concebido desta maneira, o *self* é menos uma abstração metafísica do que o fato básico da vida. O *self* portanto, não tem significado "em si mesmo", porquanto, sem o ambiente para envolver e testar sua capacidade de responder, não teria existência viva.

Os organismos primitivos têm vida na medida em que possuem o que Bakhtin chama "enderecividade", mas só podem responder a seu ambiente de maneira altamente programada. Eles têm que expandir-se em direção a uma fonte de luz ou então contrair-se a partir dela, e toda e qualquer hidra, não importa qual, há de reagir do mesmo modo. A correlação entre o dado bruto da vida primitiva e a possibilidade de um *self* criado, em uma resposta imprevisível e estilizada, está aqui em seu nível mais baixo.

Mas em organismos que são mais complexos, como os humanos, onde o corpo é um vasto universo de células variegadas, a situação torna-se inteiramente diversa. O corpo humano é uma organização social de comunidades histologicamente prolíficas, cada uma das quais composta, por seu turno, de células individuais, todas interagindo uma com a outra em uma comunidade de "linguagens" constantemente inter-relacionadas, uma heteroglossia de impulsos eletroquímicos, "dialetos" hormonais e "patoás" enzimáticos. Da mesma maneira que todos esses subsistemas interagem um com o outro, o sistema integrado que eles constituem em sua inteireza interage socialmente com outras pessoas. Não só as situações no ambiente social humano são mais variadas do que as encontradas pelos protozoários, porém, mesmo quando uma situação se repete entre os entes humanos, não podemos saber absolutamente como cada um de nós vai responder. Cada um de nós tema capacidade de ser único, o que torna os seres humanos, em termos de espécie, únicos.

A diferença entre o modo como John Smith, digamos, reage diante de uma situação mesmo tão homogeneizadora quanto um pelotão de fuzilamento, por oposta que seja ao modo de David Jones responder ao mesmo conjunto de circunstâncias, é uma variação na maneira como os seres humanos individualmente respondem ao seu ambiente. O caráter distinto de cada resposta é a forma específica da respondibilidade daquela dada pessoa. Não há meio de um organismo vivo evitar a respondibilidade, uma vez que a própria qualidade que define se alguém está ou não vivo é a capacidade de reagir ao ambiente, que é um constante "responsar", ou responder, e a cadeia total dessas respostas compõe uma vida individual. É o que Bakhtin quer dizer quando declara que "não há álibi por se existir". O modo como respondemos é como tomamos a responsabilidade por nós mesmos. O *self*, quando concebido como a resposta particular de um organismo total ao seu meio específico – desde o nível do cérebro que responde a estímulos simples como reflexo até o nível da mente que responde a outros *selves* na troca social – é por definição sempre incompleto em si próprio. Assim como, no grau mais baixo, os protozoários necessitam da solução em que ficam nadando para alimentar-se, da mesma forma, em um nível superior, os *selves* necessitam de um estímulo da alteridade do mundo social a fim de sustentar sua responsabilidade.

Este modo de ver é ao mesmo tempo neokantiano e darwiniano. A suposição kantiana de que há um hiato entre a mente e o mundo é entendida por Bakhtin como uma interdependência necessária entre ambos, tornando toda discussão sobre um ego transcendental supérflua ou ao menos inadequada. Tal interdependência é darwiniana no sentido específico de que ninguém pode existir sem modificações efetuadas por outrem, de modo que o privilégio de tomar decisões não reside exclusivamente em nenhum dos dois.

Em Bakhtin, a diferença entre os seres humanos e outros tipos de vida é uma forma de autoria, porquanto os meios pelos quais uma razão específica de responsabilidade *self*-anteoutro é alcançada em qualquer ação dada-um ato sendo entendido como uma resposta – produz-se como resultado dos esforços do *self* a fim de moldar um significado a partir do encontro entre eles. Aquilo ante o que o *self* é respondível é o ambiente social; aquilo pelo que o *self é* respondível é a autoria de suas respostas. O *self* cria a si mesmo armando uma relação arquitetônica entre o *locus* único de atividade vital que o organismo humano individual constitui e o ambiente natural e cultural em constante mudança que o cerca. Tal é o significado do dito de Bakhtin segundo o qual o *self* e um ato de graça, uma dádiva do outro.

Bakhtin descreve esta autoapropriação a partir do outro numa curta narrativa, uma espécie de "estória simplesmente assim". A fábula é construída em torno de um certo número de conglomerados de metáforas relativos a contabilidade, sexo e biologia, mas o conglomerado mais importante envolve a mecânica da visão. Devido à presumida cisão entre mente e mundo, um dos grandes problemas da mente é como "ver" o mundo, como traduzir um mundo cujas condições não podem em si mesmas ser conhecidas para outro conjunto de condições que representará aquele mundo de um modo passível de ser percebido, ainda que somente em segundo grau. Para coisas que de outra modo seriam incognoscíveis ou conceitualmente invisíveis para a consciência, temos de encontrar constantemente marcadores que podemos ver em nossas mentes. O entendimento é simultâneo à percepção: conhecer algo é ser capaz de vê-lo. Isto está próximo da velha suposição em metafísica de que "perceber é ser", mas o tratamento dado por Bakhtin a esse *topos* é tudo menos uma abordagem abstratamente filosófica.

Bakhtin começa com um fato do dia-a-dia, de tipo corriqueiro, tão simples que amiúde ele é esquecido ou omitido: se, como todo mundo admitiria, dois corpos não podem ocupar o mesmo espaço ao mesmo tempo, então o meu lugar na existência é único, se não por outra razão ao menos porque enquanto eu o ocupar ninguém mais poderá fazê-lo. Enquanto eu estou aqui, você tem que estar ali; eu posso estar com você neste momento, porém a situação parecerá diferente a partir dos lugares únicos que eu e você ocupamos nela. Nós dois estamos juntos e, no entanto, à parte. Podemos trocar fisicamente de lugar. Mas entre o momento em que você ocupa o lugar onde eu estava e eu ocupo a posição onde você estava, terá decorrido algum tempo, ainda que seja uma fração de segundo. E como a situação anterior não pode ser repetida, nós nunca vemos ou conhecemos as mesmas coisas.

Você molda a estrutura do cenário e o nosso lugar nele a partir do lugar único que você aí ocupa, assim como eu o faço a partir do meu. Apenas um *self*, concebido não como uma essência transcendental, mas meramente como um *locus* de apercepção, pode "ver" nossa configuração. Visto não ser transcendental, o *self* é guiado em sua atividade arquitetônica por restrições que o espaço físico impõe ao mecanismo biológico da visão. Algumas das restrições são contingentes, tais como o total de luz disponível em qualquer momento dado; outras são absolutas.

A primeira dessas restrições absolutas, que poderia denominar-se lei da localização, é que aquilo que eu vejo é governado pelo lugar a partir do qual eu o vejo. Esta lei se expressa em física como relatividade einsteiniana, em um nível, e, em outro, como princípio da incerteza de Heisenberg.

Bakhtin, ao argumentar que o sítio particular a partir do qual algo é percebido determina o significado daquilo que é observado, estava tentando fazer para a mente consciente o mesmo que Einstein estava procurando fazer para o universo físico quando ele, quase na mesma época, enfatizou o papel determinante exercido pelo *locus* a partir do qual os fenômenos são observados. A primeira comunicação de Einstein em 1905 assevera que toda afirmação sobre o tempo "objetivo" de um evento é na realidade uma afirmação sobre a ocorrência simultânea de dois eventos, o evento em questão e, digamos, a superposição dos ponteiros de um relógio sobre os números pintados num mostrador. Assim, quando Einstein diz, "o trem chegou aqui às sete", isto realmente significa que a passagem do ponteiro menor de seu relógio no lugar marcado com o número sete e a chegada do trem são acontecimentos simultâneos.

Einstein admite que tal afirmação contém um conceito indefinido – um conceito que ele, assim como Bakhtin, passou o resto da vida tentando entender – o de simultaneidade. Esta, como Einstein a define, não surge normalmente como uma questão, porque na vida cotidiana há um encaixe enganadoramente próximo entre os eventos nos mostradores de nossos relógios e os que sucedem no mundo. Embora estejamos comparando um acontecimento que já ocorreu com outro que ainda está ocorrendo nos nossos relógios, é-nos dado, via de regra, ignorar essa inelutável posterioridade que processamos como simultaneidade, porque a luz viaja tão depressa e as distâncias são tão pequenas que semelhante demora é irrelevante.

Entretanto, quando as distâncias aumentam, a demora torna-se óbvia e inevitável: se quisermos marcar eventos na lua com relógios localizados na terra, a delonga será significativa. Daí surge a questão fundamental, que é a de como concebermos a contemporaneidade de fatos ocorridos na terra e, digamos, na lua, ou seja, como diferentes espaços podem ter o mesmo tempo. Este problema levou Einstein a inventar "experimentos mentalizados" que envolvem pessoas em elevadores, transatlânticos e trens em movimento, os quais mostraram não haver algo como um intervalo fixo de tempo independentemente do sistema ao qual se refere. Não existe, pois, simultaneidade efetiva: há somente sistemas de referência pelos quais dois eventos diferentes podem ser conduzidos a uma unidade conceituai. Em sua própria obra, Einstein desenvolveu as transformações de Lorentz como um tal sistema de referência.

Para Bakhtin, o sistema de referência que gerou o efeito de simultaneidade devia encontrar-se na mecânica de transformações do *self*/outro, especificamente na lei da localização. Você pode ver coisas às minhas costas, como uma pintura ou nuvens que passam, mas estão ocultas à minha visão, enquanto eu posso ver coisas das quais você, de sua localização, não tem visão, como uma pintura diferente em outra parede ou outras nuvens que se movem por trás de sua cabeça. Esta diferença determina que, embora estejamos no mesmo evento, ele é diferente para um e para outro.

A outridade não é, pois, apenas um *a priori* metafísico, porquanto a não coincidência é um traço constitutivo da percepção humana. Há também um hiato estrutural na visão de que o homem é dotado, um ponto cego ditado pela lei da localização. Mas, uma vez que o lugar ocupado por cada um de nós é único, tanto as coisas que não posso ver quanto aquelas que posso são distintivas em relação a mim mesmo e ajudam de diferentes e importantes maneiras a constituir-me.

De acordo com uma antiga definição, o pessimista é alguém que diz: "Nós chegamos apenas à metade do caminho", enquanto o otimista declara, na mesma situação: "Nós temos apenas a metade do caminho para andar". De um modo análogo, muitos dentre os modernos denigrem exatamente aquelas condições que Bakhtin celebra. Este fala de alteridade, que em relação ao ser humano é muito mais algo de caráter amistoso do que alienação, a qual tem a mesma situação estrutural mas cuja natureza foi percebida, de Marx a Sartre, como hostil: o inferno do qual não há saída não é somente "os outros", mas a condição de outridade que eles apenas especificam em dadas situações. Bakhtin não ignora o fato de que o visto é sempre parcial, incompleto. Efetivamente, o seu conceito todo de outridade depende do reconhecimento de nossa cegueira diante de "tudo o que" nos capacita a ver "isto".

Na fenomenologia bakhtiniana dos sentidos, o mais importante é o que eu posso ver e não o que é negado à minha vista pela lei da localização. Do lugar único que estou ocupando na existência há coisas que só eu posso enxergar: a fatia distintiva de mundo que somente a mim é dado perceber é um "excedente do [meu] ver", onde o excesso é definido em relação à falta que todos os outros têm daquele mundo moldado exclusivamente por mim. Esta pedra fundamental na construção do *self* constitui algo de que toda gente partilha como condição, mas que em pessoas específicas é único como experiência. O resultado é um paradoxo que diz que todos nós partilhamos do que é único.

Bakhtin enfatiza a plenitude mais do que a pouquidade da visão, muito embora as duas condições sejam tão simultâneas e inseparáveis quanto inelutáveis. Ele o faz com o fito de que seu termo para tal plenitude, "excedente do ver", não seja erroneamente interpretado como solipsismo: excedente é no fim de contas um termo relativo destituído de significado sem a referência a outros[2].

Bakhtin examina, na lei da localização, as suas implicações com respeito ao sentido físico da visão tendo em mira o emprego de categorias visuais como meio de discutir o conceito esquivo do *self*. Estar consciente quer dizer em geral estar consciente de algo. Bakhtin argumenta que estar consciente quer dizer ver algo. E do mesmo modo que o problema de conhecer coisas é solucionado quando se encontram termos que nos deixam ver o mundo, o problema de conhecer o *self se* resolve quando aprendo a visualizar a mim mesmo.

O *self* com que Bakhtin opera possui certo paralelismo com o "eu penso" kantiano, o ponto com o qual a experiência se relaciona para ter seu significado. Este é o *self que* Kant define como um "eu" que é "em *si mesmo* completamente vazio". O paralelo sugere que o *self* concebido como nada em si mesmo, coloca problemas radicais para a sua percepção por aquela parte da relação *self*/outro constituída pelo *self*. Como observa Bakhtin: "Nós estamos menos que tudo aptos a apreender [...] o todo de nossa personalidade"[3].

Seja numa rigorosa tentativa fenomenológica de atingir um íntimo conhecimento eidético de mim mesmo, seja no mais banal devaneio, é precisamente "eu a mim mesmo que eu não posso ver". A ação de um autor que tenta visualizar uma personagem tem paralelo na minha tentativa de dar sentido a este mundo a fim de fazer uma história coerente de meu papel nele. O *self é* "a personagem principal que está num plano diferente de todas as outras personagens que eu imagino"[4].

Bakhtin move-se da não coincidência entre mente e mundo para a não coincidência entre o modo como eu e o outro desenvolvemos categorias para organizar o mundo, o quadro que eu disponho a partir de meu lugar único na existência versus *o* quadro que você dispõe a partir de seu lugar único. Esta série de não coincidências é levada a seu limite na não coincidência existente entre o meu *self e* todas as formas disponíveis para a expressão do *self* não apenas para os outros mas também para mim mesmo, isto é, tempo, espaço e os valores que, em qualquer encontro particular, dão ao tempo e ao

2. Baxtin, *Èstetika*, p. 175.

3. Kant, *Critique of Pure Reason*, trad. N. Kemp Smith (Londres: Macmillan, 1929), p. 157; Baxtin, *Èstetika*, p. 8.

4. Baxtin, *Èstetika*, p. 27.

espaço cores específicas. Esta radical não coincidência do *self* com os marcadores do *self* é a base não só das peculiaridades do pronome *eu* entre outros elementos formais de qualquer língua natural, como ainda da inaptidão de todos os aspectos da linguagem a se amalgamarem com o sujeito.

A maneira específica como a inadequação de qualquer outro sistema que não o *self* para moldar o *self* se dá a conhecer é como um infinito dizer-não pelo *self* a todas as suas definições. Quando desenvolvo consciência de mim mesmo, não é como uma crescente percepção de alguma coisa, mas antes como uma "consciência do fato de que eu, no meu aspecto mais fundamental de mim próprio, não sou ainda"[5]. Eu vivo num "futuro absoluto".

A importância de uma arquitetônica reside precisamente em sua capacidade de proporcionar localização espacial e temporal, de dar definição, a miríades de alteridades, uma operação que simultaneamente me define. A maneira particular pela qual Bakhtin desenvolve o tempo e o espaço revela seu débito para com a tradição kantina das categorias. O mesmo sucede com o papel crítico desempenhado em seu pensamento pela distinção feita por Cohen entre o que é dado e o que a mente concebe. Todos esses termos caracterizam a atividade de consecução de um *self* uma atividade que nunca posso completar. De modo que o *self* tem de ser pensado como um projeto.

A palavra com que Bakhtin designa "projeto" (*zadanie*) é outra volta na distinção básica entre "dado" (*dan*) e "concebido" (*zadan*), que ajuda a definir a natureza da consciência como a necessidade constante de criar, de "autorar", de colocar (*zadat'*) um *self*. Em termos temporais isso significa que eu respondo ao presente projetando o futuro. Meu *self* se realiza então como negação do poder de qualquer categoria para plenamente compreendê-lo. A influência de Dostoiévski é evidente aqui, especialmente na insistência subterrânea do homem em seu direito de negar toda definição com que a sociedade possa rotulá-lo: ele opta por cuspir até mesmo no palácio de cristal. Ou, como outro filósofo da liberdade, Sartre, argumenta, de forma similar: quando o mundo diz de mim, "Ele é um garção", devo sustentar, devo insistir que eu não me tornei um garção, pois ainda estou no processo de me tornar eu.

Mas se o meu ego mais profundo, meu eu-para-mim-mesmo, opõe-se em essência a todas as categorias, a questão que surge é saber onde hei de obter as categorias para fixar o meu próprio *self*. A resposta é: de outros *selves*. Eu não posso ver o *self* que é o meu próprio, de modo que devo tentar percebê-lo nos olhos dos outros. Esse processo de ver conceitualmente a mim mesmo mediante a refração do mundo através dos valores de outrem começa muito cedo, quando as crianças principiam a enxergar-se através dos olhos de suas mães, e ele prossegue durante a vida inteira.

A consciência conhece o mundo visualizando-o, mas só pode vê-lo, por assim dizer, pela óptica de seu *self* ou pela do outro. Cada um desses instrumentos refrata

5. Idem, p. 112.

o que é percebido de modo inteiramente diferente, tal como o olho direito e o esquerdo atuam na fisiologia da visão. Em minhas tentativas de formar sentido a partir daquilo que se me depara, eu moldo o mundo em valores que são refratados de uma ou de outra lente.

Esse padrão é outra maneira pela qual a dualidade eu / outro reproduz o padrão crescentemente encontrado em outros níveis da biologia que controla a percepção. De há muito se conhece a dualidade da visão bifocal, mas agora se considera que a audição também é um processo dicótomo em que cada uma das duas orelhas ouve de modo diferente[6]. O ouvido direito, que é controlado pelo hemisfério esquerdo em outro exemplo de simultaneidade, apresenta melhor aptidão para o reconhecimento preciso dos sons peculiares à fala humana. O ouvido esquerdo, controlado pelo hemisfério direito, é mais eficiente na discriminação, entre todos os sons, daqueles que diferem dos sons da fala. O cérebro processa sinais audíveis em dois modos diversos. Dois sons fisiologicamente similares, como o que se produz quando inflamos as bochechas e exalamos rapidamente o ar ao apagarmos uma vela ou ao pronunciarmos [em inglês] o prevocálico *wh* em palavras como *when,* são tratados de duas formas inteiramente diferentes na percepção auditiva. O hemisfério direito lida com o ato puramente funcional de soprar para extinguir a chama da vela e o esquerdo lida com a qualidade abstrata, semiótica, do som da fala. Essas diferenças no modo como escutam os dois ouvidos atuam, não obstante, em conjunto na consciência de um perceptor individual a fim de proporcionar a aparência de uma unidade simultânea, tal como procedem outras dualidades comandadas pelo trabalho dicotômico do cérebro bicameral. Bakhtin, que foi influenciado pelo grande fisiólogo do cérebro A.A. Ukhtômski, sugere que uma constante mediação entre o papel do *self* e do outro é o mecanismo pelo qual conceituamos e, em certo grau, controlamos, ao nível da mente, dualidades que se apresentam na biologia ao nível do simples cérebro.

O *self* e o outro são os dois polos de todas as possibilidades perceptuais. Sua inseparabilidade cria uma injunção diádica que imprime direção ao obsessivo jogo bakhtiniano de palavras, especialmente com o prefixo russo *so-,* indicando uma simultaneidade no aspecto atinente ao compartilhar, que é *grosso modo* equivalente ao uso em inglês de *co–* [latim *cum;* emprego internacionalizado], como em *coautor.* Mas *A Arquitetônica* inclui muitos outros exemplos em que o idioma russo é forçado para atender as necessidades filosóficas do autor. E um texto extremamente denso; adversários do jargão podem até dizer que o escrito está empastado. O fato se deve não só à dificuldade do assunto, como à constante experimentação com novas aplicações. O russo, como o grego e o alemão e ao contrário do inglês, caracteriza-se pelo vasto número de palavras que, por adição de prefixos ou sufixos, é possível gerar a partir de um repertório relativamente pequeno de radicais verbais. À época em que redigiu A *Arquitetônica,* Bakhtin acabava de efetuar estudos filológicos de grego e

6. Ver Roman Jakobson, *Brain and Language,* Columbus: Slavica, 1981, p. 19-21.

latim. Tal circunstância, combinada com a sua imersão numa tradição filosófica alemã que, no dito de Hegel, devia "ensinar a filosofia a falar alemão", resultou numa exibição pirotécnica de neologismos que são peculiares ao primeiro período da elaboração bakhtiniana.

Por exemplo, a consciência é descrita como unida à existência fora dela mesma por meio das ações, de modo que Bakhtin se refere ao existir humano em termos de *postuplenie,* o que significa "entrar" ou "incorporar-se", como ingressar no exército, mas que sugere também *postupit',* "agir", e *postupok,* "ato, ação". Uma sugestão ulterior de *postuplenie* é "entrada/receita", como em contabilidade, que constitui o lembrete bakhtiniano de que as pessoas ingressam na existência através dos atos que somaram no curso de suas vidas e pelos quais, como as entradas nas contas do razão, elas respondem. A consciência é sempre *postupajuščee soznanie,* uma "consciência atuante/entrante", ou mesmo *so-znanie,* "cognoscente com", outro dos frequentes jogos de palavras que Bakhtin realiza com este prefixo. O modo pelo qual as pessoas são ligadas à vida é nomeado *como priobščën, o* que vem a significar "associado com", mas é também o particípio passado passivo de "ministrar um sacramento", no sentido de que os homens se incorporam ao trabalho da vida, dando-lhe o vinho e a hóstia do significado.

Este modo dualista de conceber o laço entre a consciência e o mundo é a fonte de outras díades que vão especificando a relação mente/mundo. Bakhtin concorda com Kant e diverge de Cohen, ao assumir que o mundo das coisas é algo dado, uma "dado-dade" (*dannost'*) e, portanto, anterior à consciência e presente a mim como uma "isso-dade" (*ètost'*) ou "o-que-está-à-mão" (*naličnost'*), um termo que se encontra em algum lugar entre a *Vorhandenheit* e a "facticidade" de Heidegger. *Naličie* (isto é, *en face, na lice*) é o que está à mão antes de ser processado por um ato da consciência humana, quando aquilo que é meramente dado é transformado naquilo que é concebido ou colocado como um aspecto do "projeto" (*zadanie*) de atuar/entrar.

O mundo enquanto *dannost'* apresenta-se a mim como necessidade, isto é, "coisas que eu preciso fazer" (*dolženstvovanie*); o reino do *zadannost' é* um domínio no qual tais obrigações são convertidas numa "condição de respondibilidade" (*otvetstvennost'*), "coisas que eu devo fazer". Essa transformação do mundo dado em mundo que eu mesmo estabeleço converte a relação entre o meu corpo e outros objetos à minha volta (rochas, árvores, outros corpos) numa relação temporal, ela que é de outro modo apenas espacial (enquanto é puramente física). O mundo simplesmente físico é um "deserto axiológico" (*cennostnaja pustota*). A realização de projetos humanos transmuta o deserto do espaço em um jardim do tempo. O mundo como *naličnost'* está, do ponto de vista de uma consciência percipiente, sempre ali, já está sempre ali. É *uže-stavšee bytie,* um termo com a sugestão de algo "já-ter-se-tornado-ser", mas que também implica, às vezes, uma "já-saldada-existência" ou um "já-começado-ser" (onde a iniciativa não é mais possível). O subtom de contabilidade na linguagem de Bakhtin sugere uma possível conexão entre seu pensamento e seu trabalho, no exílio, como contador para o chefe local do Partido, em Kustanai, afora o fato de ser ele filho de um banqueiro. *Dannost'é uže bytie,* "já sendo"; *zaddanost',* o mundo; transformado pelos atos humanos, enformado por valores, é *ešče-bytie,* "ainda-não ser-sendo" (uma formulação próxima do *Nocht-nicht-sein* de Ernst Bloch). A consciência nunca é completamente coincidente com o mundo; sua atividade fundamentalmente transforma o que já está ali. E "ativa/iniciatória" (*postupajuščee soznanie*) e, assim sendo, o seu tempo é o "futuro absoluto" (*absolutnoe buduščee*). Precisa estar sempre à frente de qualquer presente, uma vez que a responsabilidade de transformar o que é dado torna qualquer presente um passado; o que está à mão já está ali.

O mundo em essência não tem significado. As pessoas nada são em essência senão criadores e consumidores de significado. O mundo e as pessoas interagem numa mutualidade de passiva necessidade de valores e numa ativa dação destes; sua unidade é uma "intercontradição" (*vzajmoprotivorečie*), que não deve ser lida como uma contradição mútua, onde os dois lados cancelam um ao outro na má infinidade da irresolução. "No unitário (*edinoê*) e único (*edinstvennoe*) evento da existência (*sobytie bytija*) é impossível ser neutro"[7]. Mas longe de se tratar de uma condição infeliz e predeterminada, a necessidade de realizar valores em atos constitui o meu "privilégio arquitetônico" de destacar-se (*isxodja sebja,* "destacando-se", *ex-tasen*) do mundo da coisa dada, para encontrar o mundo fora de mim mesmo em meu ato de prover o mundo com categorias de tempo e espaço que brotam do ato de avaliá-lo.

Moldar o mundo por meio do significado dos valores que meus atos articulam não é uma necessidade, porém uma responsabilidade, uma vez que tenho liberdade de me abster de produzir valores que são *meus próprios.* E impossível ser um ente humano cônscio e viver uma vida neutra em termos de valores. Mas eu posso simplesmente aceitar os valores de meu tempo e meu lugar particulares, que é um modo de evitação de atividade que tem o efeito de tornar a minha vida uma subfunção de um autoimposto "reflexo axiológico" (*cennostnyj refleks,* similar ao *das Mann* de Heidegger). Assim, minha incapacidade de impedir o significado constitui uma responsabilidade: eu sou respondível no sentido de que sou livre para atender ou ignorar o chamado do mundo para uma resposta. Mas a incapacidade deste de significar é verdadeira necessidade [...] "já-ser é estar em necessidade [...] estar meramente à mão (*naličié*) [...] significa ser feminino ante a pura atividade expressiva do eu"[8]. O mundo não é apenas uma mulher passiva ante a viril atividade da mente (*mud-,* a raiz *demudrosd,* "sabedoria", relaciona-se com a palavra que designa "testes") – embora a mente também possa ser a de uma mulher – quando sai para o mundo, penetrando-o e infundindo-lhe significação.

A metáfora sexual da maneira pela qual o mundo e a mente se relacionam (o mundo precisa ser penetrado de "fora", *izvne,* pela mente) é apenas uma dentre as

7. Baxtin, *Èstetika,* p. 115.
8. Idem, p. 119.

várias que Bakhtin emprega com o mesmo propósito. O mundo também é uma "criança indefesa" (*xrupky rebënok*), que requer o amor parental da consciência humana (as obras de Bakhtin fazem largo uso de metáforas do cuidado maternal). Em acréscimo, o mundo exige a dádiva do significado que cabe à mente proporcionar, e esta analogia com a livre graça é uma das apropriações bakhtinianas da tradicional *Heilsgeschichte* cristã.

A consciência humana entra no mundo por intermédio de ações na forma de atos que definem valores, ou por meio de "palavras escoantes" (*isxodjascie slova*), que não menos efetivamente expressam a moldagem de valores (para tanto, o termo que Bakhtin emprega, escolhido provavelmente por ser o mais próximo do sentido de *Ausdruck* em alemão, é *iz-obraž-enie*, "valores ex-cogitantes [-maginantes]").

Tendo estabelecido o corte entre mente e mundo, Bakhtin defronta-se com o problema de achar um meio de mediar entre os dois, como todo aquele que aceita as categorias da primeira *Crítica* de Kant. O termo que Bakhtin propõe para essa função transpositiva é "respondibilidade" (próximo ao *Sorge* de Heidegger, uma resposta ao "chamado" ou *Ruf do* Ser), onde é dado o mais pleno peso ao aspecto respondente da palavra *otvetàe otvetstvennosf*. A responsabilidade é concebida como a ação de responder às necessidades do mundo e é realizada por meio da atividade do *self* que responde à sua própria necessidade de um outro. A armadura dessa filosofia inteira é o cômputo fenomenológico que ela proporciona das relações entre o *self e* tudo o mais que é outro do ponto de vista de semelhante *self*.

Não há atos isolados na consciência. Cada pensamento está ligado a outros pensamentos e, o que é mais importante, aos pensamentos de outrem. Assim, o mundo tem "ser" (*bytie*), mas a consciência é sempre coconsciência (a palavra normal russa para designar a consciência em seu aspecto de compreensão é *soznanie*, "co-cognoscer"). Ser (*being*, em inglês: "sendo", o existir) é, portanto, a atividade de "ser com" (*sobytie bytija*), em que o primeiro termo, "ato", pode ser ele próprio decomposto em "co-ser", de modo que uma versão alternativa do termo bivocabular é "co-ser de ser". Essa ênfase na simultaneidade e no compartilhar caracteriza a obra inteira de Bakhtin. Sua suspeita em relação ao capitalismo, como a de Dostoiévski, baseava-se na percepção de uma alienação difundida por toda a parte no Ocidente, do isolamento de suas pessoas e de sua ênfase num ego desvinculado. Seu comprometimento com uma espécie de socialismo foi motivado pela necessidade de compartilhar não apenas as nossas propriedades materiais, mas os nossos próprios *selves*.

Mas, se a mente, a linguagem e a sociedade operam todas como uma grande simultaneidade pulsante, propõe-se a pergunta sobre o que as impede, em seu fluxo, de se precipitarem indiscriminadamente uma na outra. Qual é, em outras palavras, o mecanismo que assegura unicidade e a integridade de todas essas forças interatuantes mantendo-as à parte? Qual é a base da diferença em nossa consciência? E aqui o lugar onde se faz sentir o poder separador da distinção entre o *self* e o outro.

As categorias básicas de Bakhtin para organizar o mundo, como as de Kant, ainda são tempo e espaço. Um primeiro passo em meu fazimento da distinção *self*/outro é conquistar um senso da constante inadequação de até as mais básicas categorias que emprego para a moldagem do outro – tais como tempo, espaço, e os valores que lhes dão cor particular em uma situação específica – para moldar uma percepção de meu *self*. Esta diferença básica serve para distinguir dois modos diferentes de perceber o espaço, duas espécies diferentes de tempo e dois conjuntos diferentes de valores. Em cada caso, a diferença é o hiato entre um tempo, um espaço e uma avaliação que são apropriados para mim e um tempo, um espaço e uma avaliação que são apropriados para outrem.

O modo como eu crio a mim mesmo é por meio de uma busca: eu saio de encontro ao outro para voltar com um *self*. Eu "vivo na" consciência de um outro; eu vejo o mundo através dos olhos desse outro. Mas não devo jamais fundir-me inteiramente com essa versão das coisas, pois quanto maior for o meu êxito em fazê-lo, tanto mais serei presa das limitações do horizonte do outro. A fusão completa (uma *Aufhebung* dialética), mesmo que fosse possível, impossibilitaria a diferença indispensável ao diálogo. Quando eu tiver investigado a consciência de outrem de maneira tão cabal quanto posso, encontrar-me-ei dentro de seu horizonte, e aquilo que ele não pode ver eu serei incapaz de ver. Assim, um segundo passo necessário para mim é retornar ao meu próprio horizonte, onde me é dado perceber o outro não unicamente na forma daquilo que ele mesmo está vendo ao olhar para fora de si, não apenas a partir de seus olhos, mas também dos meus próprios. Eu o vejo, quer como sujeito, quer como objeto.

O exemplo clássico é o modo como eu percebo o sofrimento de outra pessoa. Noto a sua dor, mas não a sinto, ou pelo menos não da mesma maneira que ela a experimenta. Mas eu posso entrar conceitualmente no seu espaço cognitivo e perceber através dos olhos dela que a aparência do mundo lhe é colorida em todos os aspectos pela sensação de sofrimento. Quando o sofredor vê as árvores que nos cercam, ele percebe árvores sofredoras, por assim dizer; quando vê outras pessoas, percebe-as também através da óptica de sua própria dor. O mundo é homogêneo no modo de ele percebê-lo. E saindo ao encontro desse outro sofredor, eu posso saber de tudo isso; através de seus olhos, posso ver o mundo como uma extensão de seu sofrimento.

Mas quando retorno ao tempo e ao espaço de meu próprio lugar único na existência, em adição ao conhecimento que consegui do mundo do sofredor, posso acrescentar ao catálogo de coisas que a outra pessoa vê as coisas que ela está impedida de ver a partir de sua situação e que eu posso perceber somente a partir da minha, tais como o trejeito em sua face ou o ríctus de seus membros. Mais ainda, vejo tudo isto no contexto das mesmas árvores que ela percebeu através de sua dor. Mas, vistas de minha posição, tais árvores têm um aspecto inteiramente diverso. Eu torno o outro completo graças aos aditamentos que lhe faço a partir de minha posição, na qual estou ao mesmo tempo dentro e fora da outra pessoa, uma posição que Bakhtin chama de "transgrediência" ou "extralocalidade" (*vnenaxodimost'*). Do depósito que abriga o meu "excedente de visão" sou capaz de prover aqueles traços que são negados ao próprio paciente, visto que ele não pode ser transgrediente a si mesmo.

Entre as feições desse movimento que distinguem o *self do* outro estão o modo pelo qual estes são caracterizados por um espaço diferente e um tempo diferente. O tempo do *self* é aberto, "inacabado" (*nezaveršën*), enquanto o outro por nós concebido é "completo" (*zaveršën*), na medida em que o vemos como aquilo que ele é. O lugar do *self* não é apenas aqui, na medida em que precisa ser transgrediente e não estar completamente imerso no ambiente, se é que ele há de ter a perspectiva necessária para constituir um todo a partir do outro e de seu ambiente. O outro está completamente aqui, na medida em que eu igualo seu *self*, seu corpo, e seu ambiente como um todo unificado – na medida em que arquitetonicamente eu o completo.

Uma certa ambiguidade de valores caracteriza essas diferenças. Ser aberto, vir-a-ser, é uma boa coisa; é inseparável de meu privilégio em ter existência porque é inseparável da unicidade de meu ser. Mas na qualidade de um vir-a-ser único, o meu eu-para-mim-mesmo é sempre invisível. A fim de perceber esse *self* cumpre-lhe encontrar expressão em categorias que possam fixá-lo, e tais categorias eu posso obter somente do outro. De tal modo que, quando eu completo o outro, ou quando o outro completa a mim, ele e eu estamos na realidade permutando o dom de um *self* perceptível. É o que Bakhtin pretende dizer quando argumenta que nós obtemos o nosso *self* de outrem: eu obtenho um *self* que posso ver, que posso entender e usar, vestindo o meu *self* que é, de outro modo, invisível (incompreensível, inutilizável) com as categorias completantes que eu aproprio da imagem que o outro tem de mim. Como que oposto a Lacan, Bakhtin concebe o cenário do espelho como confinante com a consciência; é infinito enquanto nos achamos no processo de criarmos a nós próprios, porque o espelho que usamos para nos contemplarmos a nós mesmos não é um vidro espelhado passivamente refletor, mas antes a ótica ativamente refratante de outras pessoas. Para que eu seja eu, preciso do outro. Assim, completar pode ser igualmente um bem.

Este é outro exemplo da luta constante entre as forças centrípetas que procuram fechar o mundo em sistema e as forças centrífugas que combatem a completitude a fim de manter o mundo aberto ao devir. "*Self*" e "outro" são os nomes que atribuímos aos polos nesta contenda maniqueísta, tal como ela se apresenta à consciência. O "eu" é a base da abertura, o "outro" é a base que assegura a possibilidade de completamento.

Esta distinção eu/tu não surgiu com Bakhtin. Estava presente na filosofia clássica desde o fim do século XVIII e alcançou Bakhtin por intermédio dos neokantianos de Marburgo. Cohen postulara a santidade como a força de união entre o homem e Deus, o que, muito antes de Buber, o levara a meditar sobre as relações *self* outro.

> É uma intrigante ilusão [aristotélica] que o pensador solitário é quem tem mais probabilidade de atingir plena "eudade" [*ichheit, em inglês selfhood*]. Nós [judeus] sabemos, entretanto, que *self* isolado, empenhado exclusivamente em pensar, não pode ser um *self* ético. O *self* ético

> deve estar empenhado na ação. Para este *self* não existe um eu sem um tu. *Reah* [em hebraico] significa o "outro", aquele que é como tu [especificamente quer dizer "vizinho" ou "próximo", o qual não deve ser confundido com *aher,* "outro", ou *ruah,* "espírito"]. Ele é o tu do eu. A "eudade" é o resultado de uma intérmina relação do eu e tu[9].

E visto que o *self* é igualado à consciência e a consciência à consciência do outro, a mais alta prioridade é conferida à sociedade ou aos modos particulares pelos quais as pessoas escolhem as relações *self*/outro na história.

Embora a distinção *self*/outro seja uma preocupação recorrente em muitos outros sistemas pré-românticos de pensamento, é Bakhtin o único dentre as figuras mais representativas a moldar o problema em termos de autoria. Ele não se diferencia pela ênfase na dicotomia *self*/outro como tal, mas, antes, pelo acento nas técnicas essencialmente autorais do diálogo e da formação da personagem, que permitem aos polos de consciência interagirem, conquanto mantendo as diferenças fundamentais um do outro. Em última análise, o pensamento de Bakhtin é uma filosofia da criação, uma meditação sobre os mistérios inerentes à ação de Deus fazendo pessoas e das pessoas fazendo *selves,* com a atividade de pessoas criando outras pessoas na autoria literária como um paradigma para pensar em todos os níveis da ação de criar.

O ato de autoria que é tratado em *A Arquitetônica* constitui o tropo matriz de toda a obra de Bakhtin. O encontro dos autores com os heróis por eles entrançados no mundo de seus textos vem a ser uma forma feliz para conjugar e modelar todas as demais categorias bakhtinianas. O papel organizador da autoria permite ao filósofo russo focalizar as suas preocupações em biologia, linguística, psicologia, teologia e política. Um problema fundamental na biologia, por exemplo, envolvia a integração neurológica e a identificação do sistema de sistemas que conserva as várias forças eletromecânicas e mecânicas em trabalho no corpo humano que operam juntas numa unidade. Qual é, em outras palavras, a sede do controle, o autor das ações e reações do corpo de cada indivíduo? A questão tinha forte ressonância na Rússia, onde a fisiologia do cérebro era uma área de pesquisa popular e bem-sucedida.

Em linguística, há questões fundamentais que têm a ver com a integração semântica. A ênfase dada por Saussure à arbitrariedade do signo socavou assunções que remontam, no mínimo, ao pensamento de Santo Agostinho quanto à capacidade de as intenções pessoais controlarem o significado. O problema estava em saber onde localizar a sede do controle que dirige o significado na *linguagem.* Quem é responsável, se é que alguém o é, pelo peso semântico de qualquer declaração dada? Quem é ou pode ser o autor de proferições efetuadas em um meio tão impessoal quanto o modelo de linguagem proposto pela linguística estrutural? Na psicologia, depois que Freud enfatizou o inconsciente, a questão passou a ser: Quem é o senhor da psique? Quem

9. Tzvetan Todorov, *Mikhail Bakhtine: Le príncipe dialogique* (Paris: Editions du Seuil, 1981), p. 151; *Reason and Hope: Selections from Hermann Cohens Jewish Writings,* trad. Ewa Jospe (Nova York: Norton, 1971), p. 218.

é o autor de alguma ação, é o ego da pessoa consciente ou são as forças inconscientes e impessoais do Id? Este problema continua a infernizar o judiciário.

Na teologia, a questão sempre foi a da integração ontológica. Quem em dado ato é responsável, a lei de Deus ou a vontade do homem? Este problema é especialmente sério nas versões da Cristandade que enfocam o livre-arbítrio do indivíduo, como faz a Ortodoxia Russa. Estou sendo autor deste fato como um exercício de meu livre-arbítrio, ou estou apenas articulando um aspecto de um movimento maior, cuja totalidade articula a vontade de um plano mais alto, extraindividual? E, no campo político, as questões de autoridade e responsabilidade eram das mais prementes. Por esse motivo, as discussões feitas por Bakhtin de matérias tão acadêmicas como monólogo versus diálogo e as relações entre autores e suas personagens podem ser lidas como comentários políticos latentes, com especial relevância para o tempo e o espaço de seu autor.

No âmago de todas essas questões dá-se uma confrontação recorrente entre um polo de pessoalidade individual e o polo oposto da força impessoal. Os dois polos são nomeados de maneiras diferentes nesses discursos heterogêneos, mas em todos os casos eles designam essencialmente o conflito entre um *self* radical responsável por suas ações e um outro, impessoal, variadamente concebido como a fonte da responsabilidade. Essas relações *self*/outro ou as relações autor/personagem, que constituem as principais preocupações de todos os sistemas religiosos, indicam o papel que a religião exerceu no pensamento de Bakhtin. O cristianismo o influenciou fortemente. Mas, como sempre em seu caso, a influência foi indireta e, assim sendo, torna-se difícil medi-la com precisão. Seu pensamento nesta área é mais uma filosofia da religião do que uma teologia que assume a fé como um *a priori*.

Para Bakhtin, o pensamento religioso não é uma disciplina estreita. Ele se recusa a separar a religião de todas as outras espécies de preocupações, especialmente aquelas que têm a ver com a linguagem, a sociedade e a natureza do *self*. Neste particular, contrasta com muitos outros russos que, durante esse período, se devotaram à filosofia religiosa. Por exemplo, L.P. Karsávin, cujo *Da Personalidade* (1929) é impressionantemente similar à obra inicial de Bakhtin, sofria de uma deficiência em que Bakhtin nunca incorreu: a incapacidade de traduzir categorias teológicas em outros discursos. Karsávin permaneceu por isso uma figura menor na história da teologia ortodoxa, enquanto Bakhtin tem importância internacional por carnavalizar a linguagem da sociologia, da crítica literária e da linguística pela hibridação de suas tradições com uma cristologia radical. Em outras palavras, o que distingue Bakhtin não são as suas teorias sobre a pessoalidade de Cristo, porém o modo como ele se utiliza de tais ideias para renovar outras áreas que não a teologia.

Neste sentido, Bakhtin não é um exótico caso especial, um cristologista clandestino, mas parte de um movimento muito mais amplo no pensamento moderno que tem o fito de sustentar o poder conceitual de quase dois milênios de pensamento cristão, sem deixar de levar em conta o desafio proposto à teologia tradicional pelos desenvolvimentos pós-Ilustração nas ciências. A preocupação de

Bakhtin é entender os mistérios da autoria, não apenas de textos literários, mas dos textos constituídos pela fala na vida cotidiana. Tal é a força propulsora que o leva a abraçar questões da relação entre o *self* e o outro (quem está sendo autor de quem?) e entre a linguagem e a literatura.

A relevância da teologia para Bakhtin transparece no paralelo entre o seu pensamento e os temas recorrentes do cristianismo, pois, mesmo em épocas seculares, as indagações sobre a natureza da criatividade, a autoria e a autoridade continuam a propor problemas que, em épocas religiosas, eram dirigidos aos pensadores que procuravam entender a autoria divina do mundo. A preocupação tradicional com respeito ao Logos tem muitos paralelos com as modernas tentativas de compreender a palavra, e muito poder conceitual a outorgar-lhes. Como notou Kenneth Burke, numerosas

> asserções feitas por grandes teólogos sobre a natureza de "Deus" poderiam ser adaptadas *mutatis mutandis* para serem usadas como observações puramente seculares acerca da natureza *das palavras* [...] deveria ser possível analisar reparos sobre "a natureza de Deus" como reparos sobre "a natureza da razão", em sua pura formalidade como observações a respeito da natureza da linguagem [...] tal correspondência entre o reino teológico e o logológico deveria existir neste caso, quer "Deus" exista ou não.

Pensar acerca da linguagem, mesmo sem invocar termos da teologia, deve envolver, na natureza da linguagem, algumas das questões centrais com as quais os pensadores religiosos sempre se debateram, tais como a natureza do significado, do outro e do sujeito (a pessoa). Como Burke acrescentou, "O que dizemos das palavras no campo empírico apresentará notável parecença com o que é dito acerca de Deus na teologia"[10]. Isto se dá porque as ineludíveis dualidades da teologia (homem/Deus, espírito/matéria) encontram-se, no âmago da linguagem, na dualidade de signo/significado.

A palavra é uma coisa material na medida em que ela só existe mediante uma produção física, como pelos órgãos da fala ou da tinta no papel. Mas a palavra é mais do que sua pura "fisicalidade", ou a transcende, na medida em que possui significado. Essa dualidade da palavra estende-se ao seu emprego: o signo nunca é o que ele significa. O termo árvore jamais é uma árvore. Se o homem é o animal linguístico, está fadado ao dualismo, dado o fato de a ordem dos signos nunca coincidir com a ordem das coisas a que denominam. O mundo é sempre outro para a consciência, de modo que a alteridade está na natureza humana. Não é apenas porque uma árvore jamais é a mesma coisa que o signo *árvore,* mas também porque eu nunca sou qualquer dos signos que me nomeiam e, menos ainda, os signos pronominais como *eu.* Quem não é linguista ignora em geral o fato de que o mundo não corresponde ao sistema da linguagem. Mas todos nós deparamos com a realidade de que *eu* de algum modo não corresponde a *mim.* Ao atuarmos como se fôssemos identidades unitárias, criamos

10. Kenneth Burke, *The Rhetoric of Religion: Studies in Logology* (Berkeley: University of California Press, 1970, p. 1-2, 13-14.

ficções de mesmice, assim como a linguagem opera com ficções de correspondência. Esta dualidade compartilhada entre consciência e *self*, de um lado, e linguagem e mundo, de outro, dá sentido à formulação de Peirce: "O homem é um signo".

Ao lidar com essas dualidades, Bakhtin enfatiza não tanto as hiantes dicotomias no centro da existência humana, como as estratégias pelas quais elas podem ser transpostas. Este acento encontra expressão no termo que o pensador usa para designar a condição do mundo tal como se apresenta à consciência, "enderecividade", na qual está implícita a ideia de que a nossa relação com o mundo é essencialmente comunicativa. Assim sendo, a natureza dos seres humanos é dialógica. A força estruturante que organiza as relações comunicativas – quer entre *self e self*, *self e* outro, e os diferentes *selves*, ou entre *self* e mundo – é o que Bakhtin chama de "arquitetônica", a atividade de formar conexões entre materiais díspares.

E difícil, no Ocidente, enxergar em Bakhtin os vínculos entre a sua cristologia e as preocupações principais, aparentemente não religiosas, de seu pensamento. Esta dificuldade brota em parte da imersão deste filósofo na tradição quenótica [esvaziamento do divino] russa, que enfatiza o grau em que Cristo é um Deus que se tornou homem, ao contrário da maior parte das tradições ocidentais. A teologia de Bakhtin também se baseia numa tradição cristã que honra o presente, o humano, a riqueza e a complexidade da vida cotidiana. É uma tradição que não pode compreender o desdém paulino pelo aqui e agora, a revulsão pelo corpo. Na verdade, ambos os fatores – a imediatidade da existência histórica e o respeito pela matéria – de há muito chamavam a atenção da imaginação religiosa russa. Como observou Nicolau Zernov: "A convicção fundamental da mente religiosa russa é o reconhecimento da potencial santidade da matéria"[11].

Esta preocupação pela materialidade das coisas aparece na obsessão da ortodoxia russa com a corpOreldade de Cristo, o esvaziamento do espírito quando a Palavra se fez carne durante a vida de Jesus. De São Teodósio até Dostoiévski, os russos veneraram Cristo não como pantocrata mas como homem, e esta tradição continuou século XX adentro na fascinação russa por um Deus-humanidade que atravessa todas as fronteiras políticas. A canonização dos dois primeiros santos nacionais russos, Bóris e Gleb, foi levada a cabo não porque eles sofreram o martírio por causa de sua fé. Os dois jovens irmãos foram de fato assassinados por frias e cruéis razões políticas, a fim de assegurar a outro irmão a herança do trono paterno. Entretanto, quando advertidos do perigo iminente, ambos se recusaram a evitar a morte. Como disse Bóris nas suas derradeiras palavras: "Glória a Ti [ó Deus]... Por amor a Ti sou morto o dia todo, eles me tratam como um cordeiro para ser comido. Tu sabes, meu Senhor, que eu não resisto, não objeto". Esta humildade, este acompanhamento do exemplo dado por Cristo, foi o que serviu de base à canonização de Bóris e Gleb. Ao ver de

11. Nicholas Zernov, *The Russian Religious Renaissance of the Twentieth Century* (Londres: Darton, Longman, and Todd, 1963), p. 285.

Jorge Fedótov, essa classe peculiar de santos, que aturdia tanto o clero bizantino que acabava de converter os russos,

fazia o que não lhes era exigido pela Igreja [...] mas fazia o que Cristo esperava deles e, nas palavras da Crônica, "tirava a ignomínia dos filhos da Rússia". Através das vidas dos santos sofredores [...] a imagem do manso e padecente Salvador entrou no coração da nação russa como o mais sagrado de seus tesouros espirituais[12].

São Teodósio também estabeleceu um papel central para a cristologia quenótica. Embora haja fundado o maior mosteiro da Rússia antiga, foi no curso de toda a sua vida um indivíduo absolutamente desobediente. Conforme explicou Fedótov, não concebia o amor como o último e mais difícil grau de perfeição, como a maioria dos pensadores ascéticos gregos, mas considerava-o

uma simples, imediata e autoevidente implicação do amor de Cristo pela criatura humana. O amor ao próximo não precisa justificar-se como se estivesse roubando algo do amor a Deus. De fato, Teodósio parece ignorar o *eros* no sentido de Deus como Beleza celestial. O *Ágape* permaneceu para ele o único tipo de amor cristão. Daí por que nada tem de místico [...] neste aspecto [...] Teodósio é o porta-voz da Rússia antiga. O misticismo é uma flor rara em solo russo [...]. Os termos em que ele fala [...] de seu amor a Cristo são deveras notáveis: o pão eucarístico e a terra da Palestina falam-lhe não só de Cristo, mas especialmente da carne de Cristo. A religião de Teodósio não é uma espécie de espiritualismo, nem o é a religião russa em geral. A distância entre os dois mundos não é o abismo entre carne e espírito – como no misticismo platônico – porém entre a carne [...] decaída e a transfigurada[13].

Dois conceitos vinculados à tradição quenótica vieram a exercer poderoso efeito sobre o pensamento de Bakhtin. O primeiro é o de uma comunalidade radical (*sobornost'*); o segundo é o de um profundo respeito pelas realidades materiais da experiência de todos os dias. O acento na humanidade de Cristo levou os russos a valorizar a comunidade. Nas palavras de Anthony Ugolnik, "Cristo não é nosso salvador 'pessoal', mas comum". Cristo renunciou aos privilégios da divindade, a seu caráter único, a fim de compartilhar da condição geral da humanidade, um estabelecimento modelar da prioridade dos valores compartilhados como opostos aos individuais. No pensamento de Bakhtin este conceito é traduzido do discurso da teologia para os discursos mais amplamente apropriáveis da linguística e da teoria social. O filósofo interpreta o interesse da Rússia antiga pela comunidade, não apenas em termos de amor e caridade cristãos, mas também como uma espécie de injunção epistemológica: "Ser significa comunicar-se dialogicamente. Quando o diálogo termina, tudo termina". Cristo é importante não só como um acontecimento na história cósmica da salvação humana do pecado, mas, igualmente, como um evento no desenvolvimento da consciência humana. Esta

12. George P. Fedótov, *The Russian Religious Mind* (Cambridge: Harvard University Press, 1946), I, p. 104.

13. Fedótov, *The Russian Religious Mind*, p. 129.

consciência é a consciência da relação do *self* com o outro. Em *A Arquitetônica*, Bakhtin delineia diversos estádios desta relação na Antiguidade, levando-a a culminar no

> Cristo dos Evangelhos. Em Cristo deparamos uma síntese – única em sua profundeza [...] pela primeira vez surge um eu-para-mim-mesmo infinitamente aprofundado, ainda assim não um frio eu-para-mim-mesmo, mas um que é ilimitadamente bom para com o outro[14].

Cristo é importante por revelar pela primeira vez as bases de toda consciência humana e por suprir assim a chave para o entendimento de todas as coisas humanas. Política, arte e ciência – são todos aspectos do mecanismo *self*/outro pelos quais os seres humanos existem como seres conscientes. Deus é um modo de conceber o funcionamento da alteridade na vida cotidiana, pois "aquilo que eu devo ser para o outro [a outra pessoa], Deus o é para mim [para o meu eu-para-mim-mesmo]"[15].

O laço que mantém a comunidade unida é concebido por Bakhtin como sendo a linguagem. E do mesmo modo que ele se apropria da comunalidade para empreender uma sociologia cognitiva inovadora, assim também repensa a tradição quenótica como base de uma translinguística inovadora. Em Cristo a palavra se fez carne, e um traço primordial do conceito de linguagem em Bakhtin é sua ênfase na materialidade da palavra: "A consciência pode surgir e tornar-se um fato viável somente na incorporação material dos signos". O significado não é inteiramente coincidente com o signo, mas não é possível sem ele. O modo de Bakhtin compreender o signo é comparável a um esforço de pensamento ortodoxo a fim de remontar aos primórdios do pensamento patrístico. Como Anthony Ugolnik explicou a conexão: "Vista a uma luz dialógica, a questão da trindade transforma-se numa questão dinâmica. Na Palavra Tornada Carne percebemos o fundamento carnal, material da proferição. No discurso, nota Bakhtin,

> A Palavra é um ato bilateral. Ela é determinada igualmente por aquilo cuja palavra ela é e para quem é destinada. O discurso é um compromisso comunal e Deus Mesmo nos comprometeu. Ele orientou Sua Palavra, encarnada e material, para nós [...]. É a relação de Deus com a criação que, no fim de contas, permite a Teófilo (de Antioquia) projetar a "tríade de Deus". O Pai orienta Sua Palavra, Seu Filho, para nós[16].

Bakhtin expressa sua ênfase na materialidade não apenas formulando uma filosofia da linguagem, porém celebrando o corpo em termos que parece difícil associar com religiosidade. O corpo, para Bakhtin, mesmo em seus "estratos inferiores", que é o seu termo compreensivo para designar os órgãos do sexo e da defecação, está ligado do modo

14. Anthony Ugolnik, "Tradition as Freedom from the Past: Contemporary Eastern Orthodoxy and Ecumenism", *Institute for Ecumenical and Cultural Research, Occasional Papers*, n. 17 (nov. 1982): 2; "V.N. Vološinov", *Marxism and the Philosophy of Language*, trad. Ladislav Matejka e I.P. Titunik (Nova York e Londres: Seminar Press, 1973), p. 88; Baxtin, *Èstetika*, p. 51.

15. Baxtin, *Èstetika*, p. 52.

16. "Vološinov", *Marxism*, p, 11; Ugolnik, "Tradition as Freedom from the Past", p. 6.

mais imediato à dicotomia *self*/outro. Em *A Arquitetônica,* ele cartografa a diferença que o aparecimento de Cristo na história operou nas percepções precisamente do corpo. Por exemplo, na história do cristianismo, "podemos traçar duas orientações opostas. Numa, tendências neoplatônicas são postas no primeiro plano, e a outra é conc ebida como sendo antes e acima de tudo o eu-para-mim-mesmo, pois a carne em si própria é um mal tanto em mim quanto no outro. Numa segunda orientação, ambas as relações de valor recebem o que lhes é devido e elas são percebidas como distintas, isto é, quer a relação de alguém consigo mesmo e quer a relação de alguém com o outro", o que se evidencia no modo como a pessoa aprecia a sua própria carne e a do outro. A primeira tendência, que Bakhtin não acha simpática, opõe-se à tradição em que ele se vê atuando, aquela que é russa e quenótica, mas também associada aos comentários de Bernardo de Claraval sobre o Cântico dos Cânticos, e a São Francisco de Assis, Giotto e Dante. E a tradição que diz: "O corpo há de erguer-se da morte não por sua própria causa, mas por causa daqueles que nos amam, que conheceram e amaram o semblante [a carne] que foi nosso e nosso somente"[17]. Aqui, no início mesmo de sua carreira, Bakhtin plasma a oposição entre ideologias como uma oposição entre duas atitudes para como corpo.

O fascínio com a relação dialógica entre espírito e corpOreldade assumiu diferentes formas na história russa, algumas inclusive extremas. A seita dos Khlísti, por exemplo, uma versão eslava do tantrismo, empenhava-se em orgias de natureza sexual, que foram postas em foco devido ao papel desempenhado por Raspútin na corte do último Romanov. Os simbolistas, uma influência inicial sobre Bakhtin, também se sentiam fascinados como paradoxo da "fisicalidade" de Cristo, "o mistério da carne", como Merejkóvski o chamou.[18] Bakhtin sublinha a necessidade de que as pessoas assumam a responsabilidade por seu lugar único na existência mediante o cuidado que dispensam às ações para com os outros e o mundo. O entendimento do termo *ação* (em russo) é de que tem o sentido de "palavra" e "ato" ao mesmo tempo: *postupok* (ação, feito) é como o significado é efetivado e realizado, como a palavra se transforma em carne.

"Autorar" é aquela ação particular pela qual Bakhtin mostra as várias vias que o significado pode tomar na carne. Aquilo que em sua epistemologia é moldado como a distinção eu/outro se torna em sua estética a distinção entre o autor, que ocupa uma posição análoga ao do *self* e o herói, o qual ocupa uma posição análoga ao do outro. Este movimento é repetido cada vez que o texto é lido, pois o leitor se torna a carne do significado do autor, um *self* transgrediente à outridade do texto.

Um movimento desta ordem torna o autor invisível. Do mesmo modo que o *self* nunca pode ser imaginado completamente como uma pessoa entre outras pessoas, assim o autor nunca pode ser plenamente percebido como outra pessoa. A razão para

17. Baxtin, *Èstetika,* p. 52.

18. Ver Bernice Glatzer Rosenthal, *Merezhkovsky and the Silver Age* (Haia: Martinus Nijhoff, 1975), p. 99; Zernov, *Russian Religious Renaissance,* p. 165-186, 283-308.

a invisibilidade do autor é a mesma que a razão para a invisibilidade do *self*: o autor não é tanto uma entidade singular, fixa, quanto uma capacidade, uma energia. Como tal, o autor-criador não é mais coincidente com o autor-pessoa do que o *self* jamais coincide com suas projeções.

O importante não é quem um autor é, mas como, quando e onde ele o é. O autor-criador não é, antes de tudo, o autor quando não está criando. Houve Tolstói, a entidade biológica que nasceu em 1828 e morreu em 1910, que comia *kascha* no almoço, criava cavalos, comprava e vendia fazendas, e discutia com a esposa o modo de educar os filhos. "Autor" era a descrição que o governo e ele mesmo conferiam à sua profissão, da mesma maneira que um lavrador pode descrever a si próprio, mesmo se não estiver lavrando, como lavrador. Entre a pessoa e o ser que participou do processo de criar *Guerra e Paz* há algum tipo de conexão. Como diz Bakhtin: "A luta do artista a fim de chegar a uma imagem bem-definida e fixada de seu herói é, em alto grau, a sua luta consigo mesmo"[19]. Mas a ligação entre uma e outra coisa é de uma espécie que o leitor tanto quanto o artista podem perceber diretamente como um processo, que é o ato de criação em curso durante o período em que a obra está sendo efetivamente produzida. É dado aos leitores, assim como ao autor-pessoa, especular sobre as causas históricas, as condições sociais e as reações psicológicas que entraram no processo. Mas, numa estética sistemática, os leitores não podem conhecer tais fatores de uma forma direta, e menos ainda todos aqueles pertencentes à psicologia do autor-pessoa. Os leitores só podem conhecer o autor-criador de uma maneira, isto é, não como um processo aberto, inacabado, tal como conhecem o *self* mas, antes, como um resultado concluído, embora conhecer um resultado seja um processo por direito próprio.

No caso do relato feito pelo próprio autor sobre o modo como ele criou uma obra ou, como ocorre tantas vezes na literatura russa, de uma confissão de sua parte, o autor-pessoa não é mais o autor-criador. Depois que saiu do processo, acha-se mais ou menos na mesma posição daqueles que olham a obra acabada deste autor. Ele só pode ver o processo no resultado que lhe é dado contemplar. Bakhtin explica:

> A reação total [do autor], que cria o conjunto [da obra] manifesta-se de maneira ativa, porém [semelhante reação total] não surge à percepção como uma reação a algo de específico. Sua especificidade se encontra precisamente no produto que ele cria [...] o autor serve de refletor para a posição emocional e volitiva do herói, mas não reflete a sua própria posição em face do herói. Ele manifesta esta última posição; ela é objetivada, porém não se faz ela mesma objeto de exame [...]. O autor cria, mas vê a sua criação unicamente no objeto que é por ele formado, isto é, vê apenas o produto da criação tal como este vem a existir, mas não o seu processo interno, psicologicamente determinado.[20]

Em outros termos, a pura atividade de autoria durante o ato de "autorar" é similar à pura atividade do *self* no decurso de qualquer momento consciente, porquanto

19. Baxtin, *Èstetika*, p. 8.
20. Idem, p. 9.

o *self é* quem constitui o todo governante de todas as imagens parciais que nós manifestamos de nós mesmos. Embora o *self* seja experienciado, "a experiência não vê e não ouve a si própria, mas tão-somente o produto criado para a qual é dirigida[21]". O resultado é que não só as personagens assumem uma vida própria depois de completada a obra onde estão contidas, mas o mesmo acontece com o autor-criador que lhes deu forma e direção. Ele se separa do autor-pessoa para tornar-se o legislador secreto do texto a que sua energia trouxe à existência.

Em resumo, o autor que determina o texto não é uma pessoa. Ao mesmo tempo, ele não é uma das personagens, mesmo quando o texto contém uma figura que age ou é nomeada como sendo "o autor", como é o caso de um narrador em primeira pessoa. O modo de ser do autor-criador no texto acabado é diferente do de uma pessoa e difere também do modo de ser das várias personagens. Tal autor está em lugar diferente do de uma pessoa que não esteja criando, porque as pessoas estão sempre, enquanto pessoas, fora do texto. Como Bakhtin acentua, a arte é outra: "arte não é vida". O autor-criador está no texto, mas num plano diverso do das personagens que estão no texto. Não só o autor de *Guerra e Paz* não é Pierre Bezukhov, nem o de *Notas do Subsolo é* a primeira pessoa do narrador dessa obra, como até um "autor [tão] onisciente" quanto o de *Madame Bovary* ou tão intersticial como o de *Os Embaixadores* não constituem uma presença cuja figura seja adequada à inteireza da presença no texto de um autor-criador. Numa escala de visibilidade, Pierre e o homem do subsolo são facilmente divisados, enquanto os narradores de *Madame Bovary* e *Os Embaixadores,* conquanto mais difíceis de fixar numa imagem, são, não obstante, percebidos em locuções e dispositivos que os caracterizam. Tais dispositivos são mais complexos e difusos do que o *leitmotiv* constituído pelo seio de mármore de Helena em *Guerra e Paz,* mas, ainda assim, conduzem a uma concepção específica, limitante, do narrador, a qual, em última instância, permite que ele seja completado, visto.

Bakhtin trata a aparente contradição existente entre o fato de o autor estar no texto, mas invisível, com a mesma estratégia com que trata o aparente paradoxo existente na incapacidade do *self de* ver a si próprio. Tal invisibilidade não é nem misteriosa nem mesmo metafórica, mas, antes, estrutural, por ser uma invisibilidade cognitiva, na medida em que o todo do *self* nunca pode ser fixado numa imagem sua, por ser da natureza do pensamento que semelhante figura seja sempre parcial, incompleta. Haverá sempre uma não correspondência entre o *self* ativo que produz signos e os signos de si mesmo que ele engendra. A distinção *self*/outro está no coração de toda cognição. *Alteridade* é o nome que Bakhtin atribui à lógica que determina a mente, no sentido de que outorga a capacidade de imaginar entidades inteiras a certos aspectos da percepção, ou seja, a outros *selves* que não são essa mente, porém nega a referida capacidade a outros aspectos da percepção, ou seja, ao *self* que é a mente.

21. Idem, ibidem.

O problema, mais uma vez, é entender como o autor pode estar no texto sem estar visível. Torna-se necessário um análogo sistêmico a fim de desvendar o paradoxo em questão. Nas operações complexas da autopercepção encontra-se um análogo assim. Uma analogia ulterior apresenta-se no modo como a subjetividade atua na palavra falada, onde o *self* se acha sempre presente, mas nunca plenamente esgotado.

Como salientou Émile Benveniste, os pronomes têm um *status* peculiar entre os elementos nominais que constituem qualquer linguagem. A maioria dos substantivos se refere a alguma coisa. O signo *árvore,* por exemplo, significa uma espécie particular de vegetação natural. Com semelhante signo pode-se chegar muito longe da macieira num pomar e pode-se escrever um romance com o nome de *A Árvore do Homem.* Porém, mesmo estes usos do mencionado signo contêm algum tipo de referência ao gênero de flora que a *árvore* nomeia em ensejos menos metafóricos:

> Cada caso, de emprego de um substantivo é referido a uma noção fixada e "objetiva", capaz de permanecer em potencial ou de ser atualizada em um objeto particular e sempre identificado com a imagem mental que ele desperta. Mas os casos de emprego do *eu* não constituem uma classe de referência, visto não haver nenhum "objeto" definível como *eu* ao qual estes casos possam referir-se de maneira idêntica.[22]

Quer dizer, nós podemos ver o significado em significadores como *árvore.* Mas o que o *eu* refere não pode ser "visto". De fato, a fim de realizar as suas funções de embreagem deítica [*shifter*], que indica "a pessoa que está enunciando o caso presente do discurso contenedor do 'eu'", o referente do *eu* deve logicamente ser invisível ou não seria capaz de referir num caso particular a "mim". Com o fito de minha subjetividade específica preencher a fenda estrutural do pronome da primeira pessoa, este pronome precisa estar vazio em termos cognitivos, relativamente à plenitude semântica de uma palavra como *árvore,* quando ele não está ocupado por meu *self* ou pelo de outros. Dito de outra maneira, *eu* é uma palavra que nada pode significar em geral. O referente que ela nomeia não pode ser visto. Mas esta invisibilidade não é misteriosa, é um signo sistêmico de ausência passível de ser preenchido em qualquer proferição específica. Somente no plano de sistema é que ele não pode ser visto; no plano de qualquer desempenho seu significado se torna sempre visível. Em outros termos, o pronome *eu* assinala o ponto axial entre o sistema preexistente e repetível da linguagem e a minha existência única e irrepetível como ente humano particular; "a linguagem é organizada de tal modo que permite a cada locutor *apropriar-se* de uma linguagem inteira ao designar-se como 'eu'"[23].

É o que Bakhtin quer dizer quando diz que a consciência está situada sempre na fronteira: na fronteira entre a realidade imediata de minha própria particularidade vivente, uma unicidade que só existe para mim, e a realidade puramente abstrata do

22. Émile Benveniste, *Problems in General Linguistics,* trad. Mary Elizabeth Meek (Coral Gables: University of Miami Press, 1971), p. 218.

23. Idem, p. 218, 226.

sistema que me precede na existência e está entrelaçada à capacidade de não importa quem mais ser um *self* na linguagem. O instrumento pelo qual tem lugar esse diálogo entre as forças centrífugas da subjetividade, que são caóticas e particulares, e as forças centrípetas de sistema, que são abstratas e propelidas por regras, é o modo peculiar de ser do pronome da primeira pessoa:

> Como poderia o mesmo termo referir-se indiferentemente a qualquer indivíduo seja qual for e, ainda assim, ao mesmo tempo, identificá-lo em sua individualidade? Estamos em presença de uma classe de palavras [...] que escapa ao estatuto de todos os outros signos da linguagem[24].

"Eu" não é simplesmente o nome de outra parte da fala, mas o próprio mecanismo que permite a uma pessoa entrar no mundo dos signos; é o portal entre o *self* e tudo o que não é *self.*

Este portão do "eu" não se localiza apenas no centro, de nossa própria existência, mas também da linguagem. A linguagem é, não só do ponto de vista metafórico, mas não menos do sistemático, a "casa do ser", porque no "eu" situa-se a marca de nível à qual todas as operações espaciais são referidas e a hora de Greenwich pela qual todas as distinções de tempo são acertadas. "Eu" é a base invisível de todos os outros índices da linguagem. "Eu" distingue isto daquilo, aqui de lá, agora de então. A diferença entre todos esses marcadores manifesta-se como duas ordens diversas de proximidade. A série isto, aqui e agora encontra-se junto ao *self* enquanto a série aquilo, lá e então acha-se mais longe dele. "A própria linguagem revela a profunda diferença entre estes dois planos"[25].

O pronome da primeira pessoa não só estrutura diferenças de tempo (agora/então) e de espaço (aqui/lá), mas também determina a distinção fundamental eu/tu. A consciência do *self* só é possível se experienciada por contraste. Isto não constitui mera especulação fenomenológica, porém uma característica primária da própria linguagem:

> Eu uso "eu" somente quando estou falando a alguém que será "tu" na minha alocução [...]. Esta polaridade de pessoas é a condição fundamental da linguagem, cujo processo de comunicação de que partilhamos é apenas uma consequência pragmática[26].

O autor-criador está portanto para o texto assim como o *self* está para a consciência. Isto quer dizer que a presença residual do autor-criador no texto é aquele ponto, *In absentia,* a partir do qual a estrutura de todas as distinções textuais de tempo/espaço são calibradas *in praesentia.* Cada personagem no texto, inclusive o assim chamado autor onisciente, só está presente como entidade distinta mediante

24. Idem, p. 226.
25. Idem, p. 219.
26. Idem, p. 225.

a série de eixos pronominais que ela serve para motivar. Pierre Bezukhov é a soma das colocações que sua subjetividade, seu uso do "eu" demarcam: quando ele diz "eu" ou o autor diz "ele" em relação a ele, há um outro ponto a partir do qual ambos são controlados, seja o próprio "eu" de Pierre, seja a identidade que o autor lhe atribui, ao falar dele na terceira pessoa. Pierre diz "eu fiz" ou "eu quero", dando desse modo à consciência do leitor as coordenadas temporais necessárias para fixar as diferenças entre agora e então dentro do outro tempo governado pela subjetividade pronominalmente definida de todas as outras personagens. O mesmo é verdade no tocante às distinções espaciais no âmbito do texto, onde quer um dos "eus" das personagens quer uma das instâncias de terceira pessoa que o autor apresente da mesma personagem ("então Pierre...") assinalam a distinção entre aqui e lá: quando o espaço textual é ocupado por Pierre, os leitores sabem que estão lá onde ele está, e se for Moscou, não importa como avaliem a distinção, então S. Petersburgo é *lá*. A mesma coisa vale para todas as personagens. Em outros termos, o modo de o autor ser extralocal ao texto é semelhante ao modo como a consciência é sempre cônscia de algo. A "consciência de" que define a do autor-criador é a consciência do todo, de que cada outro aspecto do texto é apenas parte. Isto porque o autor está num plano de consciência diferente do de todas as outras personagens que podem ser "vistas" no texto, pois ele mesmo não pode ser visto.

O mecanismo aqui é paralelo ao que se apresenta efetivamente quando eu "vejo" o todo de alguém a partir da vantagem de meu "excedente de ver" uma imagem cuja completitude o outro não pode ter por si. Segundo Bakhtin, quando o mecanismo de um tal excedente é estendido de operações da consciência na experiência vivida para operações semânticas no mundo do texto, converte-se no botão em que dorme a florescência da atividade estética plenamente desenvolvida. Eu "vivo em" sua consciência; eu vejo o mundo através de seus olhos. Porém quanto mais bem-sucedido eu for nisso, mais presa hei de me tornar das limitações do horizonte do outro. Quando visto sua inconsciência de maneira tão completa quanto posso, estou dentro de seu horizonte, e o que ele não pode ver eu não posso ver. O necessário segundo passo é para mim retornar à minha própria consciência, onde eu posso ver agora não só de dentro, como ele mesmo vê, mas também de fora, como eu vejo, portanto não apenas como sujeito mas também como objeto. E nesse retorno que começa minha atividade claramente estética. Por eu viver nas fronteiras entre minha própria subjetividade para mim mesmo e meu *status* de objeto para os outros, posso transpor esta fronteira e, em minha imaginação, ver o outro como sujeito e a mim mesmo como objeto.

Este movimento governa as relações *self*/outro na experiência vivida. Quando os mesmos procedimentos são aplicados às relações autor/herói no mundo do texto, certas modificações se fazem necessárias a fim de se conseguir um resultado nitidamente estético. Uma diferença fundamental entre o diálogo do *self* com o outro, na vida, e do autor com os outros, no texto, é que neste último caso cada palavra significa simultaneamente tanto a ação de significar a identidade do outro, tal como é para ela, quanto a ação de tornar o outro completo, um feito possível somente se for realizado por alguém que não é ele. Este talvez seja o significado mais profundo da colocação de Bakhtin segundo a qual a palavra é sempre dual. A cola invisível que mantém juntos cada um desses dois aspectos de toda palavra no texto é o laço cognitivo do autor que é transgrediente a todos os traços textuais *in praesentia*.

A autoria é extensível a categorias extraliterárias por ser uma arquitetônica da consciência. A autoria é a atividade primária de todos os *selves* em um mundo dominado pela distinção *self*/outro. Como tal, constitui o fundamento não só de tais categorias como de todas as demais díades em torno das quais a obra de Bakhtin está organizada. O *self* e o outro estão por trás de outras dicotomias características, tais como acabado/inacabado, oficial/não oficial, monológico/dialógico, épica/romance, interno/externo.

A centralidade da distinção *self*/outro em toda a obra de Bakhtin pode obscurecer a originalidade de seu pensamento, uma vez que muitas de suas preocupações nos são familiares pelas colocações de outros pensadores que abriram caminho a partir da mesma tradição do neokantismo de Cohen e da fenomenologia de Husserl. O conceito bakhtiniano de responsabilidade tem notáveis similaridades com *O Ser e o Tempo* de Heidegger, ao passo que as ideias do pensador russo sobre *self*/outro e as metáforas visuais assemelham-se a *O Ser e o Nada* de Sartre. Todavia, *A Arquitetônica* de Bakhtin veio primeiro. Apenas as peculiaridades da censura soviética e do próprio Bakhtin impediram sua publicação até 1979. O texto, contudo, fora escrito sessenta anos antes, em 1919, antecedendo de oito anos o aparecimento de *O Ser e o Tempo* de Heidegger e de mais de duas décadas o de *O Ser e o Nada* de Sartre, em 1943. Não cabe, pois, aqui falar de influências. A situação que ora se apresenta é antes a de uma série de respostas parecidas com o mesmo conjunto de questões filosóficas em circulação nos primeiros decênios do século XX.

4

O Círculo de Leningrado 1924-1929

O período de cinco anos entre 1924 e 1929 foi de enorme atividade para Bakhtin. Durante esse breve interlúdio, completou quatro de seus principais livros: sobre Freud, sobre os Formalistas Russos, sobre a filosofia da linguagem e sobre o romance dostoievskiano, além de um certo número de artigos. À primeira vista, pode parecer que tamanha explosão de energia intelectual esteja em clara congruência com o frenesi geral reinante em todas as frentes daquelas décadas das mais seminais na história moderna russa. Mas, a bem dizer, não ocorreu uma equivalência tão fácil entre o homem e a época.[1] Na realidade, o que houve foi uma dramática incongruência entre os moldes da carreira de Bakhtin àquela altura e os lineamentos característicos do decênio. Esta não correspondência incluiu diferenças marcantes não só entre Bakhtin e "sua época" ou entre Bakhtin e "seus pares", mas também entre Bakhtin e "seu círculo".

A maioria dos integrantes deste círculo estava envolvida nos grandes debates intelectuais da época e numa assustadora série de atividades profissionais e culturais. As atividades em que o próprio Bakhtin se achava empenhado parecem escassas, por contraste. O principal registro de sua vida intelectual durante o período situa-se antes em suas obras. No entanto, devido à natureza do círculo de Bakhtin, as atividades de seus amigos eram em certo sentido as dele também; encontravam-se em sua esfera dialógica.

Bakhtin regressou a Leningrado na primavera de 1924[2]. A maioria de seus amigos o havia antecedido. Iudina retornara ao conservatório em 1920. Pumpiânski e Solertínski

1. Cf. Gasparov, "M.M. Baxtin v russkoj literature xx v.", *Vtoričnye modelirujuščie sistemy* (Tartu: Universidade de Tartu, 1979), p. 111-114.

2. A cidade foi rebatizada Leningrado após a morte de Lênin em janeiro de 1924. Embora o registro oficial de Bakhtin para morar em Leningrado date de janeiro de 1924, ele deve ter-se mudado para lá antes de setembro, por causa de um documento que o convocava para figurar num júri nessa cidade que traz a data de 24 de agosto de 1924. O consenso entre os que o conheceram é que ele se mudou para lá na primavera.

tinham voltado em 1921 para ensinar na escola Tenichev; Miedviédiev regressara em 1922 a fim de trabalhar na Casa Editorial do Estado; e Volochinov retornara por volta da mesma época para reincorporar-se à Universidade de Petrogrado. O próprio Bakhtin jamais encontrou para si um nicho similar em Leningrado. Conseguira, ao fim, volver àquela cidade unicamente porque a crescente gravidade de sua doença lhe dava direito a receber uma pensão estatal, de segunda classe, de modo que podia deixar de trabalhar.

Na época em que se deu o retorno de Bakhtin, Leningrado havia se recuperado dos piores momentos de caos e escassez da Guerra Civil. Já em 1921 a comunidade literária podia tratar-se a chá e doces na Casa das Artes[3]. A melhoria na condição de vida dos intelectuais não ocorrera apenas no plano material mas também no profissional, tendo havido, inclusive, um aumento nas oportunidades que se ofereciam aos autores a fim de publicarem e disseminarem suas obras. Um subproduto da Nova Política Econômica de 1921, que permitiu a existência limitada e em pequena escala de empresas capitalistas, foi a abertura de casas editoras de propriedade privada. Até 1927, não havia impedimento para que os cidadãos soviéticos publicassem nas editoras berlinenses de língua russa. Além disso, com o término da Guerra Civil, o governo pôde alocar mais dinheiro, papel e facilidades às artes.

Uma consequência infeliz desse aumento de recursos foi a intensificação das rivalidades, na medida em que as diferentes escolas competiam entre si para levar a parte do leão em tais fundos. Algumas, como os autodenominados grupos "proletários", compostos de membros do Partido ou da classe operária, até faziam campanha pelo direito à hegemonia na cultura soviética. Por ora, todavia, não lhes fora demonstrado ainda qualquer sinal de favor especial por parte dos responsáveis, no âmbito partidário, pelas áreas culturais. Na literatura, o único grupo a cujo respeito se podia dizer que gozava de algum tratamento favorecido na época era o dos assim chamados "companheiros de viagem", aqueles escritores que, não sendo membros do partido, se mostravam mais ou menos simpáticos ao regime.

Na louca disputa por poder, papel e prelo, Bakhtin manteve-se à distância da refrega. Passou todo este período, dos mais intensos na história do debate teórico soviético, em casa, na maior parte do tempo no aconchego de seu mundo particular. No entanto, naquela precisa época todas as questões às quais dedicara o pensamento em Nevel e Vitebsk estavam sendo discutidas com renovada intensidade. Em particular, suas ideias a respeito da autoria eram postas à prova num diálogo com duas outras teorias do texto: a formalista, de um lado, e a marxista, de outro. Bakhtin debateu com representantes de ambos os pontos de vista, não a partir do pódio, como fizera com os marxistas em Nevel, mas somente em seus escritos, e aí amiúde de maneira oblíqua.

3. Irina Odoevceva, *Na beregax Nevy* (Washington: Victor Kamkin, 1967), p. 373.

O lugar mais lógico para Bakhtin participar dos debates teóricos teria sido o Instituto de Estado para a História das Artes e, especialmente, a Divisão para a História das Artes da Linguagem, fundada em 1920. Era encabeçada por V M. Jirmúnski, um crítico associado aos formalistas, que dominavam a divisão e também compunham a maioria do corpo docente da respectiva faculdade. Mas seus membros não eram estreitos partidários. A divisão prosperava no desafio e acreditava no debate fomentador. Para tanto, além de proporcionar aulas formais, abriu suas portas a algumas das melhores inteligências do país que não pertenciam à faculdade. Estes forâneos eram convidados a proferir palestras públicas a propósito de qualquer tópico que lhes interessasse, por mais alheio que fosse aos estudos curriculares. Meierhold foi um desses palestrantes. Seminários do tipo *work-in-progress* permitiam que professores, estudantes e público em geral debatessem uns com os outros. Todas as obras de maior envergadura escritas por membros do corpo docente naqueles anos foram discutidas deste modo, o que teria dado a Bakhtin a oportunidade de confrontar os formalistas face a face. A divisão tornou-se o que Chklóvski descreveu como uma espécie de "arca de Noé", oferecendo uma plataforma a intelectuais que haviam sido afastados ou não estavam nas boas graças do regime. Era o caso, por exemplo, de Zielínski, o antigo mentor de Bakhtin, que fora lente daquela faculdade até emigrar em 1921. Durante certo tempo, a divisão também organizou leituras de textos literários com alguns dos mais vigorosos escritores contemporâneos, como Zamiátin e Ehrenburg[4].

Seria de esperar que Bakhtin fosse atraído ao Instituto para a História das Artes como um centro de atividade cultural e intelectual sério e de espírito independente. De fato, ele anota em seu Currículo haver prelecionado aí em 1926. No entanto, todas as testemunhas oculares negaram de maneira categórica que Bakhtin jamais tivesse tido alguma associação com o referido órgão, seja como expositor seja como ouvinte de alguma conferência ou participante das discussões abertas ao público. E os relatórios publicados pelo Instituto tampouco incluem registro de qualquer apresentação sua. O fato é surpreendente, uma vez que vários membros de seu círculo, inclusive Miedviédiev, Solertínski e Konrad lá proferiram preleções públicas[5]. Além disso, Solertínski foi aluno do Instituto no início de 1920 e, de 1926 a 1929,

4. Ver *Gosudarstvennyj institut istorii iskutsstv, 1912-1927* (Leningrado: Gosudarstvennyj institut istorii iskusstv, 1927), p. 35, "Spisok dokladov začitannyx v gosudarstvennom institute istorii iskusstv s 1 janvarja 1919 g. do 1 janvarja 1927 g.", em *Gosudarstvennyj institut istorii iskusstv*, p. 42-62; V. Zubov, *Stradnye gody Rossii, 1917-1925* (Munique: W. Fink Verlag, 1968); N. Stepanov em *Jurij Tynyanov: Pisatel' i učenyj: Vospominanija, razmyšlenija, vstreči*, vol. não numerado em *Žizn' zamečatel'nyx ljudej* (Moscou: Molodaja gvardija, 1966), p. 126-127; V. Kaverin, "Vstreči v krasnoj gostinoj", em *Sobesednik: Vospominanija i portrety* (Moscou: Sovetskij pisatel', 1973), p. 66-80; Rossiskij institut istorii iskusstv, *Zadači i metody izucenija iskusstv* (Petrogrado: Academija, 1924), p. 220; A.G., "Diskussija o sovremennoj literature", *Russkijsovremennik*, n. 2 (1924): 273-278.

5. "Spisok dokladov", p. 46-48, 55, 57, 61-62; "Otčet o naučnoj dejatel nosti otdela istorii slovesnyx iskusstv GIII", em *Poètika: Sbornik statej* (Leningrado, 1926), p. 155-162.

simultaneamente estudante pós-graduando e integrante do corpo docente, ao passo que a futura mulher de Pumpiânski, Issérlin, estudava no Instituto e também estava em contato com Tinianov, um proeminente membro do corpo docente na Divisão para a História das Artes da Linguagem.

Até bem tarde nos anos de 1920, Bakhtin era quase desconhecido na maioria dos círculos intelectuais de Leningrado. Não tinha quaisquer filiações institucionais, via-se forçado a publicar sob outros nomes e era apreciado somente por um pequeno grupo de amigos devotados e uns poucos alunos. Essa experiência contrastava agudamente com a sua situação tanto em Nevel quanto em Vitebsk, onde havia trabalhado para uma larga variedade de instituições governamentais, dado muitas palestras e participado de debates públicos. Em Leningrado não só efetuou pouquíssimo trabalho para órgãos oficiais como também ministrou um número muito reduzido de aulas e não tomou parte em quaisquer discussões públicas, apresentações dramáticas ou leituras literárias. Muito dessa diferença deve ser atribuída ao seu precário estado de saúde e à sua limitada mobilidade. Além disso, Leningrado era uma das duas capitais culturais da nação e não apenas mais uma cidade provincial, como Nevel ou Vitebsk, e Bakhtin simplesmente não possuía os contatos, as publicações ou o nome para assinalar a sua presença aí, nem estava preparado para estabelecer-se como epígono de quem os tivesse. Além do mais, para alguém com a sua orientação intelectual, estava ficando cada vez mais difícil encontrar trabalho à medida que a Revolução progredia.

Em consequência, a vida de Bakhtin em Leningrado foi em verdade uma longa batalha pela sobrevivência. Sua pensão era muito minguada e mesmo esta decresceu gradativamente no curso das revisões anuais. Em 1925, degradaram-na para a terceira classe e, em 1929, uma vez mais, para a quarta. Sua mulher fazia animais empalhados para complementar a receita da casa. Bakhtin mesmo nunca sabia onde poderia encontrar trabalho. Algo aparecia de repente, mas com frequência pagava apenas o bastante para os cigarros. Por exemplo, dava palestras a bibliotecários a respeito de novos livros entrados em suas bibliotecas, o que o obrigava a ler muitas obras triviais, mas ainda assim ele se sentia gratificado pelo que recebia. Seu currículo oficial também relaciona vários outras ocupações, embora esses registros também possam ser fictícios, como no caso das preleções no Instituto. No rol de suas atividades consta ainda ter ele servido em 1927 no quadro da seção de literatura da Casa Editora Estatal de Leningrado, onde Miedviédiev estava instalado. Bakhtin, segundo é dito, fazia trabalho editorial e escrevia resenhas críticas para uso interno. Ao mesmo tempo a lista registra um emprego de consultor no Birô Industrial de Leningrado. As únicas outras atividades que Bakhtin menciona em seu currículo para este período são "obras de estudo sobre história e teoria da literatura".

O outro meio de sustento, no caso de Bakhtin, era prelecionar para grupos interessados que se reuniam em apartamentos privados. Primordialmente, ele dava palestras sobre estética, filosofia, literatura e história da *cultura. Às* vezes era uma conferência só, e outras eram cursos inteiros. As duas irmãs Mirkina, que haviam tido aulas particulares com Bakhtin em Vitebsk, mas que depois passaram a viver em Leningrado a fim de estudar no Instituto para a História das Artes, voltaram a ter suas aulas com ele entre 1925 e 1927. Nas diferentes ocasiões de palestras deste tipo, um prato era colocado em geral junto à porta para recolher o que era oferecido pela audiência. As pessoas davam o que podiam, mas o tipo de gente que frequentava tais palestras era muitas vezes o de pessoas que viviam elas próprias em condições apuradas. Para cada aula, as irmãs Mirkina haviam acertado desembolsar o preço de uma passagem de bonde ao ponto mais distante de Leningrado. Quando podiam, elas pagavam o dobro.

Assim, todas essas atividades rendiam a Bakhtin escassa renda. Cartas escritas em 1924-1925 por sua mãe em Nevel para Nikolai em Paris encerram um refrão constante: "Ajude Micha se você puder. Ele está em situação desesperada e ganha apenas de 15 a 25 rublos por mês com palestras e aulas". Na época, o pai de Bakhtin, que sofria de arteriosclerose, estava tão mal que não podia auxiliá-lo financeiramente[6].

De outro lado, Bakhtin via com frequência fracassarem suas tentativas quixotescas de conseguir dinheiro com publicações. Tão logo chegou a Leningrado, começou a traduzir a *Teoria do Romance* de Lukács, mas renunciou ao projeto ao ser informado por um húngaro, seu conhecido, de que o autor não mais gostava do livro. Em 1924, um artigo de Bakhtin sobre "O Problema do Conteúdo" logrou efetivamente ser aceito para a publicação em *O Contemporâneo Russo,* mas o periódico foi fechado pelo governo antes que o número pudesse sair e o texto era demasiado longo para ser acolhido em outro lugar[7].

Em Leningrado, Bakhtin só pôde a princípio permitir-se alugar quartos em moradas de amigos. Inicialmente ficou no apartamento dos Ruguévitch[8]. Depois, mudou-se para outro, nas proximidades, que era de um novo amigo, Ivan Ivanóvitch Kanaiev, com quem se relacionara por intermédio dos Ruguévitch[9]. Os Bakhtin lá viveram de junho de 1924 até 1927, ocupando no andar de cima um quarto bem grande, mas escassamente mobiliado com duas camas de ferro e uma mesa. Um dos amigos de Bakhtin, Konstantin Vaguinov, descreveu o aposento num poema de 1926:

> Dois cobertores mosqueados / Dois travesseiros puídos / As camas lado a lado/Mas há flores na janela [...]/ Livros nas prateleiras estreitas / E sobre os cobertores duas pessoas / Um homem pálido, azulado / E sua mulher, mocinha[10].

6. Mãe para Nikolai em Paris, 19 de set. 124; Maria para Nikolai, 19 de set. 1924.
7. Maria para Nikolai, em Paris, 19 de set. 1924.
8. Rua Znamenskaya, n. 17.
9. Rua Preobrajhenskaia, n. 38, ap. 5, agora rebatizada como Rua Radischev e perto da Rua Vosstanie.
10. Konstantin Vaginov, "Dva pestryx odejala...", *Opyty soedinenija slovposredstvom ritma* Leningrado: Izd. Pisatelej v Leningrade, 1931), p. 43-44.

4. Rua Preobrajenskaia, n. 38, Leningrado, onde o casal Bakhtin viveu com Kanaiev no apartamento n. 5, 1924-1927.

Foi neste cômodo que Bakhtin escreveu seu livro sobre Dostoiévski. Ele conseguiu finalmente arcar com uma residência separada quando começou a receber direitos autorais de suas publicações. Seu último domicílio em Lenin-grado foi um apartamento num último andar, mais uma vez não longe de onde havia morado antes[11]. No entanto, sua enfermidade estava cobrando pedágio e a vida em quartos do último andar não podia ajudar a alguém com pernas doentes como ele. Tendia a passar o dia inteiro na sua poltrona, onde lia, pensava, escrevia e recebia visitantes.

Este foi um dos períodos mais produtivos de Bakhtin em termos de publicações, provavelmente porque ele não tinha então nenhum emprego fora de casa. Além disso, dispunha também de suas próprias fontes de estimulação intelectual e melhor acesso aos livros necessários do que em Nevel e em Vitebsk. Embora não participasse muito em público da vida intelectual, o papel que desempenhava em seu círculo particular era, inclusive, bem maior do que antes. O antigo grupo continuava a encontrar-se e Bakhtin surgia cada vez mais como seu líder. Aversão leningradense da escola de Nevel tinha como núcleo principal os veteranos de Nevel e Vitebsk. Pumpiânski, Solertínski, Volochinov, Miedviédiev e Iudina eram membros regulares. Kagan, que após o fechamento da universidade em Orel mudara-se para Moscou e tornara-se membro correspondente da Academia Estatal das Artes nas áreas de filosofia e filosofia da história, raramente podia visitar o grupo. Zubákin se transferira também para a nova capital soviética, onde passara a lecionar no Instituto Arqueológico de Moscou, especializando-se na história da arte e dos cultos primitivos e da sobrevivência das superstições, mas ele ocasionalmente vinha a Leningrado e frequentava os encontros do círculo de Bakhtin.

Em Leningrado, o grupo conquistou um certo número de novos membros, o que estendeu o âmbito de seus interesses intelectuais e profissionais. Alguns dos recém-vindos só ocasionalmente frequentavam as reuniões, outros apareciam com regularidade. Um dos frequentadores ocasionais era Nikolai Iusifovitch Konrad (1892-1970), um especialista nas culturas chinesa, japonesa e coreana. Fora ele que conseguira para Kagan uma posição na universidade de Orel e, durante os anos de 1920, Konrad trabalhou tanto nas Universidades de Moscou e Leningrado quanto no Museu Asiático da antiga capital, museu que era o centro dos estudos orientais da Academia de Ciências. Um de seus interesses, compartilhado na época por muitos especialistas orientais desta área, era a comparação das culturas do Oriente e do Ocidente[12]. Outro

11. Travessa Saperny, n. 16, na esquina da Rua Znamenskaia.

12. *Naučnye rabotniki Moskovy*, vol. 4 de *Nauka i naucnye rabotniki SSSR* (Leningrado: Akademija nauk, 1930), p. 118, 108, 35, 188-189. Em 1927, Zubákin publicou uma coletânea de poesia, *O Urso no Boulevard*, um de cujos poemas, "Improvisação", é dedicado a Volochinov. Zubákin, que estava vivendo com Anastássia Ivanovna Tzvietáieva, irmã de Marina Tzvietáieva, a poetisa, realizou uma viagem com ela para Sorrento, a convite de Górki, em 1927, que aparentemente se agradara de alguns poemas seus imitados em improvisos por Zubákin. Górki, entretanto, ficou desapontado com Zubákin, quando ele apareceu pessoalmente e, ao que parece, ordenou-lhe que fosse embora. A.M. Gor'kij, "Pis'ma k A.N. Tixonovu", em *Gork'kovskie ctenija, 1953-1957* (Moscou: Akademija nauk, 1959), p. 53-54, 55, 57; A.I. Cvetaeva, *Vospominanija* (Moscou: Sovetskij pisatel', 1971), p. 476, 480, 490, 517; Anastasija Cvetaeva, "Skaz o zvonare moskovskom:

frequentador ocasional, Vaguinov (1899-1934), era o único escritor reconhecido, dentre o grupo, muito embora vários outros membros do cenáculo, como Volochinov e Pumpiânski, escrevessem poesia. Vaguinov, que era primordialmente um poeta, começou, no fim da década de 1920, a compor uma série de romances experimentais que constituíam efetivamente *romans à clef* acerca da vida intelectual de Leningrado.

Dois outros frequentadores ocasionais encontravam-se de algum modo mais próximos, em seus perfis intelectuais, da esfera de interesses do próprio Bakhtin. Pois estavam particularmente voltados para a filosofia alemã contemporânea. Um deles era A.A. Frankóvski (1888-1942), um filósofo e tradutor que fora vizinho dos Bakhtin quando eles viviam em casa dos Ruguévitch. Frankóvski vertera para o russo muitas obras, entre elas *A Decadência do Ocidente* (1923), de Spengler, livro muito discutido então no ambiente intelectual de Leningrado, *Os Conceitos Fundamentais da História da Arte* (1928), de Wölfflin, e textos de Swift, Sterne e Proust. O outro visitante esporádico, B.M. Engelhardt (1887-1942), cursara filosofia em 1909-1911 era Heidelberg e Freiburgem, e depois continuará os estudos na Universidade de Petersburgo. Seu principal interesse nos anos de 1920 eram as bases filosóficas para metodologias em teoria literária, e publicou um livro sobre Viessielóvski, em 1924 e outro, *O Método Formal na História da Literatura,* em 1927, que Bakhtin mais tarde criticaria em sua obra sobre os Formalistas.

Entre os novos participantes mais regulares do círculo encontrava-se Boris Vladimiróvitch Zaliéski, cuja inusitada ocupação para aquele contexto era a de geólogo petrolífero. Conquanto fosse uma presença muito discreta nas reuniões do círculo, prestou mais tarde grandes serviços aos membros do grupo, quando, depois de mudar-se para Moscou, passou a trabalhar no Instituto de Petrografia, Geologia, Mineralogia e Geoquímica da Academia de Ciências, tornando-se, assim, relativamente afluente. No transcorrer dos anos emprestou repetidamente dinheiro a Bakhtin e a Iudina, nos momentos de necessidade. Ela acabou devendo-lhe 8 000 rublos, o total de diversos empréstimos que pedira a ele para outras pessoas e que jamais conseguiu reembolsar.

Para Bakhtin em particular, o mais importante dos novos membros do grupo era Kanaiev, que trabalhava, como Zaliéski, em ciências naturais. Biólogo, nascido em 1893, concentrou-se mais tarde na história da biologia comparativa. Foi Kanaiev que levou Bakhtin a interessar-se por questões biológicas, sobretudo as que concernem ao relacionamento da mente com a matéria e do corpo com o espírito. Daí nasceu a resenha que o filósofo escreveu sobre o "Vitalismo Contemporâneo", estampada na popular revista científica *Homem e Natureza* (*Celovek i priroda*) em 1926

Povest'-Vospominanija, 1917-1976", *Moskva,* n. 7 (1977): 144-146. A missão declarada de Zubákin na Itália era ver o papa e tentar reconciliar o catolicismo e a franco-maçonaria. Isto pode ter sido dito como gracejo, embora alguns afirmem que Zubákin era o último maçom russo e que se valera da viagem a fim de evacuar o arquivo.

e assinado por Kanaiev, o primeiro dos artigos de Bakhtin a ser publicado sob o nome de um amigo[13]. O vitalismo sustenta a existência, no organismo das plantas e dos animais, de alguma força extramaterial e especial que controla os processos básicos da vida. Em 1925, o biólogo levou seu amigo a uma preleção do fisiologista Ukhtômski a respeito das percepções de intervalos de tempo e espaço, ou cronótopos, por dominantes corticais humanas, conceituação que influenciaria a obra ulterior de Bakhtin sobre a teoria do romance.

Entre os novos participantes, o maior relevo nas discussões do grupo coube a Mikhail Izrailiévitch Tubiânski, um especialista em cultura tibetana, budismo, antiga literatura indiana e bengali, em línguas indianas e mongóis. Fora o primeiro a traduzir para o russo os textos de Tagore, um escritor muito popular na época. Seu principal trabalho acadêmico, nos anos de 1920, girava em torno de um tratado budista de lógica. Ensinava no Museu Asiático da Academia de Ciências e na Universidade de Leningrado. O interesse de Tubiânski por filosofia e religião orientais era algo comum, naquele tempo, nos meios intelectuais da antiga capital, sendo partilhado, inclusive, pelo círculo de Bakhtin. Pumpiânski, por exemplo, realizou um sério estudo sobre o budismo e o Islã. O próprio Tubiânski era membro fundador do Instituto para a Cultura Budista, que no final da década de 1920 se converteu numa ilha de investigações intelectuais de largo alcance. O Instituto para Estudos Orientais, que incluía o Museu Asiático, era conhecido pelas propensões religiosas dós componentes de seu corpo docente, uma alta percentagem dos quais veio mais tarde a ser expurgada. Os orientalistas de Leningrado de maneira alguma limitavam sua atenção à filosofia do Oriente, mas estudavam, igualmente, a do Ocidente, especialmente Bergson, um interesse compartilhado pelo grupo de Bakhtin[14]. Tubiânski era, no círculo, uma voz particularmente disputadora e um constante e consistente opositor de Bakhtin. Representava uma posição filosófica ainda mais abstrata do que a de qualquer outro membro do grupo, e seu idealismo às vezes se avizinhava do misticismo.

O círculo de Bakhtin não formava em nenhum sentido uma organização fixa. Constituíam simplesmente um grupo de amigos que gostava de encontrar-se e debater ideias e que tinham interesses filosóficos em comum. Às vezes reuniam-se todos, porém outras vezes apareciam apenas dois ou três para discutir uma determinada obra particular. Em geral, alguém do grupo preparava uma breve sinopse ou uma resenha de um texto filosófico e lia o trabalho para os outros como base das

13. Baxtin, "Sovremennyj vitalizm", *Čelovek i priroda*, n. 1 (1926): 33-42; n. 2 (1926): 9-22. Os n. 2 e 3 do periódico anunciavam outro artigo "Kanaiev" para a edição seguinte, mas nada foi publicado. Kanaiev concentrava-se no tópico sobre Goethe como naturalista, mas também escreveu sobre questões morfológicas e a história da teoria da evolução, nascimentos múltiplos, hidras e Leclerc de Buffon.

14. *Aziatskij muzej: Leningradskoe otdelenie instituta vostokovedenija AN SSSR* (Moscou: Nauka, 1972), p. 35, 42, 90, 160-165, 227; S.I. Miliband, *Bibliografičeskij slovar' sovetskix vostokovedov* (Moscou: Glavnaja redakcija vostočnoj literatury, 1975), p. 557; I. Voznesenskij, "Tol'ko vostokovedy", *Pamjat': Istoričeskij sbornik*, n. 3 (Paris: YMCA Press, 1980), p. 429-465.

discussões. O espectro dos tópicos era amplo, incluindo Proust, Bergson, Freud e acima de tudo questões de teologia[15]. De vez em quando, um dos participantes dava uma série de palestras para os demais. A mais famosa foi um curso de oito preleções sobre A *Crítica do Juízo*, de Kant, proferido por Bakhtin, no começo de 1925, para um grupo que reunia Iudina, Kanaiev, Miedviédiev, Volochinov e sua mulher, Vaguinov e sua mulher, e Pumpiânski. Em essência, o círculo dividia-se em duas categorias, a dos discípulos de Bakhtin e a dos seus interlocutores. Iudina, Kanaiev, Miediévdiev, Volochinov, Zaliéski, Vaguinov e as esposas podem ser classificados no primeiro conjunto, ao passo que Tubiânski, Solertínski, Pumpiânski e Kagan figuram a maior parte do tempo no segundo.

Apesar dos novos membros que o grupo conquistara em Leningrado, quem dava o tom e o *ethos* nas reuniões eram os veteranos. Em Leningrado, assim como em Vitebsk em Nevel, o círculo compunha-se de gente animada, enérgica, ambiciosa e excêntrica. Alimentavam também o ideal da prestação de serviços à coletividade. Individualmente, muitos integrantes empenhavam-se em converter as outras pessoas às ideias e aos valores em que acreditavam e, à exceção de Bakhtin, procuravam trabalho lá onde pudessem servir à sociedade. A maioria dos que lograram obtê-lo pregava seus pontos de vista de maneira tão sincera que suas carreiras vieram a representar um paradoxo na vida soviética, o de conformistas inconformados, a pessoa excêntrica de concepções não admitidas que, não obstante, sobrevive, encontra um lugar nas instituições culturais do regime e até causa impacto na vida intelectual soviética.

Um exemplo notável do conformista inconforme foi Solertínski, o mais versátil membro do grupo. Poliglota, conhecia vinte e cinco línguas ou, se se incluírem os dialetos, trinta e duas. Segundo se contava, escrevia o seu diário em português antigo a fim de resguardar o conteúdo de olhos intrometidos. Tinha uma memória prodigiosa e era capaz de recitar uma página inteira de sânscrito, de cor, depois de relanceá-la apenas uma vez. Jovial e animado, não era mero verme de livros. Gostava de subir na montanha-russa do Parque de Diversões de Leningrado e adorava especialmente todas as formas de jogos de palavra. Ao mesmo tempo, não suportava de bom grado pessoas tolas e aplicava-lhes seu pronto espírito sem poupá-las. Sua aparência amiúde era desleixada. Seus gostos artísticos e crenças intelectuais situavam-se em grande parte fora do cânone oficial. Todos esses traços não pareciam destiná-lo particularmente a tornar-se o queridinho do *establishment* intelectual, cada vez mais

15. *Pamjati I.I. Sollertinskogo*, 2. ed. (Leningrado: Sovestkij kompositor, 1978), p. 30. Pumpiânski também prelecionou sobre Proust no Instituto para as Ciências Naturais de Peterhof, no verão de 1926, e dedicou-se a Bergson, tal como Zubákin, que deu conferências sobre este filósofo francês em Minsk, em 1920. Várias notas de pé de página acerca de Bergson aparecem em P.N. Medvedev, *V laboratoriipisatelja* (Leningrado: Izd. Pisatelej v. Leningrade, 1933), p. 78, 82. "O Vitalismo Contemporâneo" de Bakhtin também consagra uma boa dose de atenção a Bergson.

5. Na *datcha* (casa de campo) de Ruguévitch em Peterhof, 1924-1925. Da esquerda: Bakhtin, a irmã de Ruguévitch, Elena Aleksandrovna e Ana Sergueiévna Ruguévitch.

conformista. No entanto, Solertínski conseguiu desbastar para si uma bem-sucedida e produtiva carreira soviética.

Solertínski primeiro passou por uma série de metamorfoses em termos de interesses intelectuais e ocupações profissionais. Quando ainda morava em Vitebsk considerava-se um filósofo, mas converteu-se à filologia, especializando-se em literatura espanhola, na Universidade de Petrogrado, pela qual se formou em 1924. Simultaneamente, estudou teatro no Instituto para a História das Artes, onde obteve diploma de graduação em 1929. No decurso desses mesmos anos lecionou um curioso espectro de assuntos, desde história do Oriente Médio no Ginásio Tenichev até teatro, psicologia freudiana e arte japonesa no Instituto para a História das Artes. O interesse primordial de Solertínski deslocou-se do teatro dramático para o musical, bem como o bale, a ópera e, por fim, a música em si. Em 1927 encetou uma carreira regular no campo das artes, ingressando na Filarmônica de Leningrado, primeiro como preletor, depois como encarregado da seção de repertório, mais tarde como chefe da seção de publicações e, por fim, como diretor artístico. Progressivamente foi conquistando outros postos que manteve em concomitância com a posição na Filarmônica, tais como o de professor no conservatório, preletor na Escola Coreográfica e encarregado da seção de Musicologia do Sindicato dos Compositores, da Seção de Teatro Musical no Instituto Estatal de Teatro e Música e da Seção de Repertório do Teatro Kirov de Opera e Bale. No transcurso de sua vida, produziu cerca de trezentas publicações, na maioria artigos e recensões, e proferiu duzentas e cinquenta palestras de introdução aos concertos da Filarmônica. O gosto de Solertínski por música modernista e ocidental o deixou em situação difícil em 1936, em parte pelo apoio que deu à ópera de seu amigo íntimo Dmitri Chostakóvitch, *Lady Macbeth,* e foi obrigado a retratar-se de seus pontos de vista, mas não perdeu seus cargos, e graças a ele a ópera e o bale apresentavam-se com um feitio mais excitante e imaginativo em Leningrado do que em Moscou, durante os anos de 1930[16]. Sua carreira prosseguiu ininterrupta até 1944, quando morreu de um colapso cardíaco. Trata-se, em suma, de uma carreira notável quando vista no contexto de uma sociedade amiúde descrita como homogênea. Mesmo um Leonard Bernstein, no âmbito "pluralista" da América, poderia invejar a gama de assuntos em que foi permitido a Solertínski pronunciar-se e cuja política lhe coube decidir.

Outro exemplo marcante, no grupo de Bakhtin, de uma personalidade inconformista que teve uma bem-sucedida carreira soviética foi Maria Iudina. Esta pianista, cuja excentricidade era ainda mais flamante do que a de Solertínski e mais declarada

16. *Testimony: The Memoirs of Shostakovich,* ed. Solomon Volkov, trad. Antonia W. Bouis (Londres: Hamish Hampton, 1979), p. 27-28. A autenticidade dessas memórias tem sido posta em dúvida, Laurel E. Fay, "Sholokhov versus Volkov: Whose Testimony?" *Russian Review* 39.4 (out., 1980): 484-493; D. Šostakovič, "I.I. Sollertinskij" em I.I. Sollertinskij, *MuzykaTno-istoricesckie ètujdy* (Leningrado: Gos. muzykal'noe izdatel'stvo, 1956), p. 3-6; *Pamjati I I. Solleitinskogo,* p. 45, 57, 59, 89-90, 109, 250, 389; Boris Schwartz, *Music and Musical Life in Soviet Russia, 1917-1970* (Nova York: W.W. Norton, 1973), p. 126.

e dissidente, era também dos dois a mais famosa. Em 1921, formou-se no Conservatório de Petrogrado, partilhando a medalha de ouro com Sofronítski, o reputado intérprete de Scriábin. Chostakóvitch foi outro colega de classe. Iudina ingressou imediatamente no corpo docente do conservatório, sendo nomeada para o cargo de professora em 1923. Ao mesmo tempo, começou a firmar uma notável carreira de concertista.

Os interesses intelectuais de Iudina iam muito além da música. No início da década de 1920, cursou letras clássicas na Universidade de Petrogrado. Estava interessada na arte de vanguarda e na arquitetura moderna, como era o caso da obra de Le Corbusier, e dava-se com artistas como Favórski, Glebova, Poret, Malévitch, Filonov, Tátlin, Matiúchin e Sterligova. Conhecia também todas as figuras literárias de importância em Leningrado. Entre seus escritores favoritos, estavam os vanguardistas, tais como os Oberiu ou os absurdistas russos[17].

Iudina estava empenhada na causa da *intelligentsia* entendida em seu sentido russo específico, isto é, de buscadores da verdade que zombam das coerções políticas e da complacência burguesa convencionais no afã de levar uma vida escrupulosa e honesta e promover causas justas. Sentia-se particularmente atraída por escritores que não gozavam do favor oficial. Ela conseguiu dar concertos em Voronej, na década de 1930, quando os Mandelschtam se encontravam lá exilados, de modo que pôde ser um dos poucos visitantes do casal. Manteve longa amizade com Pasternak, que costumava ler suas últimas obras em pequenas reuniões de amigos durante as quais Iudina tocava piano. Quando a poesia de Pasternak foi proscrita, nos anos 1930, ela a intercalou entre Bach e Beethoven, em um de seus recitais, razão pela qual veio a ser temporariamente impedida de apresentar-se em Leningrado[18].

Iudina parecia não amedrontar-se diante das pressões políticas contrárias a suas convicções. Em seu trabalho de musicista, era mais conhecida como intérprete de Bach, mas desde o fim da década de 1920, precisamente quando a música contemporânea de vanguarda, sobretudo da Europa Ocidental, caiu em desfavor oficial, e programá-la na Rússia tornou-se, pois, difícil, Iudina passou a ser seu paladino. Tocava composições de Chostakóvitch, Krenek, Hindemith e Bartok, muito embora as salas ficassem meio vazias. Stravinski converteu-se em seu ídolo e, mais tarde, Stockhausen. No zelo de difundir a luz, dava quase sempre palestras antes de iniciar os concertos e, se o auditório não reagia corretamente a uma determinada peça, com frequência ela o repreendia e voltava a tocá-la de novo, de modo a oferecer-lhe a oportunidade de responder melhor. Suas atividades missionárias não se limitavam à música. Por exemplo, introduziu muitos

17. *Marija Veniaminovna Judina*, ed. A.M. Kuznecov (Moscou: Sovetskij kompozitor, 1978), p. 49, 126, 135, 218-219.

18. N. Mandelshtam, *Hope Against Hope: A Memoir*, trad. Max Hayward (Londres: Collins and Hamill Press, 1971), p. 142; *Testimony*, p. 144; "Pis'ma B.L. Pasternaka k M.V. Judinoj", em *Zapiski otdela rukopisej gosudarstvennogo ordena Lenina Biblioteki SSSR imeni V.I. Lenina* (Moscou: Kniga, 1967), p. 254-257; Olga Ivinskaya, *A Captive of Time*, trad. Max Hayward (Nova York: Doubleday, 1978), p. 181-182.

poetas na obra *zaum* [trans-senso] do poeta Khlébnikov, e instava todo mundo a ler *A Psicologia da Arte,* de Lev Vigótski, numa época em que o trabalho dele não era bem conhecido.

Uma das principais contribuições de Iudina à vida intelectual foi como anfitriã de leituras e preleções não oficiais. O seu apartamento localizava-se no centro de Leningrado, justo à margem do Rio Neva, perto do Palácio de Inverno, e do outro lado da Fortaleza de Pedro e Paulo[19]. Os quartos apresentavam-se escassamente mobiliados, mais por convicção antimaterialista do que por necessidade, como no caso de Bakhtin, exceto que das paredes pendiam enormes talismãs. Um aposento imenso tornou-se o palco de suas noites literárias. Muitos escritores vinham ler ali suas obras, inclusive o poeta camponês Kliuiev, que precisou valer-se de tais cenários particulares após 1924, quando o seu longo poema "Lênin" o meteu em dificuldades políticas[20].

Iudina também organizava noites filosóficas em seu apartamento. Num desses encontros, Bakhtin deu uma palestra sobre Viatcheslav Ivanov. Ele se apresentou à audiência metido em enorme capa, de capuz, puída, não tanto para provocar efeito dramático, como para esconder seu terno surrado. O público, bem amplo, julgou a preleção, segundo Mirkina, "estrênua mas estimulante". No fim alguém observou: "Que aula. Ele delineou tudo da cultura". Não houve discussão porque todo o mundo ficou atordoado[21].

Além de ajudar a disseminar ideias que não mais dispunham de foro público, Iudina auxiliava intelectuais em desgraça. Utilizava todos os seus contatos para amparar aqueles que haviam sido presos ou não podiam mais ser publicados. Coletava ou emprestava dinheiro a fim de lhes prover o sustento. Corria um rumor de que costumava até mendigar à porta das igrejas e depois partia num táxi.

A coragem de Iudina era lendária. Segundo uma das histórias que se contavam a seu respeito, ouvindo-a tocar o *Concerto de Piano n. 23,* de Mozart, no rádio, Stálin gostou tanto da interpretação que telefonou à emissora e pediu que lhe mandassem o disco. O pedido causou grande consternação, porque a execução fora ao vivo e não havia registro fonográfico. Em consequência, decidiu-se fazer uma gravação, especialmente para ele, na mesma hora. Iudina e a orquestra foram chamadas aos estúdios. O maestro ficou tão nervoso que teve de ser substituído, mas o substituto não estava melhor, e somente com um terceiro regente conseguiram realizar o registro. Iudina mostrou-se absolutamente serena o tempo todo. E Stálin apreciou de tal maneira o disco que enviou à pianista larga soma de dinheiro. Em seu agradecimento, a pianista informou-lhe haver doado a importância à igreja que frequentava e depois

19. Dique do Palácio, n. 30, ap. 7.

20. Boris Fillipov, "Nikolai Kljuev: Materialy k biografii", em Nikolai Kljuev, *Polnoe sobranie socinenij,* vol. 1 (Nova York: Chekhov Publishing House, 1954), p. 86-89, 102.

21. A conferência diferia da aula simplificada sobre Ivanov que Bakhtin ministrou às irmãs Mirkina, publicada em Baxtin, *Estetika slovesnogo tvorčestva* (Moscou: Iskusstvo, 1979): R.M. Mirkina, "Baxtin kakim já ego znala: Molodoj Baxtin", de posse privada.

declarou: "Vou rezar pelo senhor dia e noite e pedir a Deus que lhe perdoe os grandes pecados perante o povo e o país que o senhor cometeu". Todo mundo esperava que Iudina fosse imediatamente presa, mas Stálin, que tinha talvez uma fraqueza por gente da Igreja como algo remanescente de seus dias de seminário, não reagiu. O disco de Mozart, gravado por ela, foi encontrado, ao que se relatou, no toca-discos da *datcha* de Stálin quando este morreu[22]. A história, que bem pode ser apócrifa, ilustra, não obstante, o lugar que Iudina ocupava na imaginação da *intelligentsia* de seu tempo.

Iudina não passou pela era stalinista inteiramente incólume e sem problemas. Em 1930 foi exonerada do Conservatório de Leningrado, sendo a motivação oficial para a demissão o fato de ela ter-se ausentado sem permissão para dar um concerto em Kiev. Mas Iudina conseguiu arranjar um posto no Conservatório de Tíflis em 1932 e no de Moscou em 1936, não padecendo qualquer repressão ulterior[23]. Além do mais, seu afastamento em 1930 parece ter ocorrido em grande parte em virtude de suas crenças religiosas abertamente esposadas e não por suas outras opiniões.

A religiosidade ostensiva de Iudina na verdade ofendia muita gente. Chostakóvitch caçoou dela, chamando-a de "religiosa histérica". Sua desconsideração para com as convenções do traje também chocava a muitos. Num de seus concertos nos anos 1920, esqueceu de trocar os grandes chinelos forrados de pele que em geral usava dentro de casa. A funcionária da bilheteria emprestou-lhe um par de sapatos para a récita, mas eram tão desconfortáveis que Iudina os descalçou debaixo do piano. O auditório ficou chocado ao vê-la tocar os pedais com os pés nus. Na década de 1930, depois de ter sido demitida do conservatório, começou a vestir-se de maneira mais convencional. Mas continuava a usar a velha capa de chuva do pai, uma boina e tênis, sendo tão distraída que invariavelmente esquecia algum objeto pessoal ou item de vestuário onde quer que fizesse uma visita[24].

A despreocupação com a aparência externa era um dos muitos traços que Bakhtin e Iudina tinham em comum. Outra característica compartilhada por ambos era o amor à música. Nos anos 1920, Iudina amiúde tocava para Bakhtin horas a fio. Mas havia também diferenças de monta entre os dois seja no plano das ideias seja no do temperamento. Iudina era uma criatura de ação, enquanto Bakhtin era um pensador. Ela era um feixe de energia, correndo pela cidade para encontrar pessoas e pregar as causas intelectuais em que estivesse engajada, ao passo que Bakhtin preferia permanecer em casa, sentado em sua poltrona, para ler, escrever e meditar. Iudina era voluntariosa, rápida na expressão de suas opiniões e intransigente. Sempre que as pessoas caíam em compromissos políticos em seus trabalhos acadêmicos, ela as censurava com veemência. Bakhtin era mais sutil e flexível, quer no pensamento, quer na relação com os outros. Por

22. *Testimony*, p. 148-149.
23. *Maria Veniaminovna Judina*, p. 18, 62, 139, 311, 356: *Testimony*, p. 41.
24. *Maria Veniaminovna Judina*, p. 25, 51, 64.

exemplo, era um cristão sincero, mas podia analisar apropriadamente a Páscoa ortodoxa como mais um ritual popular.

Não obstante toda a aparente passividade e acomodação de Bakhtin, ele era a seu modo um pregador cujo proselitismo em favor da vida da mente e da livre investigação não era menos fervoroso do que o de Iudina. Mas ele o fazia em seus escritos, e mesmo então obliquamente. A maioria dos partícipes do círculo de Bakhtin eram pessoas extremamente ativas e algumas, como Miedviédiev e Solertínski, publicavam em prolífica sucessão, mas nenhuma delas, exceto Bakhtin, efetivou as promessas de seu brilho numa obra de maior envergadura que ainda seja largamente lida hoje em dia. Talvez, como resultado de seu zelo, outros membros do grupo tenham alcançado maior êxito do que Bakhtin na realização de uma carreira soviética, embora para muitos tal carreira tenha acabado quando sofreram a repressão. Mas os escritos de Bakhtin remanescem, carregando os ideais de seu círculo para além de seu tempo e lugar.

Pumpiânski era, com exceção do próprio Bakhtin, o único membro do círculo a não lograr êxito na persecução de sua carreira na década de 1920. Começou ensinando na Escola Tenichev, mas depois de 1923 deixou de contar com um emprego regular. Como Bakhtin, viu-se obrigado por suas difíceis condições a viver em apartamentos de amigos. Por algum tempo morou com Miedviédiev. As palestras dadas a bibliotecários a respeito de livros recém-adquiridos e a grupos particulares constituíam a sua principal fonte de renda.

A falta de emprego regular não afligia excessivamente Pumpiânski, pois o liberava para prosseguir na vida do espírito. Esta despreocupação era típica de Bakhtin e de seus amigos. Ela explica talvez por que alguns dentre eles foram capazes de desenvolver uma bem-sucedida carreira e, não obstante, permanecer relativamente descompromissados. Quando trabalhava, Pumpiânski levava uma existência de monge. Em épocas difíceis muitas vezes não tinha o que comer e o seu remédio era ficar sentado escrevendo horas a fio. Com frequência escrevia um artigo inteiro em um dia. Infelizmente, de sua produção pouca coisa chegou a ser impressa. Sua principal publicação do período, *Dostoiévski e a Antiguidade* (1922), foi subsidiada por um discípulo. No restante, só logrou publicar introduções a obras coligidas de escritores russos[25].

A erudição de Pumpiânski abrangia as áreas das humanidades, da filosofia e do pensamento político, porém o seu principal interesse residia na poética e na história literária. Possuía amplas leituras no domínio dos clássicos e um de seus temas favoritos era descobrir antecedentes desta origem para as poesias compostas por

25. Outra publicação importante de Pumpiânski no período foi um artigo sobre Tiutchev no almanaque *Uranija* (1928). Ver N.I. Nikolaev, "O teoretičeskom nasledii L.V. Pumpjanskogo", introduzindo L.V. Pumpjanskij, "K istorii russkogo klassicizma (Poètika Lomonosova)", em *Kontekst, 1982* (Moscou: Nauka, 1983), p. 289-303; L.V. Pumpjanskij, "Lomonosov i nemeckaja skola razuma", in *XVIII vek,* vol. 14 (Leningrado: Nauka, 1983), p. 3-44; N. Nikolaev, Introdução a L. Pumpjanskij, "Ob ode A. Puškina 'Pamjatnik': Nad strokami odnogo proizvedenija", *Voprosy literatuiy,* n. 8 (1977): 135.

6. Bakhtin, *c.* 1924-1925.

autores russos. Acreditava que "a tradição literária russa clássica", que compreendia Lomonossov, Dierjávin e Púchkin, formava um paradigma para a consciência histórica russa em geral. Foi o primeiro a aplicar, no âmbito da literatura soviética, o termo *Barroco* como estilo e período. No entanto, também estava em dia com os mais recentes desenvolvimentos nas letras francesas, alemãs, inglesas e americanas. Escreveu sobre Romain Rolland, começou um livro a respeito de James Joyce e terminou outro dedicado à literatura americana. Quando este último manuscrito lhe foi devolvido pelos editores para efetuar correções; Pumpiânski limitou-se a pôr de lado o assunto, com um encolher de ombros, e nunca mais se preocupou com ele. Era típico dos amigos de Bakhtin, que em geral não atribuíam grande importância à publicação.

Dois outros integrantes do círculo de Bakhtin, Miedviédiev e Volochinov, tiveram carreiras soviéticas convencionais nos anos 20. Volochinov graduou-se pela Faculdade Filólogica da Universidade de Leningrado em 1927 e prosseguiu em trabalho de pós-graduação, sob V.A. Desnítski e N. Iakovlev, com um grupo dedicado à metodologia literária no Instituto para a História Comparativa de Literaturas e Línguas do Ocidente e do Oriente. Este Instituto representava nos estudos linguísticos uma "nova abordagem marxista" que desafiava as concepções tidas por indesejáveis como as dos Formalistas. O tema da dissertação de Volochinov foi provavelmente "o problema de como apresentar o discurso [indireto] relatado" (*problema peredači čužoj reči*), que apareceu citado como o tópico de sua pesquisa num artigo sobre o Instituto publicado em 1928 em *Literatura e Marxismo* (*Literatura i marksizm*)[26]. Volochinov lecionou história da música em várias instituições consagradas à ilustração popular. Também publicou artigos, resenhas de livros sobre assuntos musicais e poemas derivados do simbolismo na revista *Notas do Teatro Itinerante de Massa de Gaideburov e Skarskaia* (*Zapiski peredvižnogo obščedostupnogo teatra Gajdeburova i Skarskoj*) até o seu fechamento em 1924. Depois disso, a produção de Volochinov desapareceu, muito embora tenha podido estampar algumas recensões sobre livros na revista literária de Leningrado A *Estrela* (*Zvezda*). Vários ensaios mais extensos e livros a respeito de Freud, linguística e teoria literária publicados na década de 1920, sob o nome de Volochinov, foram provavelmente escritos em grande parte por Bakhtin.

Miedviédiev, por contraste, foi, no grupo, quem mais ativamente deu a público seus textos. Sempre foi uma figura do *establishment* soviético e em Leningrado sua carreira de burocrata cultural expandiu-se. Trabalhou primeiro no Museu para Educação Extramural e na seção literária e artística da Casa Editora do Estado. Em 1927 tornou-se docente do Instituto Pedagógico Herzen, onde deu cursos sobre a literatura soviética e

26. "Ot redakcii", *V bor'be za marksizm v lheraturnoj nauke*, ed. V. Desnickij *et al.* (Lenigrado: Priboj, 1930): "Jazykoved", "Osnovnye napravlenija v jazykovedenii", *Na literaturnom postu*, n. 20 (1929): 57; "Leningradskij institut sravnitel'noj istorii literatur i jazykov zapada i vostoka Rossijskqj associacii naucno-issledovatel'skix institutov obščestvennyx nauk (RANION)", *Literatura i marksizm*, n. 2, (1928): 149.

a do século XX. Também realizou pesquisas no Instituto de Leningrado para a Literatura Russa da Casa Púchkin, conduziu seminários de pós-graduação na Academia de Estado para as Belas-Artes e proferiu conferências sobre literatura russa na Academia Militar Tolmachev. Teve larga participação nas atividades de extensão cultural, pronunciando palestras perante audiências de massa, na marinha e no exército soviéticos[27]. Como Bakhtin, era capaz quer de falar brilhantemente para auditórios acadêmicos, conquistando devotados seguidores estudantis, quer de cativar a imaginação de públicos relativamente incultos.

Miedviédiev publicou pouca coisa que fosse imaginativa ou criativa. Sua atividade no terreno acadêmico consistiu em grande parte na edição e na compilação de materiais biográficos e na redação de introduções a obras de escritores contemporâneos. Seu principal trabalho, na década de 20, foi editar os cadernos de notas e os diários de Blok. Como Bakhtin, Miedviédiev estava interessado nas teorizações sobre a autoria, o que resultou no seu livro *No Laboratório do Escritor* (*V laboratorii pisatelja,* 1933). No mesmo período, também publicou, sob o seu nome, um livro de polêmica com os Formalistas que foi provavelmente escrito por Bakhtin[28].

De todos os membros regulares do grupo, Miedviédiev era o único realmente envolvido nas lides da literatura contemporânea. No decorrer dos anos, tornou-se pessoa bastante relacionada com os principais escritores de Leningrado, como Alekséi Tolstói. Desempenhou também um papel organizacional numa série de sociedades de autores, em Leningrado, e por fim na própria União de Escritores. Era membro de uma pequena organização de escritores conhecida como A Turma (*Sodružestvo*), fundada em 1923. Embora A Turma compreendesse apenas uma dúzia de companheiros, incluía quer autores nitidamente ligados aos sovietes, como Boris Lavriêniev, que escreveu o clássico da literatura soviética *O Quadragésimo Primeiro,* quer autores mais vinculados aos movimentos da época pré-revolucionária, como Vsevolod Rojdiéstvienski. A filosofia do grupo sustentava que todos os membros deviam ajudar-se mutuamente a aperfeiçoar seus escritos no espírito de uma turma de camaradas, sem levar em conta as diferenças ideológicas. Miedviédiev tornou-se uma figura bastante poderosa no âmbito da vida literária de Leningrado, ascendendo à posição de responsável pela seção literária do ramo de Leningrado da Casa Editora do Estado, por volta do fim da década[29].

27. "Pavel Nicolaevič Medvedev", em *Nauka i naučnye rabotniki v Leningrade,* vol. 6 de *Nauka i naucnye rabotniki SSSR* (Leningrado: Akademija nauk, 1934): "Medvedev, Pavel Nicolaevič", *Kiotkaja literaturnaja ènciklopedija,* vol. 4 (Moscou: Sovetskij pisatel', 1967), p. 723; E. Dobin, "Pavel Nicolaevic Medvedev", em P.N. Medvedeva, *V laboratorii pisatelja* (Leningrado: Sovetskij pisatel', 1971), p. 3-7.

28. Para as publicações de Medvedev, inclusive os textos disputados, ver "Bibliografija izbrannyx trudov P.N. Medvedeva", em Medvedev, *V laboratorji pisatelja,* p. 387-390.

29. P. Medvedev, "O 'Sodruzestve' (k 4-letiju gruppy)", em *Sodruzestvo: Literaturnyj al'manax* (Leningrado: Priboj, 1927), p. 286-296; Boris Pasternak para Pavel Medvedev, em "Boris Pasternak: Iz perepiski s pisateljami", em *Iz istorii sovetskoj literatury 1920-1930-x godov: Novye materialy i issledovanija,* ed. E.B. e E.V. Pasternak, vol. 93 de *Literaturnoe nasledstvo* (Moscou: Nauka, 1983), p. 702.

Miedviédiev atuou como jornalista nas colunas literárias. A partir do início dos anos 1920, foi um colaborador frequente de *A Estrela* e de *Literatura e Marxismo*. Escreveu principalmente recensões de livros, talhando e retalhando sem dó ao modo da escola de Bielinski. Uma de suas resenhas começa por dizer: "Que livro asnático!" Outra lamenta: "A montanha pariu um rato!"[30] Ao contrário de Bakhtin, Miedviédiev era rápido na produção de textos para a publicação e as suas críticas literárias apareciam pouco tempo depois de editado o livro.

Miedviédiev tem sido descrito como um "negociante da literatura", um "corretor" e um "funcionário" que em essência empregava materiais para promover sua própria carreira. De fato, em muitos aspectos superficiais, ele se ajustava ao tipo do carreirista que em geral se encontra na ficção soviética. Por exemplo, andava sempre elegantemente trajado, em agudo contraste com os demais integrantes do círculo, e era conhecido como cavalheiro dado às damas. Por volta do fim dos anos 20, Miedviédiev emergia como uma espécie de homem da organização soviética da vida intelectual e Volochinov também parecia inclinar-se nessa direção.

Mas na verdade nem Miedviédiev nem Volochinov eram membros do partido. Além disso, a revista teatral *Notas do Teatro Itinerante de Massa de Gaideburov e Skarskaia,* que Miedviédiev editou de 1922 a 1924, transmitia um retrato bem diferente do que seria a perspectiva marxista. Este periódico era o porta-voz de um teatro experimental fundado em 1903 que defendeu dois ideais comuns aos círculos nos quais Bakhtin e seus amigos se moviam. Um desses ideais era levar o teatro às classes menos favorecidas e provinciais que, de outro modo, não poderiam assisti-lo. O intento coincidia com a política oficial nos primeiros anos pós-revolucionários e o teatro desempenhava papel relevante na vida cultural do regime bolchevique. O outro ideal, porém, era o de explorar questões de religião e a experiência religiosa. A peça talvez mais popular do repertório deste teatro foi a do norueguês Bjornsterne Bjornson *Sobre Aevne* (Svižе nasix sil, 1883), concernente a um clérigo que é capaz de operar milagres, mas que não consegue corresponder ao amor de sua mulher[31].

Miedviédiev era para o Teatro Itinerante de Massa mais do que um simples editor da revista. Sua mulher era atriz daquele teatro, ao qual ele próprio servia de porta-voz em matéria de literatura e onde ministrava, com frequência, palestras introdutórias aos espetáculos ou alocuções ocasionais nos aniversários de autores. Homem ambicioso, Miedviédiev tornou também a revista algo mais do que um simples órgão de teatro. Sob a sua editoria, muitos dos mais interessantes intelectuais

30. Crítica de *Sovremennaja literatura: Sb. state*], *Zvezda,* n. 2 (1925): 287; resenha de Ioland Nejfel'd, *Dostoevskij: Psixolingvističeskij očerk, Zvezda,* n. 3 (1925): 301.

31. Entrevista de Nina Arkadievna Volochinova a Katerina Clark em Leningrado, 19 de nov., 1983; entrevista de Iúri Pavlóvitch Medvedev a Katerina Clark em Leningrado, 21 de nov., 1983; P.P. Gajdeburov, *Literaturnoe nasledie: Vospominanija, stat'i, rezisserskie eksplikacii, vstuplenija* (Moscou: Vserossijkoe teatral'noe obscestvo, 1977), p. 13, 29, 35, 40, 52, 205, 221; A. Krasnov-Levitin, *Lixie gody, 1925-1941: Vospominanija* (Paris: YMCA Press, 1977), p. 43-48.

não partidários de Leningrado colaboravam nas páginas da publicação, inclusive vários poetas e participantes do círculo dos Formalistas, como foi o caso de Vaguinov, Rojdiéstvienski, Piotróvski e Kliuiev, entre outros.

O próprio Miedviédiev contribuiu com artigos, resenhas de livros, na maior parte sobre drama e poesia contemporânea. São textos benignos e sentimentais, estando longe da abordagem destripadora que seria mais tarde o seu estilo na crítica. A posição do articulista nestas recensões é, de um lado, a de um epígono de Blok, seu ídolo, bem como de Bakhtin, seu mentor, e, via Bakhtin, dos kantianos e neokantianos, de outro. Como Blok, ele argumenta que o verdadeiro artista é inevitavelmente atraído pela Revolução e por sua violência. O artista sabe da atração exercida por sua "música" e consegue "ouvir a Revolução com seu corpo inteiro" porque ela é um "ato criativo". Assim, para o artista a Revolução traz uma explosão de energias criativas e uma renovação. Em outros artigos, entretanto, Miedviédiev oferece suas cruas reformulações das ideias de Bakhtin. Ele declara, por exemplo, que nem todos precisam seguir padrões prescritos na vida, mas todos têm o dever de criá-los, como fez Tolstói:

> Deste modo, Lev Tolstói e seu exemplo não devem representar para nós um canonizado homem de virtude, nem um dogma abstrato, uma norma ou medida, porém um símbolo da verdadeira criatividade viva [*žiznetvorčestvo*] [...] Tolstói não era alguma coisa dada, mas alguma coisa alcançada [*ne dan, a zadan*][32].

A despeito do entusiasmo de Miedviédiev pela Revolução, ele não era marxista, nessa época. De fato, emergia periodicamente como um místico religioso de veia simbolista. Ao descrever uma montagem de *Sobre Aevne* de Bjornson, por exemplo, pretende que

> Nenhum outro teatro pode proporcionar esta dinâmica espiritualidade que permeia todos os aspectos [...] do Teatro Itinerante de Massa, nem sua consequente exaltante experiência puramente religiosa [...] esta montagem encontra-se efetivamente "além do poder humano" [...]. Se as pessoas tivessem mais fé e espiritualidade ativa, tais "espetáculos" –um nome mais apropriado para eles seria mistérios – poderiam levar a cabo reais milagres.[33]

As contribuições de Volochinov à revista também incluem passagens místico-religiosas. Por exemplo, um poema de 1922 abre-se "Atraído pelo milagre e mistério de Nazaré" e prossegue invocando a "Prece do meio-dia ao Senhor". Ele também escreve que, em Beethoven, a "tragédia da alma foi transformada no mistério do espírito do corpo martirizado na cruz"[34].

32. Pavel Medvedev, "O 'vetre'", *Zapiski peredvižnogo obščedostupnogo teatra Gajdeburova i Skarskqj*, n. 65 (20 de nov. 1923): 1; Pavel Medvedev, "K dvenadkatoj gadovščine semerti L.N. Tolstogo", *Zapiski peredvižnogo*, n. 39 (20 de nov. 1922): 1.

33. Pavel Medvedev, "Točki nad i", *Zapiski peredvižnogo*, n. 44 (26 de dez. 1922): 1-2.

34. V.N. Volosinov, (poema), *Zapiski peredviznogo*, n. 37 (6 de nov. 1922): 3; V.N. Volosinov, "Problema tvorcestva Betxovena", *Zapiski peredviznogo*, n. 46 (16 de jan. 1923): 4.

Por volta de 1924 os poderes vigentes tornaram-se menos tolerantes em relação às buscas religiosas, e o Teatro Itinerante e sua revista foram fechados por ordem do comitê local para a Ilustração Política. O teatro mesmo reabriu um ano mais tarde, ou algo assim, mas não a revista. Cerca de 1925 Miedviédiev encontrou novo escoadouro para o seu zelo jornalístico, tornando-se colaborador regular de *A Estrela*, Adquirira uma *persona* pública razoavelmente aceitável e desfizera-se de toda a religiosidade, misticismo e até sentimentalismo, para converter-se num jornalista de casca grossa, que tinha vez na imprensa alinhada da época. Mas algumas de suas atividades ainda davam sinais do Miedviédiev de antes. Por exemplo, em 1922 ele aprestou a autobiografia do rebelde e religioso poeta aldeão Kliuiev e, em 1927, quando esta espécie de coisa podia acarretar consequências mais graves para a carreira de uma pessoa, ainda assim publicou um artigo sobre outro poeta aldeão, Sierguéi Iessiênin, que se achava então em desfavor oficial por causa de seu comportamento desordeiro em geral e das tendências anárquicas por ele demonstradas pouco antes de seu suicídio em 1925, e Miedviédiev inseriu no artigo os versos "Lamento por Iessiênin", de Kliuiev, tido oficialmente como um antissoviético[35].

Assim, até mesmo Miedviédiev, o carreirista soviético, surge como um indivíduo multifacetado e algo idiossincrático em suas atividades nos anos 1920. Só no contexto dos amigos de Bakhtin podia ele parecer conformista. O que distinguia este grupo – embora naquela década tal distinção não fosse de modo algum única – era a excentricidade, o brilho e o alcance intelectual de seus participantes. Em Leningrado, Bakhtin pode não ter tido uma carreira radiosa, mas estava rodeado de gente muito viva e de talento invulgar: o especialista literário Pumpiânski, raramente visto sem o seu mal-ajambrado e refugado capote de uniforme, cujos agaloados laços e nós lhe davam a aparência de um Sergeant Pepper temporão; Miedviédiev, um homem áspero, de rosto redondo, gosto requintado e traje elegante, esvoaçando entre o mundo dos teatros, escritores, institutos e escritórios de editores; Solertínski, igual a Bakhtin não só em erudição como no amor aos gracejos; e Iudina, a mística cristã e suprema excêntrica que chocava o público por usar em todas as ocasiões uma veste preta e solta que lembrava o hábito de uma freira. Essas pessoas eram todas loquazes e polêmicas. Nenhuma delas podia ser chamada de discípulo passivo. Além do mais, o fio da teatralidade unia todas elas, da tendência de Pumpiânski a trajar costumes, até o amor do grupo todo por charadas e jogos de palavra e o íntimo envolvimento de Miedviédiev com o próprio teatro.

Personalidades tão coloridas e autoconscientemente teatrais prestavam-se naturalmente a ser descritas na literatura. Vaguinov, em seu romance *A Canção do Sátiro (Kozlinaja pesn* 1927), satirizou as atividades do grupo em Vitebsk, em

35. N. Skarskaja e P.P. Gajdeburov, *Na scene i v zizni*, p. 63-64; P.N. Medvedev, "Putja i pereput'ja Sergeja Esenina", em Nikolaj Kljuev e P.N. Medvedev, *Sergej Esenin* (Leningrado: Priboj, 1927), p. 19-86. Incidentalmente, Miedviédiev, um conhecido de Iessiênin, foi testemunha oficial da polícia para o suicídio deste poeta.

Leningrado e na *datcha* de veraneio alugada por Pumpiânski em Peterhof, fora de Leningrado. O romancista enfatiza o isolamento deste cenáculo em relação à sociedade soviética e o fato de seus membros viverem completamente imersos em suas próprias ideias. A maioria é pintada como ineficaz e quixotesca. A personagem central, Tieptiélkin, que representa Pumpiânski, é vista com frequência "dirigindo-se à sala de jantar comunal para buscar água quente, rodeada de ninfas e sátiros".[36]

Mas a excentricidade dos membros do círculo de Bakhtin, seu largo espectro de interesses intelectuais e profissionais, seu alto grau de consciência, energia e exuberância não eram apenas, como Vaguinov sugeriu, singulares e cativantes traços de personalidade. Eram também produto de um nexo de valores compartilhados. Bakhtin e seus amigos valoravam, acima de tudo, a variedade, a diferença, a livre investigação, o diálogo e o debate. Acreditavam na necessidade de estar livre das normas convencionais e dos liâmes tradicionais de uma dada disciplina e de levar uma vida da mente que fosse tão rica e vivida quanto possível. Em seus diferentes modos, eram quase todos espíritos independentes que pouco se importavam em se conformar às expectativas de seus pares, seja da direita seja da esquerda, do *establishment* soviético ou de sua oposição. E assim, quando se encontravam, era para travar vivas discussões. Cada um deles procurava aprender algo do discurso dos outros que trabalhavam em campos intelectuais diferentes. Seus debates compreendiam os sistemas religiosos e filosóficos do Leste e do Oeste, dos antigos e dos modernos, e tópicos que iam das humanidades às ciências naturais.

O espírito da livre investigação pôde sobreviver com bastante facilidade durante os primeiros e confusos anos iconoclásticos após a Revolução, quando a ordem czarista estava sendo desmantelada e as pessoas procuravam superar conscientemente a moralidade, o materialismo e o conformismo da velha burguesia. Entretanto, à medida que a década de 1920 progredia e a confusão dos primeiros anos dava lugar a um crescente conformismo e burocratização na vida intelectual soviética, a livre investigação tornou-se mais difícil para o grupo de Bakhtin. Isto não se devia apenas ao fato de a maioria dos participantes do círculo não serem marxistas, pois até bem tarde naquela década uma orientação não marxista não era necessariamente um obstáculo para uma carreira intelectual. Os Formalistas, por exemplo, a desenvolveram sob o regime dos sovietes. Além disso, até 1927, não havia um único membro do partido na Academia de Ciências[37]. Bakhtin e seus amigos sentiam-se, de fato, cada vez mais sós e isolados em relação a todos os outros grupos intelectuais prevalentes, quer marxistas quer não marxistas.

Em A *Canção do Sátiro* de Vaguinov, que focaliza os anos de 1925 a 1926, os integrantes individuais do grupo passam por uma crise existencial de *Angst* ("angústia") e

36. Konstantin Vaginov, *Kozlinaja pesn'* (Leningrado: Priboj, 1928; reed. Nova York; Silver Age, 1978), p. 9. O romance torce características dos membros do grupo, e a correspondência entre os protagonistas e suas pretendidas contrapartidas na vida real está longe de ser absoluta. Ver Katerina Clark, "How Konstantin Vaginov's Intellectual Millieu Is Refracted in his *Kozlinaja pesn*" em *Russian History.*

37. S. Belomorcev, "Bol'ševizacija Akademii nauk", *Posev,* n. 46 (1951): 11.

7. O círculo de Bakhtin no apartamento de Iudina, Leningrado, *c.* 1924-1926. Sentados, a partir da esquerda: Bakhtin (com cigarro e bule de chá), Iudina, Vaguinov, Pumpiânski e Miedviédev. Em pé: a esposa de Vaguinov, Elena Aleksandrovna Bakhtin e uma pessoa não identificada.

depressão ao reconhecerem que sua posição intelectual passada condená-los-á na nova era à impublicabilidade. Também nutrem graves dúvidas sobre o valor intrínseco de sua postura passada. Várias personagens, tais como Tieptiélkin e Asfodieliev, que representa Miedviédiev, encontram uma solução paliativa para o seu dilema trabalhando dentro do sistema. Asfodieliev é um nome sinistro, derivado de asfódelo, uma flor que cresce em lugares associados com a morte, e Asfodieliev é pintado como alguém que cinicamente entra em compromissos com o regime a fim de colher em proveito próprio vantagens materiais. Ele, portanto, não tem problema para efetuar suas publicações e está "numa base de tratamento pelo primeiro nome [denota intimidade entre interlocutores russos] com os escritores proletários"[38]. Em contraposição, a figura que representa mais de perto Bakhtin – "o filósofo" – comete suicídio.

Na realidade, porém, o contraste entre as várias respostas à crise não foi no círculo de Bakhtin tão dramático quanto Vaguinov o pintou. Por volta da mesma época muitos intelectuais não marxistas estavam sendo pressionados para que mudassem sua posição intelectual e muitos assim procederam. Por exemplo, em 1927 os Formalistas de Leningrado publicavam artigos que demonstravam haverem se tornado menos intransigentes quanto ao papel dos fatores extraliterários na literatura e terem adotado uma abordagem mais "sociológica". É impossível verificar em que medida essa mudança se deu em resposta às pressões políticas e em que medida representou um reconhecimento das limitações apresentadas pelo Formalismo na sua rejeição militante do contexto.

Por volta da mesma época, muitos membros do círculo de Bakhtin também passaram a experimentar dificuldades e mudaram de público, se não de postura intelectual pessoal. Por exemplo, Volochinov, em 1927, tornou-se marxista sincero[39]. Um pouco mais tarde Pumpiânski deslocou-se para uma posição mais marxista, que por fim o habilitou, em 1934, a ser contratado como professor do Conservatório de Leningrado. No caso de Bakhtin, a verificação em 1924 de que não lhe seria possível publicar sob seu próprio nome o impeliu a fazê-lo sob outros nomes, em 1925. Foi talvez isto que Vaguinov quis dizer ao falar no seu "suicídio". Ao mesmo tempo, entretanto, Bakhtin modificou a postura intelectual e tornou-se mais sociológico em sua abordagem. Esta mudança operou-se em parte porque ele desejava publicar os seus escritos, mas também porque os seus próprios interesses intelectuais e leituras o estavam conduzindo nessa direção, como estava ocorrendo com muitos outros naquele período.

A resposta de Miedviédev à crise não foi toda ela a de cínico compromisso. Há inclusive indícios de que talvez não estivesse "numa base de primeiro nome com os escritores proletários", como Vaguinov insinuara. Em 1927, o campo do proletariado objetou de tal modo a uma resenha crítica de Miedviédiev acerca de uma antologia de literatura proletária que os editores de *A Estrela* tiveram de publicar uma

38. Vaginov, *Kozlinaja pesn'*, p. 95-96, 152-153.
39. Entrevista de Nina Arkadievna Volochinova a Katerina Clark em Leningrado, 19 de nov. 1983.

retratação formal. Como consequência, os artigos do mesmo crítico, cuja publicação já estava anunciada na revista para aquele ano, não apareceram. Quando Miedviédiev voltou a ser impresso em A *Estrela*, em 1928, seu primeiro texto foi uma recensão favorável a outra coletânea proletária[40]. Depois dessa experiência, algo do tom confiante esvaiu-se de seu jornalismo. Ele se tornou muito mais manso.

Quaisquer que tenham sido as acomodações ou conversões feitas ao regime vigente por membros do círculo de Bakhtin, sempre foi algo apenas parcial e, tão logo o stalinismo se entrincheirou, no final da década de 20, todos eles correram algum perigo de serem atingidos pela repressão. No entanto, foi precisamente então que a maioria deles também subiu de graduação ou *status*. Até Bakhtin parecia estar a ponto de realizar por si mesmo uma carreira e encerrar sua existência marginal no terreno financeiro e intelectual. No fim de 1928, ele conseguiu de algum modo ver-se incumbido de organizar e proferir uma série de preleções na antiga mansão Iussupov. Muito embora a afluência inicial fosse escassa, o desempenho do conferencista impressionou de tal modo que atraiu, na segunda palestra, uma multidão de ouvintes. Mas, por uma cruel ironia, antes que a terceira pudesse ser pronunciada, Bakhtin foi preso. Se isso não tivesse acontecido, a sua popularidade como expositor em cursos públicos, em conjunto com a publicação de seu livro sobre Dostoiévski, uns poucos meses mais tarde, ter-lhe-iam proporcionado seguramente algum tipo de trabalho, mesmo que fosse o de ocasionais cursos de palestras.

Mesmo o "carreirista" Miedviédiev permaneceu exposto ao perigo, embora continuasse a ascender em posição e *status*. Em 1933, por exemplo, foi nomeado professor titular do Instituto Histórico-Filológico de Leningrado; no entanto, a entrada relativa a 1934, a seu respeito, na *Enciclopédia Literária*, considera a obra crítica de Miedviédiev "desigual" e acusa-o de uma tendência para o "neokantismo" em *O Método Formal na Ciência Literária*, que é, ironicamente, quase com certeza um livro escrito por Bakhtin[41].

No entanto, em meados da década de 1920 não era o seu neokantismo que tornava Bakhtin e seus amigos tão vulneráveis e isolados, pois a maior parte havia àquela altura se desenvolvido para além dessa influência. Seu envolvimento em questões religiosas, mais do que qualquer outro aspecto de sua atividade, era o que lhes dava uma sensação de insulamento. Nessa época, não apenas os marxistas como também as mais notáveis escolas não marxistas de pensamento, como os Formalistas, tendiam a ser ateísticos ou agnósticos. O círculo de Bakhtin era atormentado pelo temor de que representassem uma suplantada era filosófica. Esta sensação é pungentemente

40. P.N. Medvedev, resenha crítica de *Proletary Xudožestvenno-literaturnyj al'manax*, *Zvezda*, n. 6 (1926): 274-275; "Ot redakcii", *Zvezda*, n. 2 (1927); P.N. Medvedev, resenha crítica de *Zemlja i fabrika: al'manax*, n. 1 (1928): 150-152.

41. Naučno-issledovatel'skij institut kommunističeskoj, *Lkeraturnaja ènciklopedija*, vol. 7 (Moscou: Sovetskaja ènciklopedija, 1934), p. 79. Mesmo em 1930, Medvedev era citado em uma lista de colaboradores da *Literatura i marksizm* considerados demasiado "formalistas e sociologicamente ecléticos". "Xronika", *Literatura i marksizm*, n. 6 (1930): 94.

transmitida em A *Canção do Sátiro,* onde os membros do círculo se comparam aos últimos filósofos pagãos que tentavam continuar seu trabalho no quadro da nova era cristã[42].

42. Ver e. g. Vaginov, *Kozlinaja pesn'*, p. 80. O motivo recorrente de Filóstrato e de sua biografia de Apolônio de Tiana é também uma metáfora desse estado.

5

Atividades Religiosas e a Detenção

Bakhtin era um homem religioso. Na infância recebera a formação convencional de russo ortodoxo. Por volta dos anos 1920, o pensamento religioso tornara-se um de seus interesses centrais. Ele era conhecido nos círculos intelectuais como um *cerkovnik*, um "homem da Igreja" ou "adepto da Igreja"[1]. O termo não significa que fosse um frequentador de missa, mas implica simplesmente que, em termos ideológicos, estava comprometido com a Igreja. Embora mais tarde viesse a estar menos envolvido com a religião, continuou sendo a vida toda um crente na tradição ortodoxa.

O palpável anticlericalismo de seu livro sobre Rabelais tornou difícil distinguir conexões entre a obra publicada de Bakhtin e sua religiosidade. Mas Bakhtin jamais foi um russo ortodoxo convencional no sentido de conformar-se a uma religião organizada. Era bem mais um intelectual religioso vindo da tradição ortodoxa. Seus pontos de vista religiosos não provinham tanto do pensamento ortodoxo tradicional no interior da Igreja como da revivescência religiosa no começo do século XX entre intelectuais russos que procuravam arrotear novos terrenos no pensamento teológico. A teologia ortodoxa de Bakhtin não era a do seminário corriqueiro, mas da sofisticada *intelligentsia*. De fato, Bakhtin não estava tão interessado na religião quanto na filosofia da religião. Ele e os outros membros de seu grupo não separavam interesses religiosos dos filosóficos. Sua meta na condução das noites filosóficas era extremamente ambiciosa, pois se tratava, como Pumpiânski a caracterizou, de repensar todas as categorias do pensamento moderno em termos da tradição ortodoxa russa. Conquanto essa

1. Entrevista de Victor Chklóvski a Michael Holquist e Katerina Clark, 25 de mar. 1978. Chklóvski pode ter exagerado o grau de envolvimento de Bakhtin com a Igreja, uma vez que ele próprio estava longe daqueles círculos. Mas em época tão tardia quanto 19 de abril de 1925, a mãe de Mikhail e suas irmãs abriam suas cartas pascais a Nikolai, em Paris, com a saudação pascal russo-ortodoxa "Cristo levantou-se!"

tradição não servisse de ponto de orientação a todos os participantes do círculo – estando Kagan, por exemplo, mais interessado na tradição judaica – a caracterização efetuada por Pumpiânski põe em relevo o espírito universalista que todos eles carreavam para a sua investigação teológica.

O grupo de Bakhtin, ao lado de outros intelectuais daquele tempo, tentou levar a cabo um ideal análogo ao dos filósofos idealistas alemães Fichte e Schelling, no século XIX, o qual devia sintetizar toda a experiência humana, sem excluir a religiosa. Acreditavam que não bastava ser teólogo; era preciso trabalhar também no âmbito de larga série de campos de investigação e abeberar-se neles, inclusive nas chamadas ciências exatas. Assim, muitos teólogos russos do início do século XX foram também educados como cientistas. E o caso do físico e matemático Floróvski e do químico e filósofo Askoldov, assim como do fisiologista Ukhtômski, que recebera de início uma formação em teologia.

O mais notável exemplo desse fenômeno foi o Padre Páviel Alexsandróvitch Florênski. Ele era físico, matemático, inventor, filósofo, historiador, arqueólogo, teólogo, filólogo e historiador da arte, que estava também interessado em todas as variedades de ciências não reconhecidas, não positivistas e cultivava a parapsicologia, a astrologia, a magia e a alquimia. Nascido em 1882, formou-se em matemática e em teologia antes de ser ordenado em 1911; na época anterior à Revolução ensinava história da filosofia na Academia Teológica de Moscou e editava a revista *O Arauto Teológico* (*Bogoslovskij vestnik*). Mas é a sua carreira após a Revolução que ilustra mais espetacularmente a espécie de universalismo a que muitos intelectuais religiosos aspiravam. Com o fechamento da Academia Teológica no verão de 1918, Florênski enveredou por uma bem-sucedida carreira nas ciências naturais. De fato, os soviéticos o rotulavam mais de cientista do que de teólogo. Ele trabalhou para o GOERLO, o organismo instituído em 1920 com o objetivo de realizar o sonho de Lênin e eletrificar toda a Rússia. Deu palestras sobre a teoria da perspectiva nos Estúdios de Arte Superior, de 1920 a 1927, e nos fins da década de 1920 tinha um cargo no Instituto Eletrotécnico Pan-Russo. Efetuou várias invenções, entre as quais um óleo não coagulante para a lubrificação de máquinas. Corria a lenda de que costumava assombrar os delegados a conferências científicas soviéticas aparecendo com a sotaina de padre. Florênski publicou trabalhos em numerosos domínios, inclusive sobre dielétricos, eletricidade, teoria da perspectiva e polifonia musical, bem como em áreas mais previsíveis, como iconografia e teologia. Contudo, mesmo nestes dois últimos terrenos, sempre trouxe à baila ideias científicas e outras de natureza extrateológicas[2].

2. Ver *e. g.* P.A. Florenskij, "Pifagorovy čisla", em *Trudy po znakovym sistemam,* vol. 5 de *Učenye zapiski tartuskogo gosudarstvennogo universiteta* (Tartu: Universidade de Tartu, 1971); verbete "Florensky" em *Filosofskaja ènciklopedija,* vol. 5 (Moscou: Akademija nauk, 1970), p. 373-379; E. Modestov, "P.A. Florenskij i ego sovetskie gody", *Mosty* n. 2 (1959); 419-434: "Florenskij, Pavel Aleksandrovič", em *Naučnye rabotniki Moskvy,* parte 4 de *Nauka i naučnye rabotniki SSSR* (Leningrado: Akademija nauk, 1930).

Esta versatilidade intelectual, numa versão menos dramática, também se fez ver em Bakhtin e na maioria dos membros de seu círculo. Bakhtin sentiu-se atraído pelo trabalho dos fisiólogos Kanaiev e Ukhtômski, ambos cientistas e crentes. Além disso, escreveu sobre a teoria do vitalismo e, com frequência, tocou em questões fisiológicas em seus escritos. Kagan não era só um filósofo e um pensador religioso, mas também um consumado matemático que passou por uma crise espiritual em fins dos anos 1920 e decidiu engajar-se no labor de construir o país. Com tal propósito, abandonou o emprego na Academia Estatal das Artes e foi prestar seus serviços no Conselho Econômico Nacional, onde pôde utilizar a sua perícia matemática. À época de sua morte, em 1937, Kagan estava trabalhando no Instituto de Energia da Academia de Ciências e acabava de concluir um atlas monumental dos recursos energéticos soviéticos. Outros participantes do círculo, como Iudina e Solertínski, não se envolveram com as ciências naturais, mas atuaram em um número impressionante de áreas nas humanidades e nas artes. O grupo não limitou suas buscas espirituais à ortodoxia russa ou mesmo à religião judaico-cristã, porém manteve em sua visada as religiões e as tradições filosóficas orientais, bem como um largo conjunto de questões suscitadas no debate filosófico do início do século XX com respeito à natureza da experiência, em que figuras como as de Kierkegaard, Husserl e as dos neokantianos avultavam largamente.

Bakhtin e seu grupo não só não separaram questões religiosas de outros interesses filosóficos, como não perceberam também qualquer oposição necessária entre religião e revolução socialista. Assim, na década de 1920, numa época em que a religião estava sendo comprimida e politizada a título de "sobrevivência reacionária" não apenas pelos poderes dominantes mas não menos pelos grupos intelectuais de vanguarda, como os futuristas, Bakhtin e seu círculo encontravam-se mais isolados na vida intelectual do que no decurso da década anterior, quando marxistas proeminentes conseguiam debater com membros da Sociedade Filosófico-Religiosa sob o próprio teto desta agremiação. Por causa desse sentimento crescente de isolamento, assim como devido à censura, as obras de Bakhtin desse período abordam as amplas questões filosóficas que lhe diziam respeito numa linguagem que é ao mesmo tempo nitidamente "sociológica" e destituída de qualquer referência manifesta à religião. Isto se harmonizava com o modo de Bakhtin ver a religião como parte integral de uma concepção dialógica do mundo que está sempre mudando, sempre respondendo à realidade corrente.

O círculo de Bakhtin, com sua orientação religiosa, não se viu, entretanto, relegado ao total isolamento, durante os anos 1920, especialmente nos primeiros cinco após a Revolução, quando houve considerável debate público sobre religião e outros temas de natureza religiosa entre intelectuais de todas as convicções. Verificou-se então, por exemplo, uma revivescência do interesse pela própria Igreja Ortodoxa. Um certo número de intelectuais aderiu à Igreja e alguns até tomaram ordens como gesto de independência ou de protesto ou como expressão de sua preocupação com a falta de dimensão espiritual na ideologia bolchevista. Na literatura, uma interpretação popular da Revolução a apresentava como uma revolta do povo russo para derrubar a estéril ordem ocidental que lhe fora imposta e retornar a suas tradições nativas. Muitos escritores desta veia eram religiosos, tais como o poeta camponês Kliuiev, que tinha ligações com o grupo de Bakhtin através de Iudina e Miedviédiev. A religião naqueles anos não era sequer negado um fórum público. Ocorriam com frequência debates públicos entre bolchevistas proeminentes e intelectuais religiosos sobre a questão da existência de Deus, sendo um dos mais famosos o que se verificou entre Lunatchárski e Viatcheslav Ivanov no Museu Politécnico de Moscou. Bakhtin e seus amigos estiveram envolvidos num eco provincial do mesmo fenômeno em 1918-1919, quando discutiram com os marxistas locais em Nevel.

Enquanto Bakhtin e seu círculo realizavam em Nevel e em Vitebsk discussões filosófico-religiosas de caráter privado, houve nas duas capitais russas grande atividade pública e semipública entre intelectuais religiosos e buscadores de Deus. Várias organizações religiosas novas foram fundadas em Petrogrado, com cujos membros o círculo de Bakhtin tinha ligações ou dos quais participava. O próprio Bakhtin não pertencia a nenhum grupo religioso particular daquele tempo. Essa atitude não participativa estava em consonância seja com o seu caráter fleumático seja com o seu desagrado pelo dogma e pela organização. Entretanto, mantinha-se próximo de diversos agrupamentos religiosos em Petrogrado, no sentido de que conhecia seus membros, lia seus escritos e possivelmente comparecia a uma reunião ocasional em alguma de suas viagens. O tipo de pensamento religioso promovido por tais organizações o influenciou, ainda que, em certos casos, apenas como uma posição contra a qual ele próprio se definiu.

Algumas das agremiações religiosas pós-revolucionárias em Petrogrado surgiram em função do sentimento reinante de que os novos tempos exigiam uma nova orientação, mas outras vieram a formar-se em decorrência de pressões políticas, sobretudo aquelas que eram especificamente ortodoxas russas. Pois, após outubro de 1917, a posição da igreja ortodoxa tornou-se difícil no país, dado o ateísmo militante do novo governo bolchevista. Desde o início, o poder comunista envidou esforços para cercear as atividades eclesiásticas e para converter o que havia restado da época anterior numa igreja ortodoxa oficial, ligada ao governo soviético. Estes objetivos eram contestados pela maioria dos intelectuais ligados à ortodoxia russa e muitos dos envolvidos na revivescência religiosa haviam advogado por muito tempo o término da tradicional subordinação da Igreja ao Estado na Rússia, um alvo que fora atingido por um breve momento na Revolução de Fevereiro. Por tais motivos instalara-se uma tensão crescente entre os bolchevistas e os intelectuais e teólogos dirigentes do movimento ortodoxo.

Em 1918, a Academia Teológica Ortodoxa de Petrogrado foi fechada pelos bolchevistas e as discussões públicas de questões teológicas em outros foros que não fossem os debates oficiais se tornaram extremamente difíceis. Os pensadores religiosos de Petrogrado, no entanto, mostraram grande ingenuidade no intento de encontrar desaguadouros públicos para suas ideias. Durante os anos de 1921-1922, por exemplo, expoentes da tendência proferiram uma série de maldisfarçadas palestras sobre tais temas na Casa dos Escritores e na Casa dos Eruditos. Destacados professores universitários também aderiram à causa ao fundar, em 1920, juntamente com lentes de antigas academias teológicas, um centro privado de instrução religiosa, o Instituto Teológico. A maioria do corpo docente do novo instituto participava também de uma organização denominada Irmandade da Divina Sabedoria ou Irmandade de Santa Sofia, que se reunia a fim de discutir os Evangelhos e também questões contemporâneas da Igreja. Vários membros do círculo de Bakhtin, inclusive ele próprio, tinham ligações com integrantes da Irmandade de Santa Sofia. Assim, o fundador da irmandade, A. Kartachev, mais tarde Ministro das Confissões do governo Kerênski, fora o introdutor de Bakhtin na Sociedade Filosófico-Religiosa em 1916. Tanto Bakhtin quanto Pumpiânski costumavam encontrá-lo na casa de um outro membro da irmandade, L.P. Karsávin, para discutir as obras de Santo Agostinho. Posteriormente, nos anos vinte, Bakhtin proferiu aulas em cursos teológicos organizados por outro participante da confraria, Professor Cherbov. E em 1920 Iudina tornou-se aluna entusiástica, na Universidade de Petrogrado, de dois membros da irmandade, LM. Grevs e L.P. Karsávin[3].

Embora Bakhtin conhecesse e admirasse alguns membros, individualmente, da confraria, o círculo em si era provavelmente de orientação demasiado conservadora para atraí-lo. A revivescência religiosa após a Revolução não permaneceu de modo algum confinada ao pensamento ortodoxo. Entre os intelectuais judeus manifestou-se intensificado interesse pelo judaísmo e sua herança, avivado inclusive pelo afrouxamento das restrições aos judeus e à prática de sua fé, após a Revolução de Fevereiro. No início dos anos 1920 Kagan estava ativamente engajado nesse movimento. Ele deu conferências em instituições fundadas para estudar o legado da gente israelita, tais como a Universidade Nacional Judaica de Moscou e a Universidade Judaica de Petrogrado, e discorreu sobre a tradição mosaica para organizações filosófico-religiosas não judias, como ao cenáculo, de vida tão breve, que foi a Academia Livre de Cultura Espiritual de Moscou, entre cujos participantes figuravam Florênski e o filósofo existencialista religioso Berdiaiev[4].

3. M. Pol'skij, *Novye mučeniki rossijskie,* parte 2 (Jordanville, N.Y.: Holy Trinity Monastery, 1957), p. 132, 134; M.V. Judina, "Nemnogo o ljudjax Leningrada", em *Maria Veniaminovna Judina,* ed. A.M. Kuznecov (Moscou: Sovetskij kompozitor, 1978), p. 219; Z.V. Trifunovič, "I.M. Andreevskij", *Russkoe vozroždenie,* n. 4 (1978): 213; Nicholas Zernov, *The Russian Religious Renaissance of die Twendedi Century* (Londres: Darton, Longman and Todd, 1963), p. 206; Bispo Cassian, "Rodoslovie duxa (Pamjati Konstantina Vasil'eviča Močul'skogo", *Pravoslavnaja wysi,* vol. 7 (Paris: YMCA Press, 1949), p. 11-15; N.F. Platonov, "Pravoslavnaja cerkov' v 1917-1935 *gg.*", *Ezegodnik niuzeja istorii religii i ateizma,* vol. 5 de O *preodolenii reiigii v SSSR* (Moscou-Leningrado: Akademija nauk, 1961), p. 258.

4. Baseado em documentos em poder da família Kagan.

Conquanto atuante na revivescência judaica, Kagan não era sionista. Como Cohen antes dele, a via de avanço, quanto ao judaísmo, estava, a seu ver, de preferência numa participação mais ativa na vida intelectual e cultural europeia. Analogamente, os membros cristãos do círculo de Bakhtin não queriam ser ortodoxos estritos. De fato, nos inícios da década de vinte vários integrantes do grupo envolveram-se com uma sociedade filosófica em Petrogrado, interessada especialmente em todos os sistemas, de crença, inclusive o cristão. Sua denominação oficial era Associação Filosófica Livre, mas era em geral conhecida pela sigla de Volfila (Livrefila).

A Volfila, que fora fundada em 1918 mas começara a reunir-se apenas em novembro de 1919, definiu originalmente como sendo sua meta trabalhar em filosofia com orientação socialista e responder também a questões tópicas do dia. A associação considerava que devia tornar-se um fórum de debate em todas as áreas da investigação intelectual para quem estivesse interessado na "busca espiritual". Ela não era, portanto, especificamente religiosa. Os fundadores, que defendiam várias convicções políticas e intelectuais, incluíam os escritores simbolistas Blok e Biéli, o artista Petrov-Vodkin, o diretor teatral Meierhold e o escritor socialista-revolucionário Ivanov-Razumnik. É possível que Bakhtin, em suas visitas a Petrogrado, tenha comparecido ocasionalmente aos encontros da associação. Seja como for, Pumpiânski, Tubiânski e Kagan, todos eles pertencentes ao círculo de Bakhtin, pronunciaram palestras na Volfila[5].

A palavra "Livre" no título da associação representava o discurso livre, no sentido de ser de largo âmbito e ao mesmo tempo desembaraçado de noções ou dogmas preconcebidos. Este aspecto da filosofia da Volfila, que se assemelhava ao modo de pensar de Bakhtin na época, foi expresso pelo grupo num relatório de 1923. O texto salientava o tema bakhtiniano da perene necessidade de desmascarar verdades e cânones recebidos, o que incluía não só "o trombetear dogmático de abordagens e réplicas absolutamente inambíguas, definitivas" (talvez uma alusão à berrante propagação de *slogans* pelo regime vigente), mas também todas as formas de "pensamento ossificado", que devia ser combatido por meio de "hábitos fortalecidos de pensar crítico e aguda autoanálise"[6].

Muito embora hospedasse noites literárias, círculos de estudos organizados e comunicações sobre um amplo espectro de tópicos especializados, que compreendiam desde escritores e pensadores radicais russos individualmente até a teoria da relatividade, o principal interesse da Volfila era a filosofia das crenças. Assim,

5. "Vol'naja filosofskaja associacija", *Kniga i revoljucija*, n. 2 (ag. 1920): 91-92; A.V. Lavrov, "Vstupitel'naja stat'ja" para "Perepiska s R.V. Ivanovym-Razumnikom", em *Aleksandr Blok: Novye materialy i issledovanija* livro 2, vol. 92 de *Literaturnoe nasledstvo* (Moscou: Nauka, 1981), p. 380; "Votnaja filosofskaja associacija", *Zapiski peredviznogo teatra Gajdeburova i Skarskoj*, n. 59 (1923): 5-6; "K stoletiju so dnja roždenija Dostoevskogo", *Letopis' doma literatorov*, n. 1 (nov. 1921): 7.

6. "Vol'naja filosofskaja associacija", *Zapiski peredviznogo teatra Gajdeburova i Skarskoj*, n. 59 (1923): 5.

estruturou grupos de estudo sobre marxismo, comunismo, anarquismo, populismo", antroposofia e religião mesmo. Uma série de preleções acerca da "crise na cultura vista como uma crise na religião" foi realizada em 1920 sob seus auspícios, ocasionando diversas comunicações sobre itens religiosos, por parte de proeminentes intelectuais, inclusive Biéli e os pensadores religiosos N.O. Lóski, S.A. Askoldov e A.A. Meier[7].

Um círculo especial de filosofia da religião era dirigido por Meier, que já era conhecido no período pré-revolucionário corno anarquista místico e membro destacado da Sociedade Filosófica Religiosa de S. Petersburgo. Meier foi uma figura importante para Bakhtin, que leu extensamente seus escritos e o procurou esporadicamente para dialogar com ele, até o fim da vida de Meier. Este, em 1917, também fundara um grupo religioso denominado Voskresenie, o que significa "ressurreição". Bakhtin não era efetivamente membro do círculo, embora Iudina e Pumpiânski frequentassem tais reuniões no outono de 1920[8]. Não obstante, o *ethos* e as práticas do grupo se aproximavam bastante, em muitos aspectos, das posições religiosas do próprio Bakhtin naquele tempo.

Dentre os participantes da Voskresenie, muitos eram antigos membros da Sociedade Filosófico-Religiosa de S. Petersburgo, cuja ala esquerda eles representavam em certa medida. Eram anátema para os líderes anteriores da Sociedade, os poetas simbolistas Merejkóvski e Gipius, que, depois de terem estado estreitamente associados a Meier, atacavam agora a Voskresenie por mostrar-se demasiado acomodada à Revolução. Ao lado de Meier, as figuras exponenciais do novo círculo foram Kseniya Anatolievna Polovtseva, em cujo apartamento se realizavam de início as reuniões do grupo, Nikolai Pavlóvitch Antsiferov, um escritor e perito conhecedor do meio cultural de São Petersburgo, Jorge Petrovitch Fedótov, um pensador religioso e antigo revolucionário que emigrou em 1925 e mais tarde se tornou professor da Universidade de Harvard e autor de *The Russian Religious Mind* (*A Mente Religiosa Russa*), um texto básico sobre a ortodoxia[9]. Meier, Fedótov e Antsiferov haviam se encontrado na Biblioteca Pública de Leningrado, onde todos os três trabalhavam após a Revolução.

Tal como o círculo de Bakhtin, a Voskresenie atraiu pessoas de um amplo espectro de interesses profissionais e intelectuais. Os membros deste grupo tampouco representavam um consenso na maioria dos pontos de vista, muito embora configurassem um *ethos* distintivo. Compreendiam tamanha variedade de convicções e *backgrounds* religiosos que de modo nenhum poderiam ser vinculados a uma igreja, nem sequer à ortodoxa.

7. "Vol'naja filosofskaja associacija", *Kniga i revoljucija*, n. 2 (ag. 1920): 92. Ver também A.A. Meier, *Filosofskie sočinenija* (Paris: La Presse Libre, 1982).

8. Há dúvida quanto ao tempo que durou a ligação deles como grupo. S. Elenin e Ju. Ovčinnikov, Notas a N.P. Anciferov, "Tri glavy iz vospominanij", *Pamjat': istoričeskij sbornik*, n. 4 (Paris: YMCA Press, 1981), p. 117-118, n. 12-13.

9. Ver Anciferov, "Tri glavy iz vospominanij"; Bibliografia dos trabalhos de Anciferov, *Pamjat'*, n. 4, p. 55-152; Anônimo (acredita-se que seja a mulher de Fedótov, E.N. Fedotova-Ivask), "Georgij Petrovič Fedótov (1886-1951)", em G.P. Fedótov, *Lico Rossii: Sbornik stat'ej* (Paris: YMCA Press, 1967), p. ii-xix.

Nos primeiros anos, o grupo incluía dois protestantes, dois católicos romanos, que haviam sido anteriormente de crença russo-ortodoxa, e vários judeus não batizados. A maioria dos demais integrantes, embora ortodoxos por nascimento e orientação, não eram comungantes. Pumpiânski e Iudina, etnicamente judeus, haviam se convertido e foram batizados. Mas todos os membros da Voskresenie, mesmo os judeus por origem e que permaneciam inconversos, punham Cristo no centro de suas vidas e pensamento. O grupo também era variegado em termos de orientação política. Incluía um monarquista, que também era o único proletário do conjunto, bem como dois comunistas religiosos. Quase todos os outros participantes eram socialistas de vários matizes[10].

Os líderes da Voskresenie davam o tom político da entidade. Dois deles, Meier e Fedótov, tinham um passado comum no movimento clandestino revolucionário. Ao contrário de outros intelectuais vindos de uma política revolucionária para uma posição religiosa, eles não haviam abandonado sua fé no socialismo. Fedótov acreditava numa espécie de socialismo democrático que fosse a favor do controle operário das fábricas[11]. Meier, que segundo Bakhtin era um "marxista muito duro", propunha-se a tarefa de mostrar como religião e revolução podiam residir juntas num só homem. E de presumir que Antsiferov também fosse socialista, pois sua mulher trabalhava no comitê revolucionário local.

A maioria dos membros do grupo não era especialmente antagônica aos bolcheviques. Ainda que lamentassem o derramamento de sangue e nutrissem a esperança de que, com o tempo, o regime se tornasse menos extremado em suas práticas, concordavam com muitas de suas metas socialistas declaradas. Entretanto, seu senso efetivo do que o socialismo devia trazer com sua instauração diferia da percepção dominante entre os comunistas do Partido. Vários integrantes da Voskresenie sonhavam com a ideia de se converter na semente de um novo saint-simonismo na Rússia, dando continuidade à obra de utopistas franceses como Pierre Leroux, Lamenais, a cujo respeito Antsiferov escreveu, e Georges Sand[12].

Os objetivos de Meier e de Polovtseva eram mais radicais: ligar religião e revolução, comunismo e Cristo. Em 1917, haviam formulado um conjunto de teses intitulado "A Revolução e Cristo", que representava um ponto de vista similar ao que Blok em breve expressaria em seu poema "Os Doze", que retrata Jesus à testa de um bando, não de doze apóstolos, porém de doze duros e dispostos revolucionários. Após a Revolução de Outubro, Polovtseva aceitou as políticas econômicas dos bolchevistas, mas argumentou que a religião também se fazia necessária para a renovação do homem. Ela insistiu mesmo em que o Primeiro de Maio devia ser celebrado no Domingo de

10. O grupo incluía às vezes Alexander Petrovitch Smirnov, o curador de ícones do Museu Russo; Tatiana Nikolaievna Gipius, Zinaida Gipius, irmã de Tatiana; Kuzma Sergueievitch Petrov-Vodkin, um escritor e artista; Leon Abgarovitch Orbelli, um fisiologista; Lev Aleksandrovitch Bruni, um artista; e Ivan Andreievitch, um trabalhador. Elenin e Ovčinnikov, *Pamjat'*, p. 117-120, 122, 125 nn. N. Šemetov, "Provoslavnye bratstva (1917-1945 *gg.*)", *Žuvnal RSXD* (*Russkogo studenceskogo Xristianskogo dviženija*, n. 131 (1980): 166-167.

11. V. Varšavskij, "Perečityvaja 'Novyj grad'", *Mosty*, n. 2 (1965): 275.

12. Anciferov, "Tri glavy iz vospominanij", p. 60.

Páscoa. Mas a filosofia básica do grupo remanesceu tal como fora enunciada inicialmente por Fedótov em 1918:

> Reconhecemos a verdade e a justiça do socialismo, porém buscamos alguma base espiritual para ele... Este alvo é audacioso, mas os nossos tempos requerem ações audazes, devemos salvar a verdade socialista com a verdade espiritual, e salvar o mundo com a verdade socialista[13].

O modo de pensar de Bakhtin apresentava muita coisa em comum com o pensamento de Fedótov e Meier. Por exemplo, Fedótov atribuía um papel central ao conceito ortodoxo de quenoticismo, assim como Bakhtin. Tanto Fedótov quanto Meier adotavam postura antiautoritária e salientavam o caráter necessário da liberdade. O moto do grupo nuclear da Voskresenie era, de fato, "Cristo e Liberdade". Ademais, os líderes da entidade acentuavam que suas reuniões deviam estar livres do uso de "conceitos ou ideias padronizadas". Tais sentimentos falavam ao coração de Bakhtin que clamava contra todo monismo ideológico[14].

Outra área de terreno comum entre os mentores da Voskresenie e Bakhtin era o espírito ecumênico, internacionalista. Fedótov, por exemplo, rejeitava todas as variedades russas de messianismo. Mostrava-se contrário ao nacionalismo estreito, quer na religião quer na política. Propunha, em vez, o ideal de uma "nova pátria", uma espécie de nação universal de espíritos afins que atravessava as fronteiras nacionais. Devido a esse "ocidentalismo", era olhado de viés por muitos de seus contemporâneos ortodoxos que não o consideram como um dos seus. Fedótov, no entanto, também repelia como malogros as formas burguesas ocidentais de governo. Via no comunismo a semente de uma ordem social superior e pretendia que

> no marxismo revolucionário, especialmente em suas versões russas, espreita uma ideia religiosa, embora vaga: em sua estrutura revolucionária, o marxismo é uma seita apocalíptica judio-cristã [...]. O marxismo em sua consciência social e de classe e o dogmatismo de seu sistema ocultam um potencial para a ortodoxia: isto foi revelado pelos líderes de uma nova escola teológica que dele emergiu.

Fedótov não encarava, pois, o marxismo e o cristianismo como sistemas inconciliáveis. A singularidade deste pensamento tem sido de fato descrita como a de seu "entrelaçamento da verdade cristã e da sociologia marxista"[15].

13. Anciferov, "Tri glavy iz vospominanij", p. 67; G.P. Fedótov, "Dve stat'i", *Novyj žurnal*, n. 43 (1955). Quanto ao grupo Voskresenie, ver anon., "Georgij Petrovič Fedótov (1886-1951)", p. ii-xix; Jurij Ivask, "Esxatologija i kul'tura: Pamjati Georija Petroviča Fedotova (1886-1951)", *"Vestnik RSXD*, n. 103 (1972): 100-110; N. Šemetov, "Pravoslavnye bratstva 1917-1945 *ggP*, p. 147-181; O.E. Jasevič, "Iz vospominanij", *Pamjat': Istoričeskij sbornik*, n. 3 (Nova York: Khronika Press, 1978), p. 93-158; N.P. Anciferov, "Voskresenie", *Pamjat'*, n. 4, p. 57-60; A.A. Meier, memórias inéditas.

14. S. Averincev, "Ličnost'i talant učenogo", *Literaturnoe obozrenie*, n. 10 (1976): 60.

15. M. Karpovič, "G. P Fedótov" (obituário), *Novyj žurnal*, n. 27 (1951): 270-271; Ivask, "Esxatologija i kul'tura", p. 108; F. Stepun, "G.P. Fedótov", *Novyj žurnal*, n. 49 (1957): 222-223.

Nem Fedótov nem Bakhtin, todavia, chegaram a endossar o comunismo em sua interpretação bolchevista. Fedótov e a maioria dos demais membros do círculo queriam que a nova ordem social assentasse em uma base religiosa e, como a Sociedade Filosófico-Religiosa antes deles, tinham em mira algo parecido com o ideal comunístico dos padres da primitiva igreja. Central para seu pensamento, tal como para Bakhtin, era o conceito de *sobornost'*: "juntidade" ou "verdadeiro senso de comunidade". Os participantes da Voskresenie consideravam uma comunidade ideal onde cada personalidade individual haveria de florescer, onde não existiriam autoridades absolutas e, no entanto, onde todos teriam o senso de um laço comum – algo como a polifonia ou a heteroglossia bakhtiniana traduzidas em termos sociais. Com efeito, o ideal da heteroglossia aparece refletido no título da revista, de curta vida, do grupo, *Vozes Livres* (*Svobodnie golosa*), cujo plural fora deliberadamente escolhido a fim de enfatizar o pluralismo da Voskresenie e o fato de que o periódico era produto de *sobornoe*, isto é, criatividade "conjunta"[16].

A comunidade ideal também influenciou a forma das reuniões semanais do grupo. Via de regra, o tema de discussão era decidido coletivamente na reunião prévia da semana. Todo encontro começava pelo ritual em que cada um apertava a mão do outro. Um dos cabeças do conjunto, como Fedótov, Meier ou Antsiferov, abria a sessão comum pequeno comentário introdutório ao tópico, depois do que cada membro do círculo era obrigado a dizer algo a seu respeito, ainda que fosse umas poucas palavras. O interesse na comunidade também se refletia nos temas escolhidos para os debates, tais como "patriotismo e internacionalismo", "o inter-relacionamento entre os conceitos de liberdade, igualdade e fraternidade" e "companheirismo e amizade"[17].

O ideal da comunidade fazia par com o espírito ecumênico do grupo. Os membros da Voskresenie estavam interessados na unificação da Igreja, de modo que em suas preces de abertura recitavam o Pai Nosso em três línguas – no velho eslavônico da Igreja, em latim e em alemão. Mas o grupo tomava o cuidado de manter-se independente em relação à Igreja Ortodoxa institucionalizada e nunca admitiu padres entre os seus integrantes, embora celebrasse os dias de festa russos com pompa e cerimônia. Ávida de cada um dos membros, com respeito à Igreja, não era considerado assunto do grupo e eles nunca comungavam juntos.

O ideal comunitário inspirou vários membros da Voskresenie a fundar efêmeras comunas próprias, em grande parte localizadas em sítios da periferia de Petrogrado, como Detzkoietzelo e Peterhof. É possível que Iudina haja formado um grupo assim. Bakhtin não se sentiu tomado por esse aspecto das crenças daquele círculo e o atacou dizendo que os seus defensores não levavam em conta as reais condições sociais em que viviam. No livro sobre Dostoiévski, ele acusou de ingênuo o idealizado senso de comunidade partilhado por Meier e seus amigos[18]. Porém, em outros

16. Stepun, "G.P. Fedotov". p. 237.

17. Anciferov, "Voskresenie", p. 58.

18. M.M. Baxtin, *Problemy tvorčestva Dostoevskogo* (Leningrado: Priboj, 1929), p. 241. Esta seção foi omitida na segunda edição, mas reimpressa em *Ėstetika*, p. 187.

aspectos Bakhtin permaneceu em geral bastante próximo do grupo, em sua orientação religiosa.

Nos primeiros anos da década de 1920, esses três grupos – a acadêmica Irmandade de Santa Sofia, a pública e eclética Volfila e a de caráter mais privado Voskresenie – eram importantes para os membros do círculo de Bakhtin que moravam em Petrogrado, mas ao tempo em que Bakhtin voltou a viver na cidade, em 1924, a situação dos agrupamentos intelectuais de caráter filosófico-religioso e todo o teor da investigação religiosa entre os intelectuais haviam se alterado radicalmente. No essencial, as razões dessa mudança eram de natureza política, tendo a ver com a crescente repressão de parte do governo. Por exemplo, em 1922 a União Soviética expulsou mais de duzentas famílias de intelectuais, a maioria religiosas, inclusive pensadores bastante conhecidos como S. Bulgakov, Berdiaiev, Lóski, Frank e Karsávin. Entre 1922 e 1923, a maior parte das associações religiosas de ação pública foram forçadas a encerrar suas atividades. A Irmandade de Santa Sofia foi dissolvida em 1921 ou 1922, e o Instituto Teológico veio a ser fechado em 1923. As organizações ecumênicas duraram um pouco mais. A Volfila, por exemplo, subsistiu até 1924. Em consequência de tais acontecimentos, as associações religiosas no âmbito da *intelligentsia* tendiam a ir para a clandestinidade ou a tornar-se informais, reunindo-se em casas particulares. Só de maneira ocasional divisavam-se algumas cintilações semipúblicas de discussões sobre temas religiosos. Assim, no verão de 1924 destacados pensadores com esta preocupação promoveram encontros e debates com membros da intelectualidade nos jardins do sanatório da Casa dos Eruditos, nos arredores de Leningrado[19].

A situação do grupo Voskresenie não se alterou extremamente com tais eventos. Seus membros sempre se haviam reunido de maneira informal em casas particulares e, na maioria, adotavam uma atitude favorável à Revolução. Mas, justamente àquela altura, o círculo sofreu uma mudança na direção e no teor de sua busca filosófico-religiosa. Embora permanecesse ecumênico no espírito, aproximou-se mais de uma identificação com a ortodoxia russa. Nos anos anteriores, os tópicos discutidos eram de natureza primordialmente social, mas agora se tornavam cada vez mais exclusivamente de caráter religioso. Individualmente, alguns membros do grupo também se achegaram mais à Igreja. Vários participantes judeus foram batizados, o que era bastante comum na Leningrado daquele tempo. Seu batismo vinha acompanhado de grandes celebrações no grupo. Conquanto Fedótov lamentasse que tais conversos caíssem logo debaixo da influência dos padres, ele próprio eventualmente integrou-se na Igreja, assim como Meier[20].

19. M. Osharov, "To Alien Shores: The 1922 Expulsion of Intellectuals from the Soviet Union", *Russian Review* 32 (julho, 1973): 294-298; Poi'skij, *Novye mučeniki rossijskie*, p. 135.

20. Anônimo, "Georgij Petrovič Fedotov", p. xvii; Ivask, "Esxatologija i kul'tura", p. 105.

Esta tendência na Voskresenie tinha seu paralelo entre os membros do círculo de Bakhtin. Aí também, o interesse pelas questões religiosas, em particular pela ortodoxia russa, tornou-se mais pronunciado, sendo Solertínski a única exceção declarada. Pumpiânski relatou que, por volta de 1920, o grupo realizava intensos estudos de teologia:

> Este ano a minha posição teológica foi estabelecida de maneira definida e clara: A Igreja Ortodoxa Oriental [...e eu cheguei à] convicção de que as filosofias da religião seja de Kant seja de H. Cohen são totalmente insuportáveis[21].

Aqueles tumultuosos anos pós-revolucionários, em que se pensou ser possível um casamento entre comunismo e Cristo, haviam passado. Para a maioria dos participantes do círculo de Bakhtin, os meados da década de 1920 foram tempo de crise intelectual. A medida que mergulhavam mais nas questões religiosas e na ortodoxia russa, viam-se forçados a defrontar-se com o fato de que não apenas era virtualmente impossível publicar as obras que refletiam tais interesses, mas também de que, devido às migrações, expulsões e dissoluções dos foros religiosos, haviam restado poucas organizações ou indivíduos com quem poderiam estabelecer diálogo. A maioria dos membros do grupo enfrentou essa crise fazendo alguma acomodação com as diretivas prevalentes na vida intelectual soviética. O próprio Bakhtin redirecionou sua abordagem nos escritos que produziu e abandonou, em grande parte, o vocabulário neokantiano em favor de outro, mais secular e sociológico.

Ainda que a mudança de abordagem, neste caso, possa muito bem ter-se dado em resposta a realidades políticas alteradas, ela não representou apenas uma solução de compromisso da parte de Bakhtin. Constituiu antes um desenvolvimento de seu ponto de vista antimetafísico e anti-idealista. Neste aspecto, sua posição foi atípica em relação aos pensadores religiosos na União Soviética da época, a maioria dos quais não enveredou por aproximações sociológicas até os anos 30, e mesmo então como tentativa de compromisso. O rumo adotado por Bakhtin, no entanto, não significou qualquer abandono com respeito à sua fé. Em consequência, ele se viu em posição singular em face da maioria dos pensadores religiosos de Leningrado e acabou polemizando indiretamente com o idealismo deles e com alguns pontos de seus programas utópicos. Tal postura, todavia, não o proscreveu nem o levou a distanciar-se de seus opositores, pois Bakhtin sempre amou o diálogo e sabia como poucos encantar os adversários

Conquanto Bakhtin estivesse agora de algum modo à esquerda da ala esquerda da investigação religiosa livre, tal como representada pela Voskresenie, também mantinha ligações pouco estritas com grupos mais à direita. Vale destacar, em particular, sua relação com a Irmandade de São Serafim, um grupo que era, ao mesmo tempo, mais

21. "Iz pisem M.I. Kagana S.I. Kagan", *Pamjat'*, n. 4, p. 266. Pumpiânski converteu-se ao cristianismo e foi batizado em 1911, e Iudina em 1919.

especificamente russo ortodoxo e mais clandestino do que a Voskresenie. Assim chamada, em honra de São Serafim de Sarov, o último dos santos canonizados na Rússia, a irmandade constituía um círculo de intelectuais empenhados em promover o conhecimento teológico. Organizava cursos e discussões sobre assuntos religiosos que atraíam jovens estudiosos, estudantes de pós-graduação e sacerdotes. Desenvolvia também atividades missionárias, especialmente junto a jovens judeus. Entre os seus membros figuravam o *scholar* literário Vassíli Leonidóvitch Komaróvitch, que publicou trabalhos sobre Dostoiévski e estava interessado em Freud; Ivan Mikhailóvitch Andreiévski, um especialista em doenças mentais e em medicina para crianças, que mais tarde emigrou para o Ocidente e escreveu sob o nome de I.M. Andreiev; e os historiadores Tarle e Platonov. Vários participantes do círculo de Bakhtin estiveram vinculados em algum momento a membros da irmandade. Iudina, por exemplo, tinha laços de amizade com Tarle e vivia no mesmo prédio de apartamentos no início da década de vinte[22].

A irmandade fora fundada em 1921 por Sierguei Alekseiévitch Askoldov, sendo conhecida originalmente como o círculo de Askoldov, mas em 1926 rebatizaram-na com o nome de São Serafim. Askoldov, pseudônimo de S.A. Alékseiev (1870-1945), era um pensador e filósofo da religião que interessava especialmente a Bakhtin. Antes da Revolução tornara-se conhecido devido à independência de seu pensamento. Encontrava-se inteiramente em casa em todas as escolas filosóficas correntes mas não subscrevia nenhuma. Em *Pensamento e Realidade,* publicado em 1914, criticou o neokantismo em geral e a escola de Marburgo em particular. A proposição básica do livro, a de que os neokantianos não eram terrivelmente originais e de que as feições mais interessantes de seu modo de ver já se apresentavam em Kant, e de uma forma bem mais profunda, era algo que Bakhtin endossaria na década de vinte, quando passou a considerar os ensinamentos de Hermann Cohen de um modo mais crítico. Em *A Consciência como um Todo* (1918), sobretudo na quarta seção dedicada à "Profundeza de Consciência e a Personalidade", Askoldov tratou do estatuto das relações eu/não eu numa época em que o próprio Bakhtin apenas encetava a exploração do mesmo tópico, algo que o preocupou a vida toda. Nas tentativas de ir além de Cohen neste item, Bakhtin encontrou em Askoldov maior ajuda do que em qualquer outro filósofo russo da época, inclusive em alguns candidatos tão óbvios quanto A. Vviediênski, professor de Bakhtin na Universidade de Petrogrado, cujo livro *Sobre os Limites e as Características da Conscientização* (1892) estuda o problema a partir de uma perspectiva kantiana, ou quanto F.P. Lápchin, em que *O Problema do Eu e do Outro* (1910) é apenas uma recensão dos tratamentos dados por outros autores ao tema[23].

Não há prova conclusiva de que Bakhtin tenha sido membro da Irmandade de São Serafim, embora mais tarde fosse acusado de o ser. É verdade que mantinha então, em seu quarto, um busto do santo. Mas São Serafim era uma figura extremamente

22. Z.V. Trifunovič, "I.M. Andreevskij", *Russkoe vozroždenie,* n. 4 (1978): 128, 211-222.
23. V. Il'in, *Prepodobnyj Serafim Sarovskij,* 2. ed. rev. (Paris: YMCA Press, 1930), p. 150.

popular entre os intelectuais religiosos da Rússia no começo do século XX e foi um pouco sob seu estandarte que se desenvolveu no meio intelectual o movimento em prol de um retorno à Igreja. Mas nem por isso a significação do busto é autoevidente, no caso de Bakhtin, pois, como tantos outros símbolos populares, São Serafim consignava coisas diferentes para pessoas diferentes.

Serafim, que havia nascido em 1759 e cujo nome original era Prokhor Móchin, pertencia à tradição ortodoxa russa dos anciões ascéticos. Depois de tomar ordens, ingressou num remoto mosteiro em Sarov. Não contente ainda com tal isolamento, retirou-se para uma cabana da floresta, onde passou dezessete anos em reclusão e prece, vivendo do pão que lhe enviavam do mosteiro e dos legumes e verduras que ele mesmo plantava. Mais ainda, seguindo a tradição de Simão Estilita, passou mil dias e noites sobre uma rocha. Para os últimos quatro anos desse período, fez voto de silêncio e alimentou-se apenas de ervas do mato. Uma vez assim purificado, abriu as portas da cela, em 1825, a todos que quisessem ajuda, algo à maneira do Padre Zósima de Dostoiévski, em *Os Irmãos Karamazov.* Numerosos peregrinos afluíram em romaria, até 1833, quando morreu. Em 1903, Serafim foi finalmente canonizado[24].

Para alguns intelectuais russos, São Serafim era um símbolo da Rússia. Outros o associavam à lealdade ao velho regime monárquico. Segundo uma das histórias, o santo, que sempre bendizia quem quer que o procurasse, explicou certa feita sua recusa de abençoar um grupo de jovens oficiais, apontando para determinadas águas que haviam enturvado. Mais tarde verificou-se que alguns deles estavam envolvidos na trama da revolta dezembrista. Ele também predisse que o czar viria visitar um convento das proximidades e que haveria uma grande "Páscoa" no verão. Esta profecia realizou-se no mês de julho de 1903, quando o czar, acompanhado de grande multidão, apareceu no convento a fim de assistir às cerimônias de canonização. Serafim ainda predisse que, à visita do imperador, seguir-se-ia um período de grande convulsão social e derramamento de sangue, quando muitos russos deixariam o país e iriam para diferentes pontos do globo. Mas esta comoção conduziria, no fim, ao triunfo da ortodoxia no mundo[25].

As opiniões estreitamente monarquistas e chauvinistas sustentadas por Serafim encontram-se entre os numerosos aspectos de seus ensinamentos e exemplos que são diametralmente opostos aos pontos de vista de Bakhtin. Outra faceta conservadora que o não teria atraído era o modo demasiado místico de abordar a religião ou, como os soviéticos o chamariam, "obscurantista". Por exemplo, como se sabe, Serafim tinha visões da Virgem Maria, nas quais esta lhe mostrava como sair de situações difíceis. Dizia-se que ele havia brilhado com uma aura especial, que tinha descoberto uma fonte com poderes de cura e que havia curado pessoas pela

24. Valentin Zander, "Saint Seraphim de Sarov et le saint curé d'ars", *Le Messager Orthodoxe,* n. 54 (1971): 61.

25. D.I. Andreev, *Prepodohnyj Serafim Sarovskij* (Munique: Izd. Pravoslavnogp detskogo doma "Miloserdnyj Samarjanin", 1947), p. 7, 14.

imposição das mãos. Advogava a proferição de certas preces um número específico de vezes e o uso do rosário, enquanto Bakhtin objetava à exaltação externa e à "histeria" religiosa. Dois outros aspectos dos ensinamentos do santo que não seduziriam Bakhtin era o seu empenho em ser inundado pelo Espírito Santo como uma presença imaterial e sua pregação a respeito de outra ordem do tempo que não a do nosso tempo terreno[26].

Ainda assim, sob muitos aspectos, Serafim teria atraído Bakhtin, como, por exemplo, no seu desdém pelas posses materiais, no seu traço populista e na sua crença na oração como meio de contato direto com Deus – no diálogo, se se quiser. O santo representava o homem cuja carreira clerical não caminhara pela rota normal. Mantivera um contato mínimo com a Igreja organizada e, embora permanecesse dentro da tradição do "ancião" ascético, tal como reconhecido pela tradição ortodoxa, esquivara-se da maioria das ciladas formais e superficiais da vida religiosa.

Quanto à própria irmandade, não havia por certo proximidade entre as concepções filosófico-religiosas de Bakhtin e as de muitos dos participantes deste grupo. Mas um bom número de integrantes do círculo bakhtiniano tinha conexões com a irmandade, que era um dos poucos foros onde ocorriam na época discussões teológicas de algum calibre intelectual, e Bakhtin necessitava desse diálogo. Ele polemizava com Askoldov, e se compareceu alguma vez às reuniões da irmandade terá sido mais para argumentar e debater do que para conviver com pessoas de mentalidade semelhante. Naquele tempo, Bakhtin começava a reorientar sua posição e é possível que o tenha feito por sondagens em direção contrária à dos membros da irmandade, que representavam variantes de concepções pré-revolucionárias comuns a todos eles e que haviam formado o ambiente intelectual do próprio Bakhtin em seus anos de estudante.

A Irmandade de São Serafim fora fundamente influenciada por Florênski, o sacerdote cuja carreira de filósofo, matemático, historiador da arte, inventor e físico durante os anos vinte constituiu um exemplo espetacular de quão grande amplitude era o pensamento religioso daquele tempo. O impacto das ideias de Florênski sobre a irmandade decorria não só do poder intrínseco de seu pensar, mas também do fato de que ele era o melhor representante de uma síntese entre antigas preocupações específicas da tradição russa ortodoxa e elaborações da filosofia alemã e da herança clássica da Grécia e Roma que se relacionavam de perto com os interesses da irmandade. Florênski também era admirado por Bakhtin e outros membros de seu círculo. Por exemplo, Pumpiânski leu textos de Florênski para Iudina, na noite anterior ao batismo dela na fé ortodoxa. Os paralelos entre as concepções de Bakhtin e de Florênski são significativos, e correntemente os dois homens são vistos, por muitos intelectuais da Rússia, como os principais pensadores russos do período moderno.

26. Andreev, *Prepodobnyj Serafim Sarovskij*, p. 14; Syjasc. I. Efimov, "Prepodobnyj Serafim", *Žurnai moskovskoj patriarxii*, n. 8 (1954): 26, 27, 30, 32; Il'in, *Prepodobnyj Serafim Sarovskij*, p. 150.

Os dois homens eram extraordinariamente cultos, sobretudo no domínio da filosofia europeia clássica e moderna. Ambos queriam ansiosamente remover as camadas de pretensão, ignorância e provincianismo da autocéfala Igreja Russa com o fito de restaurar as grandes verdades religiosas que, acreditavam um e outro, a tradição russa continha. Mas tais verdades precisavam ser procuradas por novos caminhos, que podiam acarretar suspeitas de heresia. Em 1904, por exemplo, Florênski, mesmo sendo padre, foi preso pela polícia governamental e permaneceu detido por um breve lapso de tempo sob a acusação de pronunciar sermões contra a Igreja e, portanto, contrários ao governo. Quer Bakhtin quer Florênski eram inimigos do clericalismo. Florênski invocava um sentido mais pessoal e imediato da presença de Deus enfatizando um dito de Jesus: "Quando dois ou três estiverem reunidos em meu nome, lá eu hei de estar". Tanto como Bakhtin se sentia interessado nos aspectos utópicos comunais dos primeiros cristãos, Florênski sentiu-se favoravelmente impressionado pelas formas iniciais do comunismo[27].

A proximidade entre os dois pensadores refletiu-se até mesmo nos seus estilos distintos. Um e outro eram dados à cunhagem de termos e ambos se sentiam atraídos por palavras que empregassem o prefixo russo que indica o compartilhar, *so-*, em geral expresso em inglês [e em português] por *co-*, como em *coabitar*. O papel central de tais palavras no pensamento de ambos decorria do esforço comum aos dois para opor-se ao monismo, esta ênfase radical no ego ou no sujeito isolado, que os dois consideravam típico do Ocidente. Florênski acreditava na necessidade de ir além da *samost'*, a autocentralidade, a fim de alcançar o outro, um tu. O amor constituía, para ambos, um fator da maior importância a propelir uma evasão do solipsismo[28].

Em todos esses pontos de vista, particularmente na ênfase na comunalidade, no anticlericalismo e na distinção eu/tu, os dois homens adotavam posições típicas da ortodoxia inortodoxa em circulação nos anos vinte. Florênski, que pertencia a uma geração ligeiramente mais velha que a de Bakhtin, situava-se em geral mais próximo em pensamento quer da ortodoxia tradicional quer do modo de pensar pré-revolucionário, em especial o simbolista. A diferença crucial entre ambos era que, enquanto Florênski acentuava a necessidade de sair do mundo palpável dos sentidos para uma realidade espiritual superior, Bakhtin sublinhava as coisas materiais deste mundo e a experiência física. Assim, enquanto Florênski sonhava com um fim para o tempo, com uma estase que viria quando chegássemos além do fluxo deste mundo e a história terminasse, Bakhtin acreditava que não deveria haver termo para o vir-a-ser e era inimigo de tudo o que é acabado (*zaversen*). Similarmente, enquanto

27. George F. Putnam, *Russian Alternatives to Marxism: Christian Socialism and Idealistic Liberalism in Twentieth Century Russia* (Knoxville: University of Tennessee Press, 1977), p. 72; Pavel Florenskij, *Stolp i utverzdenie istiny: Opytpravoslavnoj teodicii v dvenadcati pis'max* (Berlim: Rossica, 1929), p. 7, 419, 421; Pavel Florenskij, "Troice-Sergieva Lavra i Rossija", em *Troice Sergieva Lavra* (Petrogrado, 1919), reed. em *Kontinent*, n. 7 (1976): 260, 265,275, 276.

28. Florenskij, *Stolp i utverzdenie istiny*, p. 92, 421, 434.

Florênski julgava que devemos transcender o corpóreo pelo interesse de atingir uma verdade mais alta, religiosa, Bakhtin celebrava as alegrias da carne, louvando a boa comida, a bebida forte e o sexo abundante. Esta diferença crucial afetava até mesmo as análises da dinâmica do eu/tu empreendidas pelos dois pensadores. A preocupação de Florênski com tal dinâmica visava em última instância à superação da dicotomia. Buscava caminhos que levassem ao desaparecimento de todas as contradições entre "eu" e "não eu" à medida que um e outro transcendessem a si mesmos; estava à procura do Um que iria resolver todas as diferenças[29]. Para Bakhtin, todavia, tudo o que vive está vivo precisamente devido a uma não correspondência com outros. A diferença cacofônica era o que ele mais valorizava e não o silêncio sem-fim de uma harmonia homogeneizante.

Conquanto o pensamento de Bakhtin denotasse influência da tradição ortodoxa, especialmente em sua ênfase na comunidade e na quenose, sua cristologia era em essência não canônica e não sectária. Se Florênski, de sua parte, depreciava às vezes a importância dos paramentos formais da ortodoxia, seu pensamento seguia as feições centrais do dogma ortodoxo. Por exemplo, sua teoria do signo icônico, que tem atraído a atenção dos modernos semioticistas russos, baseava-se na concepção tradicional ortodoxa de que o altar da igreja não é um lugar deste mundo. É um locus para a graça divina, com o anteparo de ícones existente nas igrejas ortodoxas que servem de fronteira entre uma área terrena e uma outra que não o é[30].

Florênski, como os neokantianos seus contemporâneos, jamais conseguiu fundir as suas percepções da natureza do signo com os trabalhos em curso na linguística, de modo a produzir uma filosofia da linguagem. O objetivo de elaborar uma tal filosofia foi uma preocupação da atividade intelectual da década de 20, quando pensadores de uma série de disciplinas – fisiologia, literatura, psicologia – tentaram reconcebê-las repensando a relação de cada uma delas com a linguagem. Ao contrário de Florênski, Bakhtin logrou traduzir seus interesses teológicos numa filosofia do discurso. Enquanto que, para Florênski, a ortodoxia permaneceu na categoria do que Bakhtin denominava "discurso autorizado"; para este a ortodoxia foi transformada no discurso de "persuasão interna", uma forma de comunicação em que remanesce aberta "uma zona de contato com a contemporaneidade não resolvida". A palavra em tal discurso foi recuperada para a contemporaneidade; semelhante palavra relaciona-se com os seus descendentes e com os seus contemporâneos, como se *ambos* fossem contemporâneos[31].

29. Florenskij, *Stolp i utverzdenie istiny*, p. 111-112, 127, 394, 434, 489; Pavel Florenskij, "Ikonostasis", *Bogoslovskie trudy*, n. 9 (1972): 83-88.

30. Florenskij, "Ikonostasis", p. 96, 100, 102-105, 109, 111, 123, 134, 142, 148, 259; A.A. Dorogov, Vjac. Vs. Ivanov e B.A. Uspenskij, "P.A. Florenskij i ego stat'ja 'Obratnaja perspektiva'", *Trudypo znakovym sistemam*, vol. 198 de *Ucenye zapiski tartuskogo universiteta* (1967): 378-380.

31. M.M. Bakhtin, "Discourse in the Novel", *The Dialogic Imagination*, trad. Caryl Emerson e Michael Holquist (Austin: University of Texas Press, 1981), p. 346.

Assim, à medida que a década avançava e Bakhtin ficava cada vez mais envolvido nos discursos da linguística e da sociologia, seus escritos começaram a distanciar-se das colocações de Florênski e outros destacados pensadores religiosos daquele tempo. Mas ele não perdeu o contato com os círculos intelectuais da ortodoxia, e até se envolveu, ainda que perifericamente, comum grupo cismático da Igreja Ortodoxa. Os anos 1920 foram de grande confusão nos meios ortodoxos, com vários cismas e facções a competir dentro da Igreja, cada qual com suas próprias paróquias e padres. O cisma ao qual Bakhtin esteve ligado dera-se em resposta a uma declaração do Patriarca Sergii, em julho de 1927, afirmando o papel positivo do Estado soviético como poder temporal da Igreja ou, em outros termos, subordinando uma vez mais a Igreja ao Estado. Um certo número de paróquias e padres proeminentes rompeu com Sergii e se recusou a aceitar a declaração. Amais notável dessas dissidências foi o cisma josefita de janeiro de 1928, que levou o nome do metropolitano rebelde Iosef de Leningrado[32].

O cisma josefita não se tornou um movimento de massa, limitando-se sua influência às principais cidades russas e a alguns campos de concentração. Em seu centro, Leningrado, cinco igrejas aderiram a ele, assim como parte da irmandade do mosteiro de Alexander Névski. A principal igreja dissidente foi a de Spas-na-krovi, e entre os padres ligados a esta igreja, bem como à catedral Sergii, o arcipreste Fidor Konstantinóvitch Andreiev, ex-professor da Academia Teológica de Moscou e amigo de Florênski, era tido como adepto da corrente josefita. Andreiev, que era membro da Irmandade de Santa Sofia, estava ligado a Iudina, a quem batizara em 1919, e também a Bakhtin. Era um pregador magnífico e atraía muita gente aos serviços que oficiava. Sua orientação inclinava-se para os menos ortodoxos dentre os pensadores religiosos intelectuais, tais como Vladimir Soloviόv, que pregava o ecumenismo, e Karsávin[33].

Os três grupos filosóficos-religiosos com os quais Bakhtin se relacionava nos anos 1920 – o Voskresenie, a Irmandade de São Serafim e o cisma josefita –não estavam inteiramente separados um do outro. Havia entre eles certa sobreposição, seja no

32. Nikita Struve, *Christians in Contemporary Russia*, 2. ed. rev., trad. Lancelot Sheppard e A. Manson (Londres: Harvill Press, 1967); A. Krasnov-Levitin, *Lixie gody 1925-1941: Vospominanija* (Paris: YMCA Press, 1971), p. 98-105; I. Andreev, *Zametki o katakombnoj cerkvi v SSSR* (Jordanville, N.Y.: Holy Trinity Monastery, 1947), p. 6; Zernov, *The Russian Religious Renaissance of the Twentieth Centuiy*, p. 206; Trifunovič, "I.M. Andreevskij", p. 213. Um problema em aceitar a ligação de Bakhtin com essa igreja é a asserção de Krasnov-Levitin acerca da igreja em Leningrado, nos anos de 1920: "O que me repelia desde o começo no movimento josefita era sua óbvia ideologia dos Cem Negros [...] um antissemitismo zoológico, referências aos Protocolos dos Sábios de Sião e até o caso Beilis (para não mencionar suas ideias monarquistas)". *Lixie gody*, p. 108. Embora houvesse antissemitismo entre alguns adeptos do cisma josefita, este não era característico do cisma nem era certamente um traço de Bakhtin.

33. Protoerej D.B. Konstatinov, "Pravoslavnaja molodëž v bor'be za cerkov' v SSSR", em *Issledovanija i materiaiy*, ser. 2, n. 45 (Munique: Instituto para o Estudo da URSS, 1956), p. 23; N.F. Platonov, "Pravoslavnaja cerkov' v 1917-1935 *gg.*", *Ežegodnik muzeja istorii religii i ateizma*, vol. 5 de *Opreodoleniireligii v SSSR* (Moscou– Leningrado: Akademija nauk, 1961), p. 206.

quadro de membros, seja no de ideias. O conjunto de intelectuais ortodoxos em Leningrado nesse tempo, que não se identificava com a Igreja Ortodoxa Soviética, era muito reduzido e em geral eles se conheciam um ao outro. Uma de suas maiores preocupações era o destino do conhecimento teológico ou espiritual, e muitos de seus esforços quer nos grupos de discussão quer nos círculos de estudo tinham por alvo mantê-lo vivo na Rússia pós-revolucionária. A educação teológica tornou-se de novo um problema para as facções ortodoxas em Leningrado após o fechamento do Seminário Teológico da antiga capital, em maio de 1923, mas seu reitor, Chukov, descobriu um modo de levar adiante o trabalho de instrução, estabelecendo uma série de cursos em casas particulares, para os quais acabou obtendo reconhecimento em 1925. Tais cursos prosseguiram até agosto de 1928. A divisão em facções da igreja nessa época teve uma expressão típica na existência em Leningrado de mais um foco de ensino teológico, os chamados "cursos pastorais" promovidos por um antigo colega de Chukov, Scherbov. Neste último caso, o corpo docente, que se identificava com o cisma josefita, foi objeto de repressão em 1928, pouco depois da morte do próprio Scherbov[34].

Bakhtin pretendeu haver lecionado "sob a direção do professor Scherbov", o que indicaria que ele ensinou nos "cursos pastorais", isto é, justamente os que atraíam o maior desagrado oficial. Talvez haja ministrado aulas de história da filosofia, de lógica ou, mesmo, de ambas as disciplinas. De qualquer modo, embora tais matérias possam parecer relativamente inocentes, o envolvimento de Bakhtin com os cursos seria visto, mais tarde, como um fato extremamente grave.

Nos anos que se seguiram, o tipo de pressão política que deu origem ao movimento josefita tornou-se ainda pior, não ficando de maneira alguma confinado à Igreja. Stálin estava agora no poder e seu Primeiro Plano Quinquenal, estabelecido para os anos 1928-1932, começava a introduzir mudanças profundas nas frentes econômica, social e cultural. Lançou-se toda a energia no esforço de industrializar o país e coletivizar sua agricultura. Tais programas foram acompanhados pelo que se chamou de "revolução cultural". Em suas formas mais brandas, ela implicava planos para erradicar o analfabetismo e combater o alcoolismo. Mas, em sua interpretação mais extremada, a revolução cultural significava a assim denominada "proletarização" em todas as áreas da vida da cultura. Numa série de julgamentos, como os processos de Chákhti e do Partido Industrial, especialistas "burgueses" no campo da indústria foram condenados por sabotagem e conspiração ligadas aos poderes capitalistas. Como lição desses julgamentos, os funcionários soviéticos passaram a substituir profissionais e estudantes burgueses, nas fábricas, nas universidades e em outras instituições, por membros do Partido, da classe camponesa e operária.

34. N.D. Uspenskij, "K istorii bogoslovskogo obrazovamja v Leningrade", *Žurnal moskovskoj patriarxii,* n. 4 (1977): 7-9; Metropolitan Gregory, "Toržestvo otkrytija Leningradskoj duxovnqj akademii i duxovnqj seminarii", *Žurnal moskovskoj patriarxii,* n. 10 (1946): 10-11; Pol'skij, *Novye mučeniki rossijskie,* II, 136.

Para muitos, no domínio da literatura e da teoria literária, estes foram tempos especialmente difíceis. Exigia-se dos escritores que escrevessem obras sobre e para os trabalhadores e o esforço de industrialização nacional. Os nichos que grupos não marxistas, como o dos Formalistas, haviam encontrado em instituições soviéticas tornaram-se de súbito precários com a fundação em 1929 de um Comitê para a Depuração das Instituições do Comissariado da Instrução – o velho ministério de Lunatchárski. Esta comissão começou atacando os supostos "estratos sociais reacionários" que haviam "penetrado" na Academia Estatal das Artes, onde Kagan trabalhava, e o Instituto para a História das Artes. Sob uma tal pressão, os Formalistas foram obrigados, em 1930, a deixar o Instituto[35].

A campanha para proletarizar a cultura soviética foi acompanhada de intensificados ataques à instituição eclesiástica. Os anos 1928-1930 assinalam a época das piores perseguições contra a Igreja na União Soviética. A Liga dos Ateus Militantes, uma organização fundada em 1925, chegou ao auge de sua atividade em 1929, quando, em conjunto com os Comsomols, levou a cabo autênticos raides contra os serviços religiosos, tentando intimidar os fiéis. O governo também passou decretos dificultando à Igreja o trabalho de proselitismo e conclamando à educação laica. Durante esses anos realizaram-se prisões em massa de padres e bispos, e muitas igrejas foram fechadas. As últimas das organizações religiosas de caráter não oficial, incluindo a Irmandade de São Serafim, a Voskresenie e o cisma josefita, tornaram-se objeto de repressão em 1928-1929. Com o desbaratamento do josefismo, os crentes ortodoxos que se opunham ao estabelecimento de laços com o regime soviético entraram na clandestinidade e juntaram-se à assim chamada Verdadeira Igreja Ortodoxa, também cognominada a Verdadeira Igreja Ortodoxa da Catacumba[36]. Mas Bakhtin, ao que se saiba, não estava entre os seus membros.

Andreiev, o padre josefita mais próximo de Bakhtin, foi preso em 11 de dezembro de 1928. Na primavera de 1929 sentenciaram-no ao fuzilamento, mas a sentença acabou sendo comutada para dez anos de internação no terrível campo de prisioneiros de Solóvki nas ilhas Soloviétski, no extremo norte. A seguir, verificando-se que Andreiev era portador de tuberculose em estado avançado, soltaram-no a fim de que morresse em casa. Suas exéquias em 1929 serviram de ocasião para uma maciça demonstração coletiva de sentimentos. Não se via tamanha multidão desde os funerais de Dostoiévski em 1881. Quando o cortejo foi impedido de seguir da Catedral de Spas-na-krovi para o cemitério, pela Névski Prospect próxima, a massa de acompanhantes encaminhou-se para as ruas laterais causando imensos congestionamentos de tráfego[37]. Como nesse

35. "Xronika", *Literatura i marksizm,* n. 6 (1930): 86-87.

36. N.S. Timasheff, "Urbanization, Operation Anti-Religion and the Decline of Religion in the USSR", *Slavic and East European Review* 14.2 (abr. 1955): 226; Adolf Keller, *Church and State on the European Continent* (Londres: Epworth Press, 1936), p. 285; William Fletcher, *The Russian Ortodox Church Underground 1917-1970* (Londres: OKUP, 1971), p. 74-76; Andreev, *Zametki o katakomhnoj cerkvi v SSSR,* p. 6-7.

37. Andreev, *Zametki o katakomhnoj cerkvi v SSSR,* p. 6; Konstantinov, "Pravoslavnaja molodež' v bor'be za cerkov' v SSSR", p. 20-21.

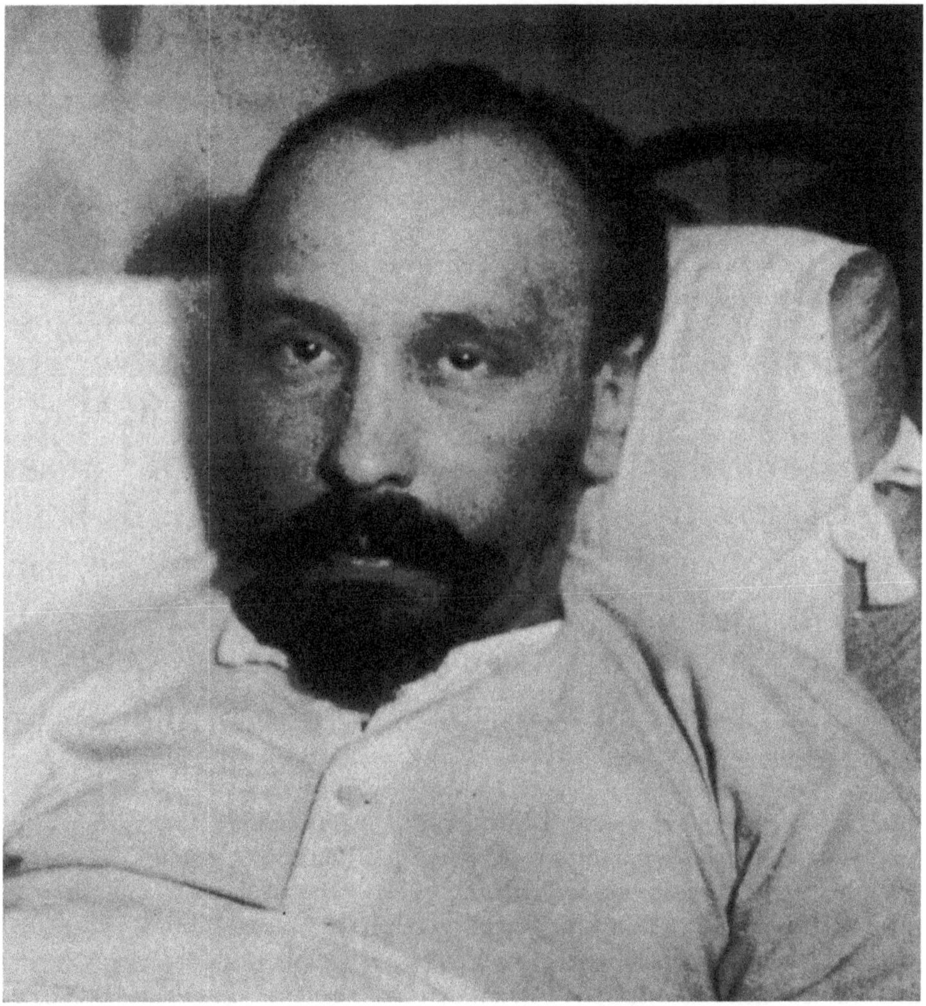

8. Bakhtin, após a sua prisão, quando acamado devido a osteomielite e em vias de partir para o exílio no Cazaquistão, março de 1930.

incidente, a repressão a intelectuais e religiosos no curso do Primeiro Plano Quinquenal por vezes defrontou-se com resistências. Houve na verdade mais resistência então do que posteriormente, nas depurações de caráter bem mais violento, dos anos de 1930.

Bakhtin mesmo foi detido como uma figura menor numa dessas operações de arrasto que duraram mais de dois anos e apanharam um grande número de membros dos grupos religiosos e intelectuais. As duas categorias estavam tão curiosamente interligadas que em alguns casos era difícil dizer se um indivíduo fora preso por suas filiações religiosas ou intelectuais ou por causa de ambas. A depuração começou em dezembro de 1928 com o encarceramento de vários integrantes da Voskresenie, inclusive Meier, Polovtseva e Pumpiânski. Embora o quadro da Voskresenie fosse muito pequeno, compreendendo onze ou doze membros, uma centena de pessoas foi presa sob a alegação de fazer parte dele e cerca de setenta viram-se acusadas e condenadas a penas de cinco a dez anos de internação no campo de Solóvki. Os que não pertenciam ao grupo eram em grande proporção amigos de integrantes. E a seguir, em ondas sucessivas, foram detidos os amigos destes últimos, provavelmente porque um número ainda maior se fazia necessário para justificar as prisões iniciais dos que eram tidos como componentes de perigoso bando conspiracional[38].

A operação policial contra os supostos conspiradores da Voskresenie tinha em mira algo mais do que o expurgo de uma organização religiosa. O chefe dos agentes encarregados dos interrogatórios na OGPU de Leningrado, no fim da década de 1920 e começo dos anos 1930, Aleksandr (Albert) Robertovich Stromin, disse a Antsiferov, quando de sua detenção no Domingo de Ramos do ano de 1929, que aquela série de prisões era apenas um ensaio de exercício para um espetáculo bem maior que esperava coreografar em futuro próximo, "um processo de tipo Chákhti para a *intelligentsia* acadêmica". De fato, pouco depois foi instalada uma comissão para depurar da Academia de Ciências quem tivesse origens sociais dúbias, inclusive conexões burguesas, aristocráticas ou estrangeiras. Esse expurgo culminou em 1931 na detenção dos historiadores Tarle e Platonov, ambos acusados de atividades antissoviéticas, monarquismo e planos para se tornarem ministros em novo governo[39].

Tarle contava com muitos amigos entre os detidos sob a imputação de serem membros da Voskresenie, o que estabelecia uma conexão entre a Academia e os que foram presos por ação religiosa. Além do mais, no verão de 1930, Meier, Polovtseva e

38. Loren R. Graham, *The Soviet Academy of Sciences and the Communist Party 1927-1932* (Princeton: Princeton University Press, 1967), p. 120-129; Sergej Belomorcev, "Bol'ševizacija Akademii nauk", *Posev*, n. 46 (1951): 11-12; "Žertvy dela Akademii nauk: Martirologičeskij spisok", *Volja*, n. 10 (1952): 24-28; O.I. Jaševic, "Iz vospominanij", *Pamjať: Istoričeskij sbornik*, n. 1, (Nova York: Khronika Press, 1976), p. 100; Anon., "Georgij Petrovic Fedotov (1886-1951)", p. xix.

39. Anciferov, "Voskresenie", p. 62; "ČJistka apparata Akademii nauk", *Izvestia* (30 de ag. 1929): 4; S. Romanov, "Nekotorye vyvody iz čistki v Akademii nauk", *Izvestia* (*10 de* set. 1929): 2; G. Zajdel* e M. Cvibak, *Klassovyj vrag na istoričeskom fronte: Tarle i Platonov i ix skoly* (Moscou-Leningrado: Gos. Sociarno-ekonomičeskoe izd-vo, 1931), p. 47.

Antsiferov, que já haviam cumprido oito meses da sentença a eles imposta, no campo de prisioneiros das ilhas Soloviétski, foram levados de volta a Leningrado a fim de serem submetidos a novo julgamento em função do expurgo entre os acadêmicos. Seguiram-se meses de sucessivos e atormentantes interrogatórios efetuados por Stromin, em cujo decurso eles se recusaram a prestar falso testemunho a respeito de conspirações tramadas nas instituições acadêmicas. Em consequência, os três foram condenados a uma nova pena de dez anos de trabalhos forçados no Canal de Belomor[40].

A confirmação acerca do papel do caso Voskresenie como exercício de ensaio para a realização de uma série de processos contra intelectuais profissionais veio do fato de terem sido as acusações desfechadas contra ambos os grupos elaboradas em termos quase iguais. Assim, um publicista soviético descreveu as atividades da Voskresenie com as seguintes palavras: "Sob a camuflagem da religião, todos os tipos de revolucionários e contrarrevolucionários inveterados desenvolviam um trabalho antissoviético. Tinham ligações no estrangeiro e maquinavam tramas contra o regime soviético". A maioria das detenções de membros da Voskresenie só foi efetuada um dia após a prisão do grupo assim chamado de "engenheiros sabotadores" dos estaleiros de Leningrado. Deu-se grande importância ao nome Voskresenie, uma palavra que significa quer "domingo" quer "ressurreição" e que foi interpretada como se dissesse que o grupo procurava o retorno do velho regime[41].

Bakhtin foi vítima do açodamento com que Stromin quis conquistar a reputação de purgador dos intelectuais. Ele mandou prendê-lo por volta do dia 7 de janeiro de 1929, sob várias acusações. Uma delas, que veio a ser abandonada, era a de ser membro da Irmandade de São Serafim; outra, a de que uma lista de um futuro governo russo anticomunista, publicada em Paris, incluía o seu nome, juntamente com o de Tarle e Platonov[42]. Havia ainda a acusação de que nas aulas dadas nos cursos pastorais, realizados nos arredores de Leningrado, incorrera no crime socrático dê "corromper os jovens".

Bakhtin foi posto inicialmente na Prisão para Detenção Preliminar, como todas as demais pessoas detidas nas depurações da Voskresenie e da Academia de Ciências. As condições nessas celas não eram más e ele pôde escrever. Durante os poucos meses que

40. N.P. Anciferov, "Šaxtinskoe delo naučnoj intelligencii", em "Tri glavy iz vospominanij", p. 85-110.

41. M. Šmejman, "Vtoroj internacional i 'krestovoj poxod' cerkovnikov", em *Men'ševistskaja kontrrevoljucija: Podgotovka intervened cerkovnikov. sb. statej* (Moscou: Moskovskij rabočij, 1931), p. 30; D. Dalin, "Socialističeskij zakaz", *Socialističeskijvestnik*, n. 18 (27 de set. 1929): 4-5. A Voskresenie era oficialmente vista como uma "organização contrarrevolucionária" que tinha "laços com a emigração branca em Paris e cuja meta final era derrubar o governo soviético", mas que tentava também influenciar a juventude e organizava círculos terroristas. *Leningradskaja Pravda*, 15 de set. 1929.

42. Bakhtin também pode ter estado envolvido na assim chamada "Academia Cósmica de Ciências". Organizada por Andreiévski, era um grupo não oficial, cujos membros foram presos por volta da mesma época. Um deles forneceu uma lista de um futuro governo antissoviético, mas ele a redigiu sob forte pressão de seus inquiridores. Elenin e Ovčinnikov, *Pamjat'*, p. 128-129 nn.

o mantiveram lá, nunca o maltrataram, sendo interrogado esporadicamente e os inquiridores dirigiam-se a ele com respeito. Embora um deles, Petrov, não fosse condescendente, o outro, Stromin, o tratava de maneira bastante satisfatória. Ao notar que Bakhtin estava lendo Hegel, entabulou uma discussão sobre as obras desse filósofo. Antsiferov guardou recordações bem mais desagradáveis, seja das condições da prisão, seja dos interrogatórios de Stromin. E possível que algo da disparidade se deva ao bom temperamento e à adaptabilidade de Bakhtin, bem como ao fato de ele não ser uma figura tão central para Stromin quanto o eram os outros, não tendo sido por isso submetido a inquirições tão intensas. Quando, anos mais tarde, Tarle escreveu em tom triunfal a Bakhtin a fim de informar-lhe que o inquiridor de ambos fora liquidado, Bakhtin, lento na condenação, levou a mal essa atitude, pois Stromin fora cortês com ele[43].

Outro fator que pode ter propiciado a Bakhtin melhores condições no cárcere foi o seu precário estado de saúde. Em junho de 1929 uma perinefrite complicou a situação de suas pernas. Suas condições clínicas sofreram uma reavaliação e o seu grau de incapacidade viu-se elevado à segunda categoria, o que tornou legalmente possível transferi-lo da prisão para o Hospital Urítski, em 9 de julho, para ser submetido a uma operação no dia seguinte. O especialista, professor Chak, o conservou lá enquanto pôde e, em seguida, em 8 de agosto, o transferiu para o Hospital Erisman, onde Bakhtin permaneceu até o outono.

Entrementes, começou uma campanha para que Bakhtin fosse libertado. Iudina usou todos os contatos que pôde conseguir. Ela também procurou a mulher de Kagan a fim de que ela a ajudasse junto às autoridades de Moscou onde o casal vivia. Naquela época, E.P. Piechkova, ex-esposa de Górki, e um advogado chamado Vinaver dirigiam uma agência da Cruz Vermelha em Moscou, destinada à auxiliar prisioneiros políticos[44]. Iudina veio de Leningrado e, juntamente com a esposa de Kagan, foi falar com Piechkova sobre a possibilidade de induzir Górki a telegrafar às autoridades soviéticas em defesa de Bakhtin. Górki na realidade mandou dois telegramas desta natureza. O romancista Aleksiéi Tolstói também remeteu um, presumivelmente arrumado por Iudina, que conhecia o círculo deste escritor em Tzarkoetselo.

Lunatchárski também acabou ajudando no caso de Bakhtin, ainda que inadvertidamente. O livro sobre Dostoiévski saiu *após* a prisão do autor, em maio de 1929, e Lunatchárski publicou uma crítica favorável à obra[45]. Bakhtin objetou, mais tarde, que

43. Aleksandr (Albert) Robertovich Stromin foi nomeado, em 1936, chefe da seção de Saratov, da NKDV como a OGPU havia sido então rebatizada. Ele foi preso em 1938 e fuzilado em 1939. I. Mdivani, Notas em *Pamjat':' Istoričeskij sbornik*, n. 2, p. 371; Anciferov, "Šaxtinskoe delo naučnoj intelligencii", p. 85-110; V. Cherniavin (Vladimir Vyacheslavovich), "Prison Life in the USSR (1930-1931)", *Slavonic and East European Review* 12.34 (julho, 1933): 67-78; Anton Ciliga, *The Russian Enigma* (Londres: The Labour Book Service, 1940), p. 173.

44. O. Markova, "Ekaterina Pavlovna Peškova i ee pomošč' politzakl-jučennym", *Pamjat'*, n. 1, p. 313-324.

45. A.V. Lunačarskij, "O mnogogolososti Dostoevskogo (po povodu knigi M.M. Baxtina 'Problemy tvorcestva Dostoevskogo')", trad, em Anatoly Lunacharsky, *On Literature and Art* (Moscou: Progress

Lunatchárski não havia entendido o livro e encontrara exemplos de polifonia na literatura bem mais cedo do que a época à qual o conceito se aplicava, mas era uma certa ingratidão de sua parte, uma vez que o artigo de Lunatchárski, com os telegramas de Górki e A. Tolstói, ajudou consideravelmente a tornar a sentença mais leve, muito embora o apoio de Lunatchárski tenha chegado quase tarde demais, pois ele próprio foi substituído no posto de Comissário da Instrução, no outono de 1929.

Um pedido de clemência com base no estado de saúde também foi feito. Em 2 de setembro de 1929, Bakhtin, ainda no hospital, mandou um requerimento ao Comissariado da Saúde onde solicitava que uma junta médica examinasse suas condições físicas e comprovasse a veracidade das alegações que apresentara em seu recurso para a revisão do caso. Nessa ocasião, Bakhtin informava ter ouvido dizer que fora condenado a cinco anos de desterro nas ilhas Soloviétski e protestava que não tinha saúde para sobreviver a semelhante pena[46]. Posteriormente, declarou que a sentença era de dez anos, e testemunha a confusão reinante naquele tempo o fato de a mulher de Bakhtin haver escrito à mulher de Kagan pedindo-lhe que fosse ver Vinaver e verificasse qual era exatamente a pena de Bakhtin, visto que não sabiam ao certo, e perguntasse se podiam providenciar amparo médico. A 24 de outubro de 1929, ela tornou a escrever à sua correspondente moscovita solicitando-lhe que fosse à agência da Cruz Vermelha a fim de saber se chegara uma resposta à petição de Bakhtin, que ela enviara em 5-7 de setembro, requerendo uma alteração na sentença por causa de sua enfermidade. Piechkova e Vinaver informaram que o recurso de revisão fora rejeitado "há algum tempo".

Mais tarde, possivelmente em 23 de dezembro, houve relaxamento da detenção preliminar a fim de que Bakhtin se restabelecesse em casa. Aí, foi visitado por investigadores que o interrogaram polidamente sobre a autoria de três livros publicados sob os nomes de Miedviédiev e Volochinov, mas que, segundo rumores, teriam sido escritos por Bakhtin. Os seus inquiridores diziam: "Nós sabemos que o senhor conhece os métodos marxistas", o que significava que tais obras, cujo caráter parecia ser marxista, poderiam ter sido elaboradas por Bakhtin. Prometeram-lhe não contar ou fazer mal a ninguém se ele admitisse a autoria. Tempos depois, Bakhtin observou com tristeza que os investigadores haviam cumprido a palavra, mas que intelectuais próximos a ele não tinham procedido da mesma maneira e haviam contado a outras pessoas que ele era o autor dos livros.

A polícia secreta também convocou a esposa de Bakhtin para informar-lhe que houvera a intenção de condenar o marido a dez anos nas ilhas Soloviétski, mas que a sentença fora reformada para seis anos de exílio na cidade de Kustanai no Cazaquistão. A pedido de Bakhtin mesmo, permitiram-lhe viajar para o local de seu desterro por conta própria, sem escolta policial. Deram-lhe também licença de ele mesmo

Publishers, 1973), p. 79-106; A.V. Lunacarskij, *Neizdannye materialy*, vol. 82 de *Literaturnoe nasledstvo* (Moscou: Nauka, 1970), p. 162-163.

46. M.M. Baxtin, "V narodnyj Komissariat zdravoxranenija po delu o naznačenii vračebnoj Komissii dlja osvidetel'stvovanija sostojanija zdorov'ja M.M. Baxtina: Zajavlenije", *Pamjat'* n. 4, p. 267.

escolher lá o seu trabalho, embora não lhe fosse permitido lecionar em escolas. Quando a mulher de Bakhtin perguntou ao pessoal da polícia como era a vida em Kustanai, responderam-lhe: "O clima é severo mas saudável". Certamente o clima lá seria bem melhor para os pobres rins e a osteomielite de Bakhtin do que os rigores de Solóvki. O casal partiu para Kustanai no começo de 1930.

6

Os Textos Disputados

Há uma certa ironia no fato de que Bakhtin, que despendeu parcela tão grande de sua vida meditando sobre o conceito de autoria, fosse ele próprio objeto de disputas desta natureza. Três de seus livros e vários artigos apareceram nos anos 20 sob o nome de seus amigos. A Kanaiev foi creditado "O Vitalismo Contemporâneo"; a Miedviédiev, *O Método Formal no Estudo Literário*; e a Volochinov, *O Freudismo: Um Esboço Crítico, O Marxismo e a Filosofia da Linguagem*, bem como os artigos "Para além do Social", "O Discurso na Vida e o Discurso na Arte" e "As Últimas Tendências do Pensamento Linguístico no Ocidente". Que Bakhtin foi o autor do trabalho atribuído a "Kanaiev" é algo que nunca sofreu contestação, mas a sua paternidade no caso dos demais textos, isto é, os publicados com a assinatura de Miedviédiev e Volochinov, têm sido alternadamente negada e admitida. Tanto a Bakhtin quanto aos dois autores oficiais atribuem-se, às vezes, diferentes papéis numa espécie de colaboração[1].

A controvérsia é recente. Durante quase cinco décadas, apenas um punhado de gente suspeitava que houvesse alguma ligação entre o jornalista literário e burocrata da cultura Páviel Miedviédiev, o linguista e às vezes musicólogo Valentin Volochinov e o especialista de literatura Mikhail Bakhtin. A vinculação dos três passou tanto tempo despercebida em parte porque dois deles, Miedviédiev e Volochinov, eram pessoas relativamente obscuras e, por volta de 1938, ambos haviam morrido. Mas na esteira da redescoberta da figura de Bakhtin no começo dos anos 1960, os estudiosos soviéticos começaram a tomar conhecimento de que o alcance de sua obra era bem mais amplo

1. Quanto aos argumentos contrários à autoria bakhtiniana dos textos disputados, ver I.R. Titunik, Prefácio à sua tradução de V.N. Vološinov, *Freudianism: A Marxist Critique* (Nova York: Academic Press, 1973). No tocante a uma possível colaboração, cf. Tzvetan Todorov, *Mikhail Bakhtine: Le principe dialogique* acompanhado de *Ecrits du cercle de Bakhtine* (Paris: Éditions du Seuil, 1981), p. 20.

do que sugeriam os livros sobre Dostoiévski e Rabelais. Em 1967, o psicolinguista A.A. Lieontiev mencionou a existência de um "círculo Bakhtin" e, em 1969, citou várias passagens de *O Marxismo e a Filosofia da Linguagem* a fim de indicar a posição do referido círculo. Um ano mais tarde, o linguista Viatcheslav Ivanov identificou, pela primeira vez de um modo taxativo em público, Bakhtin como autor dos textos assinados por Miedviédiev e Volochinov. Ele emendou subsequentemente a afirmação declarando que Volochinov e Miedviédiev haviam feito "apenas pequenas inserções e modificações em determinadas partes"[2]. Desde então, o reconhecimento da autoria bakhtiniana dos textos disputados alargou-se. As traduções desses livros no Japão, na Alemanha e nos Estados Unidos vêm agora apresentando Bakhtin como autor, juntamente com Volochinov e Miedviédiev. A VAAP, a agência soviética de direitos autorais, a certa altura pôs-se a exigir oficialmente que o nome de Bakhtin constasse em qualquer nova edição das referidas obras. E a maioria dos pesquisadores na Rússia e no exterior acredita que Bakhtin de fato desempenhou papel central na produção daqueles textos.

Infelizmente, não há nada registrado em papel para solucionar a controvérsia de uma vez por todas. Não existe absolutamente nenhuma prova inequívoca que seja o equivalente documentário da pistola fumegante. Nenhum dos manuscritos ainda subsiste. Nem há, disponível, qualquer correspondência de Miedviédiev, Volochinov e Bakhtin com respeito a tais publicações. Os papéis de Miedviédiev foram quase todos confiscados pela polícia secreta quando o prenderam em 1938; os de Volochinov foram destruídos na Segunda Guerra Mundial quando o prédio onde ele vivera foi bombardeado, e Bakhtin deixou provavelmente os seus papéis em Leningrado quando partiu para Kustanai ou, de qualquer maneira, nenhum traço relevante sobreviveu a suas mudanças ulteriores. Em 1975, Bakhtin concordou com a preparação de um documento destinado a esclarecer as coisas para a VAAP e onde declarava haver escrito os três livros disputados e um dos artigos, "O Discurso na Vida e o Discurso na Arte". Mas quando o documento lhe foi apresentado para a assinatura, recusou-se a firmá-lo. Em nível de comprovação legal, este incidente apenas aprofunda o mistério.

O resultado é que nenhum relato de como e por quem tais textos foram escritos pode jamais ser considerado como incontestável. No entanto, há boas razões para concluir que as obras em questão se devem à pena de Bakhtin a ponto de ser mister catalogá-lo como único autor, tendo Miedviédiev e Volochinov desempenhado um papel em grande parte editorial, em cada caso. Seja como for, nada até agora demonstrou que Bakhtin *não* poderia ter escrito e publicado sob o nome de amigos os textos

2. A.A. Leont'ev, *Psixolingvistika* (Leningrado: Nauka, 1967), p. 86-88; Leont'ev, *Jazyk, reč' i rečevaja dejatel'nost'* (Moscou, 1969), p. 79; V.V. Ivanov, Relatório de um encontro na Universidade de Moscou para assinalar o septuagésimo quinto aniversário de Bakhtin, *Voprosy jazykoznanija,* n. 2 (1971): 160-162; Ivanov, "Značenie idej M.M. Baxtina o znake, vyskazyvanii i dialoge dlja sovremennoj semiotiki", em *Trudy po znakovym sistemam,* n. 6 de *Učenye zapiski tartuskogo gosudarstvennogo universiteta* (Tartu, Universidade de Tartu, 1973): 44.

disputados. E, o que é ainda mais importante, muitas testemunhas oculares declararam ser ele o autor daqueles escritos, como o próprio Bakhtin e sua mulher o fizeram em ocasiões privadas. Nem a disparidade entre as reivindicações de autoria feitas por Bakhtin no âmbito particular e seus pronunciamentos públicos, nem a disparidade entre os elementos de prova documentada e os de natureza oral constituem um contra-argumento decisivo, pois um homem tão cauteloso quanto Bakhtin vacilaria em fazer declarações públicas a respeito dessa delicada questão. De fato, durante as década de 1960 e 1970, a maioria das pessoas achava que se se perguntasse a Bakhtin diretamente se era o autor dos textos disputados, ele evitaria a questão ou silenciaria. A princípio nem sequer admitia tal hipótese a seus testamenteiros literários e, mais tarde, quando admitiu o fato, não gostava de falar sobre o assunto[3]. Este é mais um caso, como o *Arquipélago Gulag de* Soljenitzin, em que a história soviética, por falta de fontes documentárias, precisa ser composta a partir de testemunhas oculares e de depoimentos verbais. Embora tais relatos não sejam passíveis de verificação e possam ser algumas vezes inexatos, em seu conjunto sugerem a forma dos eventos.

Os relatos dos herdeiros de Volochinov e Miedviédiev a respeito do que aconteceu efetivamente são ambíguos. A primeira esposa de Volochinov desautoriza categoricamente a autoria atribuída a seu marido e afirma que Bakhtin escreveu os dois livros em questão, mas o filho e a filha de Miedviédiev pretendem que o pai compôs a obra sobre o Formalismo. Assim, Iúri Pavlóvitch Miedviédiev colocou o caso nos seguintes termos: "Meu pai escreveu o livro como tal, embora tenha se aconselhado com Mikhail Mikhailóvitch Bakhtin". Tampouco a assertiva dos Miedviédiev pode ser considerada como evidência conclusiva, visto estar Natália, a filha, pouco familiarizada com o trabalho teórico-crítico de seu pai e, anteriormente, jamais soubera da existência de tais textos disputados, enquanto o filho contava apenas dez meses na época em que o pai foi preso e é incapaz de apresentar qualquer prova material em favor de sua posição[4]. Não obstante, essas afirmações não podem ser postas

3. Por exemplo, Bakhtin reivindicou a autoria em uma conversação com o eslavista americano Thomas Winner em 1973. Thomas G. Winner, "The Beginnings of Structural and Semiotics Aesthetics", em L. Matejka, ed., *Sound, Sign, and Meaning,* Michigan Slavic Contributions #6 (Ann Arbor, 1976), p. 451, n. 2. Bakhtin fez a mesma reivindicação ao seu testamenteiro literário, Sierguei Bocharov. Em presença de Ivanov, a mulher de Bakhtin o lembrou certa vez que ele ditara o livro de Freud a ela. Entrevista com A.A. Ivanov, 20 de março, 1978. O eslavista americano A.J. Wehrle observou que, diante de um exemplar do livro "Medvedev" apresentado a Bakhtin e a sua mulher, ele não disse nada, mas a esposa exclamou: "Oh, quantas vezes eu copiei isso!" Albert J. Wehrle, "Introduction", em M.M. Bakhtin/P.N. Medvedev, *The Formal Method in Literary Scholarship,* trad. Albert J. Wherle (Baltimore: Johns Hopkins University Press, 1978). Victor Chklóvski sabia já na década de 1920 que Bakhtin era o único autor do livro de Medvedev sobre o seu grupo, os Formalistas. Entrevista de Victor Chklóvski a Holquist e Clark, 25 de mar., 1978.

4. Entrevista de Nina Arkadievna Volochinova a Susan Layton, 5 de maio, 1980; entrevista de Iúri Pavlóvitch Medvedev, em Leningrado, a Clark, 21 de out. 1983; entrevista de Natacha Pavlovna Medvedeva, em Moscou, a Clark, 15 de dez. 1983.

simplesmente de lado e constituem lembretes de que não é possível dar uma resposta terminante à questão da autoria bakhtiniana dos escritos em causa.

Não há como contornar os sentimentos dos filhos de Miedviédiev. Mas as opiniões dos estudiosos ocidentais que contestam a autoria de Bakhtin constituem outra questão, uma vez que se baseiam em não menos do que um exame completo da vida e da obra desse pensador russo. Uma objeção suscitada contra a autoria de Bakhtin é a dificuldade de uma pessoa escrever quatro livros, cada qual cobrindo um campo bem diferente, e vários artigos, tudo no decurso de um breve período de 1926 a 1929. Na realidade, porém, tais obras foram tão somente editadas nessa época, tendo sido de fato escritas no curso de um período bem mais longo. Por exemplo, Bakhtin já havia completado o trabalho acerca de Dostoiévski em 1922 e provavelmente apenas o reviu para uma publicação ulterior[5]. Seu ensaio, "O Problema do Conteúdo", que foi aceito para ser impresso, em 1924, continha o argumento básico de *O Método Formal no Estudo Literário*. Além do mais, nem sequer lhe seria impossível redigir todos esses textos no espaço de tempo de meros quatro anos, pois não representam tratados maiores em psicologia, linguística e teoria literária, cuja feitura concomitante implicasse confusão e improvável atomização, mas escritos que levantavam um único conjunto de questões sobre a natureza da linguagem num certo número de contextos diversos. Uma unidade profunda de preocupação enforma todos esses livros, apesar de suas diferenças externas. O próprio Bakhtin, em um prefácio inacabado que se destinava a acompanhar uma futura coletânea de seus escritos[6], falou da unidade de interesses em todas as suas obras.

A maioria das condições em que Bakhtin viveu no fim dos anos 1920 também propiciava sua produtividade. Não tinha filhos e poucas obrigações regulares de emprego. Não era ambicioso, nem profissionalmente uma pessoa ativa, no sentido de procurar contatos e frequentar reuniões sociais. O lado prático de sua vida estava a cargo da esposa, que também se incumbia de grande parte da tarefa de preparação de originais. Embora fosse um indivíduo cronicamente enfermo, possuía notável energia intelectual, que perdurou até o fim de sua existência. De fato, a explicação que deu a Iudina sobre o motivo pelo qual publicara aqueles textos sob o nome de seus amigos incluiu a afirmação: "Nós éramos amigos. Discutíamos coisas. Mas eles tinham empregos, enquanto eu tinha tempo para escrever"[7].

5. "Teatral'no-literaturnaja xronika". *Žizn' iskusstva*, n. 33 (22-28 ago. 1922): 4. Um anúncio ao fim da obra de Pumpiânski, *Dostoiévski e a Antiguidade*, publicado em 1922, promete um outro livro, de sua autoria, intitulado *Protiv formal'nogo metoda izučenija literatury*, que nunca apareceu. Como Bakhtin e Pumpiânski estavam em termos muito próximos naquela época, e ambos completaram livros sobre Dostoiévski quase ao mesmo tempo, é provável que Bakhtin estivesse então trabalhando também numa obra acerca dos Formalistas. Como Dostoiévski, os Formalistas constituíam um tópico de moda nos círculos de Bakhtin.

6. M. Baxtin, "Iz zapisej 1970-71 godov", em *Èstetika slovesnogo tvovčestva* (Moscou: Iskusstvo, 1979), p. 360.

7. Prefácio de E, B. e. V. Pasternak a "Boris Pasternak: Iz perepiski s pisateljami", *Iz istorii soverstkoj literatury 1920-1930-x godov: Novye materialy i issiedovanija*, vol. 93 de *Literaturnoe nasledstvo* (Moscou: Nauka, 1983), p. 707.

Mas a razão mais importante pela qual Bakhtin pôde publicar de maneira tão prolífica em tão curto período foi o fato de ele haver reunido mais do que escrito então seus textos. O seu método principal de trabalho era o de manter extensos cadernos de anotações em que elaborava suas ideias. Àquela altura, a coerência adquirida por seu pensamento já ia a ponto de provê-lo de um inteiro sistema filosófico, se bem que bastante solto. Assim, dispunha de um conjunto nuclear de estratégias e categorias capazes de processar quase todo tópico que lhe interessasse. Ele podia simplesmente embaralhar suas anotações na busca de material acerca de um dado item e preparar algo com base nele para a publicação. A chave dos textos disputados reside no uso dos cadernos de anotações. Não só Bakhtin, como vários membros de seu grupo utilizavam essa forma de composição. As pessoas que entravam em contato com Bakhtin e ficavam impressionadas com suas concepções em geral mantinham notas do que ele dizia, como Miedviédiev e Volochinov sem dúvida o fizeram. O material que Bakhtin, por sua vez, registrava em seus cadernos amiúde era estimulado por discussões travadas por ele com outros integrantes de seu círculo. Parece então altamente provável que o conteúdo dos textos disputados tenha sido elaborado a partir dos cadernos de anotações seja de Bakhtin, seja de Miedviédiev ou, ainda, de Volochinov.

O efetivo método de composição talvez se assemelhasse ao modo como se trabalhava durante a Renascença nos estúdios de artista: o mestre, Bakhtin, desenhava as principais seções da tela, enquanto os discípulos executavam algumas das pinturas menos importantes, seguindo suas orientações. Esta analogia, entretanto, não se aplica de maneira estrita ao caso de Bakhtin e de seus discípulos, uma vez que os três eram obrigados a alterar o respectivo estilo a fim de atender às exigências políticas da época, e os dois discípulos, Volochinov especialmente, eram mais do que meros epígonos e contribuíram possivelmente com material próprio. Da mesma forma, como disse Bakhtin: "A concordância [*soglasie* ou "coenunciar"] é muito rica em variedades e sombreado", quando concebida dialogicamente[8].

Outro quebra-cabeça é por que teria Bakhtin permitido que tantos de seus trabalhos importantes viessem à luz não apenas sob outros nomes, mas sob nomes que não eram simples pseudônimos, porém pertenciam a homens reais que publicavam com seus verdadeiros nomes obras inegavelmente suas. Essa disposição é tão rara no Ocidente que não há termo para designar a situação, exceto o de plagiato. Na Rússia Soviética, entretanto, tal prática não foi incomum. Vários escritores incluídos em listas negras, como os signatários de cartas de protesto contra a invasão da Tchecoslováquia, publicaram livros sob o nome de amigos. No essencial, eles procediam assim a fim de receber proventos autorais e, deste modo, poder manter-se financeiramente, tanto mais quanto os livros de caráter acadêmico e científico proporcionavam direitos bem mais consideráveis na União Soviética do que no Ocidente. O desejo de ver

8. M.M. Baxtin, "Problema teksta v lingvistike, filologi i drugix gumanitarnyx naukax: Opyt filosofskogo analiza", em *Èstetika*, p. 304.

impressa a obra em questão vinha a ser muitas vezes uma consideração secundária, sendo o texto escrito deliberadamente de maneira a ser editável. Embora Bakhtin não figurasse em nenhuma lista de exclusão, era para ele extremamente difícil publicar o que escrevia por não dispor de filiação organizacional ou de atuação anterior no terreno das publicações, salvo um curto texto estampado num jornal de Nevel, e sobretudo por seus conhecidos pontos de vista. De fato, a questão de como poderia Bakhtin escrever tantos livros e artigos, entre 1926 e 1929, deveria ser reformulada de modo mais apropriado, cabendo perguntar como Bakhtin, com sua frágil posição na vida intelectual soviética, teria podido possivelmente publicar tantos livros e artigos sob o seu próprio nome naqueles anos, quando a conjuntura política piorava para intelectuais de sua estirpe. Teria sido nada menos do que um milagre se lograsse fazê-lo, especialmente a respeito de temas como marxismo, filosofia da linguagem e freudismo. A obra acerca do autor de *Crime e Castigo,* ostensivamente dedicada a examinar sutilezas do método composicional de Dostoiévski, era mais publicável, ainda que, mesmo nesse caso, Bakhtin haja necessitado de um bocado de ajuda para ver o livro impresso.

Após o fechamento de *O Contemporâneo Russo* em 1924, Bakhtin compreendeu que não conseguiria mais editar as suas obras. Não tinha, portanto, outra fonte de renda adequada, a não ser que publicasse os textos sob outros nomes. Miedviédiev e Volochinov, de seu lado, eram bastante cínicos para não ver mal nenhum em semelhante procedimento. Além do mais, Miedviédiev, que já estava prestando auxílio financeiro a Bakhtin, alimentava ambições no tocante à própria carreira acadêmica e ao rol de textos publicados e queria acrescentar a seu dossiê um livro que causasse impressão. Um ataque aos Formalistas seria, é de crer, especialmente oportuno. Ele acertou, pois, com Bakhtin a feitura do trabalho sobre a questão e, em troca, empenhou-se nas tratativas para obter a publicação do estudo de Bakhtin sobre Dostoiévski. Bakhtin declarou mais tarde que, não fosse o auxílio de Miedviédiev, o referido livro jamais teria vindo a lume em 1929[9]. O cinismo não era, como se vê, somente de Miedviédiev e Volochinov. O próprio Bakhtin gostava muito de mistificadores e sentiria, por certo, enorme prazer em pregar uma peça de tal envergadura.

O envolvimento de Bakhtin nesse plagiato invertido parece merecer crédito à vista de outros aspectos peculiares de seu caráter, que surgem na sua obra transformados em alguns dos principais constituintes de sua filosofia. A primeira dessas idiossincrasias, que em certo sentido subsume todas as demais, é o seu amor pela conversação, o toma-cá-dá-lá de um bom bate-papo. É aí que se encontra a pedra angular de seu dialogismo. O significado é sempre função de pelo menos duas

9. Chklóvski sustentou que Medvedev na realidade comprou o livro de Bakhtin, mas na qualidade de antigo Formalista, Chklóvski tinha motivos para dar uma versão negativa do caso. Entrevista de Chklóvski a Clark e Holquist, 25 de março de 1978.

consciências. Assim, os textos são sempre partilhados ou, como ele o formulou ao explicar o plagiato invertido, "a criatividade é em essência anônima"[10].

Outra idiossincrasia de Bakhtin era o seu amor pela excentricidade, por pessoas peculiares e por brincadeiras *recherchées*. Naqueles turbulentos anos pós-revolucionários, ele forjava laços com gente que tinha um pendor similar para a teatralidade, os disfarces e a armação de peças. Tais qualidades lhes permitiam transcender as restrições que comumente fechavam as pessoas umas em relação às outras e criar uma espécie de comunismo do espírito que tornava irrelevantes, mesmo que fosse por um breve instante apenas, as diferenças entre comissário, ator, filósofo e músico. Neste particular, o círculo de Bakhtin assemelhava-se ao mundo medieval do carnaval onde, segundo Bakhtin,

> as cerimônias e rituais cívicos e sociais tomavam um aspecto cômico [...]. Todas essas formas de protocolo e ritual baseadas no riso [...] eram nitidamente distintas das formas cultuais e cerimônias feudais e políticas sérias, oficiais e interiorizadas[11].

Outro aspecto revelador do caráter de Bakhtin é a relutância em considerar completos os textos de sua lavra, não importando quão longo tivesse sido o tempo em que estivera trabalhando neles ou quão volumosos tivessem se tornado. Sempre que se comprometia a publicar uma obra, era somente com a máxima dificuldade que os amigos conseguiam arrancar-lhe o manuscrito e levá-lo ao prelo. Bakhtin deu permissão para republicar seu livro sobre Dostoiévski, no início da década de 1960, somente depois que se chegou a um acordo pelo qual podia fazer acréscimos à versão original, tornando claro deste modo que o texto de 1929 não chegara a ser, na verdade, terminado. Mesmo na terceira edição de 1972, insistiu em ressaltar o caráter inconcluso da obra:

> A segunda edição [...] apresentou correções e foi sensivelmente ampliada. Mas, por certo, até nessa nova publicação, o livro não pode ter a pretensão de ser uma investigação completa dos problemas colocados[12].

Também introduziu alterações na versão de 1940 do manuscrito sobre Rabelais quando finalmente o editou em 1965.

Esta atitude para com o acabamento afetou inclusive o método de composição em Bakhtin. Boa parte de sua obra é simples anotação de ideias, amiúde sem conectar elos sintáticos. A propósito do último livro que pôde então tirar do prelo, *Questões de Literatura e Estética,* Bakhtin observa que se trata de uma antologia

10. E.B. e E.V. Pasternak, Prefácio a "Boris Pasternak: Iz perepiski s pisateljami", p. 707.

11. M.M. Bakhtin, *Rabelais and His World,* trad. Helene Iswolsky (Cambridge: MIT Press, 1968), p. 7-8.

12. M.M. Baxtin, *Problemy poètiki Dostoevskogo,* 3. ed. (Moscou: Xudožestvennaja literatura, 1972), p. 4.

unificada por um único tema em diferentes estádios de seu desenvolvimento. A unidade de uma ideia em seu vir-a-ser. Resultando daí, para muitas de minhas ideias, uma certa "terminatividade" aberta *interna* (*nezaversënnost*). Mas não quero fazer de uma deficiência uma virtude [...] há também uma boa dose de incompletude externa (*nezaversënnost*), não só de pensamento, como também de expressão e articulação. Às vezes é difícil separar "terminatividade" aberta de incompletude[13].

Bakhtin era inimigo de tudo quanto houvesse cessado de estar em processo, que não estava mais aberto à correção, adição ou contribuição de fora. Mostrava-se ambivalente em relação à condição da escritura de algo oposto à fala, e algumas das mais sutis de suas aplicações de suas próprias teorias franqueiam outros textos escritos ao gênero do toma-cá-dá-lá destinado em geral a imperar apenas entre duas pessoas empenhadas numa conversa. Outra razão, pois, para publicar trabalhos sob assinaturas alheias era que o seu autor não se dispunha a conceder que os respectivos textos estivessem terminados, particularmente porque todos eram dedicados ao estudo de questões complexas que Bakhtin confinou a ponderar ao longo da vida.

Motivos de precaução ou de medo sem dúvida desempenharam um certo papel na decisão de Bakhtin de deixar que seus pensamentos entrassem em tais debates de forma por assim dizer disfarçada. No livro sobre Rabelais, ele parece comentar a sua própria abordagem do problema da publicação, quando diz de Rabelais: "A despeito da franqueza de seus escritos, não só evitou o poste da fogueira, como tampouco sofreu nenhuma perseguição ou vexação séria". Era também este o caso de Bakhtin, que foi preso, não por causa de suas publicações, mas de suas preleções e atividades religiosas. Embora Rabelais tenha precisado "tomar certas cautelas e desaparecer por algum tempo", como o próprio Bakhtin faria mais tarde na época em que se pôs a escrever sua obra, "falando de modo geral, tudo terminou bem para ele". Ao comparar a abordagem de Rabelais com a de seu amigo Etienne Dolet, Bakhtin poderia quase estar comparando o destino de Miedviédiev, que foi expurgado, com o seu próprio. Dolet "pereceu na fogueira por suas declarações que, conquanto menos atrevidas, foram feitas a sério. Ele não usou os métodos de Rabelais"[14].

Bakhtin era um astuto estudioso de seu tempo e lugar. Ele os estudava como um *scholar*, marcando com lápis de cor editoriais do *Pravda* a fim de pôr em relevo os significados ocultos por trás dos vários níveis do discurso. Uma das metas de seu trabalho, desenvolver técnicas mais refinadas para analisar em períodos históricos diferentes a mistura específica de ideologias e linguagens em que foram elaboradas, constituía uma reflexão no plano teórico de uma preocupação mais prática. Os cidadãos soviéticos eram semioticistas por força, a esquadrinhar constantemente o horizonte político em busca de signos do rumo em que a brisa do permissível irá soprar em seguida. A União Soviética, mais do que o Japão, é o verdadeiro *Império dos Signos*, e o preço a ser pago por quem deixa de ler os signos corretamente pode ser terrível.

13. Baxtin, *Èstetika*, p. 360.
14. Bakhtin, *Rabelais and His World*, p. 268, 269.

No entanto, outra objeção à autoria bakhtiniana dos textos disputados baseia-se no alegado marxismo de tais obras. O argumento é que Bakhtin não era marxista e, por certo, não desejaria associar o seu nome a escritos aos quais, por motivo de tato político, teria sido dada uma coloração marxista. Além do mais, como um estudioso da questão o colocou:

> A orientação marxista (por mais não ortodoxa que seja, segundo certos pontos de vista) que permeia todos os escritos assinados por N.V. Volochinov e (Miedviédiev também) está visivelmente ausente do livro de Bakhtin sobre Dostoiévski[15].

Mas Miedviédiev e Volochinov tampouco apresentaram uma orientação marxista em todos os seus escritos. Ademais, Bakhtin usou de fato terminologia marxista na maioria de seus livros publicados, inclusive na obra sobre Dostoiévski. Assim, a diferença entre os textos não é uma questão da presença ou ausência de Marx, porém de quanto de sua terminologia é neles empregado. Por exemplo, na primeira edição do estudo sobre o autor de *Crime e Castigo,* Bakhtin explica que o romance polifônico só poderia ter

> sido realizado na época capitalista. O solo mais favorável para o seu aparecimento estava, além disso, precisamente na Rússia, onde o capitalismo se apresentou de maneira quase catastrófica e onde se deparou com uma multidão intocada de mundos diversos e grupos sociais que não haviam sido enfraquecidos em seu isolamento individual, como no Ocidente, pela gradual invasão do capitalismo[16].

A linguagem em que este ponto é vazado, com suas pressuposições acerca de uma próxima chegada quase catastrófica do capitalismo, o amplo nivelamento de diferenças e a atomização que acompanha a alienação, é num sentido geral marxista.

Uma orientação marxista mais sustentada torna-se evidente nos dois trabalhos que Bakhtin publicou sob o seu próprio nome em 1929 e 1930. São os prefácios a dois dos treze tomos de *Obras Literárias Coligidas,* de Tolstói, que começaram a ser publicados em 1928, sob a direção geral de Konstantin Khalabaiev e Boris Eikhenbaum. Apenas dois outros volumes dessa edição apresentaram estudos introdutórios, de autoria de dois comprovados bolcheviques, Akselrod-Ortodoks e Lev Voitolóvski. Bakhtin adaptou sua voz convincentemente ao diapasão do restante desse coro marxista. O primeiro de seus ensaios, abordando as peças que Tolstói escrevera antes de 1880, funda-se numa tese tomada quase sem alteração da linha convencional do Partido. Tolstói é visto como um nobre que, consciente de que o recém emergente capitalismo russo estava liquidando seus acariciados ideais aristocráticos, retirou-se, em *Guerra e*

15. Titunik, Prefácio a *Freudianism,* p. XIII.

16. M.M. Bakhtin, *Problems of Dostoevsky's Poetics,* trad. Caryl Emerson (Minneapolis: University of Minnesota Press, 1984), p. 19-20. O próprio Lunatchárski anotou à margem, ao lado dessa observação de Bakhtin, "Tudo isto é muito bom e inteiramente verdadeiro". A.V. Lunačarskij, *Sobranie sočinenij v 8-i tomax,* vol. 1 (Moscou: Xudožestvennaja literatura, 1963), p. 161.

Paz, do bruaá de seu tempo para a vida patriarcal de seus antepassados. Ele teria pintado de forma distorcida os camponeses, mostrando suas lutas a partir de seu próprio ponto de vista, que não traduzia de maneira alguma

> as aspirações de classe dos próprios camponeses [...] A base socioeconômica, a realidade cotidiana da vida camponesa, é deixada completamente fora nessas peças. A desintegração capitalista do campo, a luta do campesinato com os *kulaks* sanguessugas [*bor'ba skulakom-miroedom,* uma das palavras de ordem do Partido durante aquele período de coletivização], com os funcionários do governo, com a perda da posse da terra, com a ameaça das arbitrariedades na lei civil – nada disto é de alguma forma refletido nos dramas de Tolstói[17].

No segundo ensaio, prefácio a *Ressurreição,* Bakhtin vai até mais longe, acusando Tolstói de carecer de "um senso dialético da história". Para apoiar a tese, cita as reservas anteriormente expressas no trabalho de Plekhanov, *Karl Marx e Lev Tolstói,* bem como na declaração canônica do Partido com respeito ao tema, o artigo de Lênin, de 1906, *Lev Tolstói como Espelho da Revolução Russa,* da qual deriva a concepção partidária sobre o caráter patriarcal de Tolstói. A esta altura, Bakhtin havia aprendido a linguagem não só marxista como da crítica literária marxista soviética:

> Nossa literatura soviética trabalhou recentemente de forma tenaz a fim de criar novas formas do romance socioideológico. Este é talvez o gênero mais importante e vital (*aktual'nyi*) de nossa literatura no tempo atual. O romance socioideológico é em última análise um romance socialmente tendencioso, uma forma artística inteiramente legítima. A relutância em admitir sua permissibilidade puramente artística é o ingênuo preconceito de um esteticismo superficial que de há muito já é tempo de eliminar [...]. Como modelo do romance socioideológico, *Ressurreição* pode ter um valor de não pequena monta para a pesquisa literária contemporânea[18].

Essa observação de Bakhtin pode conter um subtexto. No final dos anos 1920, à proporção que a literatura soviética tendia para o seu cânone último, de realismo socialista, Lunachárski cunhara o termo *socioideológico* a fim de identificar a espécie de escrito tendencioso que apoiava no atinente à literatura soviética. Mas este comentário de Bakhtin, louvando *Ressurreição* como sendo tal modelo, deve ser visto no contexto da falta de entusiasmo que demonstrou, em muitos outros escritos, no tocante a Tolstói. A posição declarada pode ter constituído, pois, uma máscara a revestir uma de suas brincadeiras. Ele podia estar dando uma estocada no que viria a ser conhecido sob o nome de realismo socialista, ao identificá-lo com um romance da fase religiosa de Tolstói[19].

17. M.M. Baxtin, "Predislovie", em L. Tolstoj, *Polnoe sobranie xudožestvennyx proizvedenij,* vol. 11, ed. Xalabaev e B. Ejxenbaum (Moscou-Leningrado: Gozidat, 1929), p. VIII.

18. Idem, a L. Tolstoj, *Polnoe sobranie xudožestvennyx proizvedenij,* vol. 13 (Moscou-Leningrado: Gozidat, 1930), p. XII.

19. Numa conferência sobre Bakhtin em Toronto, julho de 1982, Ann Chukman apresentou a tese de que o ensaio sobre *Ressurreição* era uma paródia em voz dupla.

Na superfície desses dois ensaios, entretanto, Bakhtin mostra grande tato, dando o aquiescente sinal de cabeça à concepção do *establishment* sobre o que deveria acontecer à literatura soviética. Tomando a deixa de Lênin, evidencia também grande habilidade seja em condenar, seja em defender Tolstói no âmbito da linguagem e do sistema do Partido. Neste sentido, seu modo de trabalhar em literatura, durante esse período, era exatamente como o de outros estudiosos de mentalidade partidária, inclusive Miedviédiev e Volochinov. Assim, na realidade, todos os três, Bakhtin, Miedviédiev e Volochinov, tornaram-se mais marxistas nos seus escritos do fim dos anos vinte, como se fazia necessário para assegurar a via de acesso à publicação.

A convicção religiosa de Bakhtin tem sido proposta como fundamento da tese de que ele não podia ter escrito textos de caráter tão marxista como o das obras disputadas. Esta alegação levanta os problemas de quão marxistas são realmente os escritos em apreço e de quão incompatível com a posição religiosa de Bakhtin é a terminologia marxista utilizada. Muitos membros dos círculos religiosos à volta de Bakhtin no início de sua idade adulta empregavam um discurso que combinava "verdade cristã com sociologia marxista" e, no começo da década de 1920, alguns componentes do grupo Voskresenie queriam mesmo conciliar comunismo e Cristo, não, na época, por motivos de conveniência política, mas por convicção[20]. Há muito terreno comum entre o marxismo e certos integrantes russos do cristianismo radical. Em particular, o acento marxista na coletividade ajusta-se muito bem à posição antissubjetivista da teologia ortodoxa. Para muitos dos que participaram da revitalização religiosa do começo do século XX, o princípio da verdadeira comunalidade combinava com a ênfase tradicional da *intelligentsia* na justiça social e seu tradicional desagrado quer pelo "espírito de propriedade" prevalecente no Ocidente "burguês", quer pelo desejo das classes dominantes de impor um único conjunto de valores. De fato, muito do vocabulário marxista usado propositadamente nos textos disputados não era de propriedade exclusiva dos marxistas, sendo comumente utilizada por intelectuais esquerdistas da Rússia, no fim do século XIX e início do século XX.

Assim, Bakhtin pôde frequentemente tirar partido do terreno comum entre esse vocabulário e o seu próprio modo de pensar. Boa parte da suposta terminologia marxista por ele usada pode ser prontamente vertida para a que lhe é peculiar sem qualquer violência conceitual. Por exemplo, é permitido à distinção "base/superestrutura" representar a distinção "dado/concebido" que Bakhtin tomou do neokantismo, e o acento marxista no coletivo é traduzível na insistência de Bakhtin na primazia do social no desenvolvimento humano.

Nesse período, Bakhtin estava tentando, acima de tudo, articular uma filosofia que acomodasse temas tradicionais da religião numa terminologia secular e que atribuísse também à linguagem um lugar central. Os termos marxistas específicos que ele empregou nos textos disputados tornaram-lhe possível não só expressar opiniões

20. F. Stepun, "G.P. Fedotov", *Novyj žurnal*, n. 49 (1957): 222.

que não colidiam com suas convicções religiosas, como ainda lhe permitiram conjugar suas próprias teorias linguísticas. Por exemplo, como filósofo do diálogo, opunha-se a qualquer tendência que, a seu juízo, concedesse peso insuficiente à natureza social da existência humana, coisa que, em *A Arquitetônica,* Bakhtin chamou de "compartir/evento de ser" (*sobytie bytija*). Enquanto Marx salientava o coletivo no serviço de uma ideologia particular, Bakhtin, um filósofo da linguagem, enfatizava a natureza compartilhada da comunicação. Na sua análise das operações da fala, o coletivo não é simplesmente um construto postulado, porém uma realidade efetiva que não pode ser posta em dúvida por quem quer que use palavras.

O predomínio do coletivo sobre o individual, que caracteriza tanto o marxismo quanto a linguística, explica, sem dúvida, o fato de Leonard Bloomfield, depois de ler *Das Kapital* na década de 1930, ter-se "impressionado acima de tudo com a semelhança entre o tratamento feito por Marx do comportamento social e o feito pela linguística"[21]. Em todos os escritos de Bakhtin, a linguagem é o que torna os humanos humanos. Mas a linguagem é, em sua natureza, coletiva e, portanto, as pessoas são, em sua essência, sociais.

Vladimir Propp, outro teórico da literatura e contemporâneo de Bakhtin, advertiu, na *Morfologia do Conto Popular* (1929), contra o superinvestimento de significado na coloração conferida a um protagonista particular de um conto popular e sugeriu que a função do protagonista era mais crucial. Por analogia, seria preciso concentrar-se mais nas funções desempenhadas pela terminologia marxista nos textos disputados e não pressupor uma relação biunívoca entre sua presença bruta nos textos e as convicções políticas de seus autores putativos. O marxismo está em geral a serviço de duas funções. De um lado, atua como medida de segurança, codificando ideias potencialmente explosivas. De outro, legitima as próprias teorias de Bakhtin, tirando proveito do terreno comum entre elas e o marxismo. Este assume três formas nos textos disputados, nenhuma das quais é em si isenta de ambiguidades. Assim, ele se apresenta na forma de citações diretas de Marx, de termos recolhidos da tradição marxista, mas também existentes fora de seu âmbito, e de ideias e valores marxistas. Todas essas três formas de marxismo são usadas para atribuir ou negar validade a pretensões apresentadas por outros pontos de vista. Por exemplo, a oposição do marxismo ao monismo é empregada para validar a própria posição antimonista de Bakhtin.

A autoria bakhtiniana dos textos disputados encontra confirmação neles próprios, especialmente quando comparados a outros textos de Bakhtin, Miedviédiev e Volochinov. Há um traço superficial e, não obstante, significativo, que todos os livros e muitos dos artigos disputados têm em comum, uma estratégia autoral que foi marca das publicações mais longas de Bakhtin, como é o caso da obra sobre Dostoiévski e de vários outros escritos, cuja autoria não lhe é contestada como "O Problema de Conteúdo". A característica apontada surge numa seção de abertura

21. Citado numa memória por Zellig Harris, *Language* 17 (1957): 297.

que coloca duas abordagens contrastantes em relação ao objeto, como idealismo versus positivismo em *O Método Formal* e depois adianta a própria posição do autor como aquela que evita os enganos de um ou de outro extremo.

Embora Miedviédiev fosse muito mais prolífico em suas publicações dos anos 1920 do que Volochinov, há menos textos disputados de Miedviédiev do que de Volochinov. A discussão no caso de Miedviédiev gira em torno de três trabalhos acerca dos Formalistas: *Salierismo Científico* (1924), *O Método Formal* (1928) e *Formalismo e Formalistas* (1934). Miedviédiev é visto, em geral, como uma pessoa que não possuía o calibre intelectual para redigir um desses textos impressos sob o seu nome[22]. Dos três em disputa, Bakhtin escreveu apenas *O Método Formal* Quanto aos outros dois, somente o *Salierismo Científico* parece. ainda que remotamente, ser de sua lavra. Contém muito do vocabulário distintivo de seu período neokantiano, como é o caso de *dannost'/zadannost', postupoke arxitektonika, e* apresenta argumento similar ao invocado no texto de Bakhtin sobre "O Problema do Conteúdo", que deveria ter sido publicado no mesmo ano, assim como em *O Método Formal.* Por exemplo, o autor descreve a insistência absoluta dos Formalistas na forma em detrimento do conteúdo como uma *reductio adabsurdum,* que, ao fim, os obriga a reintroduzir o conteúdo de toda maneira. Todavia, o mais provável é que este artigo, embora escrito sob influência de Bakhtin, haja saído da pena de Miedviédiev, por ser mais superficial do que os trabalhos de Bakhtin. Não tem profundidade filosófica e seu desfile de erudição redunda em mera declinação de nomes. Acima de tudo, o texto é mais polêmico e vago do que os escritos de Bakhtin. É um monólogo implacável e farisaico. O autor desce ao xingamento como método de ataque, uma técnica comumente usada pelo jornalismo literário, mas nunca por Bakhtin até o fim dos anos 20, quando se viu forçado a usar, a partir dessa época, certos termos padrões de vitupério, como "*kulak* sanguessuga".

O Método Formal, entretanto, provém em grande parte da pena de Bakhtin. A orientação filosófica do livro, bem como o rigor e a seriedade da argumentação são suas. Uma vez mais, no livro, as passagens marxistas mais carregadas têm o ar de interpolações, parecendo uma espécie de fachada julgada necessária a fim de fazer passar a obra pelos censores e editores. A periódica asserção do autor de que "somente o marxismo" ou o "materialismo dialético" proporcionam uma metodologia válida para ir ao encalço do que os Formalistas haviam buscado erroneamente não o impede de assumir uma posição teórica substancialmente parecida com a adotada por Bakhtin em *A Arquitetônica*[23]. Esses "marxismos" não representam mero obséquio gratuito à linguagem da época, mas obedecem a uma estratégia astuta e bem elaborada. Além do mais, a mesma estratégia, em boa parte, caracteriza a obra de

22. Por exemplo, depois que Pasternak leu *O Método Formal,* ele escreveu a Medvedev, em 20 de agosto de 1929, surpreendido: "Eu não sabia que você tinha um filosofo assim dentro de si". "Boris Pasternak – Pavel Medvedev, em "Boris Pasternak: Iz peripiski s pisateljami", p. 708.

23. Medvedev/Bakhtin, *The Formal Method,* p. 6, 26.

"Volochinov" *O Marxismo e a Filosofia da Linguagem*. Ambos os fatores sugerem que as passagens foram acrescentadas ao texto, já completo, em função de um esforço para fazer o livro passar pelo censor, seja de parte do próprio Bakhtin, arguto observador que era dos sinais daqueles tempos, seja de Miedviédiev ou dos três amigos atuando em conjunto. As interpolações também podem ter surgido por sugestão de outra pessoa, inteiramente diversa. Quando Miedviédiev foi preso em 1938, uma das cartas escritas à polícia de segurança em seu favor veio de V.A. Desnítski. Este velho bolchevique e teórico literário marxista era o superior de Miedviédiev no Instituto Pedagógico Hertzen e sua associação com ele vinha de longa data, desde os dias em que ambos haviam trabalhado em Educação Extramural, tendo sido também o superior de Volochinov no Instituto para a História Comparativa da Literatura e das Línguas do Oriente e do Ocidente, quando este lá cursava a escola de pós-graduação. Nessa carta, Desnítski declarava que Miedviédiev o consultara a respeito do manuscrito de *O Método Formal* e que ele, Desnítski, sugerira mudanças.

Mesmo que Miedviédiev e Volochinov tenham procurado ajuda externa autorizada no preparo dos textos disputados a fim de passá-los pela censura, usaram provavelmente os conselhos de uma forma seletiva, pois o marxismo em tais escritos é de um tipo curioso. Em *O Método Formal* opõe-se tanto ao positivismo quanto ao que era rotulado na União Soviética, ao fim dos anos vinte, de "sociologismo vulgar", ou seja, a noção de que a literatura pode refletir diretamente fatores extraliterários, tais como ideologias, condições socioeconômicas e situações de classe. De fato, o livro sustenta que a literatura não reflete, em termos diretos, de maneira alguma a realidade externa. Ao mesmo tempo, critica os teóricos marxistas de proa no debate literário da época e chega ao ponto de objetar aos ataques dos marxistas soviéticos aos Formalistas. Escorrega também para uma menção não desfavorável aos neokantianos e elogia as críticas aos Formalistas feitas pelo pensador religioso Askoldov[24]. Isto por certo não é marxismo no sentido utilizado convencionalmente na crítica literária soviética de então. A filosofia da obra é dominada por uma preocupação mais acentuada com a natureza dos signos do que com qualquer marxismo como tal.

Oito anos mais tarde Miedviédiev publicou outro livro sobre *O Formalismo e os Formalistas*. Bakhtin já se encontrava então no exílio, de modo que não pode ter havido muito contato entre ambos. Nessa obra, a função da retórica marxista é quase que exclusivamente polêmica, como parte e parcela de um virulento ataque pessoal. O autor é inequivocamente Miedviédiev. O marxismo é invocado como uma verdade autoevidente, de um modo que é alheio a *O Método Formal*. Ninguém jamais sugeriu que Bakhtin tivesse algo a ver com o referido texto ulterior.

É mais fácil determinar quais das publicações "Miedviédiev" são dele mesmo e quais foram escritas por Bakhtin, do que fazê-lo com respeito aos escritos disputados que trazem o nome de Volochinov. Por exemplo, há maior contradição entre os

24. Idem, p. 18, 21, 28, 33-34, 67, 76.

trabalhos efetivamente redigidos por Miedviédiev e os atribuídos a Bakhtin, do que entre as obras de fato escritas por Volochinov e as que são agora imputadas a Bakhtin. No caso de Volochinov, suas publicações incontestes do final dos anos 1920 também denotam maior profundidade, erudição e calibre intelectual do que os textos incontestes de Miedviédiev do mesmo período. Embora Volochinov não logre competir com o brilho de Bakhtin, chega mais perto disso do que Miedviédiev. Ademais, com sua formação linguística, estava melhor equipado do que Miedviédiev para pronunciar-se sobre certas questões teóricas com as quais Bakhtin se defrontava. Há também um corpo bem mais amplo de material disputado com a assinatura de Volochinov, incluindo-se aí não só *Freudismo, O Marxismo e a Filosofia da Linguagem,* "Para Além do Social", "O Discurso na Vida e o Discurso na Arte" e "As Últimas Tendências do Pensamento Linguístico no Ocidente", mas ainda dois outros artigos, "Estilística do Discurso Literário" e "Nas Fronteiras da Poética e da Linguística". Todas essas publicações constituem um conjunto reconhecível, na medida em que as mesmas preocupações principais as atravessam. Em particular, apresentam uma teoria da enunciação como um processo dialógico em que não só o locutor ou escritor estão envolvidos, mas também o ouvinte ou destinatário implícito ou efetivo. Elas sublinham a importância do contexto para o significado, bem como o papel crucial da entonação quer na função de conceder à enunciação a sua coloração valorativa, quer na de refletir a força de seu contexto. Todos os textos "Volochinov" atacam o Formalismo e outras abordagens da poética que tratam, similarmente, o texto como uma gramática de signos mais do que um interjogo dinâmico. Uma das marcas características de tais trabalhos é em cada um deles a presença de uma seção a demonstrar que uma proferição particular pode significar muitas coisas diferentes, dependendo do contexto onde ocorre. A maioria das diferenças entre os escritos em apreço pode ser atribuída aos tempos cambiantes em que foram publicados, começando em 1925 e terminando em 1930. Por exemplo, iniciando-se por volta de 1928 e intensificando-se em 1930, os textos "Volochinov" tornam-se mais impregnados de citações de marxistas, de Engels em especial, o que pode refletir a crescente pressão política sobre escritores e estudiosos e a crescente ênfase no caráter de classe da cultura durante a revolução cultural daqueles anos. Exibem também um viés linguístico cada vez maior, mais obviamente a partir de 1927, ano em que o próprio Volochinov se voltou para a linguística como sua especialidade.

A maior parte das variações de estilo entre os escritos em causa é explicável em termos de função. Por exemplo, "A Estilística do Discurso Literário", um ensaio em três segmentos, publicado em *Estudo Literário,* em 1930, é algo simplista e didático, como se propunham os artigos estampados nessa revista destinada a escritores iniciantes. Outros estudos, como "Nas Fronteiras da Poética e da Linguística" do mesmo ano, têm um caráter mais cruamente polêmico do que os trabalhos anteriores. Mas essas diferenças nos vários textos "Volochinov" não são tão grandes a ponto de tornar impossível que a mesma pessoa os tenha escrito a todos.

Tais feições não provam que todos os artigos foram redigidos por Volochinov, pois os escritos de Bakhtin oferecem igualmente características similares. A maioria dos temas e ideias recorrentes nas publicações "Volochinov", por exemplo, se encontram em *A Arquitetônica.* Além disso, grande parte do vocabulário deste livro de Bakhtin aparece nos textos assinados por seu amigo, onde é usado da mesma forma distintiva. Os exemplos incluem a propensão de Bakhtin a utilizar o prefixo *so* em termos como *so-vybor* (coescolha) e *sotvorčeskoie* (cocriativo) e seu emprego idiossincrático de *sobytie* (evento/coexistir), *vzaimodejstvie* (interação) ou *vzaimootnošenie* (inter-relação), *krugozor* (horizonte), *ocenka* (avaliação) e *cennostno-ierarxičeskij* (avaliador e hierárquico). Da mesma maneira, os artigos "Volochinov" da fase ulterior incluem palavras do novo vocabulário de Bakhtin em fins da década de 1920, como "monológico" e "dialógico". Alguns dos traços dos textos "Volochinov" voltam a aparecer nos escritos de Bakhtin apenas em seu período posterior e, de um modo mais notável, em suas notas dos anos 70, onde aduz exemplos de polissemia até nas mais simples enunciações, como "Que horas são?"[25] Tanto dentro dos escritos "Volochinov" individualmente quanto entre eles há variações no grau com que certas declarações podem ser interpretadas como puro Bakhtin, mas inclusive tais variações não indicam que as seções bakhtinianas foram escritas por Bakhtin e as não bakhtinianas por Volochinov, porque o próprio Bakhtin estava plenamente preparado a transigir no interesse da publicabilidade e Volochinov, o discípulo, estava habituado a, ocasionalmente, imitar seu mestre Bakhtin.

As numerosas semelhanças entre os textos "Volochinov" e os de autoria indubitável de Bakhtin provam, ao menos, que Volochinov era um discípulo de Bakhtin ou, no mínimo, um membro seguidor da velha Escola de Nevel e, no máximo, que Bakhtin escreveu a totalidade das obras em questão. Sucede que o próprio Bakhtin contou a seus testamenteiros literários que todas elas, exceto "A Estilística do Discurso Literário", eram de sua lavra. Mas esta afirmação não resolve realmente o caso, pois vários dos artigos suscitam, por seu modo de ser, o problema da amplitude da colaboração havida quando se tratou de reelaborar os cadernos de anotações com vistas à publicação.

O mais antigo texto "Volochinov" que parece candidatar-se à autoria de Bakhtin é "Para Além do Social", publicado em *A Estrela,* no começo de 1925. Muitas seções desse artigo se assemelham às do posterior *Freudismo,* outro volochinoviano, editado no verão de 1927, que também é de Bakhtin. De um modo particular, boa parte da primeira metade do ensaio apresenta-se como um *précis* do livro. Onde os dois textos são mais ou menos paralelos verificam-se apenas diferenças menores no fraseado da maioria das sentenças. Por exemplo, a paragrafação, a ordem das palavras e a ênfase

25. "V.N. Vološinov", "Slovo v zizni i slovo v iskusstve", *Zevzda,* n. 6 (1926): 249, 250, 258, 259, 262; "V.N. Vološinov", "O granicax poètiki i lingvistiki", em *Voprosy metodologii jazyka i literatury,* ed. V. Desnickij *et ai* (Leningrado: Priboj, 1930), p. 225, 226, 227; "V.N. Vološinov", "Konstrukcija vyzkazyvanija", parte 2 de "Stilistika xudožestvennoj reči", *Lkeratumaja uceba,* n. 3 (1930): 68; Baxtin, *Èstetika,* p. 299.

sofrem amiúde mudanças; às vezes um verbo é dado na voz passiva em um texto e na ativa em outro; e com frequência é usado um adjetivo diverso. Algumas variações são até mais ligeiras. A única diferença numa sentença é que, ao apresentar o singular instrumental da palavra "forma", o artigo emprega a forma padrão *–oj* enquanto o livro utiliza a forma menos comum *–oju*[26].

Supõe-se, em geral, que o livro representa uma versão ampliada do artigo, mas é bem possível que ambos se baseiem num terceiro texto, previamente existente, os cadernos de anotações de Bakhtin. As diferenças, em grande parte sem maiores consequências, entre o livro e o artigo podem ser explicadas, não como uma reelaboração deste último, mas, sim, das notas sobre Freud. Bakhtin provavelmente saqueou as suas anotações a respeito do pai da psicanálise a fim de compor o ensaio como uma espécie de primeira incursão ao prelo com suas ideias sob nome alheio, na esperança de que uma versão mais ampla do material contido nos cadernos de notas pudesse vir à luz mais tarde em forma de livro. O artigo deve ter sido escrito em 1924, o mais tardar. Na época em que Bakhtin se pôs a redigir o livro, o que se deu provavelmente em 1926, como parecem indicar as citações de obras editadas naquele ano, ele havia levado algo adiante o seu próprio pensamento e as leituras sobre o assunto, que deve ter provocado no seu círculo ulteriores discussões sobre Freud. Solertínski, por exemplo, prelecionou sobre Freud no Instituto para a História das Artes, em 1926. Os apontamentos de Bakhtin, no tocante ao tema, teriam sido expandidos. O desenvolvimento ulterior de seu pensamento está refletido em algumas diferenças entre os dois textos publicados, tais como a introdução, no volume sobre Freud, do conceito de "consciência oficial"[27]. A mais importante dessas diferenças radica na mudança de interesse do próprio Bakhtin no curso dos anos, uma vez que, por volta de 1926, sua atenção já se voltara para a linguística. Em decorrência, o livro critica as teorias freudianas do subconsciente em termos das próprias teorias da aquisição da linguagem de Bakhtin, uma dimensão completamente ausente no artigo.

Enquanto a ênfase no livro sobre Freud é linguística, o artigo traduz o interesse de Bakhtin, na época, pela fisiologia do cérebro, uma preocupação cujo auge se verificou em 1924-1925. Este aspecto fisiológico torna-se mais marcante quando "Volochinov", ao tentar substituir por algo mais concreto o confuso conceito freudiano de subconsciente, estabelece "mecanismos análogos àqueles agora familiares a nós como reflexos (o acadêmico Pavlov e sua escola) e, em parte também, como tropismos (Loeb) e outros quimismos, em suma, processos que são puramente somáticos, materialísticos". Essa referência à reflexologia e à fisiologia ou química do cérebro destinava-se presumivelmente em parte a tornar, a crítica a Freud mais "materialista" e "positivista" para as autoridades. Mas não se tratava de um gesto inteiramente cínico, porque o artigo prossegue dizendo: "quaisquer definições

26. "V.N. Vološinov", "Po tu storonu socioal'nogo", *Zvezda*, n. 2 (1925): 198; "V.N. Vološinov", *Frejdizm: Krkicesvkij ocerk* (Moscou – Leningrado: Gozidat, 1927), p. 89.

27. "Vološinov", *Frejdzjm*, p. 63, 104.

científicas dos fenômenos freudianos do subconsciente precisam ser feitas nesse nível. E, no entanto, por certo, não estamos em condições de transpô-los para a linguagem materialista, mas ao menos sabemos em que direção é possível efetuar a tradução". O desabrochante interesse de Bakhtin pela fisiologia do cérebro manifestou-se também no artigo seguinte que ele preparou para a publicação sob o nome de outrem, seu trabalho "Kanaiev" acerca do Vitalismo, que apareceu no início de 1926 e ao qual, incidentalmente, ele se refere numa nota de pé de página em seu livro sobre Freud[28].

Pode parecer que a obra sobre Freud haja invertido a posição anterior de Bakhtin, ao condenar os reflexologistas:

> *Em psicologia, um materialismo mecanicista, simplista pode muito bem desempenhar um papel desastroso.* Uma virada assim, justamente, no sentido de um materialismo primitivo..., é detectável entre os behavioristas americanos e os reflexologistas russos.

Tal afirmação, todavia, não representa tanto uma volta-face quanto uma elaboração de ideias que só poderiam ser expressas cripticamente no artigo anterior. O livro censura Freud, repetidas vezes, por apresentar uma explicação da psique que, muito embora enganadoramente apimentada com termos da biologia, é de fato uma versão "psicologizada e e subjetivada" desta[29].

Bakhtin exprime tal ideia no livro reformulando a passagem sobre Pavlov e Loeb constante do artigo. Aversão revista afirma ser de valor proceder ao exame dos achados feitos por fisiologistas como Pavlov e Loeb para obter explicações mais satisfatórias dos fenômenos que Freud tentou elucidar, mas adiciona imediatamente que isto "é em si mesmo inadequado para explicar o comportamento humano". Uma vez que a verbalização é algo tão capital para as operações da psique, os fatores econômicos e sociais têm de ser levados em conta, o que pode ser efetuado da melhor maneira pelo emprego dos "versáteis métodos do materialismo dialético"[30]. Esta declaração, conquanto tão cauta em termos políticos quanto a versão anterior em acentuar a necessidade de conhecer os fatores econômicos, reflete também as concepções cambiantes do próprio Bakhtin e sua crescente consciência da centralidade da linguagem em toda a atividade humana.

Os aspectos marxistas do *Freudismo,* que têm sido citados como prova de que a autoria do texto não é de Bakhtin, foram exagerados, como fica simbolizado no fato de a tradução inglesa da obra ter aparecido com o título de *Freudismo: Uma Crítica Marxista,* muito embora no original russo, *Frejdizm: Kritičeskij očerk,* não inclua a palavra *Marxista.* O ataque a Freud, mesmo que redigido com os clichês da retórica do marxismo, como "forças socioeconômicas", "desintegração de classe"

28. Idem, p. 22, 202.
29. Idem, p. 35, 110.
30. Idem, p. 125.

e "filosofia burguesa", não se apresenta, em essência, dependente de uma concepção marxista específica. A principal acusação de Bakhtin a Freud é a de ser ele um subjetivista, que valoriza a experiência individual acima da experiência coletiva. Semelhante atitude para com o pai da psicanálise decorre logicamente do ponto de vista filosófico que já havia sido elaborado em *A Arquitetônica bakhtiniana.* Analogamente, a única referência específica a Marx é uma citação extraída das *Seis Teses sobre Feuerbach:*

> A essência do homem não é uma abstração inerente a cada indivíduo separado. Na realidade, é o agregado de relações sociais[31].

A sentença enfatiza o coletivo e o social no ser humano, uma posição que concorda não apenas com o pensamento marxista, mas com o de qualquer outra postura, como a de Bakhtin, que atribui um lugar central à linguagem na consciência.

Quando Bakhtin parece falar de um modo mais peremptório em nome do próprio marxismo, na realidade faz declarações que muitos marxistas Ortodoxos e, com certeza, a maioria dos marxistas soviéticos julgariam discutíveis, se não francamente heréticas. Por exemplo, na época mesma em que afiançava que "o marxismo está longe de negar o papel do subjetivo-psíquico", um porta-voz tão exponencial da psicologia soviética quanto A.G. Kornilov, em suas intervenções no Congresso Pan-Russo de Psiconeurologia, negava a existência de qualquer conteúdo subjetivo na psique e pretendia que o subjetivo psíquico, nos termos da ciência burguesa, era mera ilusão que uma psicologia marxista verdadeiramente objetiva devia denunciar de forma implacável. Ademais, quando Bakhtin invoca a frase sagrada, que é o "materialismo dialético", ele o faz para amparar um argumento sustentado por ele durante vários anos em favor de sua própria teoria epistemológica. "O materialismo dialético", assevera ele, "requer que a psicologia humana seja socializada."[32] Esta é uma exigência não só do materialismo dialético como também do sistema neokantiano de ética de Bakhtin, no sentido de que não há "eu" sem o "outro" e a existência é definida como compartilhamento de experiência com outrem.

Em suma, tanto o livro como o artigo sobre Freud são provavelmente de autoria de Bakhtin, no sentido de terem sido baseados em seu caderno de notas. Isto, entretanto, não nos diz quem redigiu de fato cada um dos textos e os preparou para a edição. Pelo que afirmou a viúva de Volochinov, Bakhtin compôs pessoalmente o *Freudismo.* Se o fez ou não, não é no caso de grande importância, uma vez que ambos os escritos são dele, no fundamental.

Outro dos artigos "Volochinov" em disputa é "O Discurso na Vida e o Discurso na Arte", publicado em 1926. Embora este ensaio não estivesse incluído na declaração de autoria dos textos controvertidos que Bakhtin se recusou a firmar, ele é

31. Idem, p. 24.
32. *Vestnik Kommunističeskoj akademii,* n. 12 (1935); "Vološinov", *Frejdizm,* p. 33.

inquestionavelmente de sua lavra. A linguagem é nitidamente de Bakhtin e o artigo se inicia com a indicativa prática bakhtiniana de jogar com dois opostos um contra o outro. Trata-se de um trabalho nodal, que se vincula aos principais textos escritos por Bakhtin nos anos vinte. Argumentos básicos de *A Arquitetônica,* tais como a natureza compartilhada da linguagem, a importância de seus aspectos hierárquico e avaliativo e o inter-relacionamento entre autor, destinatário e herói, são de novo ventilados em "O Discurso na Vida e o Discurso na Arte", ocorrendo o uso em grande parte da mesma terminologia idiossincrática. Concomitantemente, o artigo sublinha a importância do contexto e da entonação no ato de imprimir significado à elocução, um ponto que é a marca distintiva de todos os textos "Volochinov" em disputa. Cabe aditar que a relação entre autor/herói e destinatário, estudada no ensaio, é mais tarde desenvolvida nos *Problemas das Obras Criativas de Dostoiévski* (1929), enquanto a crítica ao Formalismo, que o artigo veicula, é apresentada de maneira menos críptica no *Método Formal* de Bakhtin. Em resumo, "O Discurso na Vida e o Discurso na Arte" em vários sentidos proporciona uma chave para o essencial de Bakhtin na década de 1920.

A subsequente publicação da série "Volochinov", "As Últimas Tendências do Pensamento Linguístico no Ocidente", veio à luz em 1928. E apresentada como uma sinopse de três capítulos do livro em preparo, do mesmo autor, *O Marxismo e a Filosofia da Linguagem.* Na medida em que esta obra é de autoria de Bakhtin, cabe presumir que o artigo seja igualmente dele, embora Bakhtin pudesse ter confiado a Volochinov a onerosa tarefa de preparar uma sinopse.

A autoria de *O Marxismo e a Filosofia da Linguagem,* publicado em 1929, é claramente de Bakhtin. Afora o título, as passagens que reputadamente expressam marxismo, como na afirmação de que só uma abordagem marxista pode fornecer uma explicação convincente da natureza da linguagem, e o emprego de termos marxistas, como *base* e *superestrutura,* ocorrem primordialmente nas primeiras vinte e cinco páginas do livro ou nos parágrafos finais sumarizadores dos subcapítulos – isto é, nos exatos lugares para os quais a atenção de um censor ou um editor estaria mais alertada. Quanto mais à frente se lê a obra, mais a terminologia marxista se desvanece da vista. Além disso, muito embora a referida terminologia apareça de quando em quando em assertivas acerca da abordagem metodológica, o livro mostra singular carência no tocante àquela espécie de análises econômicas e de classes que tais declarações sugeririam. O autor toma o cuidado de justificar tais ausências criticando o chamado "sociologismo vulgar", que se achava oportunamente sob ataque na época, e propondo que "a classe não coincide com a comunidade de signo". Em algumas partes, todavia, o vocabulário marxista se torna confuso. Em um caso, a "base" é equiparada à "existência efetiva" e, em outro, uma "tipologia" de formas de comunicação verbal é considerada "a tarefa mais urgente do marxismo". Mais uma identificação incongruente é a que fica sugerida entre "as relações de produção e a ordem sociopolítica" e "o fator hierárquico no processo de troca

verbal"[33]. Assim sendo, o livro constitui um estudo marxista da ciência da ideologia unicamente numa acepção das menos convencionais.

Os últimos dois dentre os textos "Volochinov" disputados, a tripartite "Estilística do Discurso Literário" e o trabalho "Nas Fronteiras da Poética e da Linguística", foram ambos publicados em 1930. Razões circunstanciais poderiam militar contra a autoria bakhtiniana dos dois estudos. Bakhtin fora preso em janeiro de 1929 e "Nas Fronteiras da Poética e da Linguística" traz a data de 13 de novembro de 1929; assim, também, *Estudo Literário*, a revista em que apareceu a "Estilística do Discurso Literário", só encetou a publicação do texto em 1930, sendo, pois, improvável que o artigo tenha sido encomendado antes da detenção de Bakhtin. Seria possível, entretanto, que ambos os ensaios tivessem sido escritos antes da prisão de Bakhtin, ou que Volochinov tivesse conseguido consultá-lo ou até induzi-lo a escrever os artigos durante o outono de 1929, quando Bakhtin foi libertado do cárcere a fim de recuperar-se em casa, antes de partir para o exílio.

Somente a Parte Dois da "Estilística do Discurso", intitulada "A Construção de um Enunciado", foi atribuída a Bakhtin, com base no alto grau de bakhtinismo aí presente, em comparação com o grosseiro marxismo das duas outras seções. A primeira, "O que é linguagem?", abre-se com uma resenha da história do desenvolvimento da linguagem, que toma como sua linha condutora uma "brilhante descoberta" de Engels e sublinha a importância do papel desempenhado em tal desenvolvimento por fatores como a organização do trabalho e o advento da propriedade privada. Ao fim do texto, entretanto, a pesada barragem marxista cede lugar ao território bakhtiniano mais familiar, que é o da fala interna e do destinatário implicado. A segunda parte, conquanto não esteja isenta de declarações marxistas, parece mais puramente bakhtiniana em sua ênfase no contexto e acento no significado e sua análise dos diferentes níveis de fala utilizados por Chichikov em *Almas Mortas* com diferentes destinatários. Além disso, o emprego aqui do marxismo exibe os padrões casuísticos familiares de *O Marxismo e a Filosofia da Linguagem*. Por exemplo, primeiro a organização econômica dá sociedade é considerada um fator crucial na mudança da linguagem, e depois o assunto é jovialmente abandonado. Em outro aparente ataque à sociologia vulgar, o autor afirma: "Não se pode ir diretamente das condições econômicas e políticas ao tipo de discurso social em uma obra particular". A terceira parte, "O Discurso e a sua Função Social", é de todas as obras "Volochinov" a mais francamente marxista. De ponta a ponta, insiste no fator classe como elemento crucial nos diferentes significados de palavras e chega mesmo a pretender que

> o proletariado, cujo ponto de vista subjetivo é o que mais se aproxima da lógica objetiva da realidade, não tem naturalmente que distorcer a realidade em suas proferições[34].

33. "V.N. Vološinov", *Marxism and the Philosophy of Language*, trad. Ladislav Matejka e I.R. Titunik (Nova York: Seminar Press, 1973), p. 18, 19, 21, 23.

34. Ivanov sustentava que somente a segunda parte do artigo é de Bakhtin, "The Significance of M.M. Bakhtin's Ideas on Sign, Utterance and Dialog", em *Semiotics and Structuralism: Readings from the*

Os graus variáveis de marxismo nas três partes desse artigo não constituem razão suficiente para pretender que Bakhtin era o menos e Volochinov o mais marxista. Um dos motivos é que o estilo aparente das três partes parece em larga medida ser o mesmo, sugerindo uma só autoria no sentido de que uma única pessoa efetuou a redação. Outro motivo é que nos anos 1929-1930 foram os de maior acento na consciência de classe e de orientação mais pronunciadamente proletária em toda a história da União Soviética e todos os que desejavam publicar naquele tempo sabiam como deviam colorir seus escritos. Os dois textos que Bakhtin lançou em 1930 sob seu próprio nome, os prefácios a Tolstói, formam exemplos marcantes de adaptação à histeria classista da época. Um cenário altamente especulativo, porém possível, para a publicação dos referidos três trabalhos é, portanto, o de que o autor, sensível às tendências do período em que estava escrevendo, utilizou uma grande dose de marxismo para assegurar a publicação de seu primeiro artigo, mas, depois que este foi aceito, sentiu-se livre para baixar o tom marxista no segundo. Quando tal fato, em consequência, acarretou alguns problemas, o terceiro teve de ser recomposto em termos mais cruamente marxistas, razão pela qual deixou de ser estampado na edição seguinte de *Estudo Literário*, n. 4, e só veio a aparecer no n. 5.

Bakhtin nunca reclamou a autoria do artigo e, na verdade, em muitos lugares o argumento não reflete um intelecto de sua estatura. Ao mesmo tempo, o texto é bakhtiniano na acepção de que, se fosse podado de seu marxismo de fachada, apresentaria muitas das ideias mais características de Bakhtin sobre a linguagem. O mais provável é que Volochinov o tenha escrito a partir de suas própria anotações.

O último dos textos "Volochinov" em disputa é "Nas Fronteiras da Poética e da Linguística". Este é um dos mais francamente polêmicos de todos os que Bakhtin escreveu, sendo o principal alvo de suas investidas os Formalistas em geral e Vinogradov em particular. É também o mais paroquial, centrado como está nos debates teóricos daquele tempo na União Soviética, e carece do alento dos escritos de Bakhtin, tais como o seu próprio ataque aos Formalistas em *O Método Formal*. O autor por vezes invoca teóricos não soviéticos e até embarca numa história da linguagem poética, mas tais assuntos não estão bem integrados no texto, e o histórico nunca chega mais longe do que os gregos e os hindus. Nem o marxismo é destra e ambiguamente exposto nesta obra, como nos escritos "Volochinov" anteriores. Por exemplo, para ilustrar como até as mais reduzidas enunciações dependem do contexto e do falante no que tange ao significado, o artigo abandona exemplos politicamente neutros como *tak* ("bem"), apresentado por Bakhtin em "O Discurso na Vida e o Discurso na Arte", em favor da expressão: "Eu quero ser como Lênin, como Vladimir Ilitch"[35].

Soviet Union, ed. Henryk Baran (White Plains: International Arts and Sciences Press, 1974), p. 51, 342; "V.N. Volosinov", "Stilistika xudozestvennoj red", *Literaturnaja uceba*, nº 3 (1930): 50, 66, 81.

35. "Vološinov", "O granicax poètiki i lingvistiki", p. 220-221, 237-238.

Não obstante, o trabalho consegue ser bem bakhtiniano. Inclui muita coisa do vocabulário de Bakhtin que nos é familiar, como *sobytie, vzaimodejstvie, vzaimootnošenie, krugozore ocenka,* bem como um bom número de ideias e formulações caracteristicamente suas, como as de que o significado não reside na palavra em si, porém na relação entre autor, destinatário e herói[36]. O artigo outrossim tem o ar de ter sido redigido por alguém do círculo de Bakhtin, na medida em que cita de maneira proeminente *O Marxismo e a Filosofia da Linguagem* e *O Método Formal*.

Acontece que Bakhtin contou a seus testamenteiros literários que o artigo em questão fora escrito por ele. O próprio fato de ele ser uma das poucas pessoas a pretender que este último e menos bakhtiniano de todos os textos "Volochinov" procedia de sua pena levanta problemas mais sérios com respeito ao autor "real" dos referidos trabalhos. Será que a autoria importa em preparar um manuscrito para a edição? Será que implica traduzir ideias em uma forma e um vocabulário aceitáveis para a publicação? Ou significa prover as ideias originais com o vocabulário altamente idiossincrático no qual estão formuladas? Estas perguntas obsedaram Bakhtin durante toda a vida. Num sentido bastante real, portanto, responder à pergunta aparentemente ingênua de quem escreveu qual dos textos disputados é um problema que remete ao mesmo conjunto de complexidades colocadas por Bakhtin no âmago de suas teorias. Se, como ele sustentou na fase inicial e também na final, a relação entre o *self* e o outro é a chave de todo entendimento humano e se "Buscas de minha própria palavra são buscas de uma palavra que não é minha própria", então como se pode jamais atribuir responsabilidade pelos atos que são as palavras? Se a "própria" palavra de uma pessoa nunca pode ser a palavra final, como pode alguém responder pelo que diz? Inversamente, como pode Bakhtin responder pelos textos que vieram à luz sob o nome de seus amigos?[37]

Isto não é a mesma coisa que perguntar quem é o autor "real" dos textos disputados, que não responde por eles por razões técnicas. Não responde também por razões teóricas, como Bakhtin sugeriu no fim de sua vida. "Não há textos puros, nem pode haver"[38]. Mas nos termos de Bakhtin, ainda assim ele responde pelos textos que apareceram sob nomes alheios, no sentido de haver neles mais de seu *self* do que de quaisquer dos outros a quem foram atribuídos. Bakhtin argumentava desde o início que toda e qualquer enunciação é um texto compartilhado, sendo em parte da própria pessoa e em parte daquela a quem é endereçado. A questão é saber qual é a parte determinante, a do autor ou a do destinatário? Quanto de seu próprio *self* e quanto do outro se apresenta na proferição? Trata-se de uma questão acerca de proporção e razão mais do que de identidade como tal.

36. Idem, p. 225.

37. Baxtin, *Èstetika,* p. 354, 357.

38. *Baxtin,* "Problema teksta v lingvistiki, filologi v dugrix gurmanitarnyx nautax", p. 283.

A arquitetônica da respondibilidade de Bakhtin por seu próprio *self* resultou numa busca do significado nos difíceis anos subsequentes à Revolução a qual requeria um estilo, um gênero, que tornou a outridade de seus amigos obrigatória. Nestes termos, pode-se dizer que Bakhtin foi o autor dos textos disputados, evitando-se ao mesmo tempo "a falsa tendência de reduzir tudo a uma única consciência". Volochinov, Miedviédiev e Kanaiev devem ser considerados coautores dos escritos publicados sob o nome de cada um deles, mas Dostoiévski, Goethe e Rabelais também, do mesmo modo, em outras obras. E o próprio nome "Bakhtin" é por vezes, no plano autoral, um outro semelhante. Tendo-se em mente essas complexidades, convém deixar que o próprio Bakhtin tenha a última palavra, quando ele se pergunta em seu caderno de anotações: "Em que elocução há jamais uma face – e não uma máscara?"[39]

39. Baxún, "Iz zapisej 1970-1971 godov", em *Èstetika,* p. 357.

7

Freudismo

Bakhtin começou a ler Freud sistematicamente pouco após o seu regresso a Leningrado, em 1924, quando Freud estava muito em moda[1]. E, assim como se sentiu compelido a entrar no debate que se travava em torno dos Formalistas na teoria literária, Bakhtin sentiu-se do mesmo modo convocado a empenhar-se na questão do lugar que cumpria dar à concepção freudiana na teoria psicológica. Embora se tornasse depois, durante longo tempo, um nome desacreditado na União Soviética, Freud era naqueles anos o centro de várias tentativas de fundar uma psicologia marxista. Os Congressos Pan-Russos de Psiconeurologia de Moscou em 1923 e 1924 tiveram como foco quase exclusivo o Pai da Psicanálise e, em 1925, a própria Academia Comunista organizou uma conferência sobre "Freud e a Arte". A contribuição de Bakhtin para tais discussões, que compreende três artigos e um livro, foi em sua totalidade escrita sob o nome de outras pessoas. Como "Volochinov", publicou "Para Além do Social", abordando abertamente a problemática freudiana. Sob a assinatura de seu amigo biólogo Kanaiev, deu a lume um ensaio em duas partes acerca do vitalismo, que ataca diretamente Henri Bergson e Hans Driesch, principais proponentes da ideia segundo a qual a vida é uma força maior do que seus meros determinantes biológicos, mas que encobertamente visava a Freud. E em 1927, uma vez mais como "Volochinov", Bakhtin publicou *O Freudismo: Um Esboço Crítico,* que sumaria e estende os argumentos contrários à psicanálise contidos nos trabalhos anteriores[2].

1. R.M. Mirkina, antiga aluna de Bakhtin em Nevel, ouviu conferências de Solertínski sobre Freud, no Instituto para a História das Artes, em 1926, e achou que a maioria das ideias apresentadas lhe eram familiares devido ao seu trabalho com Bakhtin. Entrevista.

2. A.F. Petrovskij, *Istorija sovetskoj psixologii* (Moscou: Nauka, 1967), p. 79-94; M.G. Jaroševskij, *Istorija psixologii* (Moscou: Mysf, 1976), p. 444-445; "V.N. Vološinov", "Po tu storonu social'nogo", *Zvezda,* n. 5 (1925): 186-214; "I.I. Kanaev", "Sovremennyj vitalizm", *Čelovek i priroda,* n. 1 (1926):

A interpretação das ideias de Freud por Bakhtin deu-se num momento crucial para a carreira de ambos. Freud começara a sua atividade como um cientista "duro", dedicado à pesquisa fisiológica no laboratório de Ernst Brücke, cujo credo era: "Não há quaisquer outras forças exceto as forças físico-químicas comuns em atividade no organismo"[3]. Os princípios biologicamente deterministas dessa formação inicial continuaram a colorir a obra ulterior do mestre de Viena, na teoria psicanalítica, e foram responsáveis pelas principais críticas levantadas por Bakhtin. E Freud, no último período de vida, em obras como *A Civilização e suas Insatisfações* (1930) e *Moisés e o Monoteísmo* (1939), mostrou-se preocupado precisamente com as questões de história e cultura que Bakhtin o acusava, nos anos 1920, de ignorar.

Vale também observar que Bakhtin escreveu sobre Freud numa conjuntura particular de seu próprio pensamento, quando a influência inicial da filosofia alemã começava a complicar-se cada vez mais para ele, por causa do interesse que sentia pelos recentes avanços da fisiologia. Em outras palavras, Bakhtin estava mudando da filosofia para a fisiologia mais ou menos na mesma época em que Freud estava mudando da fisiologia para a filosofia, muito embora a fisiologia que passou a interessar o pensador russo, depois de 1924, se apresentasse pesadamente carregada de metafísica e até de teologia. De qualquer modo, a visão de Bakhtin com respeito a Freud sofreu o impacto dos desenvolvimentos da ciência fisiológica, o que explica a ênfase particular de sua crítica. Ainda que no livro sobre o freudismo, como em todas as suas obras dos ano 20, Bakhtin formule o seu argumento com base nas categorias gerais que já havia elaborado em *A Arquitetônica,* seu estilo idiossincrático, metafísico, é aqui transformado em um modo mais simples e mais afinado com as expectativas da audiência mais ampla que ele estava agora procurando. E suas categorias básicas, tais como eu/outro, dado/concebido e corpo interno/externo, são traduzidas da linguagem da filosofia para um discurso mais popular, que está envolvido em questões sociais mais imediatas.

O primeiro desta série de textos sobre psicologia foi o artigo de 1924 intitulado "Para Além do Social". Conquanto existam diferenças, o trabalho apresenta alusões ao capítulo final do livro acerca do freudismo. Este capítulo é menos uma crítica ao próprio Freud, embora faça um áspero julgamento a seu respeito, do que aos psicólogos soviéticos que procuravam apropriar a doutrina freudiana a uma ciência da mente que seria não apenas revolucionária como também marxista. O único traço

33-42; n. 2 (1926): 9-23; "V.N. Vološinov", *Frejdizm: Kritíčeskij očerk* (Moscou-Leningrado: Gozidat, 1927). Ironicamente, um dos melhores indicadores da importância de Freud na União Soviética durante esses anos é o anúncio na contracapa deste último volume de "A Biblioteca de Psicologia e Psicanálise", compreendendo vinte e três volumes, incluindo livros de freudianos como Melanie Klein e Ernest Jones, e traduções de obras sobre Freud como a de F. Wittel. A parte do leão nessa série é tomada por oito volumes de trabalhos do próprio Freud, todos publicados pela Casa Editora do Estado.

3. Citado por Ernest Jones, *The Life and Work of Sigmund Freud,* ed. Lionel Trilling e Steven Marcus (Hardmondsworth: Penguin, 1974), p. 62-63.

comum a todas essas tentativas científicas era a pretensão de que o pai da psicanálise não era idealista ou subjetivista, como alguns marxistas o haviam acusado, porém, ao contrário, que sua proposta se adequava muito bem às exigências puramente objetivas do materialismo dialético. As colocações feitas neste ponto por A.B. Zalkind tocaram um nervo particular em Bakhtin. Zalkind argumentava que Freud fora mal interpretado porque ninguém havia percebido que ele era essencialmente um reflexologista, que estava tentando fazer muitas das mesmas coisas que Pavlov fazia em seus experimentos com os cães. A fim de chegar a tão curiosa conclusão, Zalkind precisou negar que o sexo se encontrava no centro da teoria freudiana e que existia algo como um inconsciente ou uma oposição id/ego. Assim, Zalkind produziu, de acordo com Bakhtin, "um freudismo sem Freud". O que Bakhtin julga mais objetável neste argumento não é o seu grosseiro reducionismo das concepções de Freud, mas a relação do corpo com a mente que é tida aí como dada. Muito embora Bakhtin sinta que Freud não pode ser reivindicado legitimamente pelos reflexologistas em seus termos, também acredita que a obra de Pavlov e a de Freud oferecem paralelismos, na medida em que ambos reduzem a complexidade das operações psíquicas a mecanismos biológicos superesquematizados. Bakhtin ataca a teoria freudiana da libido tanto quanto a teoria pavloviana dos reflexos, ao dizer:

> como método puramente fisiológico, a reflexologia é capaz de dominar os principais componentes do comportamento humano apenas de um modo muito abstrato, mas não consegue entendê-lo em sua inteireza porque o comportamento humano não é somente um fato fisiológico[4].

Enquanto essas tentativas de casar Freud com Pavlov superestimavam o papel da pura biologia na vida psíquica, os vitalistas, que Bakhtin enfrentou em seguida, subestimavam o papel da biologia em seus esforços para reintroduzir sorrateiramente o livre arbítrio nas discussões sobre as motivações humanas pela porta de fundo das ciências da vida. O artigo "Kanaiev" intitulado "O Vitalismo Contemporâneo" apareceu em diferentes números de uma revista científica popular *Homem e Natureza*, do ano de 1926. O estudo começa com um batida na mesa. "O que é vida?", pergunta a sentença de abertura. Este recurso calculadamente jornalístico de mergulhar numa discussão, tão diferente do estilo filosófico de Bakhtin em época anterior, constitui um exemplo de seu novo intento de atingir uma audiência mais ampla. O trabalho é em essência um ataque às teorias de Hans Driesch, o qual sustentava que a diferença entre vida e não vida era que o organismo vivo possuía a capacidade de reparar e restaurar a si mesmo. Driesch levava o conceito de homeostase a extremo radical. Ignorava completamente o intercâmbio entre um organismo e seu meio ambiente, deixando fora de conta as forças impessoais da natureza e atribuindo um papel primário aos

4. A.B. Zalkind, "Frejdizm i Marksizm"), *Krasnaja nov'*, n. 4 (1924); Zalkind, *Žizn' organizma i vnušenie* (Moscou-Leningrado: Gozidat, 1927); "Vološinov", *Freejdizm*, p. 16, 162.

labores internos de um organismo individual, em outras palavras, ao livre arbítrio. Como diz Bakhtin,

> a escolha não restringida pelo meio conduz à esquematização subjetiva do ato livre... Eu poderia ter visitado amigos meus, ido ao teatro, ou dado um passeio. Ao invés, decidi ficar em casa e trabalhar. De todas as minhas possibilidades, *preferi* trabalhar. É este o esquema que está no cerne de toda a concepção de Driesch... Não há dúvida, porém, de que tal esquema, este "eu queria fazer *x*, por isso eu fiz *x*", afronta qualquer explicação científica[5].

Se Bakhtin exprime aqui uma preocupação com uma explicação científica válida, não o faz por mero expediente para convencer o leitor de que o artigo em questão foi escrito pelo biólogo Kanaiev. Ao contrário, trata-se de uma indicação da contínua influência sobre o feitio geral do pensamento de Bakhtin, seja da escola de Marburgo, seja de seu propósito de unir as ciências naturais à filosofia uma vez mais, depois de terem sido completamente divorciadas na obra de idealistas pós-kantianos como Hegel[6]. Cohen e seus seguidores haviam se sentido originalmente atraídos para Kant porque este lhes pareceu ser o último filósofo a tomar a sério a ciência; de fato, nos primeiros vinte e cinco anos de sua carreira, ele foi um cientista. Uma vez que as mais influentes das novas ciências, tais que a física, a química e até a biologia, tiveram sua base na matemática, Cohen devotou um bocado de tempo, como o próprio Kant, a uma filosofia com fundamento na lógica matemática.

Bakhtin nunca se mostrou tão preocupado com a ciência pura quanto Cohen e Natorp, mas desejava vivamente que as conclusões filosóficas de suas indagações pelo menos não desdenhassem a lógica das ciências naturais, pelas quais nutria grande respeito. Isto foi particularmente verdade no tocante à biologia experimental, campo de estudo a que a *intelligentsia* russa atribuíra um *status* privilegiado desde os anos 1860 do século XIX, quando todas as facções da sociedade haviam procurado na fisiologia respostas para as questões sociais e éticas que afligiam a Rússia. Essa tendência levara Turgueniev, em *Pais e Filhos*, a retratar Bazarov como uma personagem em busca constante de novas rãs a fim de decapitá-las nas suas experiências sobre reflexos[7]. A tal tradição foi concedido um foco especial no pensamento de Bakhtin durante aqueles anos de estreita amizade com Kanaiev e de encontros com o fisiologista de Leningrado, A.A. Ukhtômski.

Em julho de 1925 Kanaiev levou Bakhtin a Peterhof, onde Ukhtômski dirigia um laboratório experimental, a fim de que ouvisse uma preleção do cientista sobre a sua

5. *Čelovek i priroda*, n. 2 (1926), p. 17.

6. Cohen sentia-se tão fortemente movido pelo problema Kant-versus-Hegel que pretendia ser este "não apenas uma questão vital da ulterior saúde intelectual da filosofia alemã, mas uma questão para a integridade do espírito alemão se no futuro seria Kant ou Hegel". Citado em Karl Löwith, "Philosophie der Vernunft und Religion der Offenbarung in H. Cohens Religionsphilosophie", *Sonderdruck der Heidelberger Akademie* (Heidelberg: Carl Winter Verlag, 1968), p. 8.

7. Ver M.G. Jaroševskij, *Sečenov i mirovaja psixologičeskaja mysl'* (Moscou: Nauka, 1981), esp. p. 9-14.

concepção do "cronótopo". O referido conceito prende-se a outro conceito básico nas teorias de Ukhtômski, ou seja, a ideia de que a atividade nervosa no corpo é integrada por um "sistema dos sistemas" cortical denominado "a dominante". Bakhtin sentiu-se fascinado pelas ideias do fisiólogo, especialmente ao ficar sabendo que ele era um cristão crente que concluíra a prestigiosa Academia Teológica de Moscou antes de voltar-se para a ciência. Um laço ulterior entre ambos residia na paixão com que um e outro se dedicavam ao estudo de Kant, sobre quem Ukhtômski havia escrito a sua dissertação na academia e cujas ideias acerca da natureza da percepção nunca deixaram de inspirá-lo na pesquisa fisiológica. Ademais, nos dois, em Ukhômski e em Bakhtin, era forte a influência de Dostoiévski, de cuja novela *O Duplo* o fisiólogo derivava estímulo para investigar a área de outro conceito seu, "a lei do interlocutor condigno".

Ukhtômski desempenhou importante papel no processo de desenvolvimento de Bakhtin porque, primeiro, embora fosse um cientista de faina cotidiana, cuja pesquisa era rigorosamente empírica e altamente respeitada por outros cientistas, seus experimentos faziam-se todos a serviço da resposta às grandes questões da filosofia. Conseguiu um equilíbrio de tal ordem entre fisiologia e metafísica que mantinha ambas em harmonia sem cometer violência para com a seriedade de uma nem de outra. Segundo, o seu trabalho ajudou Bakhtin a divisar meios para conceber a relação entre mente e mundo mais como um *continuum* dialógico do que um abismo intransponível. A relação do corpo com o seu ambiente físico proporcionava uma poderosa metáfora conceitual para moldar a relação das pessoas individualmente com o seu contexto social. Em ambos os casos, a ênfase incide sobre uma atividade incessante. O corpo é visto como um sistema pelo qual o indivíduo responde ao mundo físico. Com o fim de assim fazê-lo coerentemente, o corpo precisa moldar seu ambiente, explorar suas trilhas e mapeá-lo, traduzindo os dados numa representação biológica dele[8]. O corpo responde ao mundo tornando-o objeto de sua autoria.

De maneira análoga, a mente é vista como um sistema pelo qual o indivíduo responde ao mundo social. Respondendo forte ou fracamente a alguns impulsos e encobrindo outros, a consciência constantemente busca seu lugar em meio às opções axiológicas entre as quais precisa efetuar escolhas. Ela responde a estimulos sociais fazendo-se autora de suas próprias respostas. A homeostase é o mecanismo do corpo para responder ativamente ao outro e a elocução é de modo similar o mecanismo da mente. Em ambos os casos a autoria é um meio de plasmar significação na longa e complexa cadeia de operações arquitetônicas.

Quando investe contra os vitalistas por serem "não científicos", Bakhtin está usando, pois, como base de seu julgamento, a espécie de ciência representada por Ukhtômski. A visão que Bakhtin tem de ciência desempenha um papel central não

8. Ver Michael Holquist, "Answering as Authoring: Mikhail Bakhtin's Trans-Linguistics", *Critical Inquiry*, dez., 1983; V.L. Merkulpv, *Aleksej Alekseevič Uxtomskij: Očerk žizni i naučnoj dajatel'nosti* (*1875-1942*) (Moscou-Leningrado: Izdatel'stvo Akademii Nauk S.S.S.R., 1960).

só em seus artigos sobre reflexologia e vitalismo, mas também no livro sobre *O Freudismo,* em que vincula o fundador da psicanálise aos vitalistas com base nas falsas pretensões científicas de cada um deles. Ambos superestimam os aspectos biológicos, cruamente concebidos, da vida. Bakhtin ataca a ênfase des-historicizadora de Freud no tocante ao sexo e sua insistência no puramente físico, cujo efeito é desmaterializar em abstrações o corpo físico vivente. Neste sentido, Freud seria como os vitalistas, especialmente Driesch. Embora este último fosse uma figura importante na tentativa de negar a história e evitar o social, Bakhtin preferiu escrever sobre Freud e não sobre Driesch porque Freud era ainda pior. Sua "noção do sexual é o polo extremo desse biologismo em moda. Ele reúne e concentra numa imagem compacta e picante todos os elementos separados do moderno anti-historicismo de hoje"[9].

Neste ponto em *O Freudismo* há um curioso, quase único exemplo de uma máscara de Bakhtin aludindo a outra. Bakhtin-"Volochinov" cita Bakhtin-"Kanaiev" e depois, de maneira incorreta, atribui o artigo sobre o vitalismo a N.I. em vez de I.I. Kanaiev. Isto pode não ter sido mais do que uma gralha tipográfica, mas a ironia do fato de Bakhtin citar sob um pseudônimo um artigo escrito por ele sob outro pseudônimo e grafar de modo errado o nome do autor faz crer que foi intencional.

O Freudismo estabelece o lugar da psicanálise entre outras ideologias dominantes nos anos 1920, como as filosofias de Bergson e Spengler. Freud expressou de forma mais poderosa tendências que se encontravam, apesar de tudo, difusamente presentes nesses outros pensadores. Como explica Bakhtin,

> Um medo *sui generis* da história, uma ambição de instalar um mundo além do social e histórico, uma busca desse mundo precisamente nas profundezas do orgânico – tais são as feições que impregnam todos os sistemas de filosofia contemporânea e constituem o sintoma da desintegração e declínio do mundo burguês[10].

Enfocando o lugar de Freud, não entre os filósofos, mas entre outros psicólogos, Bakhtin utiliza seu característico expediente de exposição, mediante o qual erige uma oposição entre dois extremos, mostra a inadequação de cada um deles e, depois, propõe a sua própria e terceira via intermediária para abordar o mesmo conjunto de problemas. Aqui, os dois extremos são a psicologia objetiva e a subjetiva. A escola objetiva é tipificada pela obra de fisiologistas como Pavlov, que dão demasiada ênfase à pura biologia, e a escola subjetiva é representada por Freud, que, ao ver de Bakhtin, superestima traços puramente individuais da vida psíquica.

Bakhtin apõe três críticas essenciais às concepções de Freud. Primeira, a psicanálise transfere a seus construtos todos os defeitos fundamentais da psicologia subjetiva da época. Por exemplo,

9. "Vološinov", *Freudianism,* p. 24.
10. Idem, p. 14.

se olharmos para o arranjo *elementares* da psique, como o freudismo a concebe, verificaremos que ela é composta por sensações, representações, desejos e sentimentos, isto é, exatamente daqueles elementos a partir dos quais a velha psicologia (remontando a Kant) construíra a "vida mental do homem".

A novidade oferecida por Freud consiste na transferência de tais elementos para o inconsciente, mas essa transladação não mudou no fundamental o significado dos desejos, sentimentos e representações; todos eles continuam existindo "para a consciência". O método freudiano se baseou meramente na introspecção e "a introspecção só é possível a partir de um ponto de vista consciente"[11].

Os freudianos sustentavam que seu mapa da psique era objetivo, na medida em que cartografava as operações da mente como um mecanismo. Mas as "leis" pelas quais a máquina freudiana operava eram todas elas suspeitamente humanas e volitivas; não denotavam a qualidade de extrapersonalidade associada às leis da natureza. Operações psicológicas como Freud as descrevia "não pertencem de modo algum ao reino da natureza física; não são naturalísticas, porém ideológicas". Ele tentou "psicologizar o orgânico", reduzindo todos os outros instintos que não fossem o sexual a um só conjunto de instintos do ego (*Ich-triebe*), mas

uma tal classificação é inadmissível do ponto de vista biológico rigoroso [...] e não é de forma alguma superior ao *élan vital* de Bergson [...]. Encarada em termos de metodologia fundamental, não difere em nenhum aspecto essencial da psicologia da consciência. É outra espécie de psicologia subjetiva[12].

A segunda crítica de Bakhtin a Freud envolve o modo distintivo desta forma de arranjar as categorias tradicionais do desejo e da vontade em um cenário de luta constante. As categorias permaneciam as mesmas, mas viam-se atiradas a uma nova configuração dramática:

A vida mental, para a velha psicologia, era toda de "paz e tranquilidade": tudo colocado direito, tudo no seu lugar, sem crises, nem catástrofes; do nascimento à morte um caminho reto, liso, de progresso, constante e predeterminado de gradual crescimento psíquico, com a consciência mental do adulto vindo substituir a inocência da criança.

Este cenário otimista, característico de todas as psicologias pré-freudianas, constituía um legado do otimismo biológico

que reinava na vida das ciências antes de Darwin, uma noção finalmente substituída pela doutrina darwiniana sobre a luta pela existência [...], um conceito estrito de necessidade natural veio a prevalecer em todos os domínios da biologia pós-darwiniana[13].

11. Idem, p. 68, 69.
12. Idem, p. 70, 73.
13. Idem, p. 75-76.

A psique era tudo o que restava como último refúgio de harmonia e ordem em contraste com as leis da natureza, em sua ferrenha crueza.

Freud, ao enfatizar o *agon* da vida psíquica, a guerra incessante do apetite e do ego, eliminou este último posto avançado. A psique também tomou o seu lugar no campo de batalha das forças naturais:

> A psique humana pertence ao reino da natureza, a vida psíquica humana é parte da vida elementar – de toda a doutrina de Freud, foi esta, acima de tudo, a mensagem à qual o grande público se agarrou.

Mas Freud havia passado por alto de um fato crucial, como ele próprio deu a entender quando pesarosamente aceitou, de um paciente, a caracterização de sua metodologia como a cura "tagarela":

> O inteiro construto psicológico freudiano se baseia fundamentalmente na proferição verbal humana: não é nada mais que um tipo especial de interpretação de enunciações[14].

Hoje em dia costuma-se pensar nas concepções de Freud em conexão com o problema da linguagem, devido à obra de Jacques Lacan e outros, ou ver nele a fonte de uma nova teoria da hermenêutica por causa dos trabalhos de Paul Ricoeur, entre vários. Mas, em 1927, quando Freud era ainda encarado primordialmente como um clínico, este ponto de vista era novo e radical. Bakhtin foi capaz de perceber o papel central da linguagem na teoria psicanalítica, em parte porque já havia elaborado sua própria concepção sistemática do mundo em que o elemento principal era a linguagem. Assim, estava sensibilizado para perceber o papel crucial que ela desempenhava em outros sistemas. Além disso, na época em que estava lendo Freud, Bakhtin encontrava-se em pleno processo de refinamento de sua própria teoria da linguagem para transformá-la num método de interpretação. Portanto, a crítica que faz ao freudismo representa o ataque do formulador de uma hermenêutica a outro.

A terceira e mais séria acusação de Bakhtin a Freud não está no fato de o cientista vienense preocupar-se com a questão da linguagem, o que, na realidade, era sinal do poder de seu pensamento e de quanto cumpria encará-lo como um sério oponente. Freud teria errado, não na supervalorização do papel da linguagem, mas na inadequação do conceito de linguagem a que estava ligado. Acima de tudo, enganava-se ao supor que poderia atingir a "objetividade" por meio de um veículo tão carregado ideologicamente como a linguagem. Assim, era inevitável que na doutrina freudiana as inter-relações vigorantes entre o consciente e o inconsciente fossem tão cabalmente dissimilares das relações vigorantes entre duas forças materiais que permitem uma precisa explicação objetiva. Até o "consciente" e o "inconsciente", no caso de Freud, brigavam:

> entre eles prevalece mútua hostilidade e incompreensão e o afã de iludir um ao outro. Relações desse tipo só são possíveis, por certo, entre duas ideias, duas tendências ideológicas, duas

14. Idem, p. 76.

pessoas antagonistas, e não entre duas forças naturais. É concebível, por exemplo, que duas forças naturais se empenhem em mútuo engano ou mútuo não reconhecimento?[15]

Bakhtin argumenta que Freud estava certo, na medida em que enfatizava o aspecto da luta em seu modelo da psique. Os modos de operação foram apropriadamente identificados, mas a energia que move o pensamento era incorretamente rotulada. Este *agon* não é mantido em tensão por forças da natureza, como a eletricidade ou os processos químicos, embora Freud procurasse colocar a linguagem no mesmo nível "objetivo". Seu erro foi considerar a linguagem, o meio mais altamente carregado de dinâmica especificamente humana – e não natural –, como o elemento extrapessoal que fundamenta sua explicação "objetiva" do comportamento. Bakhtin havia argumentado antes que Freud tomara algo que é objetivo, ou seja, a biologia, e, "psicologizando-a", a convertera em algo que é subjetivo. Agora, afirmava que Freud fizera o oposto com a linguagem; quer dizer, pegara algo que é subjetivo e dera-lhe uma objetividade especiosa.

A linguagem situa-se de fato no cerne da consciência, mas não o sonho objetivo de linguagem com que o linguista, ou Freud, trabalha, que é o da linguagem concebida como um aspecto daquilo que já é dado (*givenness*). A linguagem está em ação na mente ao ser revelada no mundo conceitual criado pelo efetivo intercâmbio em diálogos exemplificados histórica e existencialmente. O erro de Freud, ao supor que a linguagem pode servir-lhe de base objetiva para a sua metodologia, é o resultado de um engano lógico, a falta por ele cometida quando deixa de reconhecer o grau em que a linguagem é socializada e não pertence ao indivíduo, porém ao grupo. Freud procurou monologizar a natureza da linguagem, o que era um passo necessário, se é que cumpria internalizá-la na consciência, tal como Freud a descrevia. A linguagem do inconsciente pareceu-lhe estar em guerra com a do consciente, mas a batalha se travava no interior da psique individual. Bakhtin concorda que há realmente uma luta de linguagem, mas

> o que encontra expressão [no embate] é o extremamente complexo *inter-relacionamento social entre doutor e paciente*... Um paciente deseja ocultar do médico certas experiências suas e certos eventos de sua vida. Ele quer impingir ao médico o seu próprio ponto de vista sobre as razões de sua doença e a natureza de suas experiências. O doutor, de sua parte, pretende impor sua autoridade de médico, empenha-se em arrancar confissões do paciente e em compeli-lo a adotar o ponto de vista "correto" sobre sua moléstia e os respectivos sintomas. Entrelaçados com todos estes existem outros fatores: entre facultativo e paciente pode haver diferenças de sexo, idade, posição social e, além do mais, diferem por suas profissões. Todos esses fatores complicam a luta entre eles[16].

É em meio dessa complexa e especialíssima atmosfera social que

> as proferições verbais são feitas – as narrativas do paciente e suas declarações na conversa com o doutor –, elocuções que Freud coloca categoricamente na base de sua teoria [...]. Tais

15. Idem, p. 77.
16. Idem, p. 78.

enunciações não são expressões da psique individual do paciente. O que se reflete nelas não é a dinâmica da psique individual, porém a *dinâmica social* dos inter-relacionamentos entre médico e paciente. Aqui reside a fonte daquele dramatismo que marca o construto freudiano [...]. Aqui de fato, pessoas, e não forças naturais, estão em conflito.

A oposição básica na mente é, no fim de contas, o que Bakhtin disse que ela era *em A Arquitetônica*, um *agon* entre o eu-para-mim-mesmo e o outro (*ja-dlja-sebja i drugoj*):

> Os mecanismos psíquicos prontamente nos revelam sua derivação social. O "inconsciente" está em oposição não ao consciente individual do paciente, mas, primariamente, ao facultativo, a suas exigências e seus pontos de vista. A "resistência" é do mesmo modo primordialmente resistência ao médico, ao ouvinte, à *outra* pessoa em geral.

O sistema freudiano projeta, assim, a inteira dinâmica das inter-relações entre duas pessoas, o eu e o outro, numa única psique individual. Bakhtin reitera a distinção "natureza/cultura" (*dan/zadan*) que Freud deixou de levar em conta:

> O que chamamos "psique humana" e "consciência" reflete a dialética da história em grau bem maior do que a dialética da natureza. A natureza que se apresenta nelas é uma natureza já em refração econômica e social[17].

Bakhtin não introduz "um programa positivo" para substituir a mal concebida teoria freudiana a respeito dos motivos e conflitos do comportamento verbalizado. Mas indica uma direção para a pesquisa ulterior, com base na metalinguística que estava delineando para si mesmo. Reformula arrojadamente a distinção entre o inconsciente e o consciente como uma diferença não entre duas espécies de realidade, uma vez que ambos os conceitos são variantes do mesmo fenômeno, a consciência. A diferença entre os dois é mais ideológica do que ontológica. O inconsciente é um reino reprimido, relativamente idiossincrático, na medida em que a ideologia não pode jamais ser compartilhada, enquanto o consciente é um mundo público cujas ideologias podem ser abertamente compartilhadas com outros. Assim, o inconsciente freudiano pode "ser chamado o 'consciente não oficial' distinto do 'consciente oficial' comum"[18]. Esta oposição entre oficial e não oficial politiza categorias que pensadores menos globais julgariam estar longe da política de qualquer tipo.

A linguagem do consciente não oficial é fala interna e a do consciente oficial é fala externa, mas ambos operam de conformidade com as regras gerais de *todo* comportamento verbal humano. E "o componente verbal do comportamento é determinado em todos os aspectos fundamentais e essenciais de seu conteúdo por fatores objetivo-sociais". Portanto, nada que é verbal no comportamento humano, fala interna e externa igualmente, pode, em qualquer circunstância, ser posto na conta do sujeito individual isoladamente: "o verbal não é sua propriedade, mas a de seu *grupo social* (o seu meio social)"[19].

17. Idem, p. 78-80, 83.
18. Idem, p. 85.
19. Idem, p. 83.

A observação de que os fatores econômicos do existir determinam a consciência soa de início como o mais ortodoxo tipo de pensamento marxista apriorístico aplicado a um tópico específico da linguagem, mas se apresenta também, com a mesma facilidade, como uma reafirmação da tese bakhtiniana em *A Arquitetônica,* segundo a qual a existência humana é a interação dual entre um mundo que já está aí sempre (*uže stavšee bytie*) e uma mente que é conjuntada (*priobščën*) a este mundo através da atividade (*postupok*) de valores interpretantes. No *Freudismo,* Bakhtin modifica os nomes dos jogadores, mas o jogo e suas regras continuam sendo os mesmos. O modo particular pelo qual o que é dado (*naličnost'*) defronta uma consciência específica, uma pessoa real num lugar geograficamente localizável e num tempo historicamente fixado, foi sublinhado em *A Arquitetônica,* onde a fórmula para tal particularidade era "o evento unitário e único da existência".

No *Freudismo,* a particularidade do que já-está-aí sempre é denominada "socioeconômica". Termos marxistas são usados para sustentar quer a impossibilidade de conceber indivíduos isoladamente quer a primazia das condições sociais reinantes na moldagem da consciência, em qualquer ponto particular da história. Afora esses significados gerais, não há sentido específico ou exclusivamente marxista em termos como "base socioeconômica" ou "fundamentação de classe".

O velho argumento de Bakhtin com vistas a socializar a epistemologia na distinção principal entre o *self* e os outros é integrado ao livro sobre Freud quase sem modificação:

> Nunca alcançaremos as raízes reais, substantivas, de qualquer proferição singular se as buscarmos nos limites do organismo singular, individual, mesmo quando a enunciação diz respeito ao que parece ser o lado mais privado e íntimo da vida da pessoa (*ja-dlja-sebjâ*). Qualquer motivação para o comportamento de uma pessoa, qualquer caso de autoconsciência (pois a autoconsciência é sempre verbal, sempre uma questão de encontrar algum complexo verbal especificamente adequado) é um ato de medir-se em face de alguma norma social; a avaliação social é, por assim dizer, a socialização da própria pessoa e de seu comportamento. Tornando-me cônscio de mim mesmo, tento como que olhar para mim próprio por assim dizer pelos olhos de outrem, de outro representante de meu grupo social, de minha classe.

Embora uma hierarquia de causas e efeitos se estenda do conteúdo da psique, que é entendida como individual mas jamais isolada, até o conteúdo de um sistema de cultura de grande alcance, o caminho entre os dois extremos é uma via real governada pelas mesmas regras que a estrada: "Em todas as etapas desse caminho a consciência humana opera através de *palavras*". Segue-se que

> toda enunciação verbal humana é um construto ideológico em ponto pequeno. A *motivação* de um comportamento pessoal é atividade jurídica e moral em pequena escala; uma exclamação de júbilo ou pesar é uma composição lírica primitiva; considerações pragmáticas das razões e consequências de acontecimentos são formas germinais de cognição científica e filosófica; e assim por diante. Os sistemas ideológicos estáveis, formulados, das ciências, das artes, da jurisprudência e coisa parecida brotaram e cristalizaram-se a partir daquele agitado elemento

ideológico onde grandes ondas de fala interna e externa engolfam todo ato nosso e nossa percepção mesma[20].

Mas, ao mesmo tempo em que há importantes semelhanças entre o *modus operandi de* psiques individuais de um lado, e de inteiros sistemas culturais de outro, há também diferenças significativas que explicam o motivo pelo qual Bakhtin substitui a distinção freudiana de consciente/inconsciente por consciência oficial/não oficial. Conquanto os sistemas quer das psiques individuais quer das sociedades inteiras sejam de ponta a ponta ideológicos, a ideologia tem *status* diferente em cada um deles. A diferença primordial consiste na qualidade acabada, estável, de uma ideologia oficial que é partilhada pelo grupo como um todo. Ela é, na terminologia de Bakhtin, "finalizada" (*zaverserí*). Devido à sua rigidez, a ideologia oficial já está sempre aí; é "discurso prelocalizado" (*prednaxodimoe slovó*), a linguagem dos pais, de um passado que ainda está muito presente.

A esse sistema de valores Bakhtin sobrepõe outro, de caráter individual ou pessoal, que ele chama "ideologia comportamental": "aquela fala interna e externa que permeia nosso comportamento em todos os aspectos". Na medida em que é oposta aos valores sociais de base ampla, a ideologia comportamental é "mais sensitiva, mais responsiva, mais excitável e mais viva" do que uma ideologia que passou por uma formulação e se tornou 'oficial'". Não é algo acabado, completamente formulado, porque é o mundo ideologizado do ponto de vista de uma consciência individual ainda em desenvolvimento, que vive no "futuro absoluto" da possibilidade[21]. A ideologia comportamental é moldada pelas leis do que Bakhtin havia antes denominado "horizonte", enquanto a ideologia societal é talhada pelas leis do "meio".

A oposição aqui estabelecida por Bakhtin, embora esteja cuidadosamente camuflada em terminologia marxista e em adjetivos neutros, tais como "social" e "comportamental", continua sendo a mesma oposição que se encontra no âmago de *A Arquitetônica:* o conflito entre um conjunto de valores baseados no *self e* um conjunto de valores baseados no outro. Bakhtin está dizendo que existe uma brecha entre ideologia comportamental – um eufemismo para a operação do eu-para-mim-mesmo – e ideologia social – um outro eufemismo para a operação da alteridade. A consciência individual nunca reproduz plenamente a estrutura dos valores públicos da sociedade, mesmo entre os ideólogos mais cabalmente compromissados. Aí residia o grande engano dos "marxistas vulgares", os quais acreditavam que tudo neste terreno, até figuras tão idiossincráticas quanto Gógol e Dostoiévski, podia explicar-se por sua origem social porque não havia abismo entre consciência individual e consciência de classe. Em *A Arquitetônica,* Bakhtin explicou esta brecha em termos ontológicos: O *self* e o outro constituem duas realidades diferentes que jamais podem fundir-se num único plano. No *Freudismo* a explicação para a brecha é de desenvolvimento: mais primitiva,

20. Idem, p. 87, 88.
21. Idem, p. 88.

a ideologia comportamental é ainda incipiente, mas, quando atingir sua mais alta expressão, será fixada nos valores compartilhados de uma ideologia oficial. Mas a implicação é claramente a de que o tráfego entre o social e o individual não é de modo algum de mão única. Uma ideologia, uma vez formulada, exerce enorme impacto sobre os indivíduos, comprometendo a sociedade cujos valores ela define, mas o oposto também é o caso, pois "nas profundezas da ideologia comportamental acumulam-se aquelas contradições que, uma vez que tenham alcançado um certo limiar, acabam fazendo em pedaços o sistema da ideologia oficial"[22].

O que Freud denominou "consciência" Bakhtin rebatizou de "consciência oficial", porque o seu conteúdo se apresenta em acordo relativamente estreito com os valores socialmente aprovados da cultura como um todo.

> Nesses níveis de ideologia comportamental, a fala interna chega facilmente à ordem e se converte livremente em fala externa ou, em todo caso, não tem medo de tornar-se fala externa. Mas outros níveis correspondentes ao inconsciente freudiano acham-se a grande distância do sistema estável da ideologia reinante. Eles anunciam a desintegração da unidade e integridade do sistema, a vulnerabilidade das motivações ideológicas usuais[23].

Bakhtin traduz, assim, a metáfora freudiana da censura para um cenário reconhecivelmente russo. O inconsciente, na qualidade de consciente oficial, opera como um partido político minoritário oposto a certos aspectos da política imperante de uma cultura. Quanto maior o número desses aspectos a que se opõe, mais "censurado" é, porque a diferença entre seus valores e os da maioria é expressa como uma diferença de linguagem. Quanto menos o partido não oficial tem algo em comum com a ideologia oficial, mais restritos são seus meios expressivos. Na medida em que a minoria não pode partilhar dos valores oficiais, ela está condenada a relativo silêncio. Se, por exemplo, um grupo revolucionário esquimó, em luta para tornar seu povo independente dos Estados Unidos, inundasse o centro de Nova York com manifestos escritos em esquimó, estaria em situação similar. Muito embora disposto a um conflito com a cultura majoritária, o grupo estaria condenado à inação pela estrutura de comunicação, pela arquitetônica do valor.

A abordagem do pensador russo aqui se assemelha à dos primeiros cristãos que procuravam difundir sua mensagem por meio da parábola. A intenção parabólica explica por que, em um nível, Bakhtin se sentiu compelido a rever o cenário freudiano de conflito entre consciente e inconsciente e apresentá-lo nos termos declaradamente políticos de embate entre consciência oficial e não oficial. Quando Bakhtin escreve, "quanto mais larga e mais funda a brecha entre a consciência oficial e a não oficial, mais difícil se torna, para os motivos de fala interna, converter-se em fala externa [...] na qual poderiam adquirir formulação, claridade e vigor", está descrevendo o seu próprio dilema, o crescente abismo entre suas próprias ideias religiosas e

22. Idem, p. 88.
23. Idem, p. 88, 89.

metafísicas e a insistência cada vez mais militante do governo soviético na adesão ao comunismo russo. Quando Bakhtin observa que "Os motivos sob tais condições começam a [...] perder o semblante verbal e pouco a pouco se transformam realmente num 'corpo estranho' na psique", quer dizer igualmente que eles se tornam corpos estranhos no Estado[24].

A atrevida insistência de Bakhtin na coexistência uniplanar das regras de governança na psique com as regras de governança no Estado é não só um novo meio de conceber a teoria freudiana mas também um novo meio de emitir mensagens codificadas a partir das catacumbas. O vão entre consciência oficial e não oficial pode tornar-se tão grande que, ao fim, à oficial espevita o conteúdo da não oficial. Mas, visto que o trafego entre o terminal de uma psique individual e o de toda uma cultura move-se em ambas as direções, é possível conceber um cenário mais otimista para a força não oficial. Não é verdade que

> todo e qualquer motivo em contradição com a ideologia oficial precisa degenerar em fala interna indistinta e depois expirar – ele pode muito bem entrar em luta com aquela ideologia oficial [e...] se não for mero motivo de um solitário *declassé,* então tem a chance de um futura e talvez até de um futuro triunfante[25].

Palavras corajosas de fato para alguém que corria grande risco de se tornar ele próprio um solitário *declassé.*

24. Idem, p. 89.
25. Idem, p. 90.

8

Os Formalistas

Bakhtin e os Formalistas foram feitos um para o outro. A história das ideias tem proporcionado poucos encontros em que os oponentes se equiparavam tão bem no tocante às suas forças, ainda que fossem forças diferentes. Bakhtin era dado à especulação e a largas sínteses, os Formalistas à inovação metodológica e à interpretação cerrada. Raras vezes é o padrão dos pontos de vista opostos, quando tomados em conjunto, tão satisfatoriamente simétrico. Bakhtin desenvolveu uma teoria da comunicação na qual a personalidade do autor, os valores éticos e o contexto social são as feições definidoras de uma elocução, inclusive um texto literário. Precisamente na mesma época, os Formalistas desenvolveram poderosos argumentos para conceber o texto literário como produto de forças impessoais em ação no próprio sistema da linguagem literária. O texto, eles o definiam como isento de todos os valores exceto os específicos ao discurso literário unicamente, um objeto autossuficiente que independe de seu ambiente extraliterário.

O grupo de jovens críticos de Leningrado, como Viktor Chklóvski, Bóris Eikhenbaum e Iúri Tínianov, e de linguistas de Moscou, como Roman Jakobson, que veio a ser conhecido como os Formalistas exerceu enorme influência nos anos 1920[1]. Embora seus integrantes continuassem ativos por muito tempo depois e ainda há pouco Chklóvski tenha aparecido amiúde na tevê soviética, a atuação dos Formalistas como grupo ficou quase inteiramente restrita àquela década. Houve três períodos diferentes na sua ação: os anos de luta, de 1916 a 1920; os de triunfo, de 1921 a 1926; e os de desbarato, de 1926 a 1930. Neste lapso de tempo, eles fizeram contribuições duradouras

1. Ver Victor Erlich, *Russian Formalism: History –Doctrine* (Haiat Mouton, 1965), 2. ed. rev.; Peter Steiner, *Russian Formalism: A Metapoetics* (Ithaca: Cornell University Press, 1984).

aos estudos literários, com base sobretudo em posições que eram diametralmente opostas às de Bakhtin. Os Formalistas foram o *yin* exigido pelo *yang* de Bakhtin.

Essa simetria, porém, só é aparente em retrospecto. Nos anos 1920 quando ambos os campos se achavam no auge de suas forças e as posições que agora dão a cada um deles perfis bem delineados ainda estavam em processo de emersão, Bakhtin não parecia uma figura capaz de oferecer qualquer espécie de resistência definitiva aos Formalistas. Bakhtin era como que um proscrito da vida intelectual russa naqueles anos. Não estava ligado a nenhuma instituição acadêmica, casa editora ou quadro de redação de alguma revista. E o velho círculo bakhtiniano de Nevel e Vitebsk mantinha com ele uma vinculação das mais frouxas. Bakhtin, na maior parte do tempo, ficava só. Os Formalistas, em contraste, constituíam efetivamente um círculo. Não apenas liam e discutiam as obras uns dos outros, mas colaboravam em empreendimentos conjuntos de publicação e ensino. Enquanto Bakhtin ficava trabalhando sozinho à sua mesa, no apartamento de um só quarto, mal tendo o que comer, os Formalistas exploravam ativa e coletivamente as novas oportunidades, que se abriram após a Revolução, de conquistar projeção na vida intelectual soviética. Mostraram-se notavelmente astutos e foram bem-sucedidos, conseguindo um nicho onde, desde o início, puderam ensinar e trabalhar como lhes aprazia, sem maiores interferências. Lograram monopolizar um dos novos centros universitários de Leningrado, a Divisão para a História das Artes da Linguagem, no Instituto Estatal para a História das Artes. Este foi um daqueles raros ensejos que requerem virtualmente uma revolução para ser propiciados, em que os jovens se veem em condições de dirigir sua própria academia e treinar seus próprios seguidores.

A despeito das diferenças entre a posição de Bakhtin na periferia dos acontecimentos, e a dos Formalistas no centro, não houve falta de oportunidades de troca entre eles. Bakhtin procurou tirar vantagem de algumas destas ocasiões, assim como se mostrou ansioso em debater com os Formalistas por um certo número de razões. Tanto quanto tentara, nos primeiros tempos, tomar parte nas batalhas ideológicas imediatamente subsequentes à Revolução de Outubro engajando-se em debates públicos, nos anos vinte tentou discutir por via impressa os *ismos* dominantes. O Formalismo era para ele até mais importante do que o Freudismo ou o Marxismo, os dois outros "interlocutores" que enfrentou naqueles anos, porque os Formalistas se prestavam, como que feitos de encomenda, para a estratégia adotada por Bakhtin e que o levava a dramatizar suas próprias ideias por meio da luta com ideias conflitantes de outrem.

Desde o início Bakhtin argumentou que a linguagem era de importância somente devido à sua capacidade de expressar valores, quer dizer, de significar algo. A fim de possuir o potencial para significar, uma elocução não deve nunca ser "acabada"; um resíduo de significado deve ficar sobrando, mesmo após a mais exaustiva análise de uma enunciação. Tendo esta semântica de terminação aberta como base, Bakhtin sustentava que os textos literários também são enunciações e, portanto, jamais completadas ao fim. Tal proposição exigia um tipo muito especial de crítica literária e, na verdade, toda uma nova poética, pois todas as obras anteriores no campo da poética, exceto as dos românticos alemães, pressupunham que o objeto de arte não só podia mas precisava ser tratado como se fosse um todo completo. E ninguém fora tão inteiramente explícito ou tão radical no modo de colocar essa pretensão quanto os Formalistas. Na crítica literária de Bakhtin, a palavra de ordem dominante sempre foi que o texto não é dado, porém concebido. O princípio dos Formalistas era diametralmente oposto: o texto é a soma de suas disposições.

Bakhtin pronunciou-se pela primeira vez sobre questões levantadas pelos Formalistas no artigo intitulado "O Problema do Conteúdo, Material e Forma na Criação Artística Verbal", que havia elaborado em Vitebsk e que devia ser publicado em 1924 no *Contemporâneo Russo*[2]. Esta revista, embora muito ligada em geral às figuras principais do Instituto para a História das Artes e aos Formalistas em particular, estava aberta, não obstante, a debater as ideias destes. O periódico foi suprimido antes que o texto de Bakhtin chegasse a aparecer; porém, mesmo que o artigo tivesse sido publicado, ter-se-ia possivelmente perdido no atropelo de ensaios lançados contra os Formalistas naqueles anos. Todas as pessoas que tinham algo a ver com literatura, e muitas das que nada tinham a ver com ela, sentiam-se chamadas a atacar o Formalismo. Era aí que se travava a ação, intelectualmente e, na medida em que seus representantes dirigiam poderosas instituições acadêmicas e editoriais, politicamente.

A larga reação contra o Formalismo dividiu-se numa ala direita e numa esquerda. A direita era composta por todos aqueles cujas objeções se baseavam numa ou noutra escola tradicional de crítica, tais como as da abordagem biográfica ou histórica, ensinadas nos cursos universitários antes da Revolução. Os argumentos mais poderosos da direita eram montados menos por críticos literários do que por filósofos, como Gustav Chpet ou Alexandre Smirnov, ou por gente que se sentia inteiramente em casa na filosofia. Bakhtin tinha certa afinidade com este campo, no mínimo porque subscrevia inteiramente suas acusações de que os Formalistas, em suas engenhosas interpretações de obras particulares, careciam de base teórica em uma estética plenamente desenvolvida. Era esta a acusação característica dos oponentes da ala direita. O ataque da esquerda, em grande parte montado por marxistas tão eminentes quanto Trótski e expoentes tão representativos da crítica sociológica quanto P.N. Sakúlin, mantinha que os Formalistas ignoravam, em suas obras, os fatores sociais e políticos[3].

2. M.M. Baxtin, "Problema soderžanija, materiala i formy v slovesnom tvorčestve", *Voprosy literatury i èstetiki* (Moscou: Xudožestvennaja Literatura, 1975), p. 6-71.

3. Resenha crítica da obra de Eikhenbaum, *Theory of the Formal Method*, por V.I. Xarciev, *Červonyj sljax*, n. 7-8 (Xar'kov, 1926): 184-187; Gustav Špet, *Vnutrennajaja forma slova* (Moscou: GAXN, 1927); *Èstetičeskie fragmenty* (Moscou: GAXN, 1922-1923), 3 vols.; A. Smirnov, "Puti i zadači nauki o literature", *Literaturnaja mysl'*, n. 11 (1923): 91-109; L. Trockij, "Formal'naja škola i marksizm", em *Literatura i revoljucija* (Moscou: Gozidat, 1923), p. 125-139; P.N. Sakulin, *Russkaja literatura i socializm* (Moscou: Gozidat, 1922, 1924). Špet, um excêntrico e brilhante fenomenólogo, estava ligado à Academia Estatal das Ciências

Ainda que Bakhtin também compartilhe de muitas dessas restrições da ala esquerda com respeito aos Formalistas, é a pobreza filosófica por trás das práticas metodológicas desta escola que o preocupa sobretudo em "O Problema do Conteúdo". Ele concorda com o acento que é dado pelos Formalistas às feições linguísticas dos textos literários: os estudos nesse campo "não podem ignorar a linguagem tal como a linguística a concebe; ao invés, precisam tirar vantagem de todo o trabalho desta para compreender [...] os aspectos técnicos da criação do poeta"[4]. Mas, adverte ele, tais aspectos são apenas parte da obra de arte literária. As feições técnicas têm que ver, sobretudo, com o material a partir do qual a obra é produzida, e assim como é importante entender de mármore para analisar uma estátua, também é mister entender de linguagem para efetuar análises de literatura. Mas o que importa no tocante à escultura de Praxiteles é, em última instância, a forma humana, não a pedra, e, analogamente, o aspecto estético de um texto literário vai além das palavras, ao menos na forma como são tratadas pelos linguistas. No fim de contas, explica Bakhtin, muito embora o escultor use o cinzel, o cinzel não entra na obra de arte.

Introduz-se aqui um importante conceito, o do objeto estético, que é, segundo Bakhtin, o efetivo motivo da crítica[5]. O referido objeto não coincide de todo com a forma externa, material, mas é, não obstante, inseparável dela, do mesmo modo que o *self* é definido, era *A Arquitetônica,* como algo jamais coincidente consigo mesmo e sempre uma função do outro, o qual ele não é, mas sem o qual ele não poderia ser. O objeto estético apresenta-se como uma totalidade dos valores veiculados pela forma material quando combinados com os outros valores, como os políticos ou religiosos, que entram em jogo em qualquer ato específico de percepção do objeto. *Grosso modo,* o objeto estético equivale ao significado de uma elocução, na medida em que sempre é ligeiramente diferente para cada perceptor, uma feição que a arte explora para dar frescor ao mundo. O objeto estético nunca é plenamente apreendido, sendo, antes, um ato de entendimento que não é, todavia, entendido como completo. Como outras ações, vive graças àquilo que ainda não é. Qualquer tentativa de limitar a arte à sua forma bruta trata a arte como se estivesse acabada, como se fosse uma coisa e não uma ação.

Nos anos decorridos entre a escritura desse artigo e a publicação de *O Método Formal no Estudo Literário,* que veio à luz, sob o nome de Miedviédev, em 1928, o confronto entre os Formalistas e seus opositores tornou-se menos teórico e cada vez mais político e estridente. À medida que a fase liberal da década de 20 estava chegando ao termo, as tréguas na disputa foram elevadas a níveis pressagos. *O Método*

Artísticas, assim como o velho amigo de Bakhtin M.I. Kagan, naqueles anos. Kagan também escreveu uma crítica aos Formalistas, mas ela só foi publicada após a sua morte. M.I. Kagan, "O Puškinskix poèmax", em *V mire Puškina* (Moscou: Russkaja literatura, 1974), esp. p. 87. Ver também S. Ju. Baluxatyj, *Teorija literatury, annotirovannaja bibliografija* (Leningrado: Priboj, 1929).

4. Baxtin, "Problema soderžanija", p. 15.

5. Idem, p. 17-18.

Formal reflete essas mudanças. É mais acerbamente polêmico do que o artigo anterior, uma feição exigida também pela necessidade de harmonizar mais o livro com os demais pronunciamentos de Miedviédev sobre os Formalistas. A linguagem e bom número de argumentos são similares a outros ataques marxistas, mas a obra não é apenas mais um cartaz dessa corrente. Bakhtin observa que, embora a oposição entre os Formalistas e os marxistas parecesse constituir um debate, a disputa não era um verdadeiro diálogo, pois nenhum dos lados se mostrava capaz de acomodar-se ao outro. As duas partes não ouviam realmente uma à outra; elas falavam para além uma da outra, e não uma para a outra. Afim de levar a melhor sobre os Formalistas cumpria dispor de uma teoria capaz de empenhar de modo efetivo textos específicos e problemas literários concretos, como a teoria formalista fizera, coisa que os marxistas não haviam providenciado.

O Método Formal é, pois, único, no sentido de que é não somente uma crítica aos Formalistas, mas também à crítica marxista a eles. Bakhtin censura-os por serem demasiado vagos em seu programa e igualmente desprovidos de princípios no seu ataque à teoria do Formalismo. Ele distingue a sua própria explicação das deficiências formalistas de qualquer das explicações dadas até então pelos marxistas, que, ao seu ver, dificilmente se mostravam menos mecânicos do que seus adversários. A maioria dos teóricos literários filiados ao marxismo limitava-se a repetir os clichês do dogma marxista clássico segundo o qual a literatura não era mais do que uma superestrutura ideológica a refletir a base econômica, ficando para ser especificado como tal processo teve lugar efetivamente em exemplos concretos da história literária. Bakhtin acusa a crítica marxista "de recusar-se a enfrentar o Formalismo no território real dos problemas que este levanta"[6].

Na concepção de Bakhtin, o real problema levantado pelos Formalistas tinha a ver com a natureza da linguagem literária, que é oposta a outros usos da linguagem, e este conjunto de questões se relacionava, em última análise, com o modo pelo qual a mudança se opera na história. Uma condição *a priori* de toda a prática dos Formalistas era a distinção que traçavam entre linguagem poética e prática. Eles definiam esta última por seu desejo de exercer um efeito no mundo externo às palavras: a fala prática é dirigida para fora de si mesma, no sentido da ação extralinguística, como ao se dizer: "Fecha a porta!" ou "Por favor, passe o sal!". Enunciações desta ordem devem ser transparentes, pois quanto mais atenção atraem sobre si próprias, menos capazes são de incitar ações fora delas mesmas. "Dê um término à abertura daquele portal" é uma declaração menos apta a obter o fechamento de uma porta do que a evocar uma questão acerca de seu *status* como elocução: "O que foi que você disse?" Por contraste, a poesia é uma "violência praticada na linguagem" com o fito de centrar o interesse na própria enunciação. A rima constitui um exemplo óbvio de como

6. M.M. Bakhtin/P.N. Medvedev, *The Formal Method in Literary Scholarship: A Critical Introduction to Sociological Poetics*, trad. Albert J. Wehrle (Baltimore: Johns Hopkins University Press, 1978), p. 146.

o verso insiste em atrair a atenção para si. A linguagem poética é definida por seu poder de levar os leitores a perceber as palavras de novo. Ela o faz ralentando os processos normais de percepção, que sem tal intervenção são dirigidos mais para a mensagem do que para o meio em que ela é veiculada. Quando este impulso que incita a ir além das palavras é "quebrado", começa-se a percebê-las como palavras. A linguagem na arte torna-se "desautomatizada". A essência da "literariedade" (*literaturnost'*) *de* acordo com a doutrina formalista, encontra-se precisamente nessa "desautomatização" (*ostranenie*), um termo às vezes vertido por "estranhamento", que Chklóvski introduziu, pela primeira vez, em 1914, quando argumentou que a meta da literatura era a "Ressurreição da Palavra".

Em *O Método Formal*, Bakhtin é altamente crítico em relação aos pressupostos não enunciados que estão por trás da separação da linguagem em divisões poética e prática, especialmente tal como definidas pelos Formalistas. Apesar de toda a apregoada atenção ao "texto mesmo", eles chegavam, no fim, em sua definição da literatura, a uma explicação extratextual, baseada em pressupostos sobre a percepção ou, em outras palavras, sobre a psicologia humana. Com efeito, acusa-os Bakhtin, eles meramente redirecionam a antiquada preocupação crítica com a vida psicológica de autores e personagens para a psicologia dos leitores.

Os Formalistas não só deixaram de purgar a "ciência literária" das tradicionais preocupações psicológicas, como se viram cada vez mais envolvidos nas tradicionais questões acerca da história literária. A desautomatização, de início invocada como meio para chegar à essência da literatura, foi nomeada também como o instrumento da evolução literária. Este uso do conceito atraiu o fogo mais pesado da parte de Bakhtin. Segundo os Formalistas, um novo texto poético deve lutar com textos escritos em linguagem prática, empregando recursos que chamem a atenção para ele como texto. Assim, em qualquer momento dado, há uma batalha em andamento entre a linguagem poética e a linguagem prática. Tal consideração basta para explicar as diferenças entre textos literários e os de outra natureza. Mas os Formalistas, recorrendo ao mesmo mecanismo de desautomatização, pretendiam igualmente dar conta das diferenças entre textos situados dentro da linguagem literária. A história da literatura, argumentavam eles, é uma constante luta do texto poético não apenas para definir a si mesmo desautomatizando a linguagem tal como é utilizada no mundo da fala prática, mas também para definir-se desautomatizando a linguagem de outros textos poéticos. Um poema ou um romance têm de ser percebidos pelos leitores como algo novo, não só em termos da linguagem usada na própria geração que os lê, mas ainda em contraposição ao plano de fundo da linguagem utilizada em textos percebidos como literários em gerações anteriores. Há um embate contínuo entre velhas obras que perderam o poder de prender o público e as mais novas e mais aptas a desafiar a percepção dos leitores, entre velhos hábitos de leitura e novos procedimentos de escritura. A obra literária "percorre a inevitável trilha do nascimento à morte; da visão e captação sensorial, quando todo detalhe do objeto é saboreado e degustado, ao mero reconhecimento, quando o objeto ou forma se converte em insípido epígono que nossos sentidos registram mecanicamente", observou Chklóvski, em 1923, no seu livro *O Movimento do Cavalo,* um título que é uma metáfora da concepção formalista da genealogia literária. Ou seja, a linha de sucessão não é direta, como no movimento linear da torre ou do bispo. Ela é antes oblíqua, uma escada em ziguezague, um movimento do cavalo. Como Chklóvski proclamou algures, no mesmo ano: "na história da arte, a herança não é transmitida de pai para filho, mas de tio para sobrinho". Em outra versão a respeito do caminho da sucessão, formulada por Tinianov, no ano de 1929, em *Arcaizadores e Inovadores,* a busca da geração mais jovem por um estilo diferente do da geração precedente com frequência resulta no retorno a um estilo característico de uma geração até mais velha: "Na luta com o pai, o neto acaba parecendo-se com o avô"[7]. No sistema dos Formalistas as tensões do conflito edipiano estão muito presentes, mas, em vez de filhos que procuram deslocar os pais, eles tentam ou substituir os tios ou transformar-se em avôs de si próprios.

Bakhtin salienta que essas tabelas genealógicas tão singulares zombam da lógica seja da genética mendeliana seja do "romance de família" freudiano, porque se baseiam menos em um princípio de verdadeiro movimento de uma geração para outra do que numa teoria de biografia individual. A percepção do gênero rudimentar invocado como fonte de mudança na história literária formalista é entendida como algo que acontece no interior do sujeito percipiente. A automatização e a desautomatização são processos não apenas psicológicos mas também ocorrências interiores da psique dos indivíduos singulares. Os Formalistas nunca explicaram como tais reações individuais coalescem em padrões normativos que caracterizam gerações inteiras. A única alternativa seria colocar o *locus* ainda mais problemático de um inconsciente coletivo, coisa que os Formalistas não fizeram. Eles argumentavam que somente na consciência do percepiente singular pode a desautomatização atuar como um recurso explanatório de mudança na história literária. Sumariando as dificuldades lógicas de semelhante posição, diz Bakhtin:

> Se Púchkin se apresenta automatizado para uma pessoa, enquanto outra está em êxtase com [o mais jovem, porém contemporâneo] Benediktov, não pode haver conexão entre a automatização e a perceptibilidade destes dois objetos temporariamente sucessivos, assim como não pode haver conexão entre o estômago desarranjado de uma pessoa e o comer em excesso de outra[8].

Além de seus demais argumentos, Bakhtin afirma que os Formalistas não conseguiram desenvolver uma explicação convincente da dinâmica literária porque não havia lugar, no seu esquema, para algo que fosse novo na própria poesia. A distinção

7. Viktor Šklovskij, *Xod konja* (Moscou, 1923), p. 88; V. Šklovskij, *Literatura i kinematograf* (Moscou, 1923), p. 27; Ju. Tynjanov, *Arxaisty i novatory* (Moscou, 1929), p. 562.

8. Bakhtin/Medvedev, *The Formal Method,* p. 151.

por eles adotada entre linguagem prática e poética, na qual baseavam sua teoria da desautomatização, tinha por efeito obrigar a literatura a esperar até que as forças criativas em ação na linguagem prática houvessem desenvolvido algo de novo antes que lograssem iniciar o labor de deformar a linguagem prática até o ponto em que pudesse ser percebida como um meio e não como uma mensagem. Para os Formalistas, a fala poética é, como Chklóvski o exprimiu, "propositadamente criada a fim de desautomatizar a percepção [...] chegamos, assim, à definição de poesia como fala que é quebrada (*zatomorzennyj*), torcida"[9]. Em outras palavras, a poesia depende, para exercer seus efeitos, de uma linguagem não poética, assim como o parasita depende de seu hospedeiro. A novidade poética é uma criação secundária, voluntária, edificada sobre mudanças primárias, involuntárias, na linguagem prática. Um tal conceito da especificidade da literatura, argumenta Bakhtin, é empobrecido. Seguramente há mais na complexidade da linguagem poética do que a pura "diferença de".

Em *O Método Formal,* Bakhtin assinala alguns dos absurdos contidos nas ideias formalistas sobre a dinâmica literária quando tais ideias são levadas a extremo lógico, mas ele não apresenta sua própria teoria da mudança histórica. Essa teoria tem por base sua visão da linguagem, não apenas como a luta entre dois tipos de discurso, algo que os Formalistas sustentavam com a sua oposição entre fala poética e fala prática, mas como uma batalha entre centenas de discursos. Toda língua nacional, segundo Bakhtin, é composta de múltiplas sublínguas, tais como as peculiares ao uso legal e à prática de outras profissões, inclusive a gatunagem e a política, bem como as linguagens específicas de determinadas gerações e classes sociais. Nesse constante intercâmbio entre intralínguas ou sublínguas do russo, por exemplo, o emprego literário é apenas uma dentre uma miríade de práticas discursivas disputantes, em que cada qual procura ser normativa, privilegiada, mais carregada de significação do que as outras.

Em dois livros publicados um ano mais tarde, *O Marxismo e a Filosofia da Linguagem* e *Problemas das Obras Criativas de Dostoievski,* Bakhtin exporia as bases linguísticas de uma poética histórica a fim de rebater a dos Formalistas; mas de sua crítica à desautomatização já se torna claro que ele opera com um senso do tempo completamente diferente do dos Formalistas. Bakhtin encara a linguagem literária como parte da linguagem natural e como sujeita às mesmas condições que as outras divisões desta, ao contrário dos Formalistas, que viam a fala poética como uma forma diversa em seus fundamentos das outras formas da linguagem. Uma vez que Bakhtin entende a linguagem literária como parte dos processos normais da linguagem, a evolução literária ocorre, a seu ver, de uma forma muito lenta, pois a história das mudanças linguísticas é sempre extremamente conservadora e longa em seu decurso. Assim, em vez de estudar as espécies de reviravoltas dramáticas na história literária, tão apreciadas pelos Formalistas, volta-se, por exemplo, para a complexa e

9. V. Šklovsky, *Teorija prozy* (Moscou, 1925), p. 22.

secular filiação entre o antigo romance grego e a moderna novela (no sentido de *novel*) europeia. Ele está constantemente à procura de fios inesperados que conectem o presente a um passado com frequência muito distante. A ideia formalista de que as formas da velha geração logo se tornam habituais e precisam ser deformadas a fim de que a arte possa mais uma vez ser percebida na geração subsequente é vista por Bakhtin como algo que trai o desejo de negar o passado. A História fica reduzida a um constante presente ou a uma permanente contemporaneidade. Para os Formalistas,

> Tudo deve ajustar-se à estrutura do contemporâneo. Se a época seguinte continua o trabalho da precedente de uma maneira positiva, e não o destrói ou o hibrida, então é uma época estéril de epigonismo[10].

Como os próprios Formalistas admitiam com orgulho, havia uma estreita relação entre o advento de sua teoria literária e a carreira meteórica da escola futurista russa de poesia. Não só eram os Futuristas amigos pessoais muito próximos de vários Formalistas exponenciais, mas o triunfo daqueles sobre o simbolismo precedente fornecia-lhes uma ilustração exemplar de como uma geração mais jovem consegue superar outra mais velha. O próprio título do movimento futurista implica uma direção no tempo, embora os Futuristas fossem de fato utopistas ou milenaristas que sonhavam com um porvir demasiado perfeito para se efetivar em qualquer realidade. De acordo com Jakobson, Maiakóvski era

> bem capaz de prestar pleno reconhecimento às missões criativas daqueles garotos do coletivo [...] mas ao mesmo tempo se eriçava sempre que um "garoto" real irrompia no quarto. Ele nunca reconheceu seu próprio mito do futuro em qualquer garoto concreto[11].

Esta atitude descuidada, ou utópica, em relação ao que é real permeia igualmente a teoria formalista da história, sendo responsável por sua impaciência para com todo processo mais moroso do que o relâmpago da revolução.

Houve muitas oportunidades para Bakhtin de confrontar-se diretamente com os Formalistas. Ele os conhecia, mesmo que "apenas muito ligeiramente", como descreveu mais tarde a relação. E os Formalistas sempre se mostraram notavelmente abertos ao debate. Durante os anos em que ainda dispunham de base no Instituto para a História das Artes, proporcionaram um fórum a muitos que não tinham simpatia por suas ideias, inclusive a vários amigos de Bakhtin. No entanto, em nenhuma ocasião deu-se qualquer debate entre esses representantes dos dois mais poderosos corpos de teoria literária da época moderna. Bakhtin preferia formas mais indiretas de combate, tais como a palavra escrita. Ao nível pessoal semelhante procedimento

10. Bakhtin/Medvedev, *The Formal Method*, p. 171.

11. Roman Jakobson, "On a Generation That Squandered Its Poets", trad. E.J. Brown, em *Major Soviet Writers: Essays in Criticism*, ed. E.J. Brown (Nova York: Oxford University Press, 1973), p. 21.

indireto combinava muito mais com o caráter esquivo de Bakhtin. Mas ele também tinha razões teóricas para tanto. Dentre estas, em primeiro lugar estava o papel subordinado que a polêmica com os Formalistas desempenhava na tarefa mais ampla que se propusera naqueles anos de elaboração das implicações de seu próprio dialogismo. As questões suscitadas pelos Formalistas eram de grande relevância e interesse unicamente como ilustrações locais do conjunto mais abrangente de questões a preocupá-lo, a teoria dos valores, à qual se referia como sendo a ciência das ideologias. Essa teoria incluía todos os itens levantados em *A Arquitetônica* com respeito à natureza da pessoa, à relação dos *selves* com os outros nos padrões de comportamento social e o modo pelo qual tais padrões são moldados em práticas de linguagem. Bakhtin não estava sendo simplesmente insincero então, quando optou por abrir *O Método Formal* com a frase: "A ciência literária constitui apenas um ramo do estudo das ideologias..."[12]

Um dos itens recorrentes na ciência bakhtiniana das ideologias é como podem diferentes sistemas de crenças estar em diálogo um com o outro e como conseguem distribuir-se em viáveis hierarquias de valor e discurso no âmbito das estruturas sociais presentes e no decurso do tempo na história. Em outros termos, ele sempre procurou as conexões entre povos, textos, ideologias e linguagens, e não os cortes entre suas diferenças. Este entendimento dialógico de como sistemas diferentes de ideias se relacionam um com o outro subjaz à crítica de Bakhtin à teoria formalista da desautomatização. Tal teoria baseava-se no princípio do ou/ou, da mútua exclusão mais do que na comunicação entre diferentes textos. Aversão dada por Bakhtin à história das ideologias parece mais do que justificada, nos termos do choque particular entre as ideias por ele adotadas e as dos Formalistas, pois as gerações subsequentes prosseguiram na luta com as questões levantadas por cada lado. Como resultado, o intercâmbio iniciado nos anos vinte, quando os dois lados pareciam estar falando um para além do outro, converteu-se desde então num conjunto de possibilidades ainda vivas a interagir reciprocamente. Como Bakhtin nunca se cansou de dizer, a última palavra jamais é dita. A história que se seguiu plasmou uma relação entre os dois lados na qual é cada vez mais evidente que Bakhtin e os Formalistas forneceram um "outro" particularmente gratificante para um e para outro.

12. Bakhtin/Medvedev, *The Formal Method*, p. 3.

9

O Discurso na Vida e na Arte

Bakhtin consagrou sua reflexão, entre 1919 e 1929, a um único projeto, o desenvolvimento gradual de uma filosofia da linguagem alicerçada no aspecto comunicativo da fala. Esta nova visão da linguagem como um fenômeno enraizado nas particularidades históricas de enunciações específicas teve múltiplas consequências para o entendimento da arte, da linguística, da psicologia e da epistemologia. Todas as obras de Bakhtin durante esse período extraordinariamente produtivo, publicadas seja sob o seu próprio nome seja sob o de outros, aplicam a referida teoria geral da linguagem a problemas ou questões específicas. *Freudismo* e *O Método Formal* constituem aplicações de tal ordem, mas dois outros trabalhos fornecem a mais clara e sustentada exposição da filosofia da linguagem bakhtiniana nesse ponto de seu desenvolvimento: "O Discurso na Vida e o Discurso na Arte", aparecido em 1926, e *O Marxismo e a Filosofia da Linguagem,* editado em 1929.

"O Discurso na Vida e o Discurso na Arte" preocupa-se com a diferença entre a comunicação verbal estética e a fala na vida cotidiana, enquanto *O Marxismo e a Filosofia da Linguagem* trata da linguística como tal. Assim, o artigo tem uma relação com o livro aproximadamente análoga à do "Para Além do Social" com o *Freudismo.* É uma espécie de exercício de aquecimento, um esboço preliminar de um problema e de sua solução. O problema, neste caso, é a ausência de uma poética sociológica viável. Havia muitas candidaturas com pretensões a semelhante poética, mas, aos olhos de Bakhtin, eram todas, de um ou de outro modo, falhas. Ele se viu na posição de Dostoiévski, o qual declarou serem os ateus tão tímidos que tivera de inventar, para uso deles, argumentos poderosos. Assim sendo, Bakhtin, na condição de não marxista, procurou estabelecer em sua sociologia uma poética mais sofisticada do que qualquer das poéticas apresentadas pelos marxistas. Os Formalistas haviam fornecido admiráveis interpretações de textos literários, que não requeriam a consideração do contexto social e histórico. O trabalho deles pusera na defensiva os marxistas, os quais insistiam na ideia de que a literatura era um reflexo ideológico de forças em ação nas bases econômicas da organização social. Mas nenhum deles até então conseguira mostrar com precisão como uma obra literária específica fora determinada pelos imperativos impessoais do sistema econômico em que havia sido criada.

Não faltavam críticos que tentavam mostrar tais laços, quer no Ocidente quer na União Soviética. As tentativas mais consistentes ocorreram na Rússia, onde o estudo da literatura esteve ligado a ideias especificamente marxistas acerca do papel determinante da luta de classes e da base econômica em face da superestrutura ideológica. Na virada do século, Plekhanov estabelecera uma base filosófica para semelhante abordagem, argumentando que o ser social determinava a consciência social. Consequentemente, para avaliar uma obra de arte, os críticos deviam elucidar o aspecto particular da consciência social ou de classe por ela expressa. Os debates logo se desenvolveram a respeito do grau em que os fatores sociais moldavam de fato uma dada obra. Plekhanov, que representava um extremo, sustentava que autores individuais, tomados como tais, contribuíam pouco ou nada para uma obra; o que eles proporcionavam estava decretado por suas origens de classe e pelas situações históricas em que efetuavam o seu trabalho. Uma contraposição a este ponto de vista foi apresentada por Aleksander Bogdanov, segundo o qual os indivíduos podiam de fato plasmar os textos mais ou menos nos termos de suas intenções, dependendo das circunstâncias históricas particulares em que operavam.

Depois da Revolução, o modo de Plekhanov ver a questão, o qual veio a ser conhecido como o "método sociológico" de análise literária, foi adotado por um grupo que incluía P.N. Sakúlin, V.M. Friche e V.F. Pereverzev, todos eles extremamente poderosos na hierarquia cultural soviética ao longo da década de 1920, em grande parte devido ao fato de suas carreiras como intelectuais de esquerda haverem-se já estabelecido antes da Revolução. Sakúlin, um especialista em romantismo russo, tentou criar um equilíbrio entre o talento individual e os traços sociais distintivos de um dado tempo e lugar. Friche, cabeça de organizações partidárias como as seções literárias do Professorado Vermelho e da Academia Comunista, instituições que o Partido criara para competir com a Academia de Ciências remanescente dos tempos czaristas e com suficiente prestígio ainda para excluir *scholars* comunistas, tentava demonstrar que a história da literatura era um embate constante entre diversos estilos, cada um dos quais representava uma classe diferente. E Pereverzev, um especialista em Gógol e Dostoiévski, bem como o mais intransigente expoente do império absoluto do determinismo econômico, mantinha que o crítico deve prestar a mais exclusiva atenção à posição de cada escritor na história das técnicas de produção.

Estes críticos sociológicos compartilhavam uma crença no freudismo não mais complexa ou sofisticada do que sua compreensão de Marx. Afirmavam que o subconsciente de um escritor constituía-se de imagens derivadas do lugar ocupado por ele na luta de classes. Assim, se se tratava de autores proletários, as imagens dominantes em suas obras seriam inelutavelmente proletárias. Gógol, oriundo de uma família de pequenos terratenentes ucranianos e depois burocratas de instituições czaristas, escreveu, como era de todo previsível na opinião de tais críticos, acerca de pequenos senhores de terra da Ucrânia e de funcionários pouco graduados de S. Petersburgo. "Ninguém tem o poder de mudar seu estilo", era o lema de Pereverzev.

Em "O Discurso na Vida e o Discurso na Arte", Bakhtin ataca tais representantes do método sociológico, ainda que fossem um grupo politicamente tão poderoso. A oposição a tipos como esses, gente dotada de investiduras oficiais, foi na realidade uma ação de consequências potencialmente bem mais terríveis do que a oposição aos Formalistas. O esforço envidado por Bakhtin, neste ensaio, no sentido de desenvolver um novo entendimento do papel dos fatores sociais na literatura era mais um de seus lances a fim de encetar um diálogo com uma das principais correntes intelectuais de seu tempo.

O artigo de Bakhtin investe primordialmente contra Sakúlin, não só por ser ele o mais sofisticado dos referidos críticos sociológicos, mas também porque a sua obra *O Método Sociológico na Literatura* (1925) procurava resolver um problema com que Bakhtin também se preocupava, ou seja, como situar a arte nas correntes históricas e socioeconômicas da vida fora dos livros, sem perder ao mesmo tempo de vista a dimensão caracteristicamente estética da arte. A solução dada por Sakúlin à questão era a de postular uma espécie de personalidade dividida para a arte, cuja história consistiria de fato de duas histórias paralelas, mas separadas, uma imanente e a outra causal. O aspecto imanente de um texto formava o "cerne artístico" da literatura. Era determinado por feições peculiares ao fenômeno literário, tais como enredos normativos em certos gêneros ou desenvolvimentos em técnicas rimadas em verso. Mas as regras controladoras de tais fatores viam-se constantemente afetadas por outros fatores externos a eles, como as leis que governavam a censura ou a taxa de letramento. Sakúlin rotulava de causais esses fatores históricos e argumentava que constituíam o objeto próprio da sociologia da literatura.

Bakhtin rejeita um dualismo tão simplório e considera a "obra" mais como uma interação de fatores tanto imanentes quanto causais que operam simultaneamente. Por volta de 1919, ele já havia definido a arte como um evento, a execução de uma troca, o choque de valores entre uma obra e a sua audiência. Em "O Discurso na Vida e o Discurso na Arte", argumenta uma vez mais em favor da arte como uma espécie de relacionamento, um ato de comunicação. Mas a retórica circundante é agora de caráter sociológico. A terminologia especificamente marxista é utilizada como meio quer para inserir o argumento no contexto soviético, quer para sugerir um grau de análise mais radical e complexo do que o apresentado nas sociologias marxistas rivais.

Bakhtin discorda do principal argumento de Sakúlin pelo qual "Todo item que se torna objeto de oferta e procura [...] está sujeito, no tocante a seu valor e circulação dentro da sociedade humana, às leis socioeconômicas vigentes". Ele adverte que, mesmo se essas leis fossem conhecidas, não verteriam nenhuma luz sobre a estrutura física e química de qualquer objeto que fosse e muito menos sobre a composição interna de uma obra de arte. A arte como fator social localiza-se

> dentro do sistema total de domínio sociológico – mas desse domínio nunca conseguiremos derivar a essência estética da arte, assim como não podemos adivinhar a fórmula química deste ou daquele artigo de consumo a partir de sua circulação no âmbito da economia[1].

Bakhtin nega haver correspondência entre a composição material de uma coisa e a constituição estética de uma obra de arte. Implicitamente, ele se apoia na distinção efetuada em "O Problema do Conteúdo, do Material e da Forma na Criação Artística Verbal" entre a obra como objeto e como objeto estético, mas Bakhtin se vale igualmente de categorias ainda mais fundamentais examinadas em *A Arquitetônica,* todas baseadas na distinção kantiana entre mente e mundo. O aspecto coisa de uma obra de arte, a tinta e o papel de um poema impresso, a pintura em um quadro, todos pertencem ao reino do que é dado (*givenness*), ao passo que o aspecto estético de um poema ou uma pintura pertencem ao reino "conceitual" da mente. E embora existam diferenças significativas entre o objeto material e o estético, tais diferenças não são absolutas, como Bakhtin havia demonstrado em sua análise prévia quanto ao modo como mente e mundo se relacionam um com o outro em termos de uma unidade ativa. A falha que ocorre, quando se deixa de perceber a relação entre a "coisidade" de uma coisa e o uso humano a que esta coisa é submetida, resulta em percepção incompleta de qualquer artigo de consumo, o que constituía o defeito do argumento de Sakúlin acerca da lei da oferta e da procura. Tal deficiência era particularmente flagrante no caso das obras de arte, as quais se apresentam com uma carga mais pesada em significação conceitual ou, como Bakhtin se exprime agora, "ideológica", do que outros artigos, por elas não terem existência fora do consumo unicamente humano como obras de arte. Por essa razão, "o estético, assim como o jurídico e o cognitivo, é apenas uma variedade do social. Uma teoria da arte, por conseguinte, só pode ser uma sociologia da arte"[2].

A fim de desbastar um espaço conceitual para o seu próprio modelo, Bakhtin torna a dividir seus opositores em dois campos, cada qual representando um extremo insustentável. A polaridade é entre aqueles críticos que convertem em fetiche o aspecto material de uma obra de arte, tais como a pedra de uma estátua ou as feições gramaticais de um poema, e aqueles críticos que restringem seu estudo a meras impressões da obra na mente de artistas ou do público, ignorando por completo a sua composição formal e material. Bakhtin acusa a primeira destas conceituações, ligada aos Formalistas, de isolar o poema de sua ocorrência social, por não dispor de via para conceber a linguagem como meio de comunicação. Quanto ao segundo conceito, que

1. "V.N. Volosinov", "Discourse in Life and Discouse in Art", em *Freudianism: A Marxist Critique,* trad. I.R. Titunik (Nova York: Academic Press, 1976), p. 95-96.

2. Idem, p. 96.

se concentra na psique individual dos que produzem ou contemplam obras de arte, ele o ferreteia com a imputação de "idealismo". Trata-se de uma palavra que teve um significado particularmente negativo, até mesmo sinistro, na União Soviética. Na década de 1930, implicava não só oposição aos princípios materialistas subjacentes à maioria das formas do marxismo, mas também oposição intencional ao comunismo soviético em particular. Mas nesse ensaio Bakhtin deseja simplesmente dar a entender que os por ele rotulados de idealistas enfatizam a atividade da psique individual na moldagem da realidade em detrimento do mundo exterior. De um lado, o extremo formalista é demasiado mecânico e interpreta mal o papel constitutivo do intercurso social na definição do lugar e do modo de ser da arte. De outro, o extremo idealista, representado pela maioria das escolas pré-formalistas, como a de Potebnia, é por demais individual em suas assunções e deixa de reconhecer o caráter necessariamente coletivo da comunicação humana:

> Para continuar nossa análise econômica, poderíamos dizer que uma coisa assim se assemelha à tentativa de analisar a psique individual de um proletário com o fito de descrever destarte as relações objetivas de produção que determinam um lugar na sociedade[3].

Toda teoria da arte deve levar em conta três elementos: criadores, obras de arte e perceptores. Os Formalistas privilegiavam excessivamente a segunda categoria, enquanto os idealistas investiam demasiado na primeira e na terceira. Ambos os extremos abordavam de maneira errada o seu objeto:

> Tentavam descobrir o todo na parte [...]. Ao passo que o "artístico", em sua integridade total, não se localiza no artefato e tampouco nas psiques do criador e do contemplador consideradas em separado; abarca todos esses três fatores. É uma forma especial de inter-relacionamento entre criador e contemplador fixada em uma obra de arte[4].

A arte, portanto, é uma forma de comunicação, mas de um tipo específico: "Procurar entender essa modalidade especial de comunicação social realizada e fixada no material de uma obra de arte – eis precisamente a tarefa da poética sociológica". Semelhante poética há de ser como que bifronte e olhar em duas direções a uma só vez. Jamais deve ignorar os traços exclusivos da poesia e que a distinguem de outros tipos de comunicação ideológica, como a política, a jurídica e a ética. Ao mesmo tempo, nunca pode esquecer que esta forma única de comunicação não existe em isolamento: "ela participa do fluxo unitário da vida social, reflete a base econômica comum e entra em interação e troca com outras formas de comunicação"[5].

Bakhtin distingue a comunicação artística da espécie de comunicação que reina na vida cotidiana, do mesmo modo que os Formalistas opunham a linguagem poética

3. Idem, p. 97. Isto visa Pereverzev.
4. Idem, p. 97.
5. Idem, p. 97-98.

à linguagem prática. Mas, muito embora os Formalistas, tanto quanto Bakhtin, estivessem empenhados em descobrir os traços distintivos do literário, eles os procuravam em direções diferentes. Os Formalistas tentavam determinar um catálogo fixo de recursos que pertencessem a uma, mas não à outra linguagem, o que era comparável à tentativa de escrever dicionários astrológicos para símbolos recorrentes nos sonhos. Bakhtin, todavia, enfatizava mais a função comunicativa do que as feições linguísticas como tais. Seu pressuposto é de que não há itens estáticos peculiares seja à literatura seja à vida de todos os dias. Existem apenas funções e dispositivos diferentes para as mesmas palavras em ambas as esferas.

O traço diferenciador do discurso cotidiano não é o seu vocabulário ou o seu padrão sintático, porém a sua relativa dependência do contexto imediato. As declarações, no âmbito do dia a dia, dependem, quanto ao seu significado, de dois fatores. Um é o das características formais da própria proferição, que poderia ser chamado de texto da declaração. Mas isto nunca é suficiente. Em acréscimo, tais declarações são dependentes também do contexto, da situação em que foram pronunciadas e não meramente da verbalização do próprio enunciado. Declarações avaliativas tais como "isto é verdade" ou "isto é mentira", sejam éticas, cognitivas ou políticas,

> inserem bem mais do que aquilo que está incluído dentro dos fatores estritamente verbais (linguísticos) da elocução. *Juntamente com os fatores verbais, também incluem a situação extraverbal da enunciação.* Esses juízos e avaliações reportam-se a um certo todo onde o discurso verbal implica um evento na vida e funde-se com ele, formando uma unidade indissolúvel[6].

Bakhtin ilustra este ponto com uma parábola russa que foi escrita com o mesmo desalento e pobreza que ela retrata:

> Duas pessoas estão num quarto, sentadas. Ambas mantêm-se em silêncio. Então uma delas diz: "Bem!" A outra não responde.
>
> Para nós, que estamos fora do caso, a "conversa" é de todo incompreensível [...]. Afim de desvendar a razão e a significação desse colóquio, temos que analisá-lo. Mas o que exatamente podemos submeter à análise? Não importa quanto trabalho nos dermos para elucidar a parte puramente verbal da proferição, por mais sutilmente que definamos os fatores fonéticos, morfológicos e semânticos da palavra *bem,* não chegaremos um só passo mais perto da compreensão do sentido completo do colóquio.
>
> Suponhamos que a entonação com que a referida palavra é pronunciada nos seja conhecida: indignação e censura moderadas por certa porção de humor. Tal entonação preenche o vazio semântico do advérbio *bem,* mas ainda assim não revela a significação do todo.
>
> O que nos falta, então? O "contexto extraverbal" que fez do termo bem uma locução significativa para o ouvinte. Esse *contexto extraverbal da* enunciação compreende três fatores: (1) a *vista espacial comum* dos interlocutores (a unidade do visível), (2) o *conhecimento e entendimento comum da situação* e (3) a *avaliação comum* desta situação.
>
> À hora em que o colóquio ocorreu, os dois interlocutores *olharam* para a janela e *viram* que havia começado a cair neve; ambos *sabiam* que já era o mês de maio e estava na hora de chegar a primavera; finalmente, *ambos se sentiam fartos e cansados* do inverno prolongado, *estavam à*

6. Idem, p. 98.

espera da estação primaveril e ficaram *amargamente desapontados com* a nevada tardia. Deste "ver conjunto" (flocos de neve do lado de fora da janela), deste "conhecer conjunto" (época do ano) e desta "avaliação unânime" (fadiga em relação ao inverno e aguardo da primavera) – disso tudo a elocução *depende diretamente,* tudo isso é tomado com sua importância efetiva e viva – é o seu alimento mesmo. No entanto, tudo isso remanesce sem especificação ou articulação *verbal.* Os flocos de neve ficam do lado de fora da janela; a data, na folhinha do calendário; a avaliação, na psique do locutor; e não obstante, tudo isso está *pressuposto* na palavra *bem*[7].

No caso, o significado da palavra *bem* (*tak*), uma palavra que em russo virtualmente não significa nada, faz-se entender não só analisando-se a relação entre o que é dito e o que não é dito. Ambos os aspectos constituem a elocução toda e não apenas o que foi falado. É uma definição radical de enunciação que tem sérias consequências.

A mais simples é que, na medida em que a elocução não é somente o que é dito, o discurso também não é apenas especular. Ele não reflete uma situação extraverbal do mesmo modo como um espelho reflete um objeto. Ao contrário, seja na vida, seja na arte, é ativo, produtivo. Resolve uma situação, leva-a a uma conclusão avaliativa ou estende a ação para o futuro. O discurso não reflete uma situação; ele *é* uma situação.

Como tal, o discurso, do mesmo modo que qualquer outra situação, liga pessoas:

> A enunciação depende da efetiva conexão material do [locutor e ouvinte] com um e mesmo segmento do existente (*being*) e dá a esta comunidade seja expressão ideológica material seja desenvolvimento ideológico ulterior[8].

Tem-se aqui outra versão da preocupação de Bakhtin com diferenças simultâneas. O que ele chama o "mesmo segmento do existente "era em *A Arquitetônica* conceituado como um "evento/situação" (*sobytie*), ou como o "coexistente" (*so-bytiè*) do "existente" (*bytija*). Uma enunciação liga o eu e o outro, forjando entre os dois polos de toda percepção a própria possibilidade de seu existir unido numa simultaneidade.

Bakhtin invoca esses termos diferentes para o que é no essencial o mesmo problema, a interdependência de elementos inteiramente distintos entre si e a complexa totalidade que resulta de partes de outro modo não idênticas. Seus modelos conceituais são tomados da filosofia da linguagem, como o significado especial que atribui à elocução, e da lógica clássica. Ambos os modelos têm em comum a simultaneidade do que é dito e do que não é dito. Na enunciação, como na leitura de "Bem", há tanto um texto vocalmente realizado quanto uma ponte para o contexto criada no modo da entonação. Bakhtin joga da mesma maneira com o entimema, uma forma de silogismo em que uma de três premissas é suposta, mas não expressa. Um exemplo é: "Todos os homens são mortais. Sócrates há de morrer", no qual a omitida porção média é: "Sócrates é homem". A *tertium comparationis* da metáfora clássica, o não

7. Idem, p. 99.
8. Idem, p. 100.

declarado terceiro termo que junta dois elementos de outro modo dissimilares, é um exemplo retórico da mesma espécie de simultaneidade entre o que é expresso e o que é inexpresso mas ao mesmo tempo necessário ao significado do que chega a ser efetivamente articulado. Devemos suprir a quantidade não falada de "força feroz" a fim de compreender a declaração: "Hércules é um leão".

Nós literalmente representamos valores culturais em nossa fala por meio do processo de entramar, como no *script*, nosso lugar e o de nosso ouvinte num cenário social. Nós antropomorfizamos valores. Na fala,

> o espírito aborígine produtor de mitos parece ter permanecido vivo. A entonação leva a soar como se o mundo a circundar o locutor estivesse ainda cheio de forças inanimadas – ela ameaça e invectiva ou adora e acaricia objetos e fenômenos inanimados[9].

Na dramaturgia de situações locucionais efetivas, concretizamos as categorias kantianas por cujo intermédio a mente organiza o mundo. A entonação é o meio pelo qual as categorias gerais de espaço e tempo são convertidas em interpretações específicas da realidade. Assim como as regras abstratas de um jogo são traduzidas em aplicações particulares quando o jogo é realmente jogado, do mesmo modo as categorias de posição social e grau de intimidade entre falantes vêm a ser transformadas em configurações específicas quando são particularizadas nos padrões sonoros de proferições efetivas.

O cenário de qualquer elocução precisa conter as mesmas três *dramatis personae* o locutor, o ouvinte e o tópico. Todas as proferições nascem, vivem e morrem no drama que é representado na interação dos citados partícipes. Com o fito de enfatizar o aspecto dramatúrgico de tais forças, Bakhtin antropomorfiza o tópico, por ser o único elemento da tríade que, do contrário, poderia parecer um ator não humano. Ele o denomina "o herói" da pecinha que se desdobra em toda enunciação. Como os autores, os locutores trabalham o tópico daquilo que estão dizendo. Enquanto os autores literários moldam os heróis que constituem suas personagens, os locutores têm que moldar seus tópicos e, neste sentido, os tópicos estão para os locutores assim como as personagens estão para os autores.

A palavra *herói* também sugere que a elocução é uma forma de luta, como Bakhtin concebia claramente que as situações locutivas o fossem. O modo como atuamos em tais dramas revela quem somos. Uma enunciação sempre se dá entre um *self* e um outro e constitui as elaborações primordiais da autoidentificação. Como Freud, sobre cujas ideias estava trabalhando na mesma época, Bakhtin possuía uma concepção específica acerca da formação da identidade. Mas aí termina a similaridade, pois o modelo bakhtiniano é o oposto polar daquele em que a psicanálise clássica se baseia. Em Freud, o movimento vai do ego completo da criança, através da repressão crescente, ao *self* socializado dos adultos, que pode delongar a gratificação do ego. Em Bakhtin, ao invés,

9. Idem, p. 105.

o movimento vai do não *self* por meio da aquisição de "linguagens" diferentes a um *self* que é a soma de suas práticas discursivas. No *Freudismo,* ele argumenta que

> todo exemplo de autoconsciência (pois a autoconsciência é sempre verbal, sempre uma questão de encontrar algum complexo verbal especificamente adequado) é um ato de aferir-se por alguma norma social. A avaliação social é, por assim falar, a socialização de si mesmo e do comportamento da gente. Ao tornar-me cônscio de mim próprio, tento olhar para mim mesmo como que através dos olhos de outra pessoa[10].

Em Freud, o *self é* suprimido no serviço do social; em Bakhtin, o *self* é precisamente uma função do social. Em Freud, quanto mais há do outro, menos há do *self* em Bakhtin, quanto mais há do outro, mais há do *self.*

Esta ênfase explica a insistência de Bakhtin na natureza dual não só do signo (significante/significado) mas da enunciação, que é sempre uma combinação daquilo que é efetivamente verbalizado e daquilo que é não verbalizado mas pressuposto pelo locutor e destinatário:

> A vida não efetua uma enunciação a partir de fora, ela penetra e exerce influência a partir de dentro, isto é, como sendo aquela unidade e simultaneidade a cercar os falantes e aquela unidade e simultaneidade de juízos de valor social básicos que surgem do fato de eles existirem e sem os quais nenhuma proferição inteligível se torna possível[11].

Tal formulação dá continuidade à ênfase de Bakhtin na simultaneidade como "o evento unificado e unitário do existir (*being*)", mas também modifica a natureza do próprio discurso de Bakhtin, pois a sua linguagem metafísica tomou um corte mais imediato e programático, em que o evento do existir é especificado como o ato de comunicação.

Essa reenfatização é encontrada no novo tratamento das relações *self*/outro sob a forma de relações entre o que é dito e o que não é dito em qualquer proferição efetiva. A simultaneidade do dito e do não dito é evidente nos efeitos da entonação (como uma coisa é dita) sobre a linguagem (o que é dito). A entonação, mais do que qualquer outro aspecto da elocução, costura o material repetível, meramente linguístico, à situação social irrepetível em que é falado. A entonação é a interface imediata entre o dito e o não dito: "ela, por assim dizer, bombeia energia de uma situação de vida para o discurso verbal – dota de momento e singularidade históricos vivos tudo quanto é linguisticamente estável"[12].

A ligadura que junta experiência e expressão na vida cotidiana, o sítio onde vida e fala se articulam um com o outro, é destarte a elocução. Bakhtin a define como a simultaneidade do que é efetivamente dito e o que é pressuposto mas não é falado. Na elocução, ao contrário do entimema, o que permanece apenas suposto não é

10. "Volosinov", *Freudianism,* p. 76-77.
11. "Volosinov", "Discourse in Life", p. 106.
12. Idem, p. 106.

alguma essência mística do *self* cujo lugar se encontra no coração ou na mente do locutor individual, pois o

> individual e o subjetivo estão ambos fundamentados [...] pelo social e objetivo. O que eu sei, vejo, amo, reconheço, e assim por diante, não pode ser pressuposto. Somente o que todos nós, falantes, sabemos, vemos, amamos, reconhecemos – somente aqueles pontos a cujo respeito estamos todos unidos podem tornar-se a parte pressuposta de uma enunciação [...]. Juízos de valor pressupostos não são, portanto, emoções individuais, porém atos sociais regulares e essenciais. As emoções individuais podem entrar no jogo apenas como harmônicos que acompanham o tom fundamental da avaliação social. O "eu" só pode realizar-se verbalmente com base no "nós"[13].

Esses valores pressupostos vão tão fundo que são virtualmente a carne da carne das proferições. Constituem um mundo assuntivo cujos contornos representam o limite externo da realidade para aqueles situados no interior de sua esfera. Quando um juízo de valor cessa de ser automático, quando é preciso explicá-lo ou racionalizá-lo, sua base na sociedade já começou a esboroar-se.

A mais pura expressão dos valores pressupostos em qualquer elocução situa-se ao nível da entonação, pela simples razão de que esta sempre se encontra na fronteira entre o verbal e o não verbal, o eu e o outro. A entonação claramente registra a presença do outro, criando uma espécie de retrato em som do destinatário a quem o locutor imagina estar ela sendo dirigida. Uma ilustração comum da referida tendência apresenta-se quando ouvimos alguém falar ao telefone com outra pessoa cuja identidade desconhecemos, mas cuja relação com o locutor podemos adivinhar a partir dos padrões locutivos de quem fala. A entonação serve de meio material para costurar um com o outro o dito, na fala do locutor, e o não dito, no contexto da situação. A comunidade dos valores compartidos proporciona às mudanças acústicas articuladas no diapasão e na altura de sons pesos semânticos diferentes. Por via da entonação exprimimos um juízo sobre o que estamos simultaneamente transmitindo como informação em um certo enunciação:

> A qualidade comum de juízos de valor pressupostamente básicos constitui a tela sobre a qual a fala humana viva borda os desenhos da entonação[14].

O discurso verbal, então, é o meio pelo qual situações efetivas devida se estruturam. Elas o fazem como cenários que dramatizam acontecimentos específicos. Qualquer cômputo de proferição precisa

> reproduzir este evento dos mútuos [ou simultâneos] relacionamentos entre locutores, precisa, por assim dizer, reestruturá-los, com a pessoa desejosa de entender assumindo o papel de ouvinte. Mas a fim de desempenhar esse papel, ela tem que compreender também distintivamente a posição do outro[15].

13. Idem, p. 100.
14. Idem, p. 103.
15. Idem, p. 106.

A insistência de Bakhtin na necessidade de haver "entendimento" da posição não só do outro como de todos os outros, adicionando a teoria da comunicação à teologia, estende o significado da injunção bíblica de Cristo, no sentido de tratarmos os outros como gostaríamos de ser tratados nós próprios, para assumirmos, em outras palavras, o papel dos outros com a mesma profundeza de simpatia e compreensão que dedicamos à nossa própria percepção de nós mesmos. No sistema concebido por Bakhtin isto não é só um imperativo moral mas outrossim um requisito epistemológico.

Bakhtin procura a estética lá onde era tradicionalmente evitada, na totalidade da relação autor/texto/leitor. O âmbito de inclusão de semelhante totalidade é maior do que o da maioria das outras definições da estética. Bakhtin se expõe ao perigo de parecer falto de discriminação. Mas ele não põe abaixo todos os muros que, na suposição tradicional, separam os domínios do estético e do não estético. Isto seria contradizer a sua própria suposição de que todas as culturas consistem de diferentes funções discursivas, das quais uma das mais importantes seria a estética. Ao invés, Bakhtin define a diferença entre arte e não arte como uma questão de grau, como relacional mais do que absoluta.

Esta maneira de distinguir a questão difere da oposição estabelecida pelos Formalistas entre linguagem poética e linguagem prática. A diferença por eles feita corria o risco de ser reduzida ao meramente aritmético, porque consistia não só em tropos como no puro número de dispositivos que os poetas eram impelidos a incluir no seu discurso a fim de atingir o alvo visado, que era o de romper a percepção a ponto de o próprio discurso tornar-se o objeto de atenção. Para Bakhtin, a diferença estética funda-se, antes, no grau em que um texto depende do contexto em que é percebido. A relativa independência dos textos estéticos em relação aos contextos imediatos nos quais são vivenciados, tais como o estado de ânimo de um leitor singular em dada ocasião particular, torna-os mais abertos aos contextos de grande amplitude. Podem continuar interagindo com uma multidão de novos ambientes históricos e culturais porque não são, como outros tipos de enunciações, tão dependentes localmente de qualquer outro contexto. A estética é uma instância especial de comunicação em que o texto faz apelo mínimo ao ambiente para obter ajuda na construção de seu significado.

No caso oposto, o da vida cotidiana, uma elocução presume conexões com o ambiente que suplementam a informação contida nas palavras por si sós. O simples vocábulo "Bem!" foi capaz de arrancar de seu cenário imediato na parábola de Bakhtin uma série de complexos significados e ricos cabedais de informação. Mas o dom da significação que tal economia de meios puramente verbais extrai do ambiente não deixa de ter um preço, pois, uma vez separada de seu cenário, semelhante proferição perde tanta importância quanto havia ganho devido às condições particulares daquele cenário. Pessoas que não conheçam as circunstâncias em que uma tal declaração foi feita não têm então acesso à declaração inteira. Elas dispõem apenas da porção verbal do texto, sem o contexto extraverbal. Como resultado, a enunciação é literalmente incompreensível.

O aspecto verbal de uma elocução na vida cotidiana é apenas uma pequena chave que abre a sala do tesouro de significados providos contextualmente. Quando esta riqueza de particularidades é esgotada, a própria chave se torna somente um pedaço de matéria curiosamente plasmado. O termo russo para "senha", *parol'*, é um decalque do francês *parole.* Assim, Bakhtin intenta um trocadilho macarrônico, impregnado de ironia, quando observa a respeito dessa situação: "Toda proferição no comércio da vida é parecida com uma 'senha' conhecida apenas por aqueles que pertencem ao mesmo campo de alcance social"[16].

O traço que distingue a fala de arte da cotidiana não é antes de tudo absoluto, porém relativo. Ambas as formas de elocução dependem, quanto ao significado, de uma relação ecológica entre texto verbalizado e elementos não verbalizados em seu contexto. Não existe algo como "o texto em si mesmo", esse objeto autotélico sonhado pelos Formalistas russos e pelos *New Critics* americanos. Existem somente textos mais ou menos implicados em seu ambiente, assim como, similarmente, não há organismos em si mesmos, mas apenas animais que dependem mais ou menos das condições de um ecossistema específico. As pessoas vivem em toda a parte, mas os coalas vivem apenas em áreas restritas da Austrália por causa de sua dependência das folhas de um número limitado de espécies das gomíferas australianas.

Essa relação texto/contexto equipara-se à relação bakhtiniana *self*/outro, não só na estrutura ecológica, como ainda nos valores ligados a cada um de seus polos. Um *self* ou um texto, nunca podem alcançar completa autonomia, mas, quanto menos cada um deles é determinado por seu ambiente local, mais livre é ele para viver e ter significação em outros contextos (vida e significado se equivalem no pensamento de Bakhtin).

O importante papel que o modelo ecológico de semântica desempenha em Bakhtin não se restringe à estética. Ele se encontra igualmente no coração de sua psicologia, no confronto entre discurso interiormente persuasivo e discurso autorizado[17]. E é central para a sua política, na luta entre ideologias oficiais e não oficiais. Por sua constante meditação sobre os meios em que as relações *self*/outro se desenvolvem nesses diferentes níveis de complexidade, Bakhtin concebe o estilo de maneira bem mais ampla do que a maioria dos outros teóricos. O estilo é mais do que um catálogo de tropos e dispositivos. Quando entendido como o modo pelo qual algo vem a ser expresso, como simplesmente oposto àquilo que é expresso, o estilo é um meio não só para encarecer o significado, mas também para ajustar e registrar relações entre o locutor ou escritor, seu objeto ou "herói" e seu auditório. O número de tais relações em qualquer enunciação dada é potencialmente muito elevado. Antes que uma configuração

16. Idem, p. 106.

17. M.M. Baxtin, "Discourse in the Novel", *The Dialogic imagination,* ed. Michael Holquist, trad. Caryl Emerson e Michael Holquist (Austin: University of Texas Press, 1981), p. 341-353.

particular entre os três seja elaborada no que efetivamente acaba sendo dito, muitas batalhas têm de ser travadas e muitos compromissos precisam ser estabelecidos entre o locutor, o "herói" e a audiência. Por ser o estilo um meio de resolver diferenças entre partes conflitantes, Bakhtin argumenta que se trata de uma forma de política: "A política interna de um estilo é determinada por sua política externa (sua relação com o discurso alheio)"[18].

O estilo é um embate, uma política, e quanto mais livre de alteridades específicas ou quanto menos subordinado a condições locais de expressão vem a ser um texto, mais estético ele se torna. A estética, em outras palavras, constitui uma versão da liberdade. A associação da arte com a liberdade está longe de ser uma novidade bakhtiniana. Ela remonta pelo menos ao reconhecimento, por Platão, de que os poetas representavam uma ameaça à sua sociedade fechada na República, e no tempo de Bakhtin igual ameaça foi percebida por Stálin. Na medida em que a estética é de fato uma esfera em que os fatores locais são menos determinantes, ela é sempre o mundo da maior outridade, a maior brecha através da qual o presente pode escapar para um futuro não sonhado em universos de discurso menos expansivo, tais como política ou religião, onde o futuro constitui um resultado cognoscível do presente. A testemunha mais frequente da proposição de que a arte está amarrada à liberdade têm sido os censores. Tentativas mais positivas de formular uma equação entre estética e liberdade apresentam alguma coisa de potencialmente sentimental, como nos Românticos menores. Bakhtin evita esse perigo, em sua conjuminação dos dois, ao situar a justificativa da inseparabilidade deles em uma filosofia da linguagem plenamente desenvolvida. Esta filosofia tem seu alicerce na rocha da práxis, na imediatidade do enunciado, e nas duras necessidades do diálogo, o que exige que a liberdade de moldar um significado seja constantemente conquistada de novo.

18. Bakhtin, *The Dialogic Imagination*, p. 204.

10

O Marxismo e a Filosofia da Linguagem

O dialogismo de Bakhtin é essencialmente uma filosofia da linguagem. É uma "translinguística", que constitui uma óptica mestra para perceber todas as categorias radicadas na linguagem, e Bakhtin pressupõe que todos os aspectos da vida humana estão assim enraizados. Sua formulação da tradicional pretensão de um imperativo territorial humanista, *Homo sum, humani nihil a me alienum puto,* "Sou um homem e nada do que é humano me é alheio", poderia muito bem significar: "Minha vida é um enunciado, portanto nada no discurso me é alheio". Com base nesta teoria unificadora da linguagem, Bakhtin repensou ampla variedade de tópicos que haviam sido anteriormente concebidos como pertencentes a disciplinas separadas. Assim, embora existam diferenças no que ele tem a dizer a respeito de temas como psicologia, linguística e crítica literária, sua investigação em cada uma dessas áreas exibe preocupações recorrentes, que incluem a importância de localizar a semântica nas proferições reais, o primado do diálogo sobre o monólogo e a incapacidade dos sistemas descritivos baseados em modelos lógicos de abarcar a variedade e a historicidade do significado. Como os Estruturalistas com quem é amiúde confundido, Bakhtin usa uma visão particular da linguagem como pedra conceituai do filósofo para converter o refugo de disciplinas previamente atomizadas na unidade áurea de uma ciência comum, embora a concepção da linguagem mediante a qual ele realiza o feito esteja fundamentalmente em oposição à linguística estruturalista.

O Marxismo e a Filosofia da Linguagem consubstancia a mais compreensiva explicação da translinguística de Bakhtin. Aí estão expostas as principais pressuposições em que todas as suas outras obras se baseiam, por remessa a dois tópicos: o papel dos signos no pensamento humano e o da elocução na linguagem. Cada um desses tópicos liga-se então ao modo pelo qual transmitimos em nossa fala a fala dos outros. A busca de entendimento nessas questões oscila entre a mais ampla generalidade e a mais densa particularidade, porque Bakhtin está tentando generalizar acerca de particularidades. Ele quer incluir em sua descrição da linguagem todos os fatores afora as palavras que têm profunda relação com o significado delas, como é o caso das diferenças de idade ou de posição social e de condição em que a fala se deu, se entre amigos em conversa íntima ou em público, num auditório composto de muitos ouvintes estranhos ao locutor, e se algo é dito por impulso ou como parte de resposta obrigatória num ritual. O número de tais fatores é tão elevado que chega ao ponto de ser inconcebível, e a maioria dos linguistas têm excluído cuidadosamente tais considerações de suas explicações porque elas parecem ter solapado toda tentativa de descrever a linguagem como um sistema. No modo de ver de Bakhtin, o poder conceitual dos sistemas assim desenvolvidos é limitado; pois, ao concentrarem-se em palavras fora dos contextos em que foram utilizadas, os linguistas têm comprado seus nítidos paradigmas e definições dicionarizados ao preço do que é mais importante na linguagem, isto é, a capacidade de as palavras significarem. O único meio pelo qual as palavras podem significar é serem entendidas. E o único meio pelo qual são entendidas é o constituído por locutores particulares e por ouvintes, que também são locutores, em situações particulares. Os linguistas têm observado a linguagem pelo lado errado do telescópio em seus esforços para conseguir uma vista global. Bakhtin, em contrapartida, focaliza sua atenção no falante individual mais do que na quimera das "próprias palavras".

Bakhtin argumenta que, ao conceber as palavras como se ninguém jamais efetivamente as falasse, os linguistas haviam convertido signos dialógicos em sinais monológicos: "O foco de atenção do locutor é orientado pela enunciação concreta, particular que está efetuando [...]. O que é importante para ele não é que uma palavra seja um sinal estável e sempre autoequivalente, mas um signo adaptável e sempre mutável". A capacidade de usar a linguagem não é definida pelo domínio adquirido sobre o gênero de conhecimento formado por regras sintáticas, listas de palavras ou normas gramaticais tão amadas pelos linguistas. O domínio da linguagem consiste, antes, em estar habilitado a aplicar tais feições fixas a situações fluidas ou, em outros termos, em conhecer não as regras mas o uso da linguagem. Do ponto de vista do falante, e não do gramático, o centro de gravidade da linguagem

> não fica na identidade da forma, porém naquele novo e concreto significado que ela requer no contexto particular [...]. A tarefa da compreensão não redunda basicamente em reconhecer a forma utilizada, mas em entender sua significação em um enunciado particular, isto é, importa em entender sua novidade e não em reconhecer sua identidade[1].

O Marxismo e a Filosofia da Linguagem concentra-se em fatores que não podem na natureza das coisas ser reduzidos jamais a um sistema regular, por serem muito variados. Mas isto não significa que não seja possível tratá-los de forma ordenada. A estratégia de

1. "V.N. Volosinov", *Maivdsm and the Philosophy of Language*, trad. Ladislav Matejka e I.R. Titunik (Nova York: Seminar Press, 1973), p. 67-68.

Bakhtin para assim proceder é pôr em foco o único traço universal presente em toda a vasta série de possíveis contextos. Por mais desnorteantemente variados que sejam tais contextos, seu poder de modificar o significado das palavras não é ilimitado, pois conseguem fazê-lo somente sob uma condição: só podem exercer seu efeito dentro de uni espaço em que as diferenças no sentido das palavras são passíveis de registro, isto é, entre dois locutores. A única constante nas condições incessantemente mutáveis e sempre novas em que uma elocução é pronunciada é *o locus* único em que tais condições estão aptas a exercer um efeito, o *locus* constituído pelo falante individual e pelo destinatário de sua fala. Por essa razão, Bakhtin concentra-se no número relativamente limitado de fatores que governam a prática dos locutores e o usa como meio de ordenar o número ilimitado de contextos em que tais locutores falam. Ele resolve assim a velha e aparentemente intransponível dicotomia entre as feições obviamente sistemáticas da linguagem, como a sintaxe, a gramática ou os significados relativamente fixos das palavras, e seus contextos não sistematizáveis, que interagem com tais aspectos estáveis em qualquer conversação efetiva, reduzindo as diferenças entre eles a outro conjunto de diferenças, as quais ocorrem entre locutores específicos em situações particulares.

Bakhtin promove este lance argumentando que a palavra está sempre

> orientada para um destinatário, para quem quer que esse destinatário possa ser [...] o mundo interno e o pensamento de cada pessoa têm sua estabilizada audiência social que compreende o meio ambiente em que razões, motivos, valores e assim por diante são moldados [...] a palavra é um ato bilateral. É determinada igualmente por aquele de quem ela é a palavra e por aquele a quem é destinada. Como palavra, é precisamente o produto de um relacionamento recíproco entre falante e ouvinte, expedidor e destinatário. Toda e qualquer palavra expressa um em relação ao outro. Eu próprio dou a mim mesmo forma verbal a partir do ponto de vista de outrem, isto é, no fim de contas, a partir do ponto de vista da comunidade a que pertenço. Uma palavra é uma ponte lançada entre mim e um outro [...] é um território compartilhado, quer pelo expedidor, quer pelo destinatário[2].

Nesta ênfase sobre o grau em que o significado de uma palavra nunca coincide com a própria palavra, sobre os aspectos assistemáticos, abertos, da linguagem e, acima de tudo, sobre a relação entre locutor e destinatário, Bakhtin refina sua preocupação anterior com mundos dados versus concebidos, com aspectos da experiência acabados versus inacabados e com relações entre *self* e outro que são transferidos de um discurso apropriado a uma filosofia da moral para um discurso apropriado a uma filosofia da linguagem. No processo, o dialogismo demonstra capacidade de incorporar aspectos da linguagem que os linguistas ou ignoraram por completo ou trataram de maneira apressada. Este reconhece, por exemplo, de um modo de longe bem melhor do que as gramáticas formais em registros tão toscos como os pronomes, a necessidade de dar conta da presença do outro a quem uma pessoa está falando. Isto é verdade, mesmo quando o sistema pronominal é tão sensível às diferenças quanto o

2. "Volosinov", *Marxism*, p. 85-86.

é em palaung, uma língua falada por uma pequena tribo das regiões Chan do norte da Birmânia – idioma dotado de onze pronomes, oito deles plurais, enquanto o inglês dispõe apenas de três pronomes plurais. Numa língua desse tipo é possível indicar precisamente os limites entre os pronomes incluídos e os excluídos de implicação no significado de uma declaração. Regras complexas governam o emprego de pares mesmo tão mínimos quanto *you* ("vós, tu")/ *thou* ("tu"). E numa língua como o inglês americano, onde a segunda pessoa do singular não é mais usada exceto em preces, os tipos de distinções que semelhante opção pronominal torna disponível em, digamos, francês [ou português] ou alemão, são não obstante expressos de outras maneiras, tais como tratar um ao outro pelo nome (Bill versus William) ou pelo título (Brown versus *Mr.* Brown)[3]. Em sociedades tradicionais é quase impossível dizer algo sem indicar a relação social entre o locutor e o ouvinte em termos de *status* e de familiaridade, e o mesmo é verdade aqui mais perto de casa. Embora a língua inglesa careça de vocabulários formais de hierarquia plenamente elaborados, não é possível, mais do que em bindibu, polonês ou japonês, evitar, em inglês falado, de reconhecer a categoria social. Por exemplo, um recente convite para uma reunião social do exército foi dirigida aos "Oficiais e suas senhoras e aos soldados e suas mulheres".

Bakhtin teve pouca influência sobre a sociolinguística de seu tempo, em grande parte devido ao longo exílio a que se viu condenado e à falta de traduções de suas obras para outras línguas. Mas sua convicção de que "a situação social imediata e o meio social mais amplo determinam totalmente – e determinam de dentro, por assim dizer – a estrutura de uma elocução" obteve desde então confirmação. W. Labov mostrou que negros e porto-riquenhos das classes mais baixas em Nova York são perfeitamente capazes de interpretar sentenças em inglês padrão quando as ouvem, mas usam apenas formas incorretas da língua quando falam entre si. E.M. Albert apontou que entre os burundis da África Oriental

> um camponês pode dispor das capacidades verbais acentuadas e valorizadas na cultura, mas não as exibe em presença de um chefe ou qualquer outro superior. Em tais casos, o comportamento apropriado é aquele em que as palavras são proferidas de modo hesitante ou se precipitam descontroladas, as vozes soam alto, os gestos se apresentam desordenados, as figuras de linguagem desasadas, as emoções se exibem livremente, as palavras e as sentenças são desajeitadas[4].

Cada um desses exemplos dramatiza a enorme diferença existente entre palavras nuas emitidas a partir do contexto e palavras tais como são exploradas em situações

3. R. Burling, *Man's Many Voices* (*Nova* York: Holt, Rinehart, and Winston, 1970); Paul Friedrich, "Structural Implications of Russian Pronominal Usage", em *Sociolinguistics,* ed. W. Bright (Haia: Mouton, 1966), p. 214-233; S.M. Erwin-Tripp, *Sociolinguistics,* em *Advances in Experimental Social Psychology,* vol. 4, ed. T. Berkowitz (Berkeley: University of California Press, 1969), p. 93-107.

4. W. Labov, P. Cohen, C. Robins e J. Lewis, *A Study of the Non-Standard English of Negro and Puerto Rican Speakers in New York,* vol. 2 de *The Use of Language in the Speech Community* (Nova York: IDKP, 1968); E.M. Albert, *Sociolinguistics,* ed. J.B. Pride e Janet Holmes (Harmondsworth: Penguin Books, 1972), p. 167.

sociais. As palavras isoladas constituem a linguagem estudada pelos linguistas; as sociais são as mais largamente concebidas, objeto que Bakhtin toma como próprio. Por exemplo, quando são vistas como meras palavras, as mesmas palavras são conhecidas igualmente por brancos e por negros na cidade de Nova York ou por senhores e por camponeses entre os burundis, embora apenas as camadas superiores as utilizem efetivamente em ambos os casos. Indo além das palavras como tais, Bakhtin procura explicar quer o uso de certos termos pela classe mais alta, quer o fato de a classe mais baixa evitar o uso dos mesmos termos. Trata-se de ir além, e sair da concepção de linguagem que anima a maioria das descrições linguísticas, com o fito de entender não só as palavras dos governantes mas também o expressivo silêncio dos governados. Assim, a filosofia de Bakhtin é uma "meta"-linguística ou "trans"-linguística, na medida em que inclui na linguagem fatores que têm sido evitados pela maioria dos linguistas. Um dos modos pelos quais Bakhtin formula essa distinção é dizer que os linguistas estudam a língua, ao passo que ele está preocupado com a comunicação.

Bakhtin postula que a enunciação é a unidade fundamental de investigação para quem estuda a comunicação em oposição à simples linguagem. As elocuções subministram os blocos de construção da logosfera, assim como os átomos o fazem no tocante ao mundo natural. Enunciação é, em Bakhtin, o termo que fornece cobertura a uma situação cuja dualidade veio a ser obscurecida pela assunção unificante de que falar e ouvir seriam atividades exclusivas e integrais. Pensava-se que as pessoas faziam ou uma ou outra coisa. Mas a experiência de Bakhtin confirmou que elas fazem as duas simultaneamente.

O discurso é uma ação. Trata-se de uma atividade mais complicada do que a ação das máquinas, as quais, em virtude de suas limitações mecânicas, precisam transmitir e receber em forma sequencial. Quando as pessoas utilizam a linguagem, não atuam como se fossem máquinas que enviam e transmitem códigos, mas como consciências empenhadas em um entendimento simultâneo: o falante ouve e o ouvinte fala. Qualquer elocução é um elo em uma complexa *cadeia* de comunicação.

A enunciação é o percebimento (*awareness*) daquilo que Bakhtin chama "enderecividade" (*obrascënnost*), a outridade da linguagem em geral e de dados parceiros dialógicos em particular. Tal percepção volve o sistema geral da linguagem para as necessidades de experiências específicas: "a linguagem entra na vida através de proferições concretas"[5]. A consciência é o *medium* e a elocução é o meio pelos quais os dois elementos de outro modo díspares – a rapidez da experiência e a materialidade da linguagem – são arreados numa unidade volátil.

A estase caracterizadora da linguagem não é de todo obliterada na comunicação. Pois, até do ponto de vista de locutores individuais, as palavras que empregam possuem ao menos a aparência de existirem "já ali sempre", na medida em que o vocabulário e a gramática que eles precisam usar preexistem a elas: ninguém, nenhuma

5. M.M. Baxtin, *Èstetika slovesnogo tvorčestva* (Moscou: Iskusstvo, 1979), p. 79.

geração jamais deu investidura a uma nova linguagem inteiramente própria. Mas este fato óbvio revela apenas parte da história. Do ponto de vista do locutor, suas palavras não só estão "já ali sempre", mas estão ali como "jamais alguma vez antes", porque aquelas palavras precisam ser faladas em contextos que são absolutamente únicos e novos para o locutor. Por exemplo, nós sabemos não apenas o que "alegria" significa, porém também o significado de locuções como "Toda alegria é agora amargura para mim". Além disso, podemos compreender outras dimensões da palavra "alegria" à medida que surgem em enunciações efetivas, como a sentença acima.

Um diálogo no sistema de Bakhtin é um dado oriundo da experiência passível de servir de paradigma econômico para uma teoria que abarque dimensões mais globais. Numa interlocução de dois sujeitos a falar, o que um diz ao outro é difícil de ser descrito no âmbito da linguagem unicamente. A conversa é segmentada não só pelos vocábulos e sentenças, mas também por protocolos que determinam quem está falando. Os diferentes meios com que os locutores indicam pontos apropriados para outros responderem são enormemente variados, dependendo do tema, dos locutores e dos contextos da proferição. Mas as relações entre enunciações são sempre condicionadas pela resposta potencial de um outro. Assim, tais relações são parte da comunicação e não podem ser abordadas adequadamente em termos apenas do sistema de linguagem.

Bakhtin argumenta que a elocução é uma unidade mais abrangente do que a sentença. Constitui o todo que subscreve a completude de sentenças que representam suas partes. Os limites de uma proferição não são demarcados pela estrutura da sentença, mas antes pela capacidade de outros locutores lhe responderem. Isto garante sua finalização, embora semelhante finalização seja sempre parcial, suficiente apenas para o momento.

A inteireza de uma enunciação ou sua identidade como um todo resulta da configuração de três outros fatores: o esgotamento semântico de seu tema, ou, em essência, o quanto de sua possível complexidade é passível de ser expresso em uma única proferição; o plano locutivo do emissor, tal como avaliado por seu destinatário, ou o que nós, de nossa parte, achamos que o locutor está tentando exprimir, ao falar do modo particular com que se dirige a nós; e as formas genéricas para indicar a finalização, ou os equivalentes conversacionais de "E eles viveram desde então felizes para sempre", como as entonações indicativas de uma pergunta ou uma ordem. O esgotamento semântico refere-se à forma que uma elocução deve ter antes de ser adequada a expressar um significado completo. Por exemplo, certos temas são tratados em termos altamente padronizados nos quais pequenas porções de informação são em geral transmitidas e os limites de significados interpretáveis estão rigidamente estabelecidos, como nas ordens militares ou outras trocas verbais fixas. A maioria das enunciações dispõem de muita flexibilidade e requerem-se determinações vindas do plano locutivo do emissor para nos ajudar a saber quando ele completou uma enunciação. Em qualquer elocução nós percebemos, colocamos, ou imaginamos o que o locutor deseja dizer, e de acordo com o juízo que formamos de seu intento, também medimos se a enunciação foi completada ou não. Há um elemento individual, subjetivo em tais juízos, razão pela qual nos enganamos muitas vezes ao determinar o plano locutivo do outro. Porém com mais frequência tais juízos também se baseiam em critérios relativamente objetivos, pois, como locutores competentes de uma língua, sabemos que a maioria das situações locutivas caem em certos padrões e que se desenvolveram trocas verbais genéricas a fim de refletir tais padrões. Duas pessoas que esperam numa parada de ônibus muito provavelmente discutirão não só o tópico das condições do tempo, como hão de fazê-lo em elocuções moldadas por convenções do gênero "conversa sobre o tempo".

Embora adote um conceito de gênero locutivo a apontar para o fato cardeal de que as enunciações são sempre em algum grau formulativas, Bakhtin não cataloga as formas precisas que tais fórmulas assumem, atendo-se ao princípio, que é o seu, segundo o qual o significado é limitado pelo contexto mas o contexto é ilimitado. O nome dessa ilimitação é "heteroglossia". Para Bakhtin, uma rigorosa poética dos gêneros locutivos teria *grosso modo* o mesmo status odioso que um catálogo normativo de símbolos oníricos para Freud.

Com efeito, a vontade dos falantes não pode nunca ser realizada salvo parcialmente e, mesmo então, de acordo com a seleção que fazem desse gênero locutivo versus aquele de qualquer instância dada. Essas formas típicas de elocução nos vêm quando aprendemos a falar e continuam conosco em todo decurso de nossas vidas conscientes. De fato,

> aprender a falar significa aprender a construir enunciações [...] nós aprendemos a emitir fala em formas genéricas e, quando ouvimos outros falarem, deduzimos seu gênero desde as primeiras palavras; nós antecipamos de antemão um certo volume (isto é, o comprimento aproximado da fala toda), bem como uma certa estrutura composicional. Prevemos o fim: ou seja, desde o próprio início temos um senso da fala toda[6].

A avaliação do locutor sobre o que está dizendo, mesmo quando tenta ser neutro, e o seu julgamento com respeito a quem está se dirigindo determinam a escolha das unidades de linguagem, lexicais ou gramaticais, e a escolha das unidades de comunicação, tais como os estilos de uma proferição ou os gêneros locutivos empregados. Esta componente avaliativa da fala, embora necessária e inevitável, leva em consideração a única liberdade possível que temos na fala, pois determina o aspecto expressivo de uma enunciação. Os fonemas e a sintaxe têm em comum com os gêneros locutivos uma tendência a limitar a liberdade dos locutores individuais. Não só as palavras e as sentenças "estão sempre ali", mas o mesmo se dá com as formas para as suas combinações em elocuções. No entanto, os gêneros locutivos, as unidades de comunicação, são ainda assim muito menos normativos e impositivos do que as formas gramaticais, as unidades de linguagem, que não permitem nenhum jogo.

6. Baxtin, *Èstetika*, p. 256.

O estilo individual da enunciação pode determinar-se por seu lado expressivo porque as formas de comunicação são mais abertas ao jogo e à intervenção do que as formas da linguagem. A entonação, a escolha de palavras e a seleção do gênero locutivo abrem-se à "assimilação" (*osvoenie*) por locutores individuais como meios de moldar os valores que não podem deixar de registrar. Alguns gêneros são mais maleáveis do que outros: o toma-cá-dá-lá do balcão de informações numa estação ferroviária é codificado ao máximo, enquanto o toma-cá-dá-lá entre amigos íntimos apresenta possibilidades de controle genérico mínimo, porém nunca ausente. Jakobson, por exemplo, argumentou que, na combinação de unidades linguísticas, há "uma escala ascendente de liberdade" de feições distintivas, que se move a partir dos fonemas no fundo, onde a liberdade do falante individual é zero, uma vez que ele não tem outra alternativa exceto a de usar as formas disponíveis, até as palavras e as sentenças no topo, onde a liberdade é maior porque maior número de combinações e substituições são possíveis[7].

A linguagem invoca o conceito político de liberdade porque linguagem é luta contra a necessidade de certas formas. A linguagem é um nome unificante desenvolvido para a ação do que é uma dispersa e poderosa formação de forças sociais. Seja ou não a interação social vista como uma luta de classes, as forças sociais são sempre concebidas como estando em conflito, exceto nas utopias, motivo pelo qual o termo *utópico* veio a significar "irreal". Bakhtin argumenta que a linguagem é o *locus* onde tais embates se travam de maneira mais abrangente e, ao mesmo tempo, mais íntima e pessoal. E na linguagem, e não na nação-estado, que a força social encontra sua expressão mais realizada:

> Cada palavra [...] é uma pequena arena para o choque e cruzamento de acentos sociais diferentemente orientados. Uma palavra na boca de um indivíduo particular é um produto da interação viva de forças sociais[8].

Em *Pais e Filhos* de Turguiêniev, os Niilistas todos deblateram acerca de princípios, assim como seus pais. Todavia, os jovens radicais pronunciam *printsip*, enquanto os mais velhos, conservadores, dizem *príncipe* "ao brando modo francês". Por trás dessa pequena diferença entre consoantes estão todas as diferenças filosóficas e políticas entre uma geração que se volta para o cientificismo alemão e uma que ainda esposa o deísmo gaulês. Tal diferença entre dois possíveis modos de pronunciar uma palavra trouxe à luz os principais conflitos políticos e intelectuais dos anos de 1860, na Rússia.

Como observa Bakhtin,

> Dentro da arena de [...] qualquer enunciação trava-se intenso conflito entre a nossa própria palavra e a do outro [...]. A enunciação assim concebida é um organismo consideravelmente mais complexo e dinâmico do que parece ser quando é construído simplesmente como uma coisa que articula a intenção da pessoa que a profere.

7. Roman Jakobson, com Morris Halle, "Two Aspects of Language", em *Fundamentals of Language* (Haia: Mouton, 1956), p. 74.

8. "Vološinov", *Marxism*, p. 41.

Os locutores só dispõem do tanto de liberdade própria para exercer quanto podem ganhar na batalha com a palavra do outro. Isto não significa que toda fala seja um aspecto de argumento, embora signifique que qualquer fala é, queira-se ou não, retórica. Cada pessoa tem que lidar não apenas com a intenção de outra pessoa, mas com a resistente outridade da situação toda em que ambos se encontram. "A situação social imediata e o meio social mais amplo determinam de todo – e determinam de dentro, por assim dizer – a estrutura de uma enunciação"[9]. Não importa quão básico seja o assunto da elocução, mesmo que seja algo tão primário e universal como a fome, sua expressão é determinada pelos participantes do evento locutivo, por ambos a um só tempo, remetente e destinatário explícito e implícito, conectados por uma conjuntura específica. Esses fatores determinam se até uma necessidade tão imediata quanto a fome é expressa como exigência ou pedido, em estilo floreado ou raso, de maneira hesitante ou confiante.

Em *O Marxismo e a Filosofia da Linguagem,* Bakhtin vira de ponta-cabeça um conjunto previamente reinante de categorias mestras. Quando ataca a linguística, tem em mente, em geral, Saussure. Este preferiu a intemporalidade do sistema à temporalidade obrigatória do desempenho. Aplicando o mesmo princípio à linguística, privilegiou a "linguagem síncrona" ou *langue,* o aspecto sistemático de uma linguagem tal como existe em dado momento do tempo sem consideração de sua história passada, à "fala diácrona" ou *parole,* o uso assistemático da linguagem por falantes reais no curso do tempo.

Bakhtin inverte os valores da linguagem e da fala. Em vez de possuir uma intemporalidade lebniziana e uma lógica cartesiana, insiste Bakhtin, a linguagem partilha sempre do caráter desordenado da história e dos caprichos do desempenho individual. Ela situa-se, não num sonho platônico de ordem, mas no bruaá, no toma-cá-dá-lá da fala na vida cotidiana:

> A efetiva realidade da linguagem – a fala – não é o sistema abstrato de normas linguísticas [...] nem tampouco o ato psicofisiológico de sua implementação, porém o evento social de interação verbal implementada numa enunciação[10].

Saussure excluiu da particularidade do desempenho na linguagem a abstração e a intemporalidade do sistema. O mundo do sistema e o do desempenho foram vistos por ele apenas como níveis diferentes para o funcionamento do mesmo fenômeno, mas o nível "superior" era onideterminante. A fala estava para o sistema assim como um triângulo real está para a ideia platônica de triângulo.

Bakhtin argumenta, entretanto, que o corte não é apenas entre o sistema linguístico e o desempenho locutivo, mas também entre mente e matéria. Uma é tão diferente da outra que as categorias e as práticas apropriadas a uma não bastam para a outra. Os aspectos sistemáticos, repetíveis, da linguagem são muito próximos das coisas do mundo:

9. Idem, p. 86.
10. Idem, p. 24.

gramática, sintaxe, léxico e fonética constituem todas matéria morta a ser posta a serviço de um entendimento vivo numa situação locutiva de fato. Um fonema como tal é algo tão morto quanto um grafema como tal. As faces sistemáticas da linguagem estão para a fala como o mundo material está para a mente. Assim sendo, diferem um do outro, mas sempre operam juntos. Os dois conjuntos de feições interagem numa unidade dinâmica e não podem, sem violência conceituai, ser separados um do outro. A arena onde se entre mesclam e a força que os liga são ambas o que Bakhtin compreende por "elocução".

O que Bakhtin quer significar com a palavra elocução não é o mesmo que Saussure pretendia dizer com o termo fala. Este ainda atribuía um certo grau de hegemonia aos falantes individuais. Em seu diagrama da situação locutiva, onde aparecem duas cabeças separadas por setas, um locutor ativo está enviando uma mensagem aura ouvinte passivo. O diagrama constitui um ícone virtual para a velha supressão do aspecto comunicativo da palavra. Malgrado toda a sua esquematização, o desenho em questão molda uma visão da linguagem que continua privilegiando o mundo individual, subjetivo, do locutor. As setas no espaço entre as duas cabeças a conversar no desenho representam a intenção de cada uma, viajando com uma liberdade desimpedida para suas metas não problemáticas.

Para Bakhtin, a enunciação não é fala concebida como folga em relação ao sistema, representando a capacidade individual de dispor elementos de linguagem em combinações livremente escolhidas. Além de formas de linguagem, existem também formas de combinações de tais formas. O papel determinante do outro na comunicação locutiva real mostra não só que há um sistema na linguagem fora de qualquer articulação particular desta, mas também que há um sistema a governar qualquer enunciação efetiva.

Para evitar o velho dualismo de sistema e desempenho, Bakhtin coloca a "comunicação", em vez de a "linguagem", como objeto de sua investigação. A linguagem é, em geral, concebida como incluindo gramática, léxico, sintaxe e fonologia; ela não conhece nenhuma unidade de combinações de palavras mais abrangente do que a sentença. Todos esses traços exercem também um papel na translinguística de Bakhtin, mas eles estão em constante diálogo com outros traços que entram em jogo somente em atos particulares de comunicação.

Bakhtin situa as raízes da linguística estruturalista na antiga tradição filológica europeia, que cultivava o estudo de línguas mortas, como o grego antigo, ou de línguas fantasmas, como o protoindo-europeu. A linguística era filha da filologia e, como tal, sempre tomou por

> seu ponto de partida uma elocução acabada, monológica: o antigo monumento escrito, considerando-o o realismo supremo [...]. A despeito das vastas diferenças em características culturais e históricas, desde os antigos sacerdotes hindus até o moderno pesquisador europeu da linguagem, o filólogo foi sempre e em toda a parte um decifrador de alheios e "secretos" textos e palavras [...]. Os primeiros filólogos e os primeiros linguistas foram sempre e em toda a parte sacerdotes. A história não conhece nações cujos escritos sagrados e tradições orais não constituíssem em alguma

medida uma linguagem estrangeira e incompreensível para o profano. Decifrar o mistério das palavras sagradas era a tarefa a ser realizada pelos sacerdotes-filólogos[11].

Por estar tão profundamente implicada no papel histórico da palavra alheia, a filologia permaneceu cega à sua própria cumplicidade com as palavras estranhas. Assim, os filólogos mostraram-se incapazes de livrar-se de sua obsessão com as línguas esotéricas e mortas e voltar sua atenção para a fala familiar, a linguagem nativa e vivente. Saussure, por exemplo, privilegiou a linguagem abstrata, extra-histórica, em relação à especificidade viva da língua falada. A linguística não só tratou a "linguagem viva como se fosse morta", mas até tratou a "linguagem nativa como se fosse uma língua estranha"[12].

O lugar onde a linguagem habita, de acordo com Bakhtin, não é algures, nem outro no espaço ou passado no tempo. Ela se encontra, antes, aqui e agora; vive na enunciação concreta, onde os traços do passado são representados. Mas Bakhtin admite o perigo de ir longe demais nessa direção e localizar a sede da linguagem na psique individual dos falantes. Linguistas, como Wundt e Vossler na Alemanha, Croce na Itália e os seguidores de Potebnia na Rússia, concebiam a base da linguagem como sendo o ato criativo individual da fala. As leis da linguagem, segundo esta escola, seriam as leis da psicologia individual[13].

Para Bakhtin, a fraqueza dessa posição residia na sua incapacidade de assimilar os inegáveis aspectos sistemáticos da linguagem. Fonética, gramática e sintaxe não são meros fantasmas numa fantasia obsessiva, mas constituem o lado normativo e dado da linguagem, mesmo quando ela é definida como enunciação. A linguagem, entre outras coisas, é sistemática, apresentando-se perante o usuário individual como um conjunto de normas prioritárias:

> O indivíduo adquire o sistema de linguagem de sua comunidade de fala inteiramente já feito. Qualquer mudança no âmbito desse sistema está além do alcance de sua consciência individual. *Mas o* status *peculiar que este aspecto sistemático apresenta na realidade deve ser juntado à questão*[14].

A linguagem não existe como um conjunto de regras gravadas em tabuinhas por alguma academia, nem como uma pré-inscrição em alguma misteriosa mente coletiva. A normatividade das regras da linguagem é, antes, similar a qualquer outro sistema de normas sociais, razão pela qual a linguística pode servir como uma espécie de *ars generalis* que tem a capacidade de reestruturar as ciências sociais. As normas sistemáticas da linguagem são análogas a um sistema de normas morais, judiciais ou estéticas, no sentido de que esses aspectos sistemáticos da linguagem existem somente com

11. Idem, p. 72, 74.

12. Idem, p. 77. Mas veja Geoffrey Sampson, *Schools of Linguistic Thought* (Stanford: Stanford University Press, 1980), p. 34-56.

13. "Vološinov", *Marxism*, p. 48.

14. Idem, p. 49.

respeito à consciência subjetiva de indivíduos pertencentes a alguma comunidade particular governada por tais normas. Estas normas podem variar, porém a natureza de sua existência permanece a mesma: elas existem somente com respeito à consciência subjetiva dos membros de alguma comunidade particular.

Por ser social a lógica das regras de linguagem, elas nunca podem ser hipostasiadas em formas heoplatônicas geradas por indivíduos a partir da pura energia da própria subjetividade de cada um. A linguagem não é um conjunto de leis que é completamente objetivo no mesmo sentido, digamos, em que as leis da termodinâmica o são. Tampouco é um conjunto de fenômenos totalmente subjetivos que são distintivos de pessoas individualmente, ao modo, digamos, como as impressões digitais são únicas em relação a cada um de nós.

Para Bakhtin, a intenção individual é uma questão relativa, na medida em que o "eu" é uma função do "nós". Assim, o total de liberdade disponível para o locutor individual em um dado caso depende da razão constantemente mutante entre a fala interna, que é pensamento consciente, e a fala externa. De maneira similar, a sociedade reveste o indivíduo através do meio comum a ambos – os signos ou a linguagem.

O termo pelo qual Bakhtin designa o universo dos signos seja na psique seja no mundo é "ideologia". Ele nunca oferece uma definição em escala plena do que ela seja, mas, segundo teóricos contemporâneos da ideologia que foram influenciados por Bakhtin,

> toda cultura historicamente dada gera algum modelo especial de cultura peculiar a si mesma [...] subjacente a todas as definições encontra-se a noção de que há certas feições específicas de uma cultura [... ela] não é nunca um conjunto universal, mas sempre um subconjunto organizado de uma maneira específica. [Ela] nunca abrange tudo, mas, ao invés, forma uma esfera demarcada.

Membros de culturas diferentes têm competência nos modos específicos pelos quais os seus próprios sistemas atribuem ordem ao mundo. Sabem quando algo está "correto" ou não nas maneiras à mesa, nos códigos de vestimenta e nas relações sexuais, de forma tão segura como sabem quando alguém está ou não usando com correção a linguagem falada da cultura. A capacidade da cultura de revestir a natureza física com significação para seres humanos, de um lado, e a da linguagem, de outro, acham-se intimamente relacionadas:

> A tarefa fundamental da cultura consiste em organizar estruturalmente o mundo à volta do homem. A cultura é o gerador da estruturalidade e, destarte, cria uma esfera social em redor do homem a qual, como a biosfera, torna a vida possível. Mas a fim de cumprir [semelhante] papel, a cultura deve ter dentro de si um "mecanismo de moldagem" estrutural. É a linguagem natural que proporciona aos membros de um grupo social seu senso intuitivo de estruturalidade que, com sua transformação do mundo "aberto" de *realia* em um mundo "fechado" de nomes, força as pessoas a tratar como estruturas aqueles fenômenos cuja estruturalidade, no melhor dos casos, não é manifesta[15].

15. Yurii Lotman e Boris Uspensky, "On the Semiotic Mechanism of Culture", *New Literary History* 9.2 (1978): p. 211, 213.

Quando Bakhtin assevera que "tudo quanto é ideológico tem valor semiótico", ele quer dizer que todos os produtos da mente humana, desde os instrumentos mais simples às mais elaboradas cosmologias, nasceram do pensamento, que em seus níveis superiores pode executar arranjos e tarefas geradoras somente por meio de signos: "O domínio da ideologia coincide com o domínio dos signos"[16]. Há enormes diferenças entre os signos que comunidades particulares consideram apropriados, em um dado tempo e lugar, a esferas tão diferentes quanto a lei, a religião ou a bisbilhotice. Mas, na medida em que estão organizadas como diferentes categorias de signos, todas essas esferas participam de uma natureza semiótica. Assim sendo, Bakhtin sente-se autorizado a buscar uma base para todo comportamento humano em uma filosofia geral da linguagem.

O conceito bakhtiniano de signo é semelhante ao de Saussure, no sentido de que um signo é sempre uma unidade inseparável composta de duas partes: uma marca, que é apenas um indicador, o significante, e um conceito, que é assim indicado, o significado. Bakhtin, entretanto, concentra-se no aspecto mundanal, sensório, do signo:

> Todo fenômeno que funciona como um [...] signo tem alguma espécie de incorporação material, seja em forma de som, massa física, cor, movimentos do corpo, ou algo parecido. Neste sentido, a realidade do signo é plenamente objetiva. A convicção de que o signo tem um corpo corresponde à concepção ontoteológica bakhtiniana de que o espírito tem um Cristo. O evento quenótico que é redecretado na linguagem é o modo da presença de Deus para os seres humanos: o entendimento mesmo só se verifica no âmbito de alguma espécie de material semiótico (e. *g.*, fala interna). [...] Signo relaciona-se com signo [...] a própria consciência só pode despertar e tornar-se um fato viável na incorporação material dos signos.

Bakhtin louva o neokantismo por este considerar que o traço dominante da consciência é o de "ser *representação.* Cada elemento da consciência representa algo, porta uma função simbólica"[17].

Para Bakhtin, o teatro onde o signo funciona e tem significado não é apenas o da mente individual, mas uma área imensamente mais abrangente, o grande mar das relações interpessoais chamado o "social". Assim como peixe algum pode viver fora da água, nenhuma mente individual humana pode existir fora do oceano dos signos:

> Os signos podem surgir somente em *território interindividual* [... eles] não podem surgir entre dois membros quaisquer da espécie *Homo sapiens.* É essencial que ambos os indivíduos estejam organizados socialmente, que componham um grupo (uma unidade social); só então pode o meio constituído pelos signos tomar forma entre eles[18].

A abrangência e o poder dos signos tornam-se manifestos primordialmente na linguagem falada:

16. "Vološinov", *Marxism*, p. 10.
17. Idem, p. 11.
18. Idem, p. 12.

a existência do signo nada mais é que a materialização da comunicação. Tal é a natureza de todos os signos ideológicos. Mas em parte alguma essa qualidade semiótica [...] da comunicação social como fator condicionante aparece tão clara e plenamente expressa como na linguagem. *A palavra é o fenômeno ideológico por excelência.*

Há três razões para a primazia da palavra entre todos os outros signos. A primeira é sua intensidade semiótica:

A realidade inteira da palavra é totalmente absorvida na sua função de ser signo. Uma palavra nada contém que seja indiferente a esta função, nada que não teria sido engendrado por ela[19].

Um martelo e uma foice, ou uma cruz, podem ser signos, mas são também outras coisas, tendo outros propósitos afora a pura semiose. Por contraste, uma palavra é somente, e no todo, um signo.

A segunda razão para a primazia da palavra reside em sua neutralidade ideológica, que é inseparável de sua pureza e intensidade e as possibilita. Outros tipos de signos podem ficar comprometidos pelos usos que deles se faz. Num contexto americano, uma representação gráfica de um elefante sugere o Partido Republicano e, dependendo de quais sejam os sentimentos das pessoas acerca da política do referido partido, elas perceberão uma carga positiva ou negativa ao assimilar o signo do elefante. Como signo, o elefante foi infectado de republicanismo. Mas a palavra *elefante* não pode ser tão facilmente restringida. Ela mantém sua capacidade de veicular uma miríade de significados sem vir a ser jamais esgotada completamente por um deles. Uma palavra é "neutra com respeito a qualquer função ideológica específica. Ela pode desempenhar funções ideológicas de qualquer espécie – científica, estética, ética, religiosa etc."[20]

Essa multivalência da palavra é a terceira razão de seu poder, uma vez que as pessoas se distinguem pelo caráter multifário de sua natureza. Elas estão aptas a acomodar seus corpos a grandes extremos de ambiente físico, por exemplo. E isto ocorre não só por serem animais de sangue quente, com a aptidão metabólica de adaptar-se a diferentes temperaturas, uma capacidade que compartilham com outros animais, mas também por terem inventado para si novas peles que lhes permitem entrar em cada vez mais improváveis extremos de calor ou frio e ajustar-se a ambientes, como na lua, que carecem das condições básicas requeridas para a vida. Semelhantes ecossistemas autossuficientes constituem uma metáfora do uso das palavras, as quais são os veículos que permitem às pessoas mover-se de um a outro significado do mesmo termo e de um a outro *estrato* do sistema cultural.

Bakhtin concebe em termos ecológicos estratos sociais variantes. A aparência de unidade aquosa que apresenta um oceano, por exemplo, é na realidade atravessada por inúmeras camadas de espécies diferentes de água, cada qual com a sua própria

19. Idem, p. 13-14.
20. Idem, p. 14.

temperatura e seu teor salino. Os peixes não têm a liberdade de vagar pela terra, mas tampouco podem ir a toda a parte no mar. Estão confinados aos estratos em que a temperatura, a disponibilidade de luz e de salinidade correspondem à sua constituição biológica. Assim como o mar é todo água, de igual modo a logosfera é toda palavras, mas estas não são todas iguais. Mesmo quando têm a aparência de serem as mesmas, significam coisas diversas em situações diferentes. Aqueles que não sabem explorar a capacidade das palavras de significar coisas diferentes em diferentes camadas epistemológicas de seu sistema de cultura acham-se condenados a viver sem liberdade, no âmbito de um número muito pequeno de tais camadas. A linguagem não é uma prisão; é um ecossistema.

O psicólogo A.R. Luria encontrou evidência deste ecossistema nas diferenças entre alfabetizados e analfabetos nas repúblicas soviéticas da Ásia Central. Os que haviam sido sujeitos a algum letramento eram capazes de fazer uso de categorias abstratas, ao contrário daqueles que não tinham passado por tal experiência. Quando o pesquisador lhes mostrou desenhos de um martelo, uma serra, um machadinho e uma tora, os usbeques letrados dispuseram os três primeiros itens em uma categoria para ferramentas, e a tora em outra, enquanto os iletrados diziam, tipicamente, coisas como estas: "São todos iguais". Ao ser informado de que outrem categorizara o martelo, a serra e o machadinho em separado, um camponês analfabeto respondeu que todos os quatro itens precisam trabalhar juntos e, assim sendo, o homem que os separara "provavelmente tem um bocado de lenha, mas se ficarmos sem lenha, não seremos capazes de fazer nada". Quando Luria, exasperado, respondeu que isto era sem dúvida verdade, mas que um martelo, uma serra e uma machadinha são ferramentas, o lavrador replicou: "Sim, mas mesmo se temos ferramentas, ainda precisamos de madeira. Do contrário, nada podemos construir". O camponês evidentemente não conseguia sair de seu ambiente. Livrar-se da situação imediata depende em larga medida de nossa capacidade de refletir sobre significados verbais descontextualizantes. A significação precisa da palavra "ferramenta" em um encontro, ocorrido em 1930, entre um cientista judeu russo e um lavrador usbeque não pode ser reconstituída; porém, qualquer que seja, representou um passo fora da situação imediata da enunciação, um passo negado aos usbeques a quem não era dado conceituar a especificidade do martelo, da serra e da machadinha como ferramentas. Na ausência daquilo que Luria caracterizou como "a descontextualização dos meios mediacionais", o raciocínio reflexivo não podia emergir[21].

Bakhtin explica como um pensamento assim, abstrato e generalizado, surge em indivíduos particulares, em tempos específicos, por referência ao termo mediador para ambos, isto é, a "sociedade". Embora seja parte de um sistema existente no espaço interpessoal entre indivíduos, a palavra tem ao mesmo tempo a capacidade que a torna única entre os signos, a de ser produzida pelos próprios meios do organismo individual, sem que precise recorrer a qualquer outro material extracorpóreo:

21. A.R. Luria, *The Making of Mind: A Personal Account of Soviet Psychology*, ed. M. Cole e S. Cole (Cambridge: Harvard University Press, 1979), p. 69-70.

Isto determinou o papel da palavra, de material semiótico da vida interior, da consciência (fala interna). A consciência só poderia ter-se desenvolvido se tivesse à disposição material que fosse adaptável e exprimível por meios corpóreos. E a palavra é exatamente esse tipo de material. A palavra está disponível para [...] emprego interno[22].

Bakhtin subsume problemas psicológicos sob a categoria mais compreensiva da translinguística, sugerindo que "a realidade da psique interior é a mesma realidade que a do signo". O *locus* da consciência, a psique, situa-se algures no limite entre o organismo individual do corpo, concebido como pura carne e substâncias químicas, e as elaborações do mundo externo. Mas, por serem tão diferentes as operações da mente e as do mundo, o encontro entre eles necessita ser mediado. O signo é o meio para a tradução entre ambos:

A experiência psíquica é a expressão semiótica do contato entre o organismo e o ambiente de fora [...] o que torna uma palavra uma palavra é o seu significado. O que torna uma experiência uma experiência é também o seu significado[23].

Bakhtin ataca o modelo de vida mental oferecido por pensadores como Heinrich Rickert e Edmund Husserl, porque de um ou de outro modo eles deixam de conceber a unidade das operações psíquicas. A forma mais extrema de semelhante concepção desunificada é o modo como Freud explica o corte entre o consciente e o inconsciente. Bakhtin insiste em que não há diferenças ontológicas entre fala interna e externa, mas apenas graus relativos de compartilhamento entre a linguagem em seu nível mais fundo, onde a mente confina com o simples cérebro, e em seu nível mais alto, onde a fala externa converge para a linguagem do sistema social abarcante:

Entre a psique e a ideologia não existem, nem podem existir, fronteiras [...] todo signo externo, ideológico, de qualquer espécie, é engolfado em signos internos e banhado por eles – pela consciência. O signo externo origina-se deste mar de signos internos e continua a morar nele, visto que sua vida é um processo de renovação como algo a ser entendido, experimentado e assimilado, isto é, sua vida consiste em estar engajado sempre de novo no contexto interno[24].

A oposição de Bakhtin ao excesso de investimento no sujeito foi reforçado por seu contemporâneo, o psicólogo Lev Vigótski, que realizou experiências no campo da aquisição da fala[25]. Seu modelo de como os humanos efetuam a transição de bebês

22. "Volosinov", *Marxism*, p. 14.

23. Idem, p. 26.

24. Idem, p. 33.

25. L.S. Vygotsky, *Izbrannye psixologiżeskie issledovanija* (Moscou: Izdatel'stvo Akademii Pedagogičeskix Nauk, 1956), p. 25, 87. Vigótski e Bakhtin nunca se encontraram. Bakhtin teve conhecimento dos primeiros trabalhos de Vigótski, mas não há registro de que Vigótski soubesse da existência de Bakhtin. Cary Emerson, "The Outer Word and Inner Speech", *Critical Inquiry* 10.2 (dez., 1982): 245-264; James Wertsch, "The Role of Semiotic Mediation in Vygotsky's Account of Higher Mental Processes", em *Semiotic Mediation: Psychological and Sociocultural Perspectives*, ed. E. Mertz e R.J. Parmentier.

balbuciantes a crianças com pleno uso da linguagem, o que constitui o maior passo dado por nós em nosso processo de crescimento, possui paralelo no modelo proposto por Bakhtin, particularmente na sua insistência em que o *self vem* do outro: o "eu" é uma função das forças sociais. Vigótski admitia que temos consciência, ou pensamento de tipo rudimentar, antes de adquirirmos linguagem. Mas a autoconsciência só nos advém depois que entramos no mundo dos signos. A razão pela qual as crianças antes da idade de mais ou menos três anos, parecem tão maravilhosamente inconscientes de si é que não dispõem ainda de nenhum *self* de que possam ser cônscias. Os seres humanos, na infância, assemelham-se aos chimpanzés, na medida em que podem manipular o meio em derredor graças a um uso primitivo de "ferramentas", como a ação de quebrar nozes com pedras. Também possuem um vocabulário limitado de sinais codificados, como gritos de advertência ("Quente!"). Mas eles não contam, nessa fase, com signos verbais que se apresentem como opostos aos meros sinais.

Em algum momento entre os três e os sete anos, a maioria dos humanos passam por um estágio transicional em cujo decurso eles parecem "falar para si mesmos". Nesta fase da aquisição da linguagem, denominada por Piaget a da "fala egocêntrica", as crianças falam unicamente acerca de si mesmas e nunca tomam o ponto de vista de um ouvinte. Elas não estão interessadas em saber se os outros as ouvem e não esperam uma resposta. A essência desse comportamento é expressa na seguinte fórmula de Piaget: "A criança fala para si própria como se estivesse *pensando em voz alta*". A etapa subsequente, denominada por Piaget como a da aquisição de "fala socializada", apresenta-se usualmente em pleno curso aos sete anos de idade. Nela, as crianças trocam pensamentos com outrem, recorrendo a meios como pedidos, ameaças, críticas e perguntas. Vigótski definiu tal período como um movimento não só de um estádio de capacidade de linguagem para outro, mas também da mera consciência para o pensamento efetivo, quando os humanos aprendem a pensar. É portanto um período de transição da fala externa para a interna. O ponto de vista de Vigótski, segundo o qual "as funções mentais superiores aparecem no plano interpsicológico antes de aparecerem no plano intrapsicológico", era o seu modo de exprimir o princípio fundamental de Bakhtin, pelo qual o *self não* é completamente interno, mas, antes, um fenômeno limítrofe, que goza de "*status* extraterritorial", visto tratar-se de "uma entidade social que penetra dentro do organismo da pessoa individual"[26].

Assim, o desenvolvimento no plano do pensamento não é do individual para o socializado ou, como Bakhtin diria, do *self para* o outro, mas, antes, do social para o individual, ou do outro para o *self. A* sociedade e o *self* são os dois polos da ideologia, os limites da linguagem e os antípodas do significado. Entre ambos não há uma brecha absoluta, mas apenas uma relativa em termos de comunicações. Quanto mais profundamente entre tecido estiver no sistema psíquico, menos o signo será capaz de ser compartilhado com outros como expressão dos valores da sociedade. Entretanto,

26. "Volosinov", *Marxism*, p. 39.

à medida que se move no sentido de ajustar-se a formações ideológicas disponíveis, ele perde mais e mais da singularidade do contexto psíquico em que foi mantido.

As unidades de fala interna são menos discretas que as da fala externa, que apresentam uma qualidade mais difusa. Tais entidades de fala interna são o que Bakhtin chama de "impressões totais de enunciações", que ele glosa como

a impressão ainda indiferenciada da totalidade do objeto – o aroma de sua totalidade, por assim dizer, que precede e antepara o conhecer distintamente do objeto. Assim, por exemplo, muitas vezes não conseguimos nos lembrar de um nome ou de um termo, embora estejam na ponta de nossa língua, isto é, já dispomos de uma impressão total do nome ou da palavra, mas a impressão não logra desenvolver-se em sua imagem concreta diferenciada[27].

Essas unidades de fala interna estão organizadas de maneira mais econômica que a sintaxe da fala externa. São como as falas num diálogo na medida em que dependem de conflito. A elocução é sempre uma combinação da verbalização efetiva e dos elementos não verbalizados pressupostos pelo emissor e pelo destinatário. Quanto mais familiar é a relação de uma pessoa com outra, maior a quantidade de material que é possível pressupor e, portanto, que não precisa ser dito. Uma vez que a fala interna é um diálogo dentro da psique, sua linguagem está num ambiente íntimo ao máximo e por isso desenvolve-se com o mínimo de verbalização.

Toda elocução, seja em fala externa ou interna, tem um significado como uma unidade completa que garante a unicidade da enunciação como unidade distintiva. Bakhtin denomina este significado global de "tema" (*smysl*) da enunciação. O tema caracteriza-se pela transitoriedade, dado que sua significação é apropriada unicamente ao momento da proferição e a nenhum outro. E único e irreprodutível. O tema apresenta matizes de significação tão delicadamente finos que a maioria de nós não os considera na lufa-lufa da comunicação diária. Bakhtin argumenta que a elocução "Que horas são?" possui uma acepção diferente cada vez que é utilizada e, em consequência, um tema diferente, que depende da situação particular em que é expressa e da qual ela é parte[28]. O tema de uma enunciação é, destarte, um produto tanto de uma situação de vida real quanto de categorias linguísticas convencionais, tais como sintaxe, gramática e léxico.

O outro aspecto essencial da linguagem, de acordo com Bakhtin, é o "significado" (*značenie*). Esta é a face fixa, repetível, de qualquer elocução que é reprodutível e autoidêntica:

O tema irreprodutível da enunciação "Que horas são?", tomado em sua indissolúvel conexão com a situação histórica concreta, não pode ser dividido em elementos. Seu significado – que por certo permanece o mesmo em todos os exemplos históricos de sua proferição – é composto dos significados das palavras, das formas de união morfológica e sintática, das entonações interrogativas etc. que formam a construção da enunciação[29].

27. Idem, p. 99.
28. Idem, p. 98.
29. Idem, p. 100.

A entonação é de particular importância como meio que permite expandir a capacidade das mesmas velhas palavras de atender a novas e irrepetíveis situações. Bakhtin cita um encontro de Dostoiévski com seis trabalhadores embriagados que empregaram a mesma obscenidade com entonações diferentes a fim de exprimir seis significados diverso, ao passo que, se a palavra tivesse se apresentado impressa e portanto fora do contexto específico, ela pareceria ser o mesmo termo repetido seis vezes[30]. O poder da entonação para criar significações que são situacionalmente particulares lembra a tese de Bakhtin, segundo a qual os valores determinam a consciência. A linguagem é apenas a forma mais complexa e ao mesmo tempo a mais paradigmática em que o jogo de valores é expresso em atividade humana: "Não existe essa coisa de palavra sem acento avaliativo". Segue-se que "cada elemento em uma proferição viva tem não só um significado, mas também um *valor*". Bakhtin rejeita especificamente o emprego comum do termo "denotação", que indica uma referência, e o de "conotação", que indica uma atitude, por causa do ponto de corte entre os dois. Tal disjunção deixa escapar a indicação bakhtiniana de que o significado referencial não pode ser separado do uso avaliativo a que é posto: "Uma mudança no significado é, em essência, sempre uma reavaliação"[31].

A relação dialética entre os dois blocos construtores da elocução, o tema e o significado, é também a base do entendimento. Este ocorre primordialmente no âmbito do tema, onde ele é a atividade de um signo vivo que responde a um signo vivo:

> Entender o que diz outra pessoa significa orientar-se com respeito a esta proferição, encontrar para ela o lugar que lhe é próprio no contexto correspondente. *Todo verdadeiro entendimento é dialógico em sua natureza.* Ele é para a enunciação o que uma fala do diálogo é para a fala seguinte [...]. *Portanto, não há razão para afirmar que o significado pertence à palavra como tal.* Em essência, ele pertence a uma palavra em sua posição entre locutores [...] o significado é compreendido somente no processo de entendimento ativo, responsivo [...ele] ele não está na palavra ou na alma do locutor ou na alma do ouvinte. O significado é o *efeito da interação entre o falante e o ouvinte produzido por via do material de um complexo particular de som.*

O mito bakhtiniano da significância é, assim, uma história de um Deus que morre e revive:

> o significado – um elemento abstrato, auto idêntico – é subsumido ao tema e despedaçado pelas contradições vivas do tema de modo a retornar na forma de um novo significado com fixidez e autoidentidade apenas para o momento, exatamente como tinha antes[32].

As sugestões cristológicas lembram aqui manifestamente *A Arquitetônica.*

30. Dostoiévski não indica o substantivo preciso, mas se refere claramente à "mãe" (*mat'*) o que em russo, como em inglês negro-americano *motherfucker*, é uma forma abreviada de xingar a mãe. Roger Abrahams, *Talking Black* (Rowley, Mass.: Newbury House, 1976), p. 28.

31. "Volosinov", *Marxism*, p. 103, 105.

32. Idem, p. 105, 102-103.

Conceber a linguagem como essencialmente dialógica requer uma explicação das regras que separam uma voz da outra no diálogo. A preocupação de Bakhtin com o contexto vivo do significado tem o efeito irônico de forçá-lo a admitir problemas na área da linguística tradicional, vista, de há muito, como a mais formal e estática. A sintaxe era muito mais um assunto de retóricos do que de linguistas. A negligência com que estes a trataram resultou na inadequação e imprecisão das unidades da fala, tais como "sentença" ou, pior ainda, "parágrafo". Por ter a linguística deixado de reconhecer a elocução viva como um objeto próprio, ela perdeu todo e qualquer senso do todo. E na falta deste, não poderia gerar uma teoria praticável das partes. Bakhtin cita o caso de uma proferição composta de um único termo, como é o caso de "Bem":

> Se aplicarmos a esta palavra todas as categorias usadas pelos linguistas, tornar-se-á de pronto evidente que tais categorias definem a palavra exclusivamente em termos de um elemento potencial de fala e que nenhuma abrange a enunciação inteira. Que algo extra que converte esta palavra em uma enunciação completa permanece fora do alcance do inteiro conjunto das categorias e definições linguísticas[33].

Para ampliar e iluminar o estudo da sintaxe, Bakhtin voltou-se para área da "fala relatada" (*cuzajerec'* lit. "fala do outro"). A fala relatada, ou citante, é um objeto adequado para este papel crucial por ser um fenômeno muito simples e ubíquo. Ela é "a fala dentro da fala, a enunciação dentro da enunciação e, ao mesmo tempo também, *a fala sobre a fala, a enunciação sobre a enunciação*". A significante diferença entre a fala relatada e todas as outras espécies de elocução é sua natureza intensamente reflexiva. A fala relatada é a mais autoconsciente:

> tão logo se torna uma unidade construcional na fala do autor [...] a enunciação relatada simultaneamente se torna um tema dessa fala. Ela entra no desígnio temático desta última precisamente como relatada, uma elocução com *seu próprio tema autônomo:* o tema autônomo converte-se, assim, em um tema de um tema[34].

Enquanto que o esforço vigoroso de tornar-se consciente da consciência pode impedir até filósofos de atingir um tal estado, todo mundo está sempre envolvido nos rigores da fala relatada, se não por outro motivo ao menos porque muito do que é dito compõe-se daquilo ou versa sobre aquilo que outros já disseram. O problema na fala relatada é como manusear os limites, como demarcar os pontos onde a fala de uma pessoa acaba e a da outra pessoa começa e termina. A resposta a tais questões, os meios de controlar o tráfego nas vozes, constitui a substância de disciplinas inteiras e instituições sociais. A jurisprudência, por exemplo, desenvolveu um conjunto de procedimentos para tentar superar a notória porosidade das fronteiras, que produz categorias tão rebarbativas como "partes da primeira parte" e "partes da segunda parte". A mais

33. Idem, p. 106.
34. Idem, p. 115, 99.

importante assunção da lei, no tocante aos limites entre fala autoral e relatada, sustenta que a fala daqueles que estão diante de um tribunal é vítima de contingência e subjetividade. A lei supõe uma disparidade entre esta fala subjetiva e a objetividade do aparelho de investigação e relato da própria corte. Guerras religiosas têm sido travadas sobre as fronteiras entre aqueles que verdadeiramente relatam a palavra de Deus e aqueles que, embora pretendam relatar a fala divina, estão falando apenas com suas próprias vozes humanas. A literatura elaborou meios não muito satisfatórios para distinguir entre influência e plágio. O problema em cada caso é encontrar o verdadeiro autor, a pessoa que responde pelas palavras em questão.

Mas a via mais comum pela qual as pessoas descobrem os limites de sua própria fala e a dos outros situa-se nas regras da gramática que foram instituídas para marcar tais distinções. O inglês e a maioria das línguas europeias possuem em essência três tipos de gramática: regras para uso pronominal (*I heard him say,* "Eu *o* ouvi dizer"), regras para orações subordinadas (*I heard him say* that, "Eu o ouvi dizer *que*") e regras para a distinção de tempos verbais (*I heard him say tha the* was going to do, "Eu o ouvi dizer que ele ia fazer"). As regras para orações subordinadas, que na Rússia constituem uma área muito rica para trabalhos acadêmicos, têm utilidade limitada no Ocidente; amiúde são extremamente artificiais e falham na prática efetiva, em grande parte porque dependem mais do significado gramatical do que do tema vivo. Depender delas exclusivamente leva a perder o sentido do que está sendo de fato dito. O significado é o efeito de uma interação entre o locutor e o ouvinte produzido por meio do material de um complexo particular de som. É como uma "faísca elétrica", para empregar uma das raras metáforas não orgânicas de Bakhtin, que ocorre "somente quando dois terminais são ligados um no outro. Aqueles que os ignoram [...] querem efetivamente acender uma lâmpada elétrica depois de haver desligado a corrente". As tentativas gramaticais de limitar a fala relatada a orações subordinadas esquecem que "apenas a corrente do intercurso verbal dota uma palavra com a luz da significação"[35]. O mesmo é verdade em relação às tentativas de legislar sobre as fronteiras entre a fala autoral e a relatada com base apenas no tempo verbal, como seja explicar uma passagem invocando a necessidade geral de manter a sequência do tempo do verbo em inglês em construções passadas ou futuras, ou apelando para a ausência de tais regras em russo como princípio explanatório. Tais regras são importantes mais por revelar preconceitos com respeito ao significado em geral ou por indicar períodos históricos e tipos nacionais do que por apontar o tema específico de uma dada elocução.

Bakhtin identifica duas atitudes básicas para com os marcadores de fronteira entre fala autoral e relatada. A primeira, que ele qualifica de "linear", tenta guardar a integridade e a autenticidade da fala que está sendo relatada. Fronteiras muito agudas são estabelecidas entre a fala de uma pessoa e a fala de outra que é citada. Tais limites servem "para demarcar a fala relatada tão claramente quanto possível, para protegê-la da

35. Idem, p. 115.

penetração das entonações do autor, e para condensar e encarecer suas características linguísticas individuais". Essa tendência acha-se refletida em todas as sociedades em áreas como a da lei, porém é mais típica em alguns lugares e períodos do que em outros, como no século XVII na França e no século XVIII na Rússia[36].

A tendência linear na demarcação locutiva é tipificada pelo impulso para construir contornos externos nítidos para a fala relatada. A tendência oposta, que Bakhtin denomina "pictorial", inventa meios para impregnar a fala relatada com réplica autoral e comentário. O contexto relatante "demole a compacidade autossuficiente da fala relatada, a fim de decompô-la, de obliterar seus limites"[37]. Um impulso assim caracterizou o fim do século XVIII, em especial na França, e virtualmente o século XIX inteiro, os dois períodos que estavam mais próximos do coração de Bakhtin.

Ao aplicar seu dispositivo exposicional de organização diádica, Bakhtin dá a cada uma dessas duas atitudes básicas para com a demarcação locutiva uma estratégia analítica como resposta. A estratégia correspondente ao impulso linear, chamada "análise do referente", disseca o significado em suas unidades ideacionais constituintes, referenciais: "uma embutida tendência a tematizar a enunciação de outro locutor [...] preserva o caráter coesivo e a autonomia da elocução, não tanto em termos de construção como em termos de significação". A ênfase cai no significado da proferição, não em seu estilo, de modo que há um certo montante de despersonalização da fala relatada. Esta atitude analítica "ocorre somente dentro de um contexto autoral que é um tanto racionalista e dogmático na natureza", onde a discussão é intelectual, entre ideias mais do que entre pessoas. Tolstói usa com frequência essa estratégia nas passagens polêmicas de suas obras[38].

A estratégia oposta, denominada "análise de textura", é a de colocar uma enunciação entre aspas menos para enfatizar a distinção entre fala autoral e relatada do que para sublinhar a tipicidade das palavras em ressalto. Um exemplo dos *Irmãos Karamazov* é o tratamento dado pelo narrador a dois poloneses durante o interrogatório de Dmítri: "eles apareceram com uma exibição de orgulho e independência. Eles declararam em alta voz que, em primeiro lugar, estavam ambos 'a serviço da coroa' e que 'Pan Mitia' oferecera comprar o favor deles por 3.000 rublos". As palavras dos poloneses são aqui "tornadas estranhas" no sentido de que "são particularizadas, sua coloração é intensificada, mas ao mesmo tempo são moldadas de modo a acomodar graduações da atitude *do autor* – sua ironia, humor e assim por diante"[39]. Dostoiévski é o melhor representante da abordagem "análise de textura", ao passo que Tolstói o é da "análise de referente".

As diferenças entre esses dois modos de expressão e as tendências analíticas próprias a cada um deles assinalam uma distinção principal entre sistemas de cultura. A

36. Idem, p. 103, 199.
37. Idem, p. 120,
38. Idem, p. 120, 130.
39. Idem, p. 131.

modalidade linear é em geral característica de sociedades mais antigas, a pictorial da idade moderna. As culturas são sempre mais propensas a uma do que a outra. Isto é, os russos são menos lineares e mais pictoriais, enquanto os franceses são menos pictoriais e mais lineares. Mas, para além de distinções grossas como estas, finos estriamentos na arqueologia da mente são traçados ao longo das linhas marcadas pelo movimento de uma modalidade para outra. Bakhtin erige toda uma antropologia cultural com base nas relações mutantes entre fala autoral e relatada.

Bakhtin consegue mover-se desembaraçada e coerentemente entre uma discussão de estilística e outra sobre sociedades inteiras porque o problema da fala relatada tem a ver com a política de citações. A questão de quanto do significado do outro eu permitirei que passe quando cerco suas palavras com as minhas é uma questão acerca da governança do significado, acerca de quem o preside e de que porção dele é partilhada. Em outros termos, ela tem a ver com os graus relativos de liberdade concedidos pelos locutores àqueles outros locutores cujas palavras eles apropriam nas suas. O modo como as pessoas tratam caracteristicamente a fala de outrem não reflete apenas uma estilística literária ou as regras da gramática ou pontuação que se aplicam quando se faz citação, mas revelam também atitudes a respeito da circulação de palavras estrangeiras típicas de culturas inteiras. O modo como o discurso é ordenado em dada sociedade é o registro mais sensível e compreensivo de como são ordenadas todas as suas práticas ideológicas, inclusive religião, educação, organização do Estado e polícia. As culturas podem ser classificadas como abertas ou fechadas conforme o modo pelo qual tratam a fala relatada. Destarte, em Bakhtin, o estudo do fenômeno é empreendido como uma contribuição não somente à poética, mas também à política: "Nas vicissitudes da palavra encontram-se as vicissitudes da sociedade dos usuários da palavra"[40].

O fato de o livro onde aparecem tais considerações ter sido publicado no mesmo ano em que Bakhtin foi preso pode dar alguma ideia da premência atribuída por ele ao tema do respeito às palavras dos outros. Na referida obra, as preocupações morais que marcam o período anterior de Bakhtin são atreladas a novos propósitos, na medida em que se tornam meios de repensar a linguística. Mas é claro também que as inquietações políticas e éticas continuam sendo a força essencial a animar sua filosofia da linguagem.

40. Idem, p. 157.

II

A Poética de Dostoiévski

Dostoiévski veio a ser um fator decisivo na moldagem do pensamento de Bakhtin, e as vicissitudes de seu livro sobre o romancista afetaram de maneira similar o destino pessoal do crítico, intensificando o *status* de Dostoiévski de secreto partícipe no curso de existência de seu intérprete. Nenhuma outra obra de Bakhtin afetou sua vida tão diretamente como este livro o fez. O aparecimento, em 1929, da primeira edição, intitulada *Problemas das Obras Criativas de Dostoievski* constituiu-se, para seu autor, tanto numa saudação de boas-vindas quanto de adeus, um evento bifronte que assinalou quer a sua primeira tentativa bem-sucedida para irromper numa publicação sob o seu próprio nome, à exceção do efêmero volante que circulara dez anos antes em Nevel, quer ainda a sua última aparição em forma impressa antes de imergir no exílio e na obscuridade. A segunda edição de 1963 não põe entre parênteses menos nitidamente o período que Bakhtin passou no ostracismo, pois o seu lançamento anunciou a reemergência deste escritor na cena editorial soviética e seu ascenso à proeminência internacional. Em ambas as ocasiões, o livro salvou a vida de Bakhtin. Quando da primeira edição, a crítica favorável de Lunatchárski ajudou os amigos de Bakhtin em seus esforços para reduzir a sentença, que de uma morte certa no campo de trabalho forçado se converteu em um exílio relativamente brando no Cazaquistão. Três décadas depois, o mesmo livro inspirou a um grupo de jovens estudiosos do Instituto Górki a procurar o autor, já entrado em anos, em seu retiro mordoviano, iniciando o processo que haveria de resgatar do esfarelamento num chalé de Saransk as outras obras inéditas de Bakhtin. A primeira publicação o salvou da morte física em Solóvki; a segunda, da morte literária por negligência.

As relações entre Bakhtin e Dostoiévski foram além dos limites normais de um crítico com um autor e alcançaram o tipo de intimidade que existe entre duplos. Dostoiévski, o autor que se sentia inadequado para desenvolver a "grande ideia" do duplo, e Bakhtin, o pensador que devotou sua vida à meditação sobre o papel do outro no *self,* tinham muita coisa em comum. Até no nível da experiência pessoal havia afinidades entre eles. Ambos viram-se presos por crimes políticos, e assim como a sentença de Bakhtin à morte certa em Solóvki foi alterada para o exílio no Cazaquistão, do mesmo modo a morte de Dostoiévski por um pelotão de fuzilamento na Praça Semienóvski foi comutada para o desterro na Sibéria. Ambos lutaram com os paradoxos mais *outrés* da ortodoxia russa. E um e outro procuraram reconciliar uma profunda afeição pela cultura europeia com um ódio pela atomizada sociedade capitalista.

O mais significativo monumento à dupla vocalidade de um e de outro ergue-se em *Problemas das Obras Criativas de Dostoiévski,* que o ensaísta consagrou ao autor de *Irmãos Karamazov* e que ocupa um lugar único entre as obras de Bakhtin. Este livro absorveu sua atenção por mais tempo do que qualquer outro, com exceção de *A Arquitetônica da Respondibilidade.* Como o principal tema nele tratado desenvolve-se a partir daquela porção de *A Arquitetônica* que é dedicada às relações autor/personagem, o projeto pode ter atraído Bakhtin já em 1919, mas ele começou a trabalhá-lo antes de mudar-se de Nevel para Vitebsk, em 1920. Numa carta de 18 de janeiro de 1922, endereçada a Kagan, Bakhtin relata: "Estou agora escrevendo uma obra sobre Dostoiévski, que espero completar em pouco tempo"[1]. Por volta do mês de novembro do mesmo ano, o trabalho estava tão adiantado a ponto de ser anunciado para breve na revista de Petrogrado *A Vida da Arte,* mas por razões desconhecidas o livro não apareceu. E só foi de fato publicado sete anos mais tarde. Assim como o texto sobre Dostoiévski brotou de estudos anteriores, do mesmo modo lhe coube nutrir vários ensaios e livros sobre a arte do romance, que Bakhtin produziu em época posterior, sobretudo nos anos 1930. Seus temas continuaram a preocupá-lo até a morte, pois seus derradeiros ensaios e anotações retornam repetidamente às indagações que marcam a obra sobre o romancista de *Humilhados e Ofendidos.* De todas as vozes que o crítico mesclou à sua, de Rabelais e Goethe a Volochinov e Miedviédev, a mais congenial ao próprio Bakhtin foi a de Dostoiévski.

A segunda edição do livro, que trazia como novo título *Problemas da Poética de Dostoiévski,* era a variante que Bakhtin mesmo preferia, sendo, das duas, a versão mais completa. Embora pequena parcela do texto de 1929, a que trata do papel dos enredos tipo-aventura em Dostoiévski, tenha sido suprimida na segunda edição, houve acréscimo de um novo e importante material, composto primordialmente da história da sátira menipeia, sua relação com outras formas de literatura e sua conexão com fenômenos extraliterários como o carnaval e outros rituais descoroadores[2]. A obra ocupa-se em essência de um problema de estrutura, isto é, os procedimentos formais que permitem a Dostoiévski levar cada uma de suas

1. K. Nevel'skaja, ed., "M.M. Baxtin i M.I. Kagan", *Pamjat',* n. 4 (1981): 263.

2. Uma extensão óbvia da porção eliminada do escrito de 1929 aparece em dois textos ulteriores de Bakhtin, "Da Pré-História do Discurso Novelístico" e "As Formas do Tempo e o Cronótopo no Romance".

personagens a falar em voz própria com mínimo de interferência de parte dele como autor, cujo efeito é o de criar um novo gênero. Bakhtin chama tal gênero de "romance polifônico", porque apresenta muitos pontos de vista, muitas vozes, cada qual recebendo do narrador o que lhe é devido.

O livro abre-se com uma demonstração de dialogismo em trabalho. Bakhtin procede com os outros críticos de Dostoiévski como este procede com suas personagens. Deixa que todos eles falem com voz própria, através de longas citações de cada um, mas, assim agindo, os críticos expõem as posições que ele, Bakhtin, deseja que exponham. Conquanto cada crítico difira de todos os outros, há um ponto sobre o qual concordam: a novela dostoievskiana típica organiza-se como um conflito entre ideias encarnadas. Os críticos estão cônscios da dificuldade de optar por uma ou outra dessas ideologias publiantes que colidem entre si no mundo criado por este romancista e, no entanto, cedo ou tarde acabam escolhendo uma das vozes conflitantes como a que "verdadeiramente representa" o ponto de vista do "próprio" Dostoiévski, que é realmente o deles próprios.

Bakhtin argumenta que essa polifonia apresentada pela crítica dostoievskiana é testemunha da polifonia existente em Dostoiévski mesmo. Ela constitui não somente a marca distintiva de seus romances e de seu feito único na história da literatura, mas também uma brecha para um novo entendimento de como a autoconsciência, ou a consciência do *self*, opera na interação humana mesmo fora da literatura. Dostoiévski estabelece uma relação única com suas personagens. Ele cria "não escravos destituídos de voz [...] porém gente *livre*, capaz de postar-se *ao lado* de seu criador, capaz de não concordar com ele e até de rebelar-se contra ele"[3].

O traço essencial dos romances de Dostoiévski deriva não do poder ideacional, o argumento, de qualquer personagem individual, mas da relação de cada uma com as palavras das outras. Ivan Karamazov distingue-se não por sua filosofia como tal, porém pelo modo como ele plasma esta filosofia em face de todas as objeções e acréscimos das outras personagens no romance, cada uma das quais, como Smerdiakov ou o diabo, é igualmente capaz de levantar poderosos argumentos de sua própria autoria. Os chamados "monólogos" de Ivan apresentam-se palpitantes de consciência do outro. Cada uma das falas de Ivan é um diálogo, não só consigo mesmo ou com Alioscha, mas também com muitos outros pontos de vista, que são todos conduzidos simultaneamente. A consciência de Ivan está inçada da consciência dos outros. Sua maior fala e mais longa, que contém a lenda do Grande Inquisidor, é um monólogo acerca de um diálogo que é crivado de muitas vozes. Nenhuma dessas vozes é mais alta do que a de Cristo, cujo silêncio

3. Mikhail Bakhtin, *Problems of Dostoevsky's Poetics*, ed. e trad. Caryl Emerson (Minneapolis: University of Minnesota Press, 1984), p. 6. Apêndice II a essa edição inclui notas de Bakhtin "Toward a Reworking of the Dostoevsky Book" (1961). Em relação a tais notas, ver também M.M. Baxtin, *Èstetika slovesnogo tvorcestva* (Moscou: Iskusstvo, 1979), p. 308-327.

indica a superficialidade do aspecto mecânico, fônico do que nós normalmente chamamos "voz".

O diálogo de tais personagens constitui a essência do feito de Dostoiévski. Este cria uma nova espécie de unidade em seus romances, não a familiar unidade baseada na difusividade de uma única ideia ou de um tema, porém a unidade expressiva inerente às relações dialógicas entre várias ideias ou vozes opostas. Assim, o mundo de Dostoiévski caracteriza-se por um tipo muito especial de espaço e tempo. Consiste da "artisticamente organizada coexistência e interação da *diversidade* espiritual e não de estádios de um evolvente espírito unificado". Concentra num tempo e espaço singular, uma segunda fenda singular, a maior diversidade possível:

> Em cada voz podia ouvir duas vozes disputando, em cada expressão um estalo e a prontidão de passar imediatamente a outra expressão contraditória [...] ele percebia a profunda ambiguidade [...] de cada fenômeno. Mas nenhuma dessas contradições e bifurcações jamais se tornaram dialéticas, nunca foram postas em movimento ao longo de uma trilha temporal ou numa sequência evolvente: eram, antes, espalhadas em um plano, como se postadas lado a lado ou uma defronte à outra[4].

Dostoiévski consegue criar semelhante simultaneidade e diversidade porque abre suas personagens umas às outras. Como o homem do subsolo, tem consciência de que não há verdade final sobre as pessoas enquanto estão vivas. O desejo básico dos indivíduos de transtornar todas as definições terminativas a respeito de sua individualidade (*selfhood*) é o que Dostoiévski denomina "vida viva" ou "o homem no homem", e ele acentua esta qualidade em cada uma de suas personagens.

Bakhtin vê em Dostoiévski "o criador do romance polifônico", o iniciador de "um gênero novelístico fundamentalmente novo", o primeiro e único autor a ter êxito na "nova tarefa artística [...] de construir um mundo polifônico e destruir as formas basicamente monológicas (homofônicas) do romance europeu estabelecido"[5]. Mais tarde, todavia, Bakhtin passa a considerar a novela dostoievskiana menos como um acontecimento sem precedentes na história do romance do que como uma das mais puras expressões do que sempre estivera implícito no gênero. Ele estabelece, destarte, em termos mais paradigmáticos do que gerativos a importância de Dostoiévski para o romance.

Bakhtin foi o primeiro crítico a perceber o emprego da polifonia na obra desse escritor por ser o único intérprete dostoievskiano armado de uma teoria do discurso plenamente elaborada, ou seja, tão complexa quanto o próprio autor de *O Idiota*. Nem Dostoiévski como romancista, nem Bakhtin como crítico, foi o primeiro a conceber uma teoria assim; antes, os dois juntos erigiram uma translinguística capaz de revelar a significação da autoria em um mundo onde o significado só pode surgir em diálogo. Dostoiévski é o outro de que Bakhtin mais necessitava para ser ele próprio.

4. Bakhtin, *Problems*, p. 30.
5. Idem, p. 8.

Bakhtin usa Dostoiévski como uma figura originadora, cuja primazia é um tapa na cara de todos os outros argumentos bakhtinianos contra esta primazia. Dostoiévski serve, assim, como mais uma máscara de Bakhtin; o descobridor da heteroglossia encontra-se por trás do "descobridor" da polifonia.

O que Bakhtin chama "polifonia" é simplesmente aquele fenômeno cujo outro nome vem a ser dialogismo. Como Bakhtin admite:

> Todo pensamento dos heróis de Dostoiévski [...] percebe a si mesmo, desde o próprio início, como uma *réplica* em um diálogo não finalizado. Tal pensamento não é impelido para um todo bem torneado, acabado, sistematicamente monológico. Ele vive uma vida tensa nos limites do pensamento de alguém mais, da consciência de alguma outra pessoa[6].

A polifonia de Dostoiévski ilustra o conceito de autoria que Bakhtin propôs em nível mais abstrato, em 1919, em *A Arquitetônica*, e de novo, em 1924, em "O Problema do Conteúdo, Material e Forma na Criação Artística Verbal". Este interesse pelas relações entre autores e suas criações, por seu turno, especifica um aspecto ainda mais complexo do pensamento de Bakhtin, a fundamentação de todos os valores em dois centros diferentes, o eu e o outro. Há um conjunto de valores que eu aplico por mim mesmo a mim mesmo e outro que eu aplico a todos os outros que não são eu. Eles, por sua vez, fazem a mesma distinção entre si próprios e os outros. E na brecha entre os dois sistemas de valores está o espaço onde o diálogo é buscado em seu nível mais profundo.

Além do mais, semelhante arranjo constitui não só uma arquitetônica do valor, mas também uma política: eu posso relacionar-me como um déspota com os outros, isto é, de maneira completamente monológica, ou posso relacionar-me de forma democrática, ou seja, polifônica ou dialogicamente. A preocupação de Bakhtin quanto ao modo como os autores se relacionam com suas personagens é, então, não apenas um cuidado com as propriedades formais do ponto de vista, mas ainda um meio de encarnar possibilidades das relações *self*/outro. *A Arquitetônica* tratava tais relações como um problema na fenomenologia da consciência e as descrevia em linguagem filosófica abstrata, enquanto que *Os Problemas da Poética de Dostoiévski* traduz

> todos esses aspectos estruturais da interdependência de consciência para a linguagem das relações sociais, para as relações interindividuais da vida cotidiana (isto é, para as relações de enredo no sentido amplo da palavra)[7].

Bakhtin concebe a literatura como um uso especial da linguagem, que oferece aos leitores o ensejo de enxergar coisas que são obscurecidas pelas restrições à expressão em outras aplicações da linguagem. O romance como gênero, e em particular o dostoievskiano, é, com efeito, outro órgão de percepção. Tal romance permite ver

6. Idem, p. 32.
7. Baxtin, *Èstetika*, p. 317.

paradigmas da interação humana que em nenhuma outra parte se mostram tão claramente desenhados ou perceptíveis. Eles podem ser vistos por causa do ponto de vista particular que Dostoiévski adota com respeito ao ponto de vista cuja articulação em seus romances oferece aos leitores um ponto de vista a partir do qual lhe é dado ver as relações *self*/outro a uma nova luz. Na linguagem de *A Arquitetônica*, que Bakhtin continuava a usar nos cadernos de anotações enquanto retrabalhava seu livro sobre o romancista de *Irmãos Karamazov* para a segunda edição, Dostoiévski partilha seu "excedente de visão" (*izbytok videnija*) com suas personagens, um excedente que então se estende também a seus leitores, mas somente àqueles que conseguem descartar ideias convencionais acerca do ponto de vista[8].

Uma ideia convencional que deve ser afastada, a qual fora atacada por Bakhtin anteriormente em "O Problema do Conteúdo", é o conceito de que a obra de arte constitui uma coisa terminada, uma unidade hermética. Na medida em que a obra continua a viver, precisa estar engajada em diálogo, que só é possível quando ela ainda está aberta e apta à interação: a obra de arte nunca chega a ser acabada. As personagens em um romance não são como moscas, imobilizadas no âmbar parecido com objeto do texto que as cerca.

Outra ideia convencional a ser dispensada sustenta que é dado aos autores manifestar suas intenções por completo em suas obras, de modo que os leitores podem conhecer com precisão "o que eles queriam dizer". O corolário é a opinião de que, se os leitores não logram articular um ponto de vista único passível de ser reprojetado e relido nos textos como a vontade dos autores, considera-se que estes não têm ponto de vista ou, ao menos, nenhum que seja bastante poderoso para estruturar seu mundo ficcional e, assim sendo, que malograram na realização da obra. A polifonia em Dostoiévski é amiúde negada sob a alegação de que, se as suas personagens fossem de fato tão independentes quanto muitas vezes parecem ser, isto significaria que o seu escritor foi de algum modo passivo ou irresponsável em seu papel de autor. Mas Bakhtin não afirma

> que há alguma espécie de passividade da parte do autor que apenas conjuga pontos de vista de outrem, rejeitando completamente o seu próprio. De modo algum! Trata-se, antes, de uma inter-relação totalmente nova e especial entre sua verdade e a dos outros[9].

Bakhtin argumenta que o modo de Dostoiévski relacionar-se com as suas personagens é mais complexo do que as concepções tradicionais de autoria são capazes de perceber. A maioria das teorias de como o autor plasma o significado em textos literários tem sido extensões de ideias acerca de como os falantes em situações cotidianas moldam o significado em suas comunicações. Essa concepção sempre foi essencialmente monológica: assim; como era suposto que as pessoas podem transmitir a um destinatário, em termos inequívocos, uma intenção que é exclusivamente sua e, desta forma, afetar diretamente a resposta,

8. Idem, p. 324; *Problems*, p. 298-299.
9. Idem, p. 310; idem, p. 285.

do mesmo modo a maioria das teorias da literatura admitem como certo que os autores são capazes, por vias mais ou menos mediadas, de controlar suas personagens a ponto de obter efeitos previsíveis sobre os leitores. A soma total da interação coletiva das personagens constituiria uma mensagem cujo significado foi intencionado pelo criador de tais figuras. Esta visão da autoria tem tido defensores tão sofisticados quanto Henry James e Wayne Booth. É fundamentalmente a teoria da autoria representada pelo desenho, feito por Saussure, de duas cabeças a conversar, as quais enviam uma à outra mensagens que incorporam de uma forma monológica suas respectivas intenções.

Por pressupor um cenário inteiramente diverso sobre o modo como as pessoas se comunicam umas com as outras na vida diária, sua suposição quanto ao modo como os autores moldam o significado também é diferente:

> O autor é profundamente ativo, mas sua atividade é de uma [...] natureza dialógica. Uma coisa é ser ativo em relação a um ente inanimado – um material mudo que pode ser moldado à vontade; é coisa bem diversa ser ativo em relação a outra consciência viva, igualmente privilegiada[10].

Perceber a diferença entre as duas versões de autoria requer algo mais do que ajustar certas atitudes a respeito das propriedades formais dos textos literários. O monologismo, como Bakhtin havia argumentado desde o início de sua carreira, é uma visão de mundo difundida por toda a parte. Passar de uma concepção monológica do mundo para outra de caráter dialógico é dar um passo quase tão grande quanto o da cosmovisão geocêntrica para a copernicana. Repetidas vezes volta Bakhtin a mencionar esta mudança cosmológica: "Dostoiévski efetua, por assim dizer, uma pequena revolução copernicana". De igual forma como o sol foi deslocado de seu lugar central a fim de abrir espaço à interação mais complexa do mundo copernicano, também os autores são removidos do centro do mundo textual para que assumam seu lugar no toma-cá-dá-lá de energia narrativa em que as personagens exercem suas próprias forças. A unidade do texto é menos a de "uma e única" harmonia que a de uma harmonia dialógica de díades e múltiplos não amalgamados, tanto quanto a unidade do *self* é concebida por Bakhtin como sendo de caráter diádico: "A unidade do mundo de Einstein é mais complexa e mais profunda do que a do mundo de Newton, e é uma unidade de ordem mais elevada"[11].

Durante o mesmo período em que estava reelaborando o livro sobre Dostoiévski, Bakhtin produziu o ensaio sobre "O Problema do Texto" (1959-1961). Neste artigo, a questão é precisamente como entender a unidade do texto em um universo que é dominado pela relatividade e no qual "o experimentador [em microfísica] torna-se um dos aspectos do sistema que está sendo experimentado"[12]. Não há mais um espaço

10. Idem, p. 310; idem, 285.
11. Bakhtin, *Problems*, p. 49; Baxtin, *Èstetika*, p. 324 (*Problems*, p. 298).
12. Baxtin, *Èstetika*, p. 302.

privilegiado para metaexperimento e não há mais metalinguagem autoral independente da linguagem das personagens.

O princípio dialógico, tal como é aplicado à autoria, não significa que Dostoiévski não tem nenhum ponto de vista próprio. Ao contrário, seu ponto de vista é estabelecido por meios diferentes e com um efeito diferente daqueles da maioria de outros escritores. Em vez de atribuir ao autor um privilégio que é exclusivo do discurso ficcional, onde o criador tem um *status* ôntico diferente do de sua criação, Bakhtin define a relação de Dostoiévski com suas personagens como governada pelo mesmo conjunto de condições que prevalece em todo discurso. Por isso, as opiniões de Bakhtin sobre Dostoiévski não podem ser separadas de sua teoria geral do discurso, em que eu nunca estou livre para impor minha intenção desimpedida, mas devo sempre mediá-la através das intenções dos outros, a começar pela outridade da própria linguagem em que estou falando. Tenho que entrar em diálogo com outrem. Isto não significa que não posso fazer com que meu próprio ponto de vista seja entendido; mas implica simplesmente que o meu ponto de vista há de emergir somente através da interação de minhas próprias palavras e as de um outro à medida que elas contendem umas com as outras em situações particulares.

O autor dostoievskiano reside em um lugar que Bakhtin chama de "extralocalidade" (*ynenaxodimost'*). Esta palavra descreve uma posição que só pode ser conhecida por meio da mais complexa triangulação das relações interpessoais. E um relacionamento e uma atividade mais do que um local, uma localização que inexiste no espaço físico. Dostoiévski não está ao lado de suas personagens, como Tackeray, digamos, em *Vanity Fair.* Nem abaixo delas, como no caso de Gógol, cuja posição como autor é a de ficar continuamente impressionado com as triviais realizações de suas criaturas e a de dramatizar a sua inadequação para a tarefa de conduzir simplesmente a narrativa. Nem Dostoiévski está acima de suas personagens, como Flaubert em relação às vítimas de sua implacável ironia em *Madame Bovary.*

Dostoiévski e suas personagens são todos igualmente compostos de linguagem. São palavras, combinações de suas próprias palavras e as de outros, todas são *selves* construídos a partir de outros *selves.* O "sujeito" dos romances de Dostoiévski não pode ser reduzido a este ou àquele tema ou a esta ou àquela vida porque seu "sujeito" é "o eu do outros, não como objeto mas como outro sujeito"[13]. E como o diálogo *self*/outro é desenvolvido em termos de um intercâmbio de significados de vida e não de formas mortas, Dostoiévski encontra-se entre as palavras de suas personagens. O traço característico de sua autoridade é menos temporal e menos ainda espacial do que cinético. É uma atividade, um ato constantemente executado, algo em movimento mais do que um estado ou uma localização. Quando Dostoiévski diz que deseja estudar o "homem no homem", está se referindo ao que mais usualmente é denominado "eu-para-si mesmo". Ele está enfatizando o grau em que suas personagens são percebidas não como unidades

13. Bakhtin, *Problems,* p. 11.

biograficamente completas que experimentam nascimento, morte e todos os estádios intervenientes, mas, antes, como autoconsciências, que são cônscias dos outros a partir de quem elas se produzem a si mesmas. Dostoiévski não tem maior interesse nos aspectos da vida que não são os constituintes imediatos da consciência. Ele está interessado nas crianças, por exemplo, apenas na fase limítrofe da adolescência ou naquele ponto precisamente em que estão entrando na autoconsciência. E ele está totalmente desinteressado pela morte, que é onde nos separamos da autoconsciência, na medida em que nunca podemos conhecer por completo todos os fatores de nossa própria morte, apenas um término da atividade de nossa autoconsciência.

Tanto Dostoiévski quanto Bakhtin mantinham cadernos de notas sobre o trabalho em andamento (*work in progress*); na realidade, este *work in progress* é com frequência o caderno de notas. Toda leitura de um texto "acabado", escrito por um ou por outro, deve portanto ser posto no contexto da versão inacabada fornecida pelo caderno de notas. Apropriadamente, as observações mais interessantes que Bakhtin faz acerca da natureza inacabável da consciência no âmbito dos romances de Dostoiévski não estão contidas nas versões publicadas do livro, porém nas anotações de trabalho para a segunda edição. Nelas, o crítico isola um traço formal na escritura romanesca dostoievskiana que intensifica o seu foco sobre a consciência, uma vez mais empregando Tolstói como contraste útil. Acima e além do fato de se encontrar maior número de mortos em Tolstói do que em Dostoiévski, há uma diferença qualitativa no respectivo tratamento formal das cenas de morte. Tolstói está primordialmente interessado no que pode estar sentindo interiormente a pessoa que está morrendo. Ele está menos interessado no que tal morte significa para ou trem. Isto requer uma certa transgressão da lógica no ponto de vista que deve ser adotado em cenas assim. É como se a pessoa descrevesse a própria morte depois de morta. Semelhante contradição só é possível na ficção, porque somente nela se pode ignorar a verdade da inelutável diferença entre o *self* e o outro. Consciência é vida e, por isso, o *self* não pode conhecer-se como morte. Sua própria existência é contérmina com a consciência, e a consciência é precisamente o que cessa com a morte. No momento da morte, duas coisas ocorrem simultaneamente: a consciência cessa e o *self* torna-se totalmente outro. O *self* morre; a outridade prossegue. Não fica restando nada para resistir às múltiplas alteridades na biologia ou na sociedade. Retratar a morte pelo lado de dentro, como faz Tolstói, é "mover-se de uma consciência para outra, como se alguém estivesse indo meramente de um aposento para outro. Tolstói não reconhece o limiar absoluto que existe entre eles"[14].

Bakhtin, com sua leitura do tratamento da morte em Tolstói e Dostoiévski, proporciona uma introvisão dos traços formais característicos de cada um deles. Por exemplo, para as personagens de Tolstói, a morte é na maioria das vezes uma coisa forçada. Raramente ela é desejada, raramente é intencionada. No mundo de

14. Baxtin, *Èstetika,* p. 314; *Problems,* p. 289-290.

Dostoiévski, em contraste, há um grande "interesse em suicídios como mortes *conscientes* – elos na cadeia da consciência em que um homem se finaliza a partir de dentro"[15]. Além disso, a morte é um útil expediente heurístico, uma metáfora estrutural, para todos os outros modos em que a preocupação dostoievskiana com a "vida viva" se elabora como uma preocupação com a infinalizabilidade da consciência. O fato de a consciência ser equiparada à vida e de a consciência não ter fim que conheça a si mesmo como fim – na medida em que a consciência não pode conhecer a sua própria não existência, exceto na imaginação, na literatura – apresenta paralelo com certas ideias cristãs sobre a imortalidade da alma, como Bakhtin reconhece. Mas ele insiste, não obstante, que as conclusões metafísicas e ontológicas extraídas por Dostoiévski da noção de que a morte não pode ser um fato de nossa consciência não contradiz o materialismo, um ponto de vista que se conforma com o dialogismo.

Um dos laços mais íntimos entre Dostoiévski e Bakhtin é a ideia peculiar sobre a natureza de Cristo. Dostoiévski observou que, mesmo que fosse provado estar Cristo errado, teria preferido ainda assim permanecer com Cristo. Bakhtin explica este paradoxo em termos que descrevem igualmente o seu próprio senso de Cristo, isto é, não como um Deus em quem se tem fé cega e com quem a gente busca fundir-se completamente. O que é importante no Cristo de Dostoiévski é o modelo de vida que ele fornece, uma espécie de outro, ideal; preferir errar permanecendo com ele é escolher não estar com a verdade em qualquer sentido absoluto ou até teórico, renunciar à verdade como fórmula ou à verdade como proposição. Dostoiévski, e Bakhtin do mesmo modo, concebe Cristo como o tipo da figura a cujo respeito se pode perguntar: "O que faria *ele?*" e receber respostas que funcionam na experiência cotidiana. Como uma espécie de pergunta, então, Cristo é parte de um diálogo interior em andamento.

É de um tal entendimento de Cristo que derivam as inovadoras técnicas novelísticas de Dostoiévski. Invocar Cristo, ou versões de Cristo, como explicação para experimentações formais em uma das mais complexas áreas da narrativa, ou seja, o ponto de vista, não é um russianismo exótico. Bakhtin está simplesmente realizando uma das metáforas mais comuns para a estruturação formal do ponto de vista: o tropo teológico. De acordo com esta metáfora, a relação dos autores com suas personagens é análoga às relações de Deus com as criaturas humanas. Esta relação é, no fim de contas, a do criador com sua criação, razão pela qual é tão amiúde descrita em termos tomados da religião. Que os autores sejam relativamente livres para fazerem o que quiserem com o mundo em seus textos é um fato que parecia uma blasfêmia para Platão; em Flaubert, era uma meta e uma responsabilidade. Os autores, na qualidade de deuses de sua ficção, têm não só os direitos, mas também os deveres que as teologias têm tradicionalmente atribuído a causas primeiras. Flaubert ainda presumia que os autores como Jeovás podiam exercer uma espécie de poder do Velho Testamento

15. Idem, p. 322; idem, 296.

sobre suas personagens. As personagens em tais obras são um pouco como o protagonista da história de Kafka, "Investigações de um Cão", onde o herói canino, ao contrário dos animais como ele, suspeita que há uma outra ordem, superior à canina, da qual a comida desce perpetuamente sempre que os cães se erguem sobre as patas traseiras para rezar ou executar outros atos rituais. Os autores são "sentidos em toda a parte, mas em parte alguma vistos", sendo de uma ordem de realidade diferente da de suas criaturas, assim como os deuses são em geral concebidos como pertencentes a uma ordem de existência mais elevada do que a das criaturas feitas por eles.

Bakhtin, adotando um termo usado primeiro pelo esteta alemão Johannes Cohn, chama de "transgrediente" a posição do parceiro superior de semelhante relacionamento. Isto é, os autores, estando em um plano mais elevado do que suas criações, são capazes de penetrar na existência inteira, nos significados mais profundos, de suas personagens. De outro lado, as personagens não só desconhecem muitas coisas a seu próprio respeito que os autores conhecem, mas agem como se sequer suspeitassem de que os autores estão ali manipulando-as. Os autores transgredientes são invisíveis a suas personagens porque ocupam um plano mais elevado. Tais criadores são de natureza paralela à da deidade onisciente, onipotente do Velho Testamento.

Bakhtin descreve o campo reservado de processamento autoral de Dostoiévski em termos religiosos similares. A atividade do romancista russo no tocante ao texto é a atividade de Deus em relação ao homem. Mas este Deus não é como o Jeová do Velho Testamento, que se constitui numa força animadora por trás da maioria das concepções do autor. Dostoiévski é antes um Cristo para as suas personagens, como o Cristo em *Os Irmãos Karamazov,* uma deidade amorosa, que permanece em silêncio para que os outros possam falar e, ao falar, decreta a liberdade deles. Na melhor tradição quenótica, o romancista renuncia ao privilégio de uma existência distinta e superior a fim de descer em seu texto, para ficar entre suas criaturas. O caráter distintivo que a imagem de Cristo tem em Dostoiévski resulta no papel central da polifonia em sua ficção.

Uma vez que semelhante imagem de Jesus pode parecer meramente idiossincrática, Bakhtin estabelece conexões históricas entre Dostoiévski e as primeiras manifestações da cultura cristã. Traçando as várias linhas que se conjugaram no antigo gênero da sátira menipeia, ele coloca um laço entre as características formais deste tipo de novela e o período histórico de seu surgimento como um meio de explicar a relação entre os traços formais dos romances de Dostoiévski e a época em que este viveu. A sátira menipeia desenvolveu-se numa época em que a Antiguidade clássica se encontrava em grave crise, as tradições nacionais achavam-se em decadência e os antigos ideais de dignidade e decoro estavam ruindo. Era uma época de aguda rivalidade entre sistemas filosóficos e religiosos conflitantes, quando questões fundamentais não permaneciam confinadas a academias, mas eram debatidas nas praças dos mercados, nas estalagens, nas tavernas e nos banhos públicos. Em outras palavras, era o período formativo da Cristandade, quando não havia nada de inusitado em ver carpinteiros proclamando uma nova ordem ou pescadores pregando em ancoradouros ou ao longo das estradas reais.

Esses tempos turbulentos contrastavam com o período ulterior da Idade Média, quando a Cristandade conheceu o seu triunfo como sistema religioso e uma nova estabilidade reinou, até maior do que aquela que veio a existir na época clássica. A oposição era entre uma época polifônica de variedade e conflito e uma era monológica de calma e unidade. Afigura criativa e fundadora do profeta e fazedor de milagres que pregava fora dos tempos e lugares designados e rituais, que vinha do povo e não da classe sacerdotal, que se consorciava com conhecidas prostitutas e era simpático a ladrões, que pregava em casas particulares ou do convés de um navio, estava associada ao primeiro período. O seguidor epigônico, o copiador de velhos textos, o celebrante da estase, o monge medieval, foi típico da segunda dessas épocas. No princípio da Cristandade, um homem engajado, vibrante, apresentou-se, uma voz viva e em diálogo com outras pessoas e outras vozes. Mas, nos séculos subsequentes, ocorreu uma calcificação da palavra viva do fundador, uma perda de seu significado mais engajado, mais completo e mais presente.

O período anterior e caótico, argumenta Bakhtin, testemunhou não apenas o surgimento da Cristandade, mas também o do novo gênero da menipeia, dentro do qual as formas narrativas características do Novo Testamento se moldaram. Bakhtin considera o relato dos Evangelhos canônicos sobre "O Rei dos Judeus" que entra na capital judaica sobre o lombo de um jumento e a coroa de espinhos que é uma anticoroa, ao lado de outros pormenores da vida de Cristo que constituem similarmente gestos da mais radical subversão da autoridade, como indicações de que a narrativa bíblica está permeada de carnavalização menipeia. Esta justaposição dos Evangelhos e da tradição menipeia também foi feita por outro filólogo, Erich Auerbach, o qual, como Bakhtin, realizou no exílio algumas das partes mais admiráveis de sua obra. Auerbach argumentou que a vida de Cristo teve um papel central no colapso da retórica clássica e nos novos altos e baixos estilos híbridos que caracterizaram os escritos não só de satiristas como Luciano, mas também dos Apóstolos:

> O verdadeiro coração da doutrina cristã – Encarnação e Paixão – era [...] totalmente incompatível com o princípio da separação dos estilos. Cristo não viera como um herói e rei, porém como um ser humano da mais humilde posição social [...]. Que o Rei dos Reis foi tratado como um criminoso vulgar [...] esta história, tão logo veio a dominar a consciência do povo, destruiu completamente a estética da separação de estilos[16].

Os fenômenos vivos do carnaval e do diálogo encontram sua significação positiva, afirma Bakhtin, na pessoa de Cristo, e sua mais elevada expressão textual nos Evangelhos cristãos. Um longo declínio então se encetou até que o mundo medieval cedeu

16. Erich Auerbach, *Mimesis: The Representation of Reality in Western Literature,* trad. Willard R. Trask (Princeton: Princeton University Press, 1974), p. 72, edição brasileira, São Paulo, Perspectiva, 1971.

lugar ao mundo da Renascença e o carnaval voltou a celebrar a liberdade que nasce das inversões na hierarquia social, da suspensão das restrições sexuais e da possibilidade de desempenhar novos e diferentes papéis. Esses fenômenos que se desdobram na experiência viva do próprio carnaval também estão poderosamente presentes na novela rabelaisiana. A relação, de outro modo paradoxal, entre os Evangelhos, de um lado, e *Gargântua,* de outro, é, assim, estabelecida através do elemento comum do carnaval. Esta interpretação, que cristãos podem julgar tão ofensiva quanto certos marxistas julgam a versão igualmente inortodoxa que Bakhtin dá a Marx, brota diretamente das duas tradições gêmeas, russas, a de venerar Cristo como um ser humano e a de venerar os bufões santos (*jurodovye*) que executam atos repugnantes e frequentemente obscenos como se fossem símiles cristãos.

Bakhtin, na realidade, mantém que Dostoiévski apresenta a verdade segundo o espírito da ideologia cristã tal como é encarnada na pessoa de Cristo. O princípio formal que Bakhtin deduz desta mundivisão essencialmente ética é o primado do diálogo nos romances de Dostoiévski, para os quais a polifonia é apenas uma variante localmente aplicada. A polifonia dostoievskiana deve ser concebida em contraposição ao significado mais amplo do diálogo na existência humana. Ser é comunicar-se. Quando um diálogo termina, tudo termina. Uma tal leitura de Dostoiévski é típica da filosofia do próprio Bakhtin, como é grande parte da terminologia do livro. A ênfase na reciprocidade e na comunicação dá origem a cunhagens que caracterizam o prefixo "co"-(*so-*), como em *A Arquitetônica.*

A invariável ênfase de Bakhtin sobre o fluxo, sua decidida advocatura da heterodoxia, apresenta algo de um paradoxo. No entanto, sua própria preocupação com a abertura e o diálogo não é a mesma coisa que o monologismo por ele deplorado nos outros. Suas várias redações dos seus livros sobre Dostoiévski, que cobrem um período de quarenta tumultuosos anos, tornam claro que Bakhtin aprendeu bem as lições polifônicas da figura que escolheu como sua autoridade: Dostoiévski ocupa para Bakhtin a mesma posição que Bakhtin atribui a Cristo em relação a Dostoiévski. Bakhtin pleiteia a superioridade de uma abordagem dialógica da literatura e da vida em relação a uma abordagem monológica, mas ele o faz em diferentes vozes e por diferentes argumentos. Quando encerra o estudo sobre Dostoiévski exortando seus leitores a renunciar a seus velhos hábitos monológicos, seu gesto constitui um comentário a uma situação política que só permitia crescentemente a audição de uma única voz autorizada e que enviava ao exílio aqueles que, como o próprio Bakhtin, não podiam ser monologizados. Constitui também um manifesto em favor da heteroglossia a que Bakhtin se dedicaria em seguida.

12

Kustanai, Saransk e Savelovo 1930-1945

Em 1930, Bakhtin e sua esposa chegaram ao sítio de seu exílio. Kustanai localiza-se na região noroeste do Cazaquistão, ao sul da Sibéria e exatamente a leste dos Urais. A maior parte do Cazaquistão é uma estepe árida ou um altiplano deserto sem maiores acidentes geográficos, mas Kustanai situa-se na orla da região de terras negras, que é a banda de solo mais fértil dentre os territórios do que se chamava União Soviética. Em consequência, a região era em grande parte agrícola, sendo a criação de porcos a principal ocupação econômica. Uma ligação ferroviária com Kustanai fora construída em 1912-1913 e a cidade funcionava como centro regional onde a produção agrícola era processada ou expedida. A população da cidade de Kustanai duplicou entre 1926 e 1939, quando atingiu 34 000 habitantes[1].

Assim, o local para onde Bakhtin fora desterrado não constituía de maneira alguma um lugar perdido nos ermos gelados da Sibéria. Não obstante, o clima era "severo", como a polícia secreta de Leningrado prometera. A temperatura média ia de –18,2 ºC no inverno a 19,3 ºC no verão, o que seria um clima razoável para um russo, salvo pela rala capa de neve e pelos ventos. No verão, a cidade era presa do *suxovej* quente e seco e, no inverno, do infame *buran*. Esses ventos sopravam tão fortes que, ao sair à rua, a pessoa via-se obrigada a segurar-se em cabos a fim de poder caminhar e não ser derrubada[2].

A vida cultural de Kustanai, na época em que Bakhtin morou na cidade, era mínima. É possível, no entanto, que encontrasse pessoas para conversar entre os outros exilados que lá viviam. O líder menchevique Sukhanov, cujo nome efetivo era Nikolai Nikolaievitch Gimmer, era um deles, e sua mulher datilografou para

1. *Narodnoe xozjajstvo kazaxskoj SSSR: Statističeskij sbornik* (Alma Ata: Kazaxskoe goz. izd., 1957), p. 11.

2. I. Mexoncev, *Kustanajskaja oblast': Pamjatka dlja ot"ezžajuscix na ceïmnye i zaležnye zemli Kustanajskoj oblasti* (Cheliabinsk, 1955).

Bakhtin o manuscrito do "Discurso no Romance". É provável que poucos amigos de Bakhtin o tenham procurado em Kustanai, seja porque visitar exilados não era algo admissível, seja porque Kustanai ficava muito longe de Moscou e Leningrado. Entretanto, Kanaiev o fez.

As condições eram sem dúvida muito árduas, mas Bakhtin pertencia ao rol dos que sobrevivem. A despeito de ser uma criatura nada prática, conseguiu de algum modo transpor até as mais adversas circunstâncias. Esta habilidade para sobreviver devia-se em parte à sua equanimidade, a seu senso de humor e à sua capacidade de aceitar educadamente qualquer interlocutor. Tais qualidades explicam por que ele se saiu tão bem do exílio, enquanto Mandelschtam, que passou seu desterro nas condições relativamente mais fáceis de Voronej, foi devastado pela experiência.

A única exigência obrigatória que Bakhtin devia atender na condição de exilado era a de apresentar-se uma vez por semana à polícia de segurança. Por causa da acusação feita contra ele, a de estar corrompendo os jovens, não lhe foi permitido ensinar em escolas, mas podia escolher qualquer outro trabalho conveniente e não estava impedido, inclusive, de publicar. A princípio não conseguiu achar serviço algum, e Elena Aleksandrovna, sua mulher, aceitou empregos dos mais estranhos, ao invés. Ela trabalhou, de 15 de abril a 25 de setembro de 1930, na função de guarda-livros e caixa numa repartição que supervisionava as entregas compulsórias de cereais a serem feitas por vários kolkozes recém-formados, até dezembro na biblioteca local e, de 1º de janeiro a 18 de fevereiro de 1931, como balconista na livraria estatal da cidade. Então, em 23 de abril de 1931, Bakhtin começou a trabalhar na Cooperativa Distrital de Consumidores, nos cálculos relativos ao cumprimento do plano econômico do governo. Neste emprego, que lhe rendia 500 rublos mensais, ele tirou proveito da prática contabilística adquirida com o pai. Em 1933, passou também a atuar junto ao Conselho do Distrito como consultor sobre questões de planejamento.

Bakhtin deu-se muito bem com os que chamava de "*partisans* vermelhos", os veteranos da Guerra Civil que dirigiam a cidade. Eram rudes e incultos, mas honestos. Além disso, necessitavam das qualificações que Bakhtin tinha a oferecer, na medida em que achavam muito difícil manter eles próprios a sua contabilidade. Em troca, tornaram-lhe a vida mais agradável, suprindo-o de alimentos e cigarros que, de outro modo, talvez não pudesse obter, e periodicamente o premiavam com uma bonificação por seus labores. Recebeu também autorização para proferir palestras públicas. Não discorria sobre seus antigos assuntos de literatura e filosofia, mas sobre tópicos mais práticos e pedestres. Por exemplo, o título de uma série de preleções que pronunciou na Base Inter-regional de Abastecimento a fim de ajudar no preparo de administradores de armazéns de aldeia era "A Organização e as Técnicas de Comércio e o Plano Financeiro Anual".

Quando Bakhtin chegou à cidade para onde fora exilado, vinha de envolvimento, se bem que em plano menor, em um dos principais fenômenos decorrentes do Primeiro Plano Quinquenal em Leningrado: as depurações de profissionais burgueses e os processos, semirrelacionados, contra grupos religiosos da intelectualidade. Em Kustanai, deparou com outro e mais cataclísmico desenvolvimento do referido Plano, ou seja, a coletivização. As convulsões e perdas por ela causadas foram proporcionalmente maiores no Cazaquistão do que em qualquer outra parcela da União Soviética. Antes da coletivização, reinava no Cazaquistão uma economia em grande parte rural. Nas regiões central e meridional predominavam os cazaques nômades e seminômades que se dedicavam sobretudo à criação de rebanhos. No norte, com seu solo mais fértil, prevaleciam os colonos russos e ucranianos, bem como cazaques sedentários que cultivavam as terras com vistas às colheitas[3].

As metas da coletivização no Cazaquistão compreendiam não apenas a fundação de *kolkozes e* outros tipos de comunas agrícolas, mas também uma reestruturação radical dos padrões de agricultura e de vida étnica. De um lado, a área cultivada devia ser dramaticamente aumentada, compelindo os cazaques a uma considerável migração para o norte, dado que suas terras no sul não eram aráveis. De outro, os cazaques deviam ser fixados em moradas permanentes, o que os obrigava à mudança de seus modos de vida nômades ou seminômades. Assim, nesses rincões soviéticos, a coletivização teve também o aspecto de uma homogeneização étnica.

Na execução desse plano, os sovietes defrontaram-se com uma série de reveses e fracassos. Muitos cazaques resistiram ativamente à coletivização e à reinstalação; outros simplesmente migraram. Devido à aguda falta de pessoal treinado e ao baixo nível de instrução, em alguns kolkozes o plano não pôde ser cumprido porque nenhum dos membros sabia ler as diretivas. Além disso, amiúde, quando transferidos para os coletivos, os colonos não eram supridos de elementos tão essenciais quanto utensílios, sementes e gado.

O resultado foi um desastre. Mais de 1,5 milhão de cazaques perderam a vida no curso da década e cerca de oitenta por cento de seus rebanhos viram-se dizimados. Já no fim de 1932 a economia do país achava-se na prática paralisada, e dois milhões de libras de grão foram enviados ao Cazaquistão como ajuda de emergência. Mesmo ao fim do Segundo Plano Quinquenal, em 1937, a região ainda era nitidamente importadora de cereais. A resposta soviética a tais reveses consistiu na montagem frequente de depurações de funcionários, de modo que as repartições de caráter administrativo pareciam funcionar como uma porta giratória.

Kustanai, que contava com numerosa população russa, não sofreu tanto como outras partes da República do Cazaquistão, durante o período em apreço. As condições também tendiam aí a melhorar mais depressa para os russos do que para os cazaques. Não obstante, Bakhtin experimentou o suficiente com as privações, repressões e deslocamentos causados pela coletivização, para ficar profundamente perturbado. Sentia que a coletivização descarregara golpes devastadores no tradicional modo de vida russo.

3. Martha Brill Olcott, "The Collectivization Drive in Kazakhstan", *Russian Review* 40.2 (abr.1981): 122-142.

9. Bakhtin (sentado num banco, à direita, na terceira fila) com antigos Guardas Vermelhos que governavam Kustanai no começo dos anos 1930.

E quando os seus "*partisans* vermelhos" vieram a ser expurgados, em meados dos anos 30, a atmosfera na cidade deteriorou-se ainda mais, no que concernia a ele, Bakhtin.

Entretanto, por irônico que seja, o próprio Bakhtin deu uma contribuição ao esforço de coletivização. Entre as várias espécies do necessário pessoal treinado de que havia escassez encontravam-se os guarda-livros e sua falta era agudamente sentida. Em algumas regiões, por exemplo, os sovietes dispunham em média apenas de um contador para cada doze fazendas coletivas. Ademais, as fazendas tendiam a ser enormes, amiúde com duzentos quilômetros quadrados de área. Assim, Bakhtin, que estava impedido de lecionar no exílio porque poderia corromper os jovens com suas ideias burguesas, viu-se de súbito procurado como instrutor para ensinar criadores de porcos e outros granjeiros as próprias técnicas que aprendera de seu pai banqueiro capitalista-burguês. Em consequência, acabou sendo contratado para ministrar cursos de contabilidade, com três meses de duração, para trabalhadores das granjas coletivas e estatais da região. Em fotos de formatura daqueles tempos, Bakhtin aparece sentado em meio a uma coleção de russos de rude aparência, guerrilheiros do Exército Vermelho em seus velhos uniformes e cazaques com os barretes nativos na cabeça.

A única publicação feita por Bakhtin neste período brota de seu labor contábil no esforço de coletivização. Em 1934, a revista central de *Comércio Soviético* publicou seu artigo "Experiência Baseada em um Estudo de Demanda entre Trabalhadores de Kolkoz". O trabalho vale-se dos registros de gastos em oito fazendas da região de Kustanai, estando repleto de números sobre todos os gêneros de indicadores econômicos, chegando até a assinalar mesmo a quantidade de galochas encomendadas pelos coletivos. Mas Bakhtin acaba o seu artigo advertindo os leitores de que a região de Kustanai não era típica e precavendo-os a não aplicar seus dados a outras partes[4]. O fato de a revista às vezes haver proporcionado a exilados a oportunidade de publicar escritos de sua autoria quando não logravam fazê-lo alhures talvez explique esta singular advertência com que o texto termina, pois a peça inteira pode representar uma aventura não séria nos domínios do prelo por causa de uma remuneração, mas sem maior substância.

Em 4 de agosto de 1934, a pena de exílio aplicada a Bakhtin chegou oficialmente ao fim. Mas ele permaneceu em Kustanai devido à dificuldade, existente naqueles anos, de voltar a Leningrado com o estigma do desterro e sem licença de residência. Empreendeu apenas uma breve viagem à antiga capital imperial, em 14 de setembro, a fim de submeter-se a consultas sobre a sua enfermidade. Um exame médico realizado em 1932 constatara a osteomielite em ambas as pernas; a doença continuava a atormentá-lo. É bem possível que haja aproveitado a ocasião para visitar velhos amigos e pedir seu auxílio para arranjar trabalho, embora Volochinov tivesse perdido o contato com Bakhtin durante o exílio deste em Kustanai, em parte porque Bakhtin nunca escrevia cartas[5].

4. M.M. Baxtin, "Opyt izučenija sprosa kolxoznikov", *Sovetskaja torgovlja*, n. 3 (maio-junho, 1934): 107-117.

5. Entrevista com Nina Arkadievna Volochinova por Susan Layton, 6 de maio, 1980.

Em 1936, Bakhtin recebeu permissão de passar dois meses de férias de verão em Leningrado. Aí estando, pediu a Miedviédiev que o ajudasse a obter um posto acadêmico. Na volta a Kustanai, no começo de agosto, o casal visitou Moscou por alguns dias. Ficaram em casa dos Zaliéski e encontraram-se com velhos amigos do círculo de Bakhtin, como Iudina, que agora vivia na capital soviética. O encontro mais emotivo foi com Kagan, a quem não viam há cerca de dez anos. Kagan ficou surpreso pelo fato de Bakhtin estar com tão boa aparência, melhor que a de sua mulher, a despeito dos anos de exílio. Em sua conversa, os velhos amigos manifestaram a esperança de que Iudina pudesse usar seus contatos a fim de conseguir algum trabalho para Bakhtin em Moscou ou perto, e arrumar-lhe uma licença de residência por ali, de modo a poderem estar juntos de novo e continuar trocando ideias. Kagan achava-se numa encruzilhada de sua própria vida. Durante aquele tempo todo dedicara-se à confecção de um atlas enciclopédico dos recursos energéticos da União Soviética, um projeto de longo prazo que estava então chegando ao término, e Kagan estava em busca de um novo rumo para a sua vida. Bakhtin tentou persuadi-lo a retornar às humanidades e deu-lhe o texto quase completo de seu ensaio sobre "O Discurso no Romance", para o qual desejava arranjar um editor[6].

Embora nada resultasse do sonho de Kagan de que ele e Bakhtin pudessem estar, uma vez mais, próximos um do outro, a viagem levou Bakhtin a obter um trabalho mais de acordo com as suas habilitações do que dar aulas para criadores de porcos em Kustanai. Em 9 de setembro, por recomendação de Miedviédiev, Bakhtin foi convidado a lecionar no Instituto Pedagógico da Mordovia, em Saransk. Em consequência, no dia 26 do mesmo mês ele se demitiu de seu emprego na Cooperativa de Consumidores e mudou-se para Saransk.

Mesmo com a recomendação de Miedviédiev, Bakhtin teve muita sorte ao conseguir um cargo assim numa época como aquela. O período mais intenso das depurações da história soviética, com frequência chamado o do Grande Expurgo, começara em Moscou no mês de agosto, com o julgamento espetacular dos mais altos dirigentes e funcionários do Partido, o grupo Zinoviev-Trótski. Agora as depurações encontravam-se em seu auge. No entanto, Merkuchin, o Segundo Secretário do soviete local de Saransk, era extremamente ambicioso no tocante à educação mordoviana e estava disposto a assumir riscos políticos a fim de erigir lá uma instituição de terceiro grau, de elevado calibre. Bakhtin não foi a única pessoa com ficha política duvidosa a quem Merkuchin reabilitou a fim de poder contratá-la. O Departamento de Física inteiro do Instituto Pedagógico veio a ser dos mais destacados graças ao zelo e à coragem de Merkuchin.

Saransk, a capital da República Autônoma da Mordóvia, situa-se junto ao rio Insar, no flanco esquerdo das margens do Volga, a cerca de 400 milhas a leste de Moscou. A cidade é importante entroncamento ferroviário, de onde correm linhas não só

6. Bakhtin para Kanaiev, 7 de agosto, 1936, "Iz pisem M.I. Kagana k S.I. Kagan", *Pamjat': Istoričeskij sbornik*, n. 4 (Paris: YMCA Press, 1981), p. 268.

para Moscou como para Riazan, Górki, Kazan, Kuibichev e Penza. Quando Bakhtin foi lá, pela primeira vez, em 1936, Saransk ainda era uma típica velha cidade provinciana russa, com casas quase todas de madeira, de um pavimento, e calçamento de pranchas. O território da Mordóvia localiza-se no cinturão de terras negras e a população dedica-se tradicionalmente à agricultura, tendo os cereais e o fumo como suas principais produções. O clima, entretanto, é seco e a falta de chuvas atormenta amiúde as lavouras. Mas Saransk, na época em que Bakhtin se mudou para aquela cidade, já se apresentava razoavelmente industrializada, dispondo de fábricas de indústria leve e bens de consumo[7].

Comparado ao Cazaquistão, o país mordoveu, no complexo soviético, era consideravelmente menos periférico e melhor abastecido, embora ainda se ressentisse, às vezes, da falta de comida, e Bakhtin recebia pacotes de alimentos enviados por amigos. Do ponto de vista geográfico, a Mordóvia situava-se nas fronteiras da Rússia europeia, mas não podia oferecer ao casal Bakhtin a espécie de ambiente cultural que eles haviam desfrutado em outras partes da Rússia. Apesar do ponderável número de russos que habitavam as cidades, a maior parte da população era mordoviana. O povo falava um idioma da família fino-úgrica. Antes da Revolução, não tinha alfabeto para o seu idioma nativo e só treze por cento da população era alfabetizada[8]. Embora largos passos houvessem sido dados no domínio da educação, o padrão de preparo dos alunos de Bakhtin não estava no mesmo nível que o dos estudantes nas principais cidades russas. A Mordóvia também gozava da duvidosa reputação de ser uma área onde se concentravam muitos campos de prisioneiros. Por não haver faculdade de Direito na região, os funcionários da prisão faziam cursos na faculdade de Bakhtin, a fim de encarecer as perspectivas de promoção.

Quando Bakhtin começou a ensinar, em 1936, o Instituto Pedagógico da Mordóvia se encontrava ainda em fase pioneira. Fundado somente em 1931, com apenas dez professores, um dos quais não tinha sequer graduação, expandira-se gradualmente. No ano anterior à chegada de Bakhtin, o instituto adquirira um prédio próprio e o corpo docente elevara o total de seus membros para setenta e quatro, mas precisou esperar mais alguns anos até que uma biblioteca lhe fosse aditada. Por volta de 1957, ao ser transformado em universidade, um terço de seu corpo docente não tinha nenhum grau de pós-graduação e cerca da metade de seus quatro mil alunos eram estudantes por correspondência[9].

Bakhtin converteu-se virtualmente em um departamento de literatura de um só homem. Sua carga letiva era incrível. No primeiro semestre, ministrou três dos cursos exigidos – em letras: literatura russa, folclore e literatura russa moderna. Deu um quarto curso, opcional, sobre o romance pedagógico, um tema sobre o qual

7. Jurij Basixin, "O Mixaile Mixailoviče Baxtine", em *Rodyne prostory: Literaturno-xudozestvennyj sbornik* (Saransk: Mordovskoe kniznoe izdatel'stvo, 1978), p. 203.

8. Grigorij Jakovlevič Merkušin, *Istorija kul'tury i nauki Mordovskoj ASSR: Avtoreferat dissertacii na soiskanie učenoj stepeni doktora istoričeskix nauk* (Leningrado: Universidade de Estado de Leningrado, 1973), p. 36.

9. I.D. Voronin, "Pervyj vuz v Mordovii", *Očerki i stat'i* (Saransk: Mordovskoe knižnoe izdatel'stvo, 1957), p. 55-57; G. Ja. Merkušin, *Razvitie nauki v Mordovii* (Saransk: Mordovskoe knižnoe izdatel'stvo, 1967), p. 56-65.

estava escrevendo então um livro. No segundo semestre, lecionou o terceiro e quarto anos de literatura ocidental moderna, literatura ocidental contemporânea, literatura medieval, literatura clássica e metodologia da literatura. Devia também oferecer preleções a órgãos oficiais da cidade. Por exemplo, a convite do Comitê Municipal do Partido Comunista de Saransk, fez uma palestra, para a Universidade Noturna de Marxismo-Leninismo, sobre "Lênin e Stálin acerca do Espírito de Partido na Literatura e na Arte".

Bakhtin parecia ter finalmente achado um lugar onde podia lecionar e escrever, mas a sua boa sorte não durou muito. Os efeitos do Grande Expurgo fizeram-se logo sentir no Instituto Pedagógico de Saransk. Em 1937, a maioria dos membros do Partido do corpo docente foram depurados e Bakhtin tampouco escapou de todo. Sofreu o que ele chamou de "grande arranhão", do qual emergiu aparentemente intato. De fato, ao fim os seus acusadores é que caíram nas malhas da purga. Ainda assim, decidiu que corria o risco de sofrer sorte idêntica se permanecesse mais tempo naquele lugar, de modo que em 20 de julho de 1937 pediu demissão de seu posto em Saransk e começou a procurar um emprego comparável em outra cidade[10].

Em agosto, os Bakhtin visitaram Moscou, hospedando-se de novo em casa dos Zaliéski. Desta vez, encontraram Kagan em um estado de espírito ainda mais baixo, pois havia completado o seu trabalho sobre os recursos energéticos da União Soviética. Bakhtin o persuadiu a escrever um texto para as comemorações do aniversário da morte de Púchkin, que estava sendo celebrado com grande destaque naquele ano na União Soviética, mas o artigo resultante, "Sobre os Poemas Longos de Púchkin", só veio a ser publicado em 1974[11]. Mesmo o apoio moral de Bakhtin foi de pouca ajuda a Kagan, que estava com os nervos muito abalados e temia ser preso. Em 26 de dezembro de 1937, ele morreu prematuramente, aos quarenta e oito anos, de angina pectoris.

Desta vez, Bakhtin também visitou Leningrado, onde esperava arrumar trabalho. Mas seus amigos o avisaram de que a polícia secreta começara a prender de novo muitas pessoas anteriormente condenadas ao desterro ou aos campos de prisioneiros. Na esperança de evitar uma tal detenção, o casal resolveu voltar para Kustanai no fim de agosto a fim de acertar suas coisas e depois mudar-se para algum novo local em que estivessem menos expostos. No outono de 1937, foram para a cidade de Savelovo, nas cercanias de Moscou, onde puderam ficar na *datcha* de um amigo.

Pessoas como Bakhtin, com ficha de antecedentes políticos, não tinham permissão de residir a menos de cem quilômetros de Moscou. Assim sendo, a maioria das cidades, como Savelovo, situadas próximo do limite permitido e ao alcance de Moscou por estrada de ferro, estava abarrotada de ex-prisioneiros e exilados.

10. "Iz pisem M.I. Kagana k S.I. Kagan", p. 269-270.

11. M. I Kagan, "O poèmax Puskina", em *V mire Pužkina: Sbornik statej* (Moscou: Sovetskij pisatel', 1974), p. 85-119.

A.A. Meier, o antigo líder do grupo Voskresenie com quem Bakhtin se relacionara por algum tempo, vivia numa cidade próxima, em Kaliázin, e Bakhtin o visitou várias vezes a fim de conversar com ele. Mas, estando com a saúde combalida, Meier logo retornou a Leningrado, onde morreu de câncer em 1939.

Savelovo é um pequeno centro ferroviário junto ao Volga, cerca de quatro horas e meia de trem de Moscou e no outro lado do rio em relação a Kimri, uma grande cidade manufatureira, conhecida por sua produção de calçados. Mandelschtam, um ex-exilado político da mesma categoria que Bakhtin, e sua mulher, Nadejda, também encontraram asilo em Savelovo, de junho de 1937 até o outono, embora não tenham cruzado com os Bakhtin, pois Nadejda afirmou em suas memórias que nenhum outro desterrado político lá se achava então. É de presumir que o casal Bakhtin tenha chegado após a partida dos Mandelschtam. Nadejda descreveu a cidade como

> localizada em terreno de esparsa floresta, e no mercado camponeses vendiam bagas, bem como leite e trigo sarraceno para fazer *kascha* [...]. Savelovo é uma aldeia com duas ou três ruas. Todas as casas parecem de boa construção, feitas de madeira com ornatos à velha moda nas molduras de janelas e nas portas [...]. Os habitantes trabalhavam principalmente na fábrica vizinha, mas tiravam o seu sustento do rio, pescando e vendendo peixe no mercado negro. O Volga também os abastecia de combustível para o inverno – nas noites de verão utilizavam croques para puxar toras flutuantes que vinham de acampamentos madeireiros nos braços superiores do rio[12].

Savelovo soa como quase idílica em comparação com as outras opções que então se abriam a Bakhtin, tais como Kustanai ou pontos ainda mais distantes no leste, mas os primeiros meses naquela cidade foram extremamente árduos. Não tendo trabalho, não dispunha de dinheiro suficiente para subsistir, e teria morrido de fome se os seus amigos e sua família não o tivessem auxiliado enviando dinheiro. Além disso, a perna direita lhe causava muita dor. O problema se agravou tanto que resolveram removê-la. A amputação deu-se em 13 de fevereiro de 1938, e Bakhtin ficou no hospital regional até 14 de abril, a fim de recuperar-se da operação. Viu-se obrigado a usar muletas ou uma bengala para o resto da vida e sua mobilidade, por certo, diminuiu ainda mais.

O Grande Expurgo alcançou o seu clímax naquela época, com o segundo grande julgamento espetacular, o de Bukhárin e seus partidários. Contudo, na segunda metade de 1938, o processo de depuração começou a perder impulso e, em dezembro desse ano, encerrou-se, quando o chefe da polícia secreta, Iejov, foi demitido e substituído por Béria. A situação política descontraiu-se, gradualmente. Muitos dos que haviam sido detidos e aguardavam julgamento foram libertados, e o número de prisões diminuiu de maneira considerável.

Daí por diante, até a entrada da Rússia na Segunda Guerra Mundial, em junho de 1941, instalou-se um clima mais liberal para a *intelligentsia*. A própria situação de

12. *Kimrijskij muzej mestnogo kraja: Putevoditel*" (Kimry, 1967), p. 57; Nadezhda Mandelshtam, *Hope Against Hope*, trad. Max Hayward (Londres: Penguin, 1975), p. 5, 357.

Bakhtin melhorou muito, dando-lhe a esperança de que pudesse fazer alguma espécie de *reentrée na* vida intelectual de Moscou ou Leningrado. Em 26 de outubro de 1938, foi convidado a colaborar, com um verbete sobre a sátira, na *Enciclopédia Literária*, embora o volume nunca tenha vindo à luz porque o verbete caiu no mesmo tomo que o texto sobre Stálin, estando pois num lugar por demais sensível para ser aprovado. E provável, porém, que Bakhtin tenha sido pago por seu artigo. Por volta de 1940 começara a escrever resenhas críticas para uso interno das editoras a fim de obter algum provento.

Apesar de seu dúbio *status* político, Bakhtin entrara em grande circulação nessa época e era convidado a participar de eventos acadêmicos, como a conferência sobre Shakespeare que proferiu na Casa dos Literatos, em 25-28 de abril de 1940. Além do mais, encetou uma cooperação com o Instituto Górki de Literatura Mundial, em Moscou, que era parte da Academia Soviética de Ciências. Embora interessado em fazer uso de seus serviços, o instituto não podia cogitar de contratá-lo por causa da ficha política de Bakhtin. A sugestão para que lhe fosse oferecido alguma classe de posição adjunta capaz de habilitá-lo a trabalhar no quadro daquele organismo também deu em nada. Ao fim, convidaram-no a proferir algumas preleções. Em 14 de outubro de 1940, discorreu, perante o Departamento de Estética e Teoria Literária, sobre "O Discurso no Romance" e, em 24 de março de 1941, falou acerca de "O Romance como Gênero Literário"[13].

Os anos de pré-guerra passados em Savelovo foram um daqueles períodos altamente produtivos que Bakhtin conheceu em diferentes fases de sua vida. Por não dispor de emprego fixo, tinha mais tempo para escrever. Era também incitado a fazê-lo pela esperança de conseguir algum tipo de labor em Moscou ou em Leningrado que melhor se adequasse a suas aptidões do que o efetuado até então. Porém o fator mais importante de todos era que em Savelovo ficava bem abastecido de livros. Bakhtin gostava mais de trabalhar com todos os livros necessários simultaneamente à disposição. Neste tempo, teve a boa sorte de contar com um amigo, presumivelmente Kanaiev, com direito a empréstimos na biblioteca de Leningrado, que obteve lá a maioria das obras de que Bakhtin precisava. Emprestá-las da Biblioteca Lênin, em Moscou, teria atraído muito a atenção. Do jeito como foi, os livros eram trazidos à *datcha* em grande segredo.

Em Savelovo, Bakhtin concluiu seu livro sobre *O Romance Pedagógico e sua Significação na História do Realismo*, escrito entre 1936 e 1938[14]. Trabalhou também no ensaio "As Formas do Tempo e o Cronótopo no Romance" e em outro escrito "Sobre

13. V. Kožinov e S. Konkin, "Mixail Mixajlovič Baxtin: Kratkij očerk žizni i dejatel'nosti", em *Problemy poètiki i istorii literatury* (Saransk, 1973), p. 9. Kojinov escreveu a parte deste artigo sobre a vida de Bakhtin no decorrer de 1945. Mais tarde, Bakhtin desenvolveu tais palestras em um certo número de artigos que foram publicados nos anos de 1960 e 1970. "O Romance como Gênero Literário" foi convertido em dois textos, "Da Pré-História do Discurso Novelístico" e "Épica e Romance".

14. Sovetskij pisatel' lembrou Bakhtin, numa carta de dezembro de 1937, que ele devia entregar o texto até 15 de dezembro. Como de costume, Bakhtin estava com dificuldade em terminar o trabalho.

as Bases Filosóficas das Humanidades"[15]. Reelaborou uma de suas séries de preleções em dois longos ensaios, "Da Pré-história do Discurso Novelístico", em 1940, e "Épica e Romance", em 1941. Por último, redigiu uma dissertação de doutorado, para o Instituto Górki, sobre "Rabelais na História do Realismo", cuja versão reescrita veio a ser publicada em 1965 como *A Obra de François Rabelais e a Cultura Popular na Idade Média e Renascença.* Bakhtin nunca se inscreveu formalmente como estudante de pós-graduação no instituto, mas se aproveitou do direito de apresentar um trabalho para doutoramento sem passar por estudos regulares de pós-graduação.

A guerra deteve o progresso da dissertação empreendida por Bakhtin e o de sua carreira acadêmica em geral. Do ponto de vista material, porém, a situação dele melhorou nesta época. Concederam-lhe isenção do serviço militar, devido ao seu mau estado de saúde e à perna amputada. Com tantos adultos chamados às fileiras do exército, havia escassez de mão-de-obra treinada, de modo que as autoridades se tornaram mais indulgentes com os antecedentes políticos e passaram a dar emprego a antigos banidos. Assim, em 27 de setembro de 1941, Bakhtin foi nomeado para o cargo de professor de alemão nas escolas locais. Quando as tropas inimigas avançaram até as vizinhanças de Savelovo, que nunca chegaram a ocupar deveras, Bakhtin, num exercício algo intencional no campo da heteroglossia, começou a usar nas aulas de alemão os folhetos de propaganda germânica que haviam sido lançados sobre a cidade. De 19 de janeiro de 1942 a 22 de setembro de 1945, autorizaram-no a lecionar russo nas escolas. Tal fato era visto como um passo à frente, pois de início não lhe fora concedida a honra de ensinar a língua da mãe-pátria, sendo-lhe permitido apenas professar a do inimigo.

Ter emprego constituía uma benesse mista para Bakhtin, porque o deixava com pouco tempo livre para trabalhar nas suas potenciais publicações. Contudo, ajudava a reabilitá-lo aos olhos das autoridades. Por exemplo, o comitê local do Partido pediu-lhe, em 1944, que lhe ministrasse uma preleção sobre um certo I.A. Kirilov. Terminada a guerra, Bakhtin pôde até reassumir o seu posto no Instituto Pedagógico de Saransk.

A década de 1930 e a guerra não haviam sido tão benignos com grande parte dos antigos membros do círculo de Bakhtin. A maioria estava agora morta; alguns tinham perecido por causas naturais, outros haviam morrido nos campos de prisioneiros. Mas, em todos os casos, sem exceção, tinham levado uma vida melhor situada, no plano profissional e geográfico, do que a de Bakhtin, até que o infortúnio os ferisse.

A disparidade de destinos entre Bakhtin e os demais integrantes de seu círculo encontrava, no caso de Miedviédiev, notável ilustração. Miedviédiev avançara em todas as áreas de sua multifacetada carreira literária. Tornara-se professor titular do Instituto Filológico Histórico de Leningrado, do Instituto Pedagógico Hertzen e da

15. Publicado em 1979 com anotações de Bakhtin, sob o título de "Problema teksta v lingvistike, filologii i drugix gumanitarnyx naukax: Opyt filosofskogo analiza", em *Èstetika slovesnogo tvorčestva,* p. 281-307.

Academia Militar Tolmachev. Por último, nomearam-no chefe do Departamento de Literatura e ele usava "um uniforme de general com três romboides". O *Estudo Literário* de Górki somou-se ao rol de revistas em que colaborava com regularidade. Publicou ensaios sobre tópicos tão bem-vindos quanto Górki e Lênin e redigiu compêndios de história literária[16]. A obra de Miedviédiev nos anos 30 traz a marca de alguém ansioso por agradar, e não parece que o Grande Expurgo o tivesse contido, a princípio. De fato, em março de 1937 assumiu o papel pouco louvável de ser um dos principais oradores do encontro dos escritores convocado para atacar o diretório da seção de Leningrado da União dos Escritores. Em março de 1938, entretanto, sua carreira chegou a um fim inesperado, quando ele foi preso, talvez numa depuração do corpo docente da Academia Militar de Tolmachev. Muita gente mandou à polícia de segurança cartas de protesto em seu favor, mas em vão. Aparentemente, fuzilaram-no pouco após a sua detenção, muito embora, ao ser postumamente reabilitado em 1956, o documento oficial declarasse que Miedviédiev havia morrido em 1941, num local que não pôde ser averiguado.

Pumpiânski, como Miedviédiev, desfrutou de bem-sucedida carreira de professor de literatura em Leningrado, a partir de 1934 no Conservatório e de 1936 na Universidade Estatal de Leningrado, igualmente. Ele morreu de câncer do fígado em 1940. Outro membro do círculo de Bakhtin, o pesquisador Tubiânski, teve uma carreira mais dramática. Enviado, em 1927, a fim de atuar junto à embaixada soviética na Mongólia, dedicou-se a um largo labor de investigações para o Grupo Tibetano de Estudos do Comitê Estatal Acadêmico de Pesquisa mongol. Ao mesmo tempo, lá estando, coletou materiais para uma dissertação sobre o "Antigo Materialismo Indiano tal como Encontrado em Fontes Tibetanas". Trabalhou também num dicionário tibeto-mongólico, num dicionário de consulta da medicina indiana e tibetana, bem como em estudos de lamaísmo tibetano e budismo na índia, no Tibete e na Mongólia. Regressou à União Soviética em abril de 1937, quando reingressou no Instituto de Estudos Orientais como pesquisador *senior* Tubiânski tinha muitos planos de pesquisas futuras e a maioria de suas propostas foram aprovadas pelas instâncias institucionais, sendo incluídas no projeto acadêmico para o período de 1938-1939, mas, como uma fonte soviética o formulou cripticamente, "esses planos não estavam destinados a se realizar". Em outras palavras, Tubiânski foi logo detido, possivelmente na sequência da prisão do embaixador soviético na Mongólia, em junho de 1937. E possível que tenha sido acusado de envolvimento com os cultos mongólicos que recorriam ao canibalismo em seus rituais. Tubiânski morreu no campo de prisioneiros em 1943[17].

16. Ver e. g. *Lenin o Gor'kom: Izvlčenie iz statej i pisem 1901-1921 gg*, ed. e introd. P.N. Medvedev (Moscou-Leningrado: GIXL, 1932); *Metodičeskaja razrabotka po kursu istorii russkoj literatury èpoxi imperializma i proletarskoj revoljucii* (Leningrado: Leningradskij pedagogičeskij institut imeni Gercena, 1933); P.N. Medvedev, *M. Gor'kij* (Leningrado: izd. Gorkoma pisatelej, 1934).

17. *Aziatskijmuzej – Leningradskoe otdelenie Instituía vostokovedenija ANSSSR* (Moscou: Nauka, 1972), p. 163-165, 227.

O outro orientalista do círculo, ainda que uma presença apenas ocasional nas noites filosóficas, era Konrad. Ele também foi preso e mantido no cárcere de 1938 a 1941, mas, retornando, retomou uma bem-sucedida carreira acadêmica, em que chegou inclusive a ser membro da Academia de Ciências. Os demais participantes eventuais do grupo foram menos bafejados pela sorte. Vaguinov teve morte natural em 1934; Engelhardt e Frankóvski pereceram em 1942, no cerco de Leningrado.

O período também assistiu ao falecimento dos três velhos amigos de escola, Volochinov, Zubákin e Ruguévitch. No início da década de 1930, Volochinov estava indo bem em sua carreira universitária como docente no Instituto Pedagógico Hertzen e pesquisador sênior no Instituto Estatal para a Cultura da Fala. Entretanto, a tuberculose, de que sofria desde 1914, reapareceu, após um breve alívio em 1927, e sua saúde deteriorou-se rapidamente. Por volta de 1934, já se achava internado num sanatório e não dispunha mais de condições de trabalhar. Ele morreu em 1936 sem que pudesse concluir sua dissertação e deixando uma tradução inacabada do primeiro volume da obra de Cassirer, *Filosofia das Formas Simbólicas* (1923), à qual Bakhtin se referiu com frequência em seus escritos. Zubákin foi preso já em 1929 e exilado para Arkhangelsk. Empreendedor como sempre, enquanto lá estava fez estátuas de Lomonossov e outros cientistas famosos, publicou um livro sobre a arte nortenha de entalhe de ossos, e casou-se com Tatiana Stepanovna Romanova, uma professora de inglês. Preso de novo por visitar Leningrado ilegalmente para assistir ao funeral de Volochinov, seu melhor amigo, Zubákin e a mulher foram enviados a um campo de prisioneiros no nordeste, onde morreu em 1937 ou 1938. Ruguévitch também foi detido em 1936, porque seu pai voltara para a Polônia após a Revolução e lá desempenhava alta função. Ruguévitch também pereceu nos campos de prisioneiros[18].

Os membros do velho círculo que trabalhavam em música tiveram melhor sorte que os outros. Muito embora Iudina e Solertínski não tenham deixado de sofrer alguns arranhões de parte das forças conservadoras da vida musical soviética, seu *status* profissional não parou de melhorar. Iudina conquistou uma posição no Conservatório de Moscou em 1936, ainda que fosse aquele um ano negro para os amantes soviéticos da música modernista, como ela o era. Solertínski também não passou incólume por esse período, devido ao seu apoio ao modernismo musical, mas isto não o impediu de tornar-se professor titular do Conservatório de Leningrado em 1939, e, em 1943, somou, na mesma cidade, o cargo de lente do Instituto Teatral à longa lista de seus empregos. Quando em 1941 falou perante a União do Compositores de Leningrado, não ofereceu os previsíveis peãs, mas fez eco ao discurso do círculo de Bakhtin nos anos 1920, descrevendo uma sinfonia de Beethoven como "polipersonalista", um tipo

18. "Vološinov, Valentin Nikolaevič", *in Nauka inaučnye rabotniki Leningrada*, vol. 6 de *Nauka i naučnye rabotniki SSSR* (Leningrado: Akademija nauk, 1934), p. 18; entrevista de Nina Arkadievna Voloschinova a Clark, 19 de nov., 1983; Prof. B.M. Zubákin, *Xol'mogorskaja rez'ba po kosti: Istorija i texnika* (Arxangel'sk: Severnoe kraevoe izdatel'stvo, 1931).

de sinfonia baseado no princípio mais dialógico que monológico, princípio pelo qual uma multiplicidade de consciências, ideias e vontades em competição devem estar envolvidas, na afirmativa– em contraste com o princípio monológico –do "outro eu". Entretanto, a pressão de seu fardo em tempo de guerra foi demasiada mesmo para Solertínski e, em 1944, quando se encontrava em Novosibirsk, para lá evacuado com o Conservatório, morreu de um ataque do coração[19].

Destarte, por volta do fim da guerra somente Kanaiev, Iudina, Zaliéski e o próprio Bakhtin restavam dentre os componentes de seu antigo círculo. Os infames anos 1930 não haviam sido, no fim de contas, tão maus para ele quanto o foram para muitos de seus pares. O destino o enviara a alguns sítios inesperados e atribuíra-lhe uma certa variedade de empregos, nenhum deles inteiramente adequado a uma pessoa de uma estatura intelectual como a dele. Mas, ao mesmo tempo, estes foram para Bakhtin anos de grande produtividade intelectual, durante os quais conseguiu redigir dois manuscritos com a extensão de livros e pelo menos cinco longos ensaios. Além de tudo, sobreviveu.

Da obra de Bakhtin na década de 1930 e o início da de 1940 emergem certos padrões que a separam de seus primeiros escritos. A característica mais notável é o estreitamento de seu âmbito de interesses a questões literárias, especificamente à teoria do romance. Assim, foi então que descobriu uma via para concentrar o largo espectro de suas preocupações numa única obsessão dominante. Nos anos 20 havia escrito sobre tópicos separados que não são comumente conjuntados. No período ulterior, continuou a meditar sobre amplas questões filosóficas, mitológicas e linguísticas e a desenvolver suas ideias a seu respeito, mas ele o fez a serviço de uma única categoria subsumidora, o romance.

Na União Soviética daqueles anos, o romance constituía o tópico central da pesquisa acadêmica em literatura, como demonstram as páginas de *A Crítica Literária* (*Literaturnyj kritik*), a principal revista teórica na área. Além do mais, a Academia Comunista de Moscou organizou, em 1934-1935, um debate sobre a natureza da obra romanesca, tendo Lukács como principal expositor[20]. Assim, voltando o seu interesse para tal gênero, Bakhtin seguia o mesmo padrão que adotara, durante os anos 1920, nas opções por Freud, pelos Formalistas, por Dostoiévski e pela filosofia da linguagem, temas que estavam então em moda entre os intelectuais, mas que podiam ser utilizados como veículos a fim de explorar os domínios que o preocupavam. Contudo, no últimos dos exemplos citados, os interesses do próprio Bakhtin desempenharam um papel até maior na seleção do tópico.

No livro de 1929 sobre Dostoiévski, a concepção bakhtiniana do romance já era tão idiossincrática que poderia conter quase todo e qualquer tópico. Este potencial

19. D. Šostakovič, "I.I. Sollertinskij", em I.I. Sollertinskij, *Istoričeskie ètjudy*, 2. ed. (Leningrado: Gos. Musykal'noe izdatel'stvo, 1963), p. 4; Sollertinskij, "Istoričeskie tipy simfoničeskoj dramartugii", em *Istoričeskie ètjudy*, p. 338.

20. "Problema teorii romana", *Literaturnyj kritik*, n. 2 (1935): 214-249; n. 3 (1935): 231,254.

tornou-se mais importante para ele nas novas e restringidas condições da vida intelectual nos anos de 1930. A sociedade soviética estava ultrapassando vários marcos miliares na estrada da progressiva stalinização, inclusive a centralização de todas as instituições culturais, o culto da personalidade, o aumentado poder da polícia secreta, o chauvinismo e os expurgos. Tais tendências alarmavam necessariamente uma pessoa com os pressupostos e princípios básicos de Bakhtin. Mas as instituições do stalinismo não representavam de modo algum tudo o que o embaraçava. Sentia-se ainda mais perturbado com o que estava acontecendo a esse elemento-chave de sua filosofia, a linguagem. A linguagem oficial homogeneizara-se e dominava todos os aspectos da vida pública. A maior parte da literatura e da pesquisa literária estava convertida em mera subfunção dos mitos e da retórica oficiais. Os pronunciamentos oficiais eram absolutamente impositivos e finais.

Bakhtin sempre se opusera a que a linguagem se tornasse automática, mecânica e autoritária. Depreciava o monólogo e louvava a abertura e a incompletude. As grandes oposições que aduzira em *A Arquitetônica* e depois invocara em virtualmente todos os escritos subsequentes – tais como ser/vir-a-ser, dado/criado e acabado/inacabado – capsulavam a incompatibilidade básica entre a cultura stalinista e os pontos de vista de Bakhtin. Em cada caso, esta cultura colocava-se em favor do primeiro termo da oposição, fechado e completo, enquanto Bakhtin se punha a favor do segundo termo, de terminação aberta.

Bakhtin não respondeu ao desafio do stalinismo com o silêncio. A grande maioria de suas obras até então haviam dado a impressão de constituir manifestos disfarçados de investigações acadêmicas e, em face delas, seus trabalhos presentes não formavam exceção. Mas as vogas e os debates da intelectualidade ocupavam agora um lugar menor. O principal contemporâneo ao qual implicitamente tais escritos se endereçavam não era um dos pares do autor nos círculos da *intelligentsia*, porém a própria cultura stalinista. Bakhtin usava o seu tema ostensivo como um meio para veicular sua crítica à ideologia stalinista.

Os escritos de Bakhtin redigidos no período compõem um conjunto reconhecível, pois versam largamente sobre as mesmas preocupações e ideias. Dentre tais textos, porém, dois marcos se destacam: sua primeira obra que se conhece desta época, "O Discurso no Romance", e a última, a dissertação acerca de Rabelais. O "Discurso" coloca, *lato sensu*, todos os tópicos e temas que absorveriam Bakhtin no transcurso da etapa em apreço. Composto em 1934-1935, é a primeira de suas obras principais produzida no exílio. Muito embora sua pena não tenha provavelmente permanecido inativa nos quatro anos anteriores, houve razões especiais que ora o moviam a escrever. Em sua carreira, os períodos de produtividade estiveram correlacionados com as épocas em que alimentava alguma esperança de avanço e edição, e agora era um momento assim. Sua pena de exílio chegara oficialmente ao termo, permitindo-lhe pensar em reencetar uma carreira acadêmica ou nas publicações, como ocorrera com vários dos antigos banidos de sua categoria. Seus amigos em Moscou e em Leningrado estavam tentando arrumar-lhe trabalho. Além do mais, em Leningrado conseguira obter os livros de que precisava para levar à frente o seu labor, pois seus escritos de então denotam demasiada erudição para que tivessem sido feitos totalmente de memória.

Assim, em "O Discurso no Romance", Bakhtin reinicia o trabalho acadêmico interrompido por causa do exílio forçado. Em alguns aspectos, o ensaio retoma as ideias no próprio ponto em que o autor as deixara ao ser preso em 1929. Por exemplo, a discussão da heteroglossia como condição natural de qualquer linguagem da sociedade retorna ao interesse de Bakhtin pela polifonia romanesca do livro sobre Dostoiévski, embora ampliado em seu quadro de referência[21]. O texto reconhece a primazia do social na linguagem, como o faz *O Marxismo e a Filosofia da Linguagem*. Além disso, repete a velha distinção bakhtiniana entre linguagens mortas e vivas. De fato, "O Discurso no Romance" parece quase ter amalgamado as ideias das duas obras anteriores do ensaísta, levando a discussão sobre a polifonia para fora do estrito foco no romance e na arte. A polifonia, assim como a heteroglossia, tornam-se agora, para Bakhtin, tanto a pedra angular de sua filosofia da linguagem quanto uma função da própria vida. O ensaio resolve qualquer dúvida sobre se o livro de Dostoiévski e *O Marxismo e a Filosofia da Linguagem* foram escritos pela mesma pessoa.

Quer o texto de "O Discurso no Romance", quer o "Da Pré-história do Discurso Novelístico", escritos em 1940, têm em mira os velhos temas e ideias dos Formalistas e dos que estavam próximos a eles, como Vinogradov. Do mesmo modo que Tinianov, Bakhtin concede um papel central à paródia na evolução do romance. Louva a noção formalista de "pôr a nu o artifício". Como Chklóvski, argumenta que podemos perder o nosso sentido da linguagem quando esta se torna por demais "automática". O conjunto de obras que usa como exemplo em ambos os ensaios coincide com as velhas favoritas dos Formalistas. Em particular, as fontes ocidentais citadas, além de Rabelais, parecem quase inteiramente formalistas. Elas incluem Sterne, Dom Quixote e o romance de Dickens em que Chklóvski se deteve, *Little Dorrit*[22].

Dado o fato de que, por volta de 1934, os Formalistas e Vinogradov não mais estavam publicando obras redigidas com este espírito, "O Discurso no Romance" poderia dar a impressão de haver sido composto antes da prisão de Bakhtin, quando estaria em diálogo com a posição de ambos na época, mas a evidência do próprio texto indica que sua escritura se deu, ao menos no sentido da redação final, em 1934. Em especial, o ensaio aborda as questões candentes daquele tempo. Na verdade, o

21. Bakhtin aparentemente havia tirado de seu vocabulário o termo "polifonia", o que talvez tivesse algo a ver com o fato de que as vozes autorizadas na literatura dos anos 1930 habitualmente invocassem a metáfora de Górki para o realismo socialista como uma orquestra em que todos os instrumentos estão em harmonia. Ver e. g. A. Fadeev, "Za xorosee kacestvo, za masterstvo", *Literaturnyj kritik*, n. 4 (1934): 45.

22. Bakhtin polemiza com Vinogradov em "Slovo v romane", *Voprosy literatury i èstetiki* (Moscou: Xudožestvennaja literatura, 1975), p. 81, 93, 137. Ver também Baxtin, "Slovo v romane", p. 87, 96, 114-122, 126-127, 142, 161, 220, 222, 224-225; Baxtin, "Iz predistorii romannogo slova", *Voprosy literatury i èstetiki*, p. 410-416, 418.

texto apresenta uma espécie de dupla cara que aparece em todas as obras de Bakhtin neste período. Uma das faces está voltada para trás, em direção dos debates intelectuais dos anos 20, e a outra para frente, em direção dos eventos contemporâneos.

"O Discurso no Romance" assinala uma sensível mudança na escritura bakhtianiana. Ele apresenta uma nova veemência, uma nova terminologia e um novo quadro de referência. Em um preâmbulo característico, Bakhtin salienta os erros das duas abordagens principais e opostas do discurso no romance, a idealista e a formalista. Mas, logo depois, focaliza a oposição entre a ilusão de que existe na sociedade ou na literatura uma "só linguagem unificada" (*edinyj jazyfc*) e a realidade de que a heteroglossia abunda em qualquer sociedade e que a própria linguagem é multiplanar e tende a "romper-se em discursos separados" (*rassloenlejazyka*). Bakhtin distingue entre a linguagem do romance e o que chama "os gêneros oficiais". Em outro de seus enormes apanhados históricos, mapeia os vários pontos na história onde pessoas ou instituições, como a Igreja, tentaram impor uma "única linguagem da verdade" ou a "linguagem correta", a despeito da variegação e do fluxo da linguagem natural. Ele cartografa um embate épico, no curso do tempo, entre as forças de "centralização", que também denomina "as forças centrípetas da vida sociolinguística" e as forças "centrífugas" da heteroglossia. A luta por vezes foi vencida pelas forças da centralização, como quando uma língua ou um dialeto particular conseguem dominar a cultura de uma dada sociedade ou quando um "sistema ideológico" particular é "canonizado", mas se trata de uma situação inatural. Em outras épocas, as forças centrífugas "descentralizadoras" predominaram e estas épocas favoreceram o desenvolvimento do romance[23].

Termos como "linguagem unificada", "centralização", "gêneros oficiais", "canonização do sistema ideológico" e "linguagem correta" não poderiam ser escolhidos, em 1934, de maneira inocente ou fortuita. Bakhtin os invocou numa época em que ainda era fresca a lembrança da coletivização, dessa tentativa por "um povo unido" (*edinyj narod*) de homogeneizar a economia rural e, no Cazaquistão, de homogeneizar não menos a diversidade étnica. Tais termos também vieram à baila em conjunção com um acontecimento mais recente, o Primeiro Congresso de Escritores patrocinado pela União dos Escritores, em agosto de 1934.

A formação de uma União de Escritores única, em 1932, significará a centralização da literatura soviética, mas por ora apenas em nível ainda institucional. Pouco depois, entretanto, surgiu a exigência de que todos os autores seguissem o "método" literário do "socialismo realista", uma denominação recém-cunhada com vistas à estipulação de que toda a criação literária devia apresentar-se com o "espírito do partido" (*partijnyj*). Pronunciamentos oficiais nos anos seguintes por figuras como Górki definiram ainda mais o termo, e o Primeiro Congresso de Escritores, a que

23. Baxtin, "Slovo v romane", p. 78, 82, 84-85, 146.

compareceram proeminentes nomes estrangeiros, funcionou qual um elaborado ritual de sancionamento do conceito de realismo socialista.

Na realidade, o realismo socialista é uma noção algo enganosa que tem sido definida mais na prática do que na teoria. Trata-se essencialmente de um sistema canônico que se apoia em obras exemplares. Mesmo nesses primeiros anos de sua história, fontes autorizadas indicavam aos escritores quais obras eles deveriam usar como modelos em sua escritura. Em decorrência, esta literatura socialista realista tornou-se tão convencional que sua produção era comparável à pintura de ícones, na medida em que os escritores copiavam dos modelos oficiais tropos, gestos e epítetos padronizados. Em parte alguma o realismo socialista foi mais convencionalizado do que no romance, que também constituía o gênero de onde as autoridades extraíam a maioria das obras exemplares canônicas. Gradualmente, elementos tirados desses modelos congelaram-se em um enredo padrão *de facto* prescritivo, passível de ser utilizado para a produção de romances sobre qualquer tópico aceitável, ao modo de uma poética imperativa[24].

Não é sem dúvida por acaso que Bakhtin, durante esse período, ofereceu uma noção um tanto idiossincrática do romance, considerando-o um produto das forças "centrífugas" que minam a "linguagem única" imposta a uma cultura, com uma lúdica celebração da heteroglossia natural da sociedade. G ensaísta efetivamente não menciona o realismo socialista em "O Discurso no Romance", mas se trata de um referente implícito quando ele discute o emprego de uma "linguagem fluente e puramente univocal" nos romances a fim de purgá-los de todos os traços do pluralismo e relativismo natural da linguagem. Bakhtin conclui que semelhante loucura só pode ser fruto de arrogância ou estupidez[25].

Bakhtin não desenvolveu esse elaborado modelo histórico meramente com o fito de disfarçar seu ataque ao rumo que as letras soviéticas estavam tomando. Estava interessado, de há muito, na evolução do romance como um estudo de caso na sociologia do conhecimento, tendo encetado a tradução da *Teoria do Romance*, de Lukács, no início da década de 1920. Ademais, o modelo centrípeto/centrífugo que estabelece no seu ensaio constitui apenas uma variante daqueles primeiros binários que adiantara em *A Arquitetônica*. Mas aquele outro plano ou referente, o de um comentário aos acontecimentos contemporâneos, encontra-se inequivocamente presente nesta declaração multiplanar.

Na maior parte, as linhas de orientação do socialismo realista são discutidas por Bakhtin por esta via indireta. Por exemplo, seu conceito de heteroglossia, que parece ter brotado da oposição monólogo/diálogo nos primeiros escritos, também se relaciona com a cobrança feita por porta-vozes do realismo socialista era 1932-1934, de que a literatura soviética precisava ser acessível às massas e que os autores não deviam comprometer tal acessibilidade empregando um vocabulário abstruso ou usado apenas por

24. Katerina Clark, *The Soviet Novel: History as Ritual* (Chicago: The University of Chicago Press, 1981).
25. Baxtin, "Slovo v romane", p. 140.

um grupo particular na sociedade, como seria o caso dos dialetos. Similarmente, Bakhtin salienta o papel central desempenhado pela paródia e pelo jogo verbal na ficção, e sua insistência em que esses elementos não conduzem a um esteticismo vazio ou roubam da obra de ficção o significado, embora reflitam seu interesse no Formalismo, também servem de resposta a outra reserva crítica das linhas de orientação do socialismo realista, a de que os autores não devem entregar-se a técnicas "formalistas" de escritura, como seria o caso da paródia, do experimentalismo e da estilização autoconsciente[26].

A exigência oficial de que a produção literária, sob a égide do realismo socialista, fosse acessível às massas era acompanhada de outra condição, a de que se abeberasse na fonte popular para a elaboração de alguns de seus modelos, pois o folclore é "a composição não escrita do homem que labuta". Esta era de há muito a ideia favorita de Górki em relação ao que devia acontecer nas letras soviéticas. Numa alocução ao Primeiro Congresso de Escritores, ele elaborou a concepção, traçando a influência do elemento folclórico na própria literatura:

> Veio o momento em que os "simplórios" do folclore, agora convertidos em Sancho Pança, Simplicíssimo e Eulenspiegel, tornaram-se mais espertos que seus amos feudais e tiveram coragem bastante para zombar de seus senhores [...] o folclore oral exerceu de forma mais definida uma influência constante na criação de obras literárias da envergadura de *Fausto, As Aventuras do Barão de Münchhausen, Gargântua e Pantagruel e Till Eulenspiegel*[27].

Bakhtin oferece deliberadamente uma explicação similar à de Górki acerca do papel dessas fontes "não escritas" ou "populares" no desenvolvimento do romance, mas com algumas diferenças extremamente importantes. Enquanto este último caracteriza o herói popular que escarnece de seus amos como um simplório (*durak*), o primeiro cita uma troica de tais heróis, que inclui igualmente o bobo e o "velhaco" (*plut*), uma categoria que Górki assimilava à burguesia. Além disso, ainda que ambos acentuem o papel do elemento popular como desmascarador dos donos do poder, Górki recomenda o uso de modelos *folk* no realismo socialista primordialmente como fonte de personagens fantásticas capazes de inspirar a população. Muito embora no passado a função do herói popular na literatura tenha sido iconoclástica, na época moderna ela devia afirmar o *status quo* e impressionar o público com sua monumentalidade[28]. Para Bakhtin, ao contrário, o elemento popular prove um saudável antídoto ao que é sobrecarregado, oficial ou artificialmente monológico. É uma força que traz a realidade de volta ao seu

26. M. Gor'kij, "O proze", *Literaturnaja učeba*, n. 1 (1933): 125; Gor'kij, "O jazyke", *Liteturnaja učeba*, n. 3 (1934): 3-9; Baxtin, "Slovo v romane", p. 146.

27. M. Gor'kij, "Doklad A.M. Gor'kogo o sovetskoj literature", *Pervyj s"ezd pisatelej: Stenografičeskij otcet* (Moscou: Ogiz, 1934), p. 6, 10.

28. Bakhtin nomeia especificamente o "folclore" como força movente apenas em seu trabalho de 1940 "Iz predistorii romannogo slova", *Voprosy literatury i èstetiki*, p. 417; Gor'kij, "Doklad A.M. Gor'kogo o sovetskoj literature", p. 6.

tamanho na vida. A cultura *folk* é a cultura das ordens inferiores, da barraca de feira e da praça do mercado, de onde vêm seus três heróis, o velhaco, o bobo e o papalvo. É lá que se ouve a linguagem não recebida, a escatologia e o dialeto. De acordo com o cenário montado por Bakhtin, no mercado e na praça a linguagem elevada do "poeta, erudito, monge e fidalgo" é parodiada em irreverente peça, farsa e réplica arguta. A hierarquia e a "linguagem única da verdade" são postas em debandada pelo elemento popular e, graças a eles, a heteroglossia prevalece. Em suma, lá se encontram os inícios de um movimento que culminou no desenvolvimento do romance como bastião da heteroglossia.

Ainda que nessas publicações Bakhtin nunca mencione o realismo socialista pelo nome, trata do tema em *O Romance Pedagógico e sua Significação na História do Realismo,* obra da qual perduram apenas fragmentos. O principal foco deste livro era aparentemente Goethe, um dos autores favoritos de Bakhtin, que desempenhou papel imenso no pensamento do crítico russo durante toda a sua vida[29]. No caso em pauta, Bakhtin concentrou-se no *Dichtung und Wahrheit* e nos textos de Wilhelm Meister do referido autor. Mas levou a sua cobertura do romance pedagógico até Górki e o realismo socialista, e a maneira como os considerou não poderia ser desfavorável, visto que o trabalho foi aceito pela editora Escritor Soviético. Todavia, a edição nunca veio à luz, porque a guerra interveio e o manuscrito acabou destruído. Bakhtin utilizou grande parte da cópia remanescente como papel de cigarro, de que havia então muita escassez, e os fragmentos subsistentes não incluem a parte em que tratava de Górki e do socialismo realista. Embora as circunstâncias expliquem o desaparecimento da maior parte do original, a questão de saber o que levou Bakhtin a destruir sua única abordagem crítica manifesta do realismo socialista é um dos muitos enigmas deixados por ele.

Mesmo que Bakhtin não haja escrito sobre o realismo socialista especificamente, o assunto geral de seu livro, ou seja, o romance pedagógico, é altamente relevante para a referida colocação literária. A pedra angular da tradição realista socialista é o herói positivo, uma figura que se ergue ao fim do romance como emblema da virtude bolchevique. A educação ou "formação" (*stanovienie*) do herói positivo, em particular o desenvolvimento de sua consciência política, estrutura o enredo modular *de facto,* segundo o qual a maioria dos romances do realismo socialista são produzidos. Em outra parte, nos seus trabalhos da década de 1930, Bakhtin suscita dúvidas sobre a propriedade de tais figuras emblemáticas num romance. Por exemplo, em "O Discurso no Romance", ele assevera que na época moderna a literatura não pode alcançar uma linguagem unívoca, mítica, com suas normas de pensamento

29. Nos anos 1960, Kanaiev, o velho amigo de Bakhtin, escreveu dois livros sobre Goethe – *Iogann Vol'fgang Gëte: Očerki iz žizni poèta-naturalista* (Lenigrado, 1962) e *Gëte kak estestvoispytatel'* (Leningrado, 1970) – cada um dos quais levou Bakhtin a escrever longas cartas de análise crítica. Bakhtin insistiu no ponto de vista de que Goethe foi um grande filósofo, salientando-se no período moderno como uma das poucas figuras (Bakhtin seria a outra) que se recusa a aceitar a distinção sujeito/objeto como base de sua teoria do conhecimento. Bakhtin o compara em particular com Heidegger. Baxtin, *Estetika slovesnogo tvorčestva,* p. 396-397.

absolutas. O mito só podia exercer este tipo de efeito nos tempos pré-históricos ou nos primórdios da história. Como consequência, um "herói sem defeitos" não pode mais, na obra literária, obter a procurada unidade entre a pessoa interior e exterior, entre a pessoa e seu mundo[30].

Tais observações, feitas *en passant,* eram formuladas, é de presumir, como críticas ao realismo socialista. Mas a falta de referências abertas a este na época em que Bakhtin escreveu "Épica e Romance", em 1941, parece estranha, pois, neste ensaio, sistematiza as dúvidas acerca do romance realista socialista a que apenas aludira anteriormente e desenvolve uma explicação abrangente da verdadeira essência do romance, contrapondo-lhe o que ele rotula de "épica". Embora sustente que o espírito do romance é irreconciliável com o espírito da épica, descreve a épica em termos que são visivelmente aplicáveis ao romance realista socialista.

Épica e romance, sustenta Bakhtin, não são meramente dois gêneros diferentes, com suas próprias características formais, mas também duas expressões diametralmente opostas da realidade. A épica pinta um mundo levado à completude, à perfeição, um mundo que está separado do mundo do autor e da audiência por um passado absoluto intransponível. Um passado épico não significa apenas uma era passada, pois sua real localização no tempo não é tão importante quanto a sua valorização de um tempo, seu caráter cerrado, sua natureza "perfeita". A épica é contada como uma lenda; é sagrada e indisputável. Assim, ela é comparável ao que a retórica oficial soviética e o realismo socialista estavam tentando atingir.

Por contraste, Bakhtin vê o romance como o gênero de um mundo imperfeito, incompleto. Ele está constantemente a gerar novas formas e, ao contrário de outros gêneros maiores, não é possível sujeitá-lo a qualquer conjunto de características formais. Em outras palavras, formalmente é tão incompleto quanto o mundo que pretende pintar. O ascenso do romance foi produto do colapso da visão de mundo épica, que veio a dar-se quando escritores começaram a parodiar e ridicularizar os estilos, os heróis e a cosmovisão das velhas formas. O gênero assim gerado, o romance – ou antes a nova sensibilidade, a "romancidade" – está, por sua própria natureza, destinado a ser para sempre iconoclástico, a achar-se em eterna busca.

Assim, Bakhtin identifica três categorias – romance, *folk* e heteroglossia –como o triunvirato que processa uma espécie de revolução permanente na consciência humana. Usando os cenários de luta que eram tão característicos da cultura oficial de seu tempo, converte os eruditos ensaios desses anos em *agons* da mudança cultural. Relegado à periferia da vida social como se encontrava, Bakhtin pôde criticar a sua própria sociedade enquanto outros se viam obrigados a monologar.

Os escritos bakhtinianos desta época não se reduzem a mera linguagem esópica ou a simples comentário sobre o seu tempo. Seu autor estava profundamente interessado na teoria e na evolução do romance, bem como nas questões filosóficas gerais

30. 30. Baxtin, "Siovo v romane", p. 77, 81, 14, 177.

passíveis de ser levantadas neste contexto, como as da natureza do espaço e tempo e da natureza da linguagem. De fato, suas obras do período apresentam o mesmo tipo de dupla vocalidade de que ele fala com tanta frequência. De um lado, são endereçadas a seu tempo, mas, de outro, seu principal destinatário é a teoria em geral, tanto literária quanto filosófica.

13

A Teoria do Romance

No correr dos anos 1930 e no começo dos anos 1940, Bakhtin dedicou quatro ensaios a um tema comum, a natureza e a evolução do romance. Além de "O Discurso no Romance", incluem "As Formas do Tempo e o Cronótopo no Romance: Um Ensaio sobre Poética Histórica" (1937-1938, ao qual foi acrescentada uma conclusão em 1973), "Da Pré-história do Discurso Novelístico" (1940) e "Épica e Romance: Da Metodologia para o Estudo do Romance" (1941)[1]. Em conjunto, estes trabalhos cobrem as ideias de Bakhtin acerca da natureza do romance, suas noções sobre espaço e tempo na história do romance e suas concepções a respeito da mudança de percepção da linguagem na evolução do romance.

A explicação dada por Bakhtin à natureza do romance é sumamente singular e, em alguns aspectos, maldosa e pessoal. Ele discorda, implicitamente, das principais proposições sustentadas por Lukács numa conferência sobre a teoria do romance proferida na Academia Comunista em 1934-1935, bem como das teorias então dominantes sobre a ficção romanesca. Bakhtin concebe em moldura muito ampla a poética em geral e o romance em particular. Considera os gêneros não apenas em seu estreito contexto literário, mas também como ícones que fixam a *Weltanschauung* das eras de onde brotam. O gênero é, para ele, um raio X de uma visão de mundo específica, uma cristalização dos conceitos peculiares a um dado tempo e a um dado estrato social em uma sociedade determinada. Um gênero, por conseguinte, encarna uma ideia historicamente específica do que significa ser humano. Bakhtin não encara a poética como uma categoria normativa, *à la* Aristóteles ou Boileau, em que há gêneros "altos" e "baixos" empilhados numa hierarquia fixa, organizada segundo alguma essência

1. Em relação a esses quatro ensaios, ver Bakhtin, *The Dialogic Imagination*, ed. Michael Holquist, trad. Caryl Emerson e Michael Holquist (Austin: University of Texas Press, 1981).

atemporal, como o "bom gosto". De fato, Bakhtin flerta com tais suposições inventando hierarquias genéricas a fim de aprumá-las na busca da sua própria "antipoética". Gêneros tradicionalmente menosprezados ou repudiados são elevados ao lugar de honra, e os gêneros anteriormente exaltados são "descoroados". A despeito de seu espírito polêmico e até contencioso que às vezes borra os contornos de seu pensamento, Bakhtin delineia uma concepção extremamente plástica e historicamente sensitiva dos gêneros e suas interações.

Entre os vários gêneros, Bakhtin elege o romance como seu herói pessoal. O romance não é, a seus olhos, apenas um outro gênero literário, porém um tipo especial de força, que ele chama "romancidade". Em 1929, fizera reivindicações extravagantes em favor da singularidade de Dostoiévski, mas no período seguinte passou a ver o romance dostoievskiano não tanto como um acontecimento absolutamente sem precedente na história do gênero, quanto como a mais pura expressão do que sempre estivera implícito neste. Considerar a evolução do romance à luz do exemplo da criação dostoievskiana tinha consequências revolucionárias. O romance tornava-se não só "o herói principal do drama do desenvolvimento literário de nosso tempo", como a força mais significativa em ação na história da consciência, mesmo em períodos em que, pensava-se, não haviam sido escritos romances, como na Atenas de Platão ou na Idade Média. Tradicionalmente, dizia-se que o romance "surgiu" com Cervantes, Defoe ou Richardson. As obras de tais autores e o romance psicológico do século XIX, que deles evolveu, tornaram-se canônicos para a ficção romanesca concebida como um gênero como qualquer outro. Até na União Soviética prevalecia uma versão, orientada pela perspectiva da luta de classes, deste modo de conceber a evolução do romance. Bakhtin discordou dessa explicação geralmente admitida, o que o levou a efetuar declarações como a de que "a absoluta inadequação da teoria literária fica exposta quando ela é forçada a lidar com o romance" ou "em face do problema do romance, a teoria dos gêneros tem que submeter-se a uma reestruturação radical"[2].

Ao invés, Bakhtin consigna o termo "romance" a qualquer forma de expressão dentro de um dado sistema literário que revele os limites do referido sistema como inadequados, impostos ou arbitrários. Os sistemas literários são compostos de cânones e o romance é fundamentalmente anticanônico. Ele não permite o monólogo genérico. Insiste em um diálogo entre os textos que um dado sistema admite como literatura e os que estão excluídos de semelhante definição. O romance é uma espécie de fora-da-lei epistemológico, um Robin Hood dos textos. Visto estarem os traços fundamentais de qualquer cultura inscritos em seus textos, não só nos literários mas também nos legais e religiosos, a "romancidade" pode operar de modo a minar a cultura oficial ou alta de qualquer sociedade.

O romance concebido desta maneira tem uma longa história cuja existência se dá fora dos limites da história literária tradicional. Bakhtin mapeia o seu curso por meio

2. Bakhtin, *Dialogic Imagination*, p. 7-8.

dos ataques efetuados a determinadas formas literárias superiores de uma dada cultura pelas formas inferiores, como no caso da paródia de Cervantes aos romances de cavalaria, ou de Sterne e Fielding à ficção sentimental. Mas estes são apenas exemplos tardios de uma tendência que esteve em circulação desde a Grécia antiga. O crítico russo chega quase a nomear Sócrates o primeiro romancista, porque o seu papel de moscardo, ligado à crença na importância da autoconsciência ("Conhece a ti mesmo!") e representado no drama de um diálogo, corresponde de perto ao papel do romance. Este papel também assumiu formas tão inesperadas quanto a confissão, a utopia ou a sátira menipeia. Durante o século XIX, até o drama, como em Ibsen ou em outros naturalistas, o poema longo, como *Childe Harold* ou *Don Juan*, e a poesia lírica, como em Heine, constituíam máscaras da "romancidade". A medida que os antigos gêneros literários distintos são submetidos ao poder antinormativo do romance, sua pureza sistemática é infectada e eles se tornam "novelizados".

A história do romance é para Bakhtin uma grade que proporciona diferentes pontos de referência a partir dos quais é dado mapear uma história da consciência. Duas variáveis principais são básicas na evolução do romance e, assim, da consciência também: atitudes para com o espaço e tempo, e atitudes para com a linguagem. Bakhtin estava obcecado pela interconexão de espaço e tempo. Na década de 20, esse interesse era amplamente compartilhado pelos intelectuais soviéticos. Einstein e Bergson achavam-se particularmente em moda. Mas nas explorações iniciais empreendidas por Bakhtin na questão, ele não se apoiou nestes dois pensadores, mas em outros, sobretudo em Kant e nos neokantianos. Fora Kant, no fim de contas, que situara no centro de sua filosofia o problema da cognição, que dera nova importância fundamental aos mecanismos pelos quais a mente organiza as experiências. E dentre tais mecanismos são proeminentes os das categorias do espaço e tempo*.

Kant, numa preleção sobre "Antropologia", coloca a questão de "O que é o homem?" Este problema, combinado com a ênfase dada às categorias perceptuais na *Crítica da Razão Pura*, levou à criação da antropologia filosófica, uma disciplina que procura compreender a especificidade histórica do que significa ser humano em diferentes épocas mediante o estabelecimento das diferenciadas visões de mundo mantidas pelos homens nos diversos tempos. No transcurso dos séculos, as pessoas nutriram ideias largamente divergentes acerca do que significa ser humano. A antropologia filosófica é uma tentativa de recuperar tais ideias pelo estudo do modo, digamos, como os gregos bizantinos organizavam o mundo em sua concepção dele, ou como o mundo era concebido pelos antigos egípcios ou na Renascença italiana. Em cada

* Convém observar talvez que espaço e tempo não são qualificados por Kant como "categoria" de intelecção e sim como "forma" de percepção ("b. O espaço não é mais do que a forma dos fenômenos dos sentidos externos..."; "b. O tempo é a forma do sentido interno...", *Estética Transcendental*, sec. 1:3,b e 2:6,b), em *Crítica da Razão Pura*. E Bakhtin também entende assim os conceitos, pois chama um de seus ensaios "As Formas do Tempo e o Cronótopo no Romance". (N. do T.)

lugar e em cada período, um diferente conjunto de categorias de tempo/espaço prevaleceu, e o que significava ser humano era em larga medida determinado por tais categorias. Os gregos, por exemplo, viam o tempo como cíclico, enquanto os hebreus atribuíam grande valor ao futuro.

A preocupação de Bakhtin, na década de 1920, com a questão do espaço e tempo refletiu-se numa teoria do valor com dupla base: as diferentes categorias perceptuais que estão fundadas no *self* e todas as outras categorias que são percebidas como *não self*. Nos anos 1930, o seu interesse pela mesma questão do espaço e tempo assumiu outra forma e direção, enfatizando crescentemente a imediatidade com que essas categorias são sentidas na experiência real. O estudo de semelhante experiência, ele o transladou para uma poética histórica do romance. Para tal fim, introduziu o termo "cronótopo". A palavra quer dizer literalmente tempo/espaço e, no uso feito por Bakhtin, é uma unidade para estudar textos de conformidade com a razão e a natureza das categorias temporais e espaciais representadas.

Unamuno disse que todo aquele que inventa um conceito despede-se da realidade. Mas o cronótopo constitui um meio de não se despedir dela; é precisamente o oposto, um conceito para engajar a realidade. No correr dos séculos, as pessoas têm organizado o mundo de sua experiência imediata em um certo número de diferentes figurações do mundo. As categorias fundamentais para a criação de tais imagens são o tempo e o espaço, a cujo respeito os filósofos sempre especularam, mas de cuja demonstração só Kant conseguiu aproximar-se. Bakhtin, tomando a deixa a partir da sugestão de Minkowski acerca de uma quarta dimensão, insiste na inseparabilidade dessas categorias[3]. Insiste igualmente na natureza histórica de tais conceitos, no fato de que, em épocas diferentes, combinações diferentes de espaço e tempo foram utilizadas a fim de moldar a realidade externa. A mais paradigmática expressão de cronótopos passados encontra-se em textos literários. Uma vez que moldam mundos inteiros, os autores são inelutavelmente forçados a empregar as categorias organizadoras dos mundos que eles próprios habitam.

O cronótopo desempenha um papel central nos ensaios escritos por Bakhtin nesse período, porém em nenhum deles mais do que em "As Formas do Tempo e o Cronótopo no Romance". Embora o faça às vezes de uma forma antes casual quando se trata de apontar os liames precisos na cadeia dialógica de suas ideias, neste texto em particular duas notas de pé de página indicam a dupla fonte de sua inspiração. Uma é Kant, a quem Bakhtin louva por ter-lhe mostrado a importância do espaço e tempo como categorias primárias da percepção, ainda que divirja dele no tocante ao modo de conceber as referidas categorias, considerando-as "não como transcendentais, porém como formas da mais imediata realidade". A outra fonte é o fisiólogo Ukhtômski, a quem

3. Cf. Lawrence Sklar, *Space, Time, and Spaceüme* (Berkeley: University of California Press, 1974); German Minkovsky, *Prostranstvo: Vremja* (Petersburgo: "Physice", 1911).

Bakhtin deve a insistência no caráter imediato do espaço e tempo na experiência humana[4].

A visão de Ukhtômski em relação ao corpo levou Bakhtin a acentuar o papel central que este exerce na maneira de representar o mundo. Quando o fisiólogo afirmou: "as nossas dominantes encontram-se *entre* nós e a realidade", ele estava utilizando o termo "dominante" no sentido da total integração das forças neurológicas e psicológicas num padrão característico que enforma nossa percepção do universo. De um modo análogo, segundo Bakhtin, o nosso senso totalmente integrado de espaço e tempo molda o nosso senso de realidade. Nós estamos constantemente empenhados na atividade de representar os sinais que recebemos de nosso ambiente exterior, moldando-os em um padrão por meio de cronótopos particulares. Bakhtin argumenta que os cronótopos particulares são as feições definidoras ou dominantes de pessoas, períodos e obras de arte:

> Dentro dos limites de uma só obra e dentro da produção total de um só autor, podemos perceber um certo número de cronótopos diferentes e complexas interações entre eles, específicos da obra ou do autor dados; é comum, além do mais, que um desses cronótopos envolva ou domine os outros[5].

Na conclusão de 1973 ao ensaio sobre o cronótopo, um dos últimos trabalhos de maior fôlego levados a cabo por Bakhtin antes de sua morte, volta a acentuar a cisão entre mente e mundo com que iniciara sua carreira cinquenta anos antes em "Arte e Respondibilidade": "Há uma aguda e categórica linha fronteiriça entre o mundo real como fonte de representação e o mundo representado". O cronótopo é uma ponte, não um muro, entre os dois mundos. A linguagem não é uma casa de prisão estática, mas uma correia de transmissão constantemente ativada: "Dos efetivos cronótopos de nosso mundo [...] emergem os cronótopos refletidos e criados do mundo representado". A velha distinção entre "dado" e "concebido" é reconceituada aqui em termos tomados diretamente da fisiologia, que de novo devem muito a Ukhtômski:

> Por mais violentamente que o mundo real e o representado resistam à fusão [...] eles se apresentam, não obstante, indissoluvelmente ligados um ao outro e se acham em contínua interação mútua; uma troca ininterrupta desenvolve-se entre eles, similar à troca ininterrupta de matéria entre os organismos vivos e o meio que os circunda.

O organismo necessita dos ambientes à sua volta, assim como o texto necessita de seu contexto, pois, "se for expulso de seu meio, ele morre"[6].

Tempo e espaço estão sempre entrelaçados, mas alguns dos modos de eles se combinarem são mais significativos do que outros como meios de revelar as mundivisões

4. Bakhtin, *Dialogic Imagination*, p. 85.
5. Idem, p. 252.
6. Idem, p. 253, 254.

específicas das quais brotam. Isto é verdade em especial na literatura, "onde indicadores espaciais e temporais são amalgamados num todo cuidadosamente elaborado, concreto. O tempo engorda, por assim dizer, toma corpo, torna-se [...] visível; da mesma maneira, o espaço fica carregado e responsivo". O tempo a tomar corpo é aqui algo mais do que um tropo, pois os que engordam as categorias são homens. São precisamente os diferentes modos pelos quais as pessoas são representadas que estabelecem as diferenças entre cronótopos: "o cronótopo como uma categoria formalmente constitutiva determina [...] a imagem do homem na literatura [...] a imagem do homem é sempre intrinsecamente cronotópica". As feições cronotópicas também servem para distinguir autores particulares. Em Dostoiévski, o tempo é "essencialmente instantâneo", enquanto Tolstói ama "a duração, o estiramento do tempo". Primordialmente, porém, o cronótopo diferencia categorias mais amplas no âmbito da história da literatura, define gênero e distinções genéricas e estabelece as fronteiras entre as várias subcategorias intragenéricas dos principais tipos literários[7].

Ao focalizar de passagem que um cronótopo em particular define um gênero ou um subgênero particular, Bakhtin faz remontar o advento do romance à Grécia helenística. Ele assinala, na época clássica, três desenvolvimentos literários que mostram já estar então em andamento o longo processo que culmina no advento do verdadeiro romance. Todos os três caracterizaram-se por seus próprios cronótopos. Mais ainda, cada um destes cronótopos foi de importância fundamental para a subsequente história literária e sobreviveu, sob vários disfarces, muito tempo após terem desaparecido as condições que o produziram.

O primeiro de tais cronótopos, "tempo de aventura", é desenvolvido de maneira mais plena nos romances gregos, como *Leucipo e Cleitofon* de Aquiles Tácio, *Dâfnis e Cloé* de Longus, *Etiópica* e *Habrôcomes e Anteia* de Heliodoro. São textos associados ao segundo movimento sofistico e, assim sendo, datam de algum momento do segundo ao quarto séculos de nossa era. As histórias são quase todas de um só bloco. Nos tempos antigos não eram chamadas romances nem novelas, porém *erotika pathemata,* porque contam os sofrimentos de jovens amantes.

De acordo com sua fórmula narrativa típica, um rapaz e uma moça casadoura, bela e casta, encontram-se e apaixonam-se de súbito e inesperadamente. Mas o enlace matrimonial não pode ocorrer porque eles são separados. Há naufrágios, piratas, escravidão, prisão, salvamentos miraculosos, cenas de reconhecimento, julgamentos em tribunais e poções soporíferas. O caso tem desenlace feliz, com o casamento dos dois enamorados. E um enredo, em outras palavras, segundo o estereótipo: moço encontra moça, perde moça, consegue moça.

Bakhtin vê, nesta fórmula, a essência do "tempo de aventura". Nela, existem apenas dois eventos principais, o de ser tomado pelo amor e o de unir-se em matrimônio:

7. Idem, p. 66-67, 84, 85, 254.

> Todas as ações no romance desdobram-se entre os dois pontos. Um e outro – os polos do movimento da trama – constituem por si acontecimentos cruciais nas vidas dos heróis; em e por si mesmos ambos possuem significação biográfica. Porém, não é à sua volta que o romance se estrutura; é, antes, em redor daquilo [...] que ocorre *entre* eles. Mas, em essência, nada de necessário encontra-se no meio.

Porque o amor e a castidade do herói e da heroína permanecem inalterados,

> como se nada houvesse ocorrido entre os dois momentos, como se o casamento tivesse sido consumado no dia seguinte ao encontro dos dois [...]. É precisamente um hiato extratemporal entre dois momentos de tempo biográfico [...]. Todos os eventos do romance que preenchem este hiato são pura digressão do curso normal de vida, estão excluídos do tipo de duração real em que são feitas adições a uma biografia normal[8].

A característica importante do "tempo de aventura" é o fato de ele ser completamente abstrato. Não aparecem traços identificadores do período histórico. É um tempo fora de outras séries temporais, como o tempo cotidiano e o biográfico. Há até ausência de mudança biológica e maturacional. O tempo é composto de curtos segmentos, não relacionados, expostos por palavras que enfatizam neles a sua alienação do tempo "desenvolvimental" (*developmental time*), como "de repente" ou "justo naquele momento". O "tempo de aventura" tem a sua própria lógica de contingência ao acaso. Se alguma coisa acontecesse um instante mais cedo ou mais tarde, não haveria enredo de jeito nenhum. As aventuras individuais se entramam no que é efetivamente uma sequência não temporal, de modo que seu número é potencialmente infinito: "Essas horas e dias não deixam traço, [de modo que] se pode ter tantas quantas apraza"[9]. A iniciativa neste tipo de temporalidade é cedida à mudança; os heróis humanos são meros peões no jogo do destino.

Dado o fato de que cada aventura em obras com "tempo de aventura" não deixa traço nem nos protagonistas nem na resolução última da trama, ela pode virtualmente ocorrer em qualquer espaço geográfico ou tempo histórico. Para um naufrágio, é preciso haver um mar, mas qual em particular no sentido geográfico ou histórico não faz diferença alguma. Do mesmo modo, o que sucedeu no Egito pode suceder em Bizâncio e vice-versa, e o que acontece no dia um pode acontecer igualmente no dia seis. Assim, tanto o tempo quanto o espaço são em essência abstratos e não específicos. O cronótopo da aventura "caracteriza-se por uma conexão técnica, abstrata entre espaço e tempo, pela reversibilidade de momentos numa sequência temporal e por esta permutabilidade de espaço"[10].

O cronótopo da aventura, que continua reconhecivelmente vivo no grosso da cultura popular dos tempos modernos, contrasta com o segundo cronótopo literário da Antiguidade, "tempo de aventura da vida cotidiana". *O Asno de Ouro* de Apuleio e o *Satiricon* de Petrônio constituem as obras exemplares originais deste outro

8. Idem, p. 89-90.
9. Idem, p. 94.
10. Idem, p. 100.

cronótopo, que representa um grande salto para a frente em relação ao tipo encontrado nos romances gregos. Tal fato explica a maior influência dos citados dois textos sobre a subsequente história literária. Duas feições básicas distinguem o cronótopo da vida cotidiana. Em termos de tempo, a aventura particular torna-se agora algum gênero de metamorfose. Em termos de espaço, alguma forma de espaço social substitui a paisagem física. Enquanto no estrito cronótopo de aventura, deparamo-nos com mares e continentes abstratos, no cronótopo da vida quotidiana vemo-nos diante de hierarquias sociais.

O Asno de Ouro difere do romance grego pelo fato de a aventura definidora de sua narrativa deixar traços na personagem principal. Na *Etiópica,* por exemplo, os "de repente" podem ser transpostos, pois marcam não mais do que a transição para outra aventura. Mas o "repentinamente" que transforma Lúcio num asno assinala uma diferença que é registrada na progressão biográfica do herói. A passividade deste e a tirania da sorte que caracterizam o cronótopo de aventura convertem-se gradualmente em uma forma no cronótopo da vida cotidiana onde o próprio herói começa a mostrar iniciativa. Ele tem responsabilidade individual, sente culpa e pode, portanto, ser punido e, no fim de contas, redimido. A metamorfose

> é uma cobertura mitológica para a ideia de desenvolvimento – mas uma que se desdobra não tanto numa linha reta como espasmodicamente, uma linha entremeada de "nós" e que, por isso mesmo, constitui um tipo distinto de sequência temporal[11].

Dois são os aspectos aparentemente contraditórios da explicação pela metamorfose da distinção do cronótopo da vida cotidiana: mudança dramática e continuidade. Em celebrações tão antigas da mudança quanto *Os Trabalhos e os Dias* ou a *Teogonia* de Hesíodo, há mudança da primavera para o inverno ou da Idade do Bronze para a Idade do Ouro. Mas, em meio a toda essa diversidade, a unidade do processo teogônico, do processo histórico, da natureza e da vida agrícola, é preservada. As várias séries de mudanças que são ligadas a uma única unidade acobertadora em Hesíodo apresentam-se desembaraçadas em obras ulteriores, como as *Metamorfoses* de Ovídio. As mudanças deixam de ser isométricas: elas são isoladas e carecem de inteireza. A ideia geral de transformação é agora concebida como a metamorfose privada de seres isolados. A metamorfose torna-se um veículo para conceituar e retratar um destino individual, pessoal, que está separado das sequências quer histórica quer cósmica. A humanidade é arrancada do céu.

A ênfase na mudança torna-se uma ênfase na crise pessoal, enquanto a ênfase na continuidade agora se concentra na continuidade da identidade individual. A progressão de Lúcio, o homem, para Lúcio, o asno, e, por fim, para Lúcio, o sacerdote de Isis, alude às origens cultuais do cronótopo da vida cotidiana. Trata-se claramente de um rito de passagem, que, insiste Bakhtin, tem sua origem na tradição não mediada, oral do folclore. Seu padrão assemelha-se ao assinalado por antropólogos como Van Gennep

11. Idem, p. 113.

e Victor Turner, os quais mostraram a importância do estágio médio ou do nem-um--nem-outro, chamado "liminaridade", que num rito de passagem separa o estado inicial de identidade da identidade alcançada na conclusão do rito. A faceta cultual do cronótopo está presente também na hagiografia cristã, onde a metamorfose é encontrada como experiência de conversão[12].

O aspecto assumido pelo tempo neste cronótopo é, pois, caracterizado por uma súbita mudança que deixa vestígios na vida ulterior do indivíduo. E um tempo de crise biográfica, de momentos liminares. O espaço correspondente no referido cronótopo caracteriza-se pela fusão do

> curso da vida individual (em seus principais pontos de virada) com sua efetiva progressão através do espaço ou de sua estrada – quer dizer, com suas perambulações. É assim realizada a metáfora "o caminho da vida" [...]. Um movimento individual através do espaço [...] perde aquele caráter abstrato e técnico que possuía no romance grego, onde era meramente um encadeamento amaneirado de coordenadas tanto espaciais (perto/longe) quanto temporais (ao mesmo tempo, em diferentes tempos). O espaço torna-se mais concreto e saturado de um tempo que é mais substancial[13].

Esta nova concretitude possibilita a incorporação da vida cotidiana à literatura. A estrada da vida do herói passa pelos vales bem como pelas alturas da experiência. No caso de Apuleio, Lúcio é uma besta de carga nas profundezas mesmas da existência comum –vivendo entre muladeiros, trabalhando para um moleiro, servindo jardineiros, soldados e uma multidão de mulheres briguentas e lascivas.

A metamorfose de Lúcio tem repercussão significativa na história subsequente do modo de retratar a personagem. O ciclo culpa-redenção possibilita a completa identidade pessoal. A transformação que se verifica em Lúcio também é importante para o desenvolvimento de outro traço formal, o ponto de vista. Posicioná-lo como animal, uma criatura que observa inteligentemente aqueles a quem está olhando, enquanto eles não lhe prestam a menor atenção, implica toda uma nova filosofia, a da terceira pessoa na vida privada. A terceira pessoa está intensamente interessada na vida privada, mas não lhe é dado nenhum lugar nela. Trata-se de uma variação do conceito bakhtiniano de extralocalidade, pois a terceira pessoa vê tudo com olhar agudo, como um todo, em sua nudez. Ela desempenha os papéis até o fim, mas não funde sua identidade com nenhum deles.

Embora o *Satiricon* não ofereça nenhum padrão redentor, ele pertence a este cronótopo. De fato, proporciona uma fusão ainda mais íntima de tempo de aventura e cotidiano do que *O Asno de Ouro*. Cenas como o festim de Trimálquio expõem os elementos socialmente heterogêneos desse tempo. Também fornecem uma espécie de conjunto temporal que compreende e unifica os períodos separados da vida de cada dia[14].

12. Victor Turner, *The Forest of Symbols: Aspects of Ndembu Ritual* (Ithaca: Cornell University Press, 1967), p. 106.

13. Bakhtin, *Dialogic Imagination*, p. 120.

14. Idem, p. 129.

O terceiro cronótopo principal da Antiguidade é o do "tempo biográfico". É o mais complexo, e apresenta um certo número de formas diferentes. Conquanto não existissem na época clássica romances biográficos como tais, estas formas autobiográficas e biográficas tiveram profundo efeito não só no desenvolvimento da ulterior biografia europeia, mas ainda no romance europeu como um todo.

Bakhtin identifica dois tipos básicos de tempo biográfico. O primeiro, "tempo platônico", é o curso de vida de alguém que busca conhecimento verdadeiro. Situa-se próximo das fontes folclóricas, na medida em que a passagem do tema de uma etapa de desenvolvimento à seguinte é mapeada como um caminho efetivo. O espaço é simbólico e feições, como altura e comprimento, constituem indicadores não só da distância mas também da dificuldade e do progresso conceituai rumo à verdade. Tais textos em geral contêm algo semelhante a uma experiência de conversão, como é o caso de *A Apologia* de Platão, onde as palavras do oráculo formam um ponto de virada na vida de Sócrates e são assim relacionadas a antigos cultos gregos e à hagiografia cristã. O outro tipo básico do tempo biográfico é o "tempo de família", que se encontra em obras retóricas e autobiográficas derivadas da lamentação pública, como *trenós* ou *encomium*[15]. Na época romana, esta espécie de tempo biográfico também se apresentava em histórias de clãs e famílias.

O traço distintivo das obras enfermadas por esses dois tipos principais de tempo biográfico é a apresentação do protagonista e do ponto de vista como totalmente exteriores, e o curso da vida em foco como inteiramente determinado pelos eventos. A identidade do protagonista, mesmo no caso de Sócrates, é sobrepujantemente pública. Em consequência, não há diferença entre o modo como o narrador se aproxima de sua própria vida e da vida de outrem, entre os pontos de vista biográfico e autobiográfico. Assim, o espaço mais característico para este cronótopo é a agora, a praça pública em Atenas, onde importantes questões eram decididas e reputações eram feitas, defendidas ou destruídas[16].

Uma completa exterioridade determina todos os aspectos das obras definidas pelo cronótopo biográfico. Quando, por exemplo, Platão concebe o pensamento como um colóquio que as pessoas realizam consigo próprias, o *self* que ele tem em mente não é um *pour-moi* privado, interno. Ao contrário, tal "conversação converte-se em conversação com alguém mais, sem nenhum indício de quaisquer fronteiras entre os dois"[17].

Esta pronunciada exterioridade caracteriza duas outras formas do antigo tempo biográfico, o "tempo energético" e o "tempo analítico", ambos profundamente influenciados pelo conceito aristotélico de enteléquia. O tempo energético baseia-se na ideia peripatética de *energia*. Plutarco é o mestre deste modelo biográfico, cujo pressuposto é que a identidade é uma função da ação: a "energia" manifesta-se como o

15. Idem, p. 131.
16. Idem, p. 132.
17. Idem, p. 134.

desdobramento do caráter-personagem* em feitos. As pessoas não possuem essência interna independente do que fazem e a realidade histórica nada mais é senão "uma arena para o desvelamento e desdobramento do caráter humano"[18]. O próprio caráter-personagem é concebido como uma essência imutável que apenas o tempo preenche: ao nascimento, é imperfeitamente conhecido; apenas ao morrer, como soma de suas realizações, ele é plenamente revelado. Não há vir-a-ser, mas unicamente preenchimento.

O tempo analítico tende a organizar a vida de acordo com esquêmatas** não temporais. A biografia analítica esfatia a progressão narrativa de uma vida e distribui as peças em pequenos compartimentos com rubricas tais como vida de família, conduta da guerra, aparência física e ditos memoráveis. Mais uma vez, o caráter-personagem é desde o início um todo inteiro e tudo o que vem depois cai em categorias preexistentes. O principal representante deste tipo de biografia é Suetônio, cuja influência sobre os gêneros estritamente biográficos, sobretudo na Idade Média, foi enorme.

Bakhtin traça o desenvolvimento de mais três variações do cronótopo biográfico, todas elas mais abertas à expressão da autoconsciência e de uma individualidade única. A primeira, o "tempo irônico-satírico", encontra-se nas formas satíricas ou paródicas da biografia antiga, acima de tudo em Propércio e Ovídio, onde tópicos pessoais, carentes de um vocabulário para a sua expressão, começam a emergir em ironia. A segunda variação, o "tempo epistolar", surge com o advento da carta pessoal como gênero, que é o caso das mensagens de Cícero para Ático, onde um novo tom de intimidade se faz a norma. Este tom é de tal modo penetrante que até o cenário físico vem a ser modificado, passando de algo dramático ou idílico, como em variantes anteriores, para uma "paisagem", no sentido de que a natureza é apresentada somente em termos do que uma pessoa só pode ver e é tratada como um ambiente para um indivíduo completamente privado, singular, que não interage com ela[19].

A terceira e mais importante das novas variantes sobre o cronótopo biográfico é o "tempo autobiográfico estoico". Ela é exemplificada em Cícero, Marco Aurélio e em *As Confissões de* Santo Agostinho. Em tais obras, na medida em que opostas ao colóquio platônico, ocorrem conversas solitárias do eu consigo mesmo, que não podem, sem dano para a integridade do discurso, ser imediatamente traduzidas para o diálogo com outros. Elas fornecem os primeiros vislumbres do indivíduo autenticamente solitário cuja aparição se dá primeiro na Idade Média. São igualmente os precursores necessários daquele *self* complexo que é o sujeito das narrações romanescas plenamente desenvolvidas no período moderno. Bakhtin não especifica os traços

* Optei por esta solução considerando a dupla função que a palavra *character* desempenha no texto. (N. do T.)

18. Idem, p. 141.

** Forma que deriva do vocabulário kantiano. (N. do T.)

19. Idem, p. 143.

distintivos do romance moderno como tal, mas estabelece um padrão que remanesce em vigor nos séculos XIX e XX com apenas algumas mudanças menores de ênfase.

Na conclusão de 1973 ao ensaio sobre o cronótopo, Bakhtin subministra dois novos e influentes nódulos de espaço/tempo. Um é o castelo na ficção gótico-romântica, onde as complexas relações de tempo presentes na luta de diferentes gerações podem ser vistas espacialmente em diferentes espécies de arquitetura, mobílias e retratos. O outro nódulo é o salão de Balzac, onde intrigas políticas, negociatas financeiras e manobras eróticas convertem-se em marcadores de toda uma época, que destarte se faz não só "graficamente visível" no espaço, mas ainda "narrativamente visível" no tempo[20].

O cronótopo emerge como o fator crucial que determina o que o gênero é. Bakhtin ignora as costumeiras divisões genéricas, tais como épico, lírico e dramático, e propõe, em seu lugar, uma divisão mestra dentro de todos os gêneros, entre "épica" e "romance". Em "Épica e Romance", o último e menos complexo dos quatro estudos sobre a teoria da novela, ele relaciona a distinção fundamental entre esses dois gêneros principais com dois modos diferentes de incorporar o tempo nas estruturas da linguagem, cada qual presumindo uma imagem diversa da humanidade. O tempo da épica não é cronológico, mas, antes, um universo de primórdios e tempos de pico na história nacional, um mundo dos primeiros e melhores. Os poemas épicos não estão apenas assentados em um tempo que retrocedeu, pois o tempo épico é melhor captado enquanto valor. O que existia no passado é automaticamente considerado como melhor, maior, mais forte ou mais bonito. Na épica, alguém está falando acerca de um passado que lhe é inacessível e diante do qual adota o reverente ponto de vista de um descendente. Em seu estilo, tom e maneira de expressão, o discurso épico afasta-se muito do discurso de um contemporâneo que se dirige a outros contemporâneos. Embora tanto o seu cantor quanto o seu ouvinte implícito estejam localizados no mesmo tempo e sistema de valores, o mundo representado situa-se num tempo e num plano de valor absolutamente diferentes e inacessíveis, separados pela distância épica. É impossível mudar, repensar ou reavaliar algo no tempo épico, pois ele é, por sua natureza, acabado, conclusivo e imutável. Ele existe em um universo sem relatividade ou quaisquer progressões graduais, puramente temporais, que possam conectá-lo com o presente onde as pessoas constantemente repensam, mudam e reavaliam[21].

Muitas das feições que Bakhtin atribui ao épico foram também notadas por outros. O teórico que mais se aproxima do crítico russo em sua análise é Lukács, embora extraia conclusões diametralmente opostas. Enquanto este pranteia a morte da épica e o advento do romance, Bakhtin, que enxerga tendências épicas ainda vivas em gêneros não novelísticos, delicia-se com sua erosão no romance. Tendências da mesma natureza também se encontram ainda em textos que aspiram ao monólogo, porque esta

20. Idem, p. 247.
21. Idem, p. 13, 84.

propensão determinou, em essência, a história da alta literatura até pelo menos o século XIX. O que vale para a épica vale, destarte, mais ou menos, para o resto da literatura igualmente. A hierarquia dos tempos consignados à épica, o passado épico versus o presente vivo, permeou os gêneros elevados na Antiguidade, os quais, por sua vez, permearam de tal forma as bases da literatura subsequente que a sensibilidade épica continuou a viver nelas até o século XIX e mais além[22].

Em épocas antigas, deram-se várias tentativas de exprimir a vida no presente em textos literários. Mas todas utilizavam modos de tratamento sempre reservados aos graus inferiores na hierarquia dos gêneros, como a comédia ou a sátira, ou então ficaram sem registro nas tradições orais do *folk*, ao passo que a idealização do passado nos gêneros elevados tinha como que um ar oficial[23]. Assim, Bakhtin caracteriza o épico como um gênero desligado do presente, um museu textual de fala antiquada e um simulacro de valores oficiais. Ele o faz não apenas para contrastá-lo com o romance, mas também para assinalar os traços que destacam este último de todos os demais gêneros. Cada forma não novelística, a seu próprio modo, perpetua o cronótopo épico.

A explicação dada por Bakhtin ao cronótopo e à evolução literária vincula-se a sua análise dos diferentes modos que as pessoas usam e percebem a linguagem. Muito embora explore esta relação em todos os seus escritos do período, ela adquire especial proeminência no ensaio acerca do cronótopo e em "Da Pré-história do Discurso Novelístico". Em ambos os trabalhos Bakhtin argumenta que a história do romance vincula-se de forma inelutável a uma outra cujos movimentos a precedem e possibilitam. Esta outra história é a das atitudes cambiantes que as pessoas demonstraram em relação a sua própria linguagem. Por vezes, elas mostraram não ter consciência do corte havido entre a ordem das coisas e a ordem dos signos que as nomeiam.

Em um período assim, na Grécia homérica, é que veio à luz, pela primeira vez, a grande tríade de gêneros que determinou a história literária europeia. Épico, lírico e tragédia brotaram de um mundo de palavras diretas. É um mundo em que os poetas estão convictos de poder criar em sua própria linguagem, uma linguagem

> que é percebida como o instrumento único e plenamente adequado para compreender o significado direto e objetivado da palavra. O significado é inseparável da linguagem direta da pessoa que o cria. Do mesmo modo, temas e objetos nascem e crescem até o amadurecimento nesta linguagem, bem como nos mitos e tradições nacionais[24].

O mito de uma só linguagem, a ideia grega acerca da natureza unitária desta, baseia-se em duas assunções. A primeira pretende que a língua que nos é própria constitui a única linguagem completa, "real". Os gregos sabiam que havia muitas outras línguas nacionais no mundo, mas faziam uma distinção entre a língua deles e

22. Idem, p. 15, 17.
23. Idem, p. 20.
24. Idem, p. 61.

todas as demais. Estas outras eram todas elas a mesma coisa, na medida em que eram bárbaras ou inferiores ao grego. A segunda, o mito da monoglossia supõe que a linguagem que nos é própria é homogênea, una, livre do jogo das diferenças entre os vários discursos, patoás e dialetos que, de fato, são os traços constituintes de qualquer língua nacional. A primeira suposição é surda à poliglossia ou às diferenças de interlinguagens; a segunda recusa-se a ouvir a heteroglossia ou as diferenças de intralinguagens.

As duas pressuposições por trás de uma linguagem mítica unificada foram gradualmente corroídas pelo poder do riso e pela interação com outras línguas nacionais, cada uma das quais pressupunha a sua própria unidade e singularidade. O riso, por meio da sátira e da paródia, punha em questão a santidade da linguagem unificada. E à medida que o contato com outras línguas se tornou mais comum e continuado, a ilusão do privilégio absoluto de qualquer linguagem isolada ficou desgastada. O papel da poliglossia nesta morte lenta do mito de uma linguagem unitária foi enorme:

> Lá onde línguas e culturas se animaram umas às outras, a linguagem tornou-se algo inteiramente diferente, sua natureza mesma mudou: em lugar de um simples e selado mundo ptolomaico de linguagem, apareceu um mundo galilaico de muitas linguagens, as quais se animam mutuamente[25].

Até na idade homérica havia tremores de outridade, uma suspeita nascente de existir uma conexão direta entre palavra e significado. Cada forma séria vinha acompanhada de um gêmeo parodiador, "um duplo ridente". A tragédia era apresentada em unidades de quatro peças: um trilogia de dramas trágicos seguida de um obrigatório quarto drama que sempre era uma farsa ribalda. Mesmo a épica tinha um *álter ego* cômico em obras como *A Guerra entre os Ratos e as Rãs* ou *O Margites*. Tais paródias eram parasitas dos gêneros de que zombavam, constituindo, não uma forma plenamente desenvolvida, independente, por direito próprio, porém "um mundo especial extragenérico ou intergenérico". No entanto, tratava-se de um universo unificado por um propósito comum:

> proporcionar o corretivo do riso e da crítica a todos os gêneros, linguagens, estilos e vozes diretamente existentes; forçar os homens a experimentar abaixo dessas categorias uma realidade diferente e contraditória que de outro modo não é captada nelas[26].

Estas formas parodiantes careciam do poder de coalescer num gênero próprio, embora preparassem o terreno para o aparecimento ulterior do supergênero do romance. Àquela altura, a sua principal consecução não era a criação de novos modos de conceituar o mundo, o que teria sido uma contribuição positiva. Ao contrário, o seu papel era negativo, iconoclástico, destruidor de tabus.

25. Idem, p. 65.
26. Idem, p. 59.

> Elas liberavam o objeto do poder da linguagem em que se haviam enredado, como numa rede; desfaziam o poder homogeneizador do mito em relação à linguagem; libertavam a consciência do poder da palavra direta, destruíam as grossas muralhas que haviam aprisionado a consciência em seu próprio discurso, dentro de sua própria linguagem[27].

Bakhtin propõe Roma antiga como sendo, em termos de lugar e tempo, a primeira na literatura europeia em que se teve uma consciência madura da relatividade da linguagem. Aos autores romanos nunca foi permitida a luxúria monológica de seus precursores helênicos, de supor que suas palavras eram efetivamente suas próprias palavras. O latim foi sempre percebido contra um fundo grego, e no sul da Itália, onde o osco ainda estava bem vivo, reinava um ambiente não apenas bilingual mas trilingual. Com a expansão do Império Romano, que constituiu "meramente a fase concludente do helenismo", o senso latino da "outro-linguismo" (*other-languagedness*) * "infectou" as monológicas línguas bárbaras de seus povos submetidos[28].

Nesta época, uma percepção da diferença entre línguas específicas se fez sentir de maneira tão premente que criou toda uma nova atitude para com a atividade da própria linguagem. Esta condição poliglota veio acompanhada de um novo senso da diferença entre os vários estratos discursivos no interior de uma língua nacional, a condição que Bakhtin denomina "heteroglossia". Este termo é explorado da maneira mais completa em "O Discurso no Romance", onde o autor encara a linguagem como o coração de qualquer cultura e focaliza a natureza da elocução, concebida como o lugar em que são travadas em miniatura as lutas entre forças centrípetas e centrífugas. Uma proferição toma forma em um ambiente de heteroglossia dialogizada. A enunciação articula forças extrapessoais. Mas, ao mesmo tempo, é concreta: como expressão de pessoas particulares em situações não recorrentes, apresenta-se sempre preenchida de conteúdo específico[29].

A elocução, entendida desse modo, serve a Bakhtin como pedra-de-toque para separar autores individuais, escolas, gêneros e até os universos da poesia e da prosa. Todos eles podem ser categorizados de conformidade com o lado que apoiam no embate entre as forças centrípetas e centrífugas na linguagem. Por exemplo, Dostoiévski acentua a variedade, Tolstói a unidade; o romantismo favorece o experimento e o fragmento, o classicismo as regras normativas e os textos inteiros; o romance é um veículo que usa a heteroglossia para seu efeito, o soneto esforça-se em focalizar e unificar o significado; a prosa é em geral descentralizadora, enquanto a poesia persegue o ideal da unidade. Tendo estabelecido estas categorias e manifestado uma inclinação pelo primeiro e desregrado elemento em cada par, Bakhtin mostra como

27. Idem, p. 60.

* A expressão inglesa é intraduzível, pois *languaged* significa "hábil na linguagem". Por aproximação com *bilinguismo*, optamos por esta versão, na falta de uma forma mais condizente com o português (N. do T.).

28. Idem, p. 60, 63.

29. Idem, p. 272.

elas atuam na história de um só gênero, onde um nível menos abstrato de distinções entre as forças que amparam um ou outro lado do combate na linguagem torna-se mais sutil e menos nítido. O romance constitui o grande instrumento para explorar e ao mesmo tempo fortalecer a heteroglossia.

Bakhtin não define a história da novela como simples expressão da heteroglossia. Em seu sistema, tal definição pertence ao romance ideal, a expressão da "romancidade". Ele considera, antes, a história da novela como uma longa contenda entre duas linhas estilísticas de desenvolvimento. Bakhtin mesmo nunca as nomeia, mas elas poderiam ser chamadas "monoglótica" (no sentido de uma só linguagem como coisa distinta de "monológico", uma única voz) e "heteroglótica". A primeira não apenas precede em seu desenvolvimento a segunda, como também possui uma história mais longa e contém um número incomparavelmente maior de exemplos. De início, as novelas monoglóticas eram tipificadas por formas sofísticas tão antigas quanto o romance grego, mas a linha continuou através do romance de cavalaria para todos os gêneros que privilegiam a linguagem respeitável, tais como o idílio, a pastoral, o *Prüfungsroman* ("romance de provação") barroco e a novela de *pathos* sentimental do século XVIII. Todas essas formas presumem a heteroglossia como plano de fundo e interagem dialogicamente com vários aspectos da heteroglossia em questão. Até a qualidade abstrata, idealizadora, dessa estilização "envolve um olhar de soslaio para outras linguagens, outros pontos de vista e outros sistemas conceituais, cada qual com o seu próprio conjunto de objetos e significados". Esta linha estilística conhece somente uma única linguagem e um único estilo, que é mais ou menos rigidamente consistente:

> a heteroglossia permanece fora deste tipo de romance, embora exerça um efeito sobre ele como um plano de fundo dialogizador em que a linguagem e o mundo do romance se encontram polêmica e judicialmente implicados[30].

A tática característica para ordenar o fluxo é impor uma linguagem unitária, "literária", de uma ponta a outra da obra. Como um Midas discursivo, tudo o que o romance monoglótico toca, não importa quão baixo em si mesmo, é enobrecido e transmuta-se em ouro. Há um bocado de escravos e piratas nas novelas sofísticas, numerosos camponeses nos romances de cavalaria, muitos rudes soldados nas novelas barrocas e nos romances sentimentais – mas todos eles falam com os acentos dignificados de uma estilizada linguagem literária.

O romance heteroglótico desenvolveu-se bem mais tarde. Como o monoglótico, sabe que o mundo e a linguagem que ele fala são profundamente heteroglóticos. Mas, em vez de procurar esconder o fato num estilo aparentemente monoglótico, regala-se com a variedade e o conflito. Ele se constitui da própria estratificação do discurso que o romance monoglótico deseja recobrir.

30. Idem, p. 375-376.

A novela heteroglótica usa como uma de suas técnicas primordiais a fim de exibir essa heterogeneidade um ataque à monologizadora linguagem literária, "refinada", e a outras do mesmo tipo. Rabelais e Cervantes são os exemplos clássicos. Mas o impulso do romance heteroglótico no sentido de dramatizar e intensificar a heteroglossia não se limita a paródias da linguagem literária dominante e dos respeitáveis gêneros literários que nela habitam. Esta novela mostra a parcialidade e a pobreza de todos os discursos do *pathos*. Ela é cética em relação a todas as linguagens que se apresentam como sendo a voz única da verdade, uma pretensão ao privilégio exclusivo que Bakhtin cognomina a "mentira do *pathos*". A novela heteroglótica opõe-lhe o "logro jubiloso" de outra espécie de mentira,

> um alegre e inteligente logro, uma mentira justificada por ser dirigida precisamente a *mentirosos*. Oposta à linguagem dos padres e monges, reis e senhores, nobres e ricos tipos urbanos, eruditos e sacerdotes – à linguagem de todos os que detêm poder e se acham bem instalados na vida – há a linguagem do alegre patife, onde quer que seja necessário reprocessar parodicamente qualquer *pathos*, sempre de modo a roubar-lhe o poder de prejudicar, a "distanciá-lo da boca", por assim dizer, por meio de um sorriso de burla, para zombar de sua falsidade, e converter assim o que era um embuste em um logro jubiloso[31].

A linha heteroglótica de novelas inclui os textos que são os mais autênticos exemplares da "romancidade". Nessas obras o romance atinge o seu mais pleno espectro de vozes. O desenvolvimento da novela heteroglótica corre de Rabelais no século XVI até os picarescos do século XVII, e virtualmente através de todos os grandes romances do período moderno, inclusive muitos que Bakhtin não arrola, como os de Joyce e Proust.

O advento desta espécie de romance imprime um tom radicalmente novo ao discurso acerca dos seres humanos. Nas novelas picarescas uma imagem fresca da humanidade começa a emergir, mas no século XVI o novo conceito de personalidade ainda está tateando em sua busca de um discurso próprio. Textos como o *Lazarillo de Tormes* preparam o caminho para as grandes obras exemplares da linha heteroglótica, como o *Don Quixote,* em que "o gênero novelístico realiza o seu mais pleno potencial"[32].

As duas linhas, monoglótica e heteroglótica, juntam-se e fundem-se no início do século XIX. Embora as principais produções representativas do romance sejam, a partir de então, mescladas, as feições da linha heteroglótica tendem a dominar. Por ser mais aberta à diferença, a novela heteroglótica pôde absorver mais facilmente a maré montante da autoconsciência. Em outras palavras, o romance heteroglótico conseguiu acomodar mais elementos do *self* por ser mais sensível à outridade.

As concepções de Bakhtin sobre a história das atitudes cambiantes para com a linguagem têm muito em comum com a controvertida ideia de linguistas americanos como Edward Sapir e B.L. Whorf, segundo a qual a forma de um sistema cultural é

31. Idem, p. 401-402.
32. Idem, p. 406, 409.

determinada pela "forma" da linguagem dessa cultura. Não existe algo como um mundo objetivo, imutável, desimpedido das camadas integrativas com que a linguagem o sedimenta. Na formulação de Sapir,

> o "mundo real" é em larga medida construído com base nos hábitos de linguagem do grupo [...]. São mundos distintos o mundo em que diferentes sociedades vivem e não apenas o mesmo mundo com diferentes rótulos nele pregados [...]. Nós vemos, ouvimos e experimentamos de outra maneira em larga medida como fazemos porque os hábitos de linguagem de nossa comunidade ditam certas escolhas de interpretação[33].

Assim, sociedades diferentes esculpem diferentemente a realidade, e o mais sensível indicador das coordenadas que proporcionam forma ao retrato do mundo de qualquer cultura encontra-se nos arranjos característicos de espaço e tempo nos textos que cada sociedade nomeia como arte.

O romance é um indicador particularmente sensível das suposições mais entranhadas de uma sociedade sobre a natureza do espaço e do tempo, precisamente porque ele, em oposição a outros gêneros literários e não literários, tem consciência da relatividade de seus próprios preconceitos arquitetônicos. Não há "linguagem do romance", porque ele pode assimilar todas as linguagens, inclusive as peculiares a outros gêneros. Outros gêneros mudam, conquanto cortejem a estase e sejam atraídos por traços formais, como metro e rima, que permitem o máximo grau possível de repetição. Não importa quão vigorosamente resistam à outridade, a pureza monológica de seus discursos definidores está "infectada" pelo mundo heteroglótico do qual brotam. Além do mais, como textos literários, mostram a mudança mais depressa e de maneira mais compreensível do que outros tipos de textos, como os códigos de leis ou as doutrinas religiosas. Mas, dentre os textos literários, a novela, como o gênero que é constituído pela abertura para a mudança e que busca a variedade, indica deslocamentos nas coordenadas que governam a percepção de modo mais preciso e compreensivo do que todas as outras formas de arte. Esses fatores todos fazem do romance o meio preferido por Bakhtin para a dramatização de suas ideias sobre a linguagem, a teoria social e a história da percepção. Para Bakhtin, o romance é o grande livro da vida.

33. Edward Sapir, *Selected Writings In Language and Culture*, ed. David Mandel (Berkeley: University of California Press, 1949), p. 162.

14

Rabelais e seu Mundo

Seria difícil imaginar duas figuras mais diferentes uma da outra que Rabelais e Bakhtin. Uma é a de um poeta épico da pura fisicalidade, cujo nome conjura montanhas de salsichas e oceanos de vinho. Rabelais canta a alegria da glutonia sem fim e as delícias do sexo incansável. Familiar da corte de um príncipe renascentista em sua quinta-essência, Francisco I, viveu próximo dos centros do poder durante uma era que se tornou sinônima da realização cultural. Bakhtin pareceria em todos esses sentidos ser o seu oposto polar: um estudioso ascético que passou a maior parte de seu tempo sorvendo chá à mesa de trabalho, cidadão de uma época sombria e um lugar notório pelo frio e pela fome. O preciso período em que escreveu a respeito de Rabelais não foi de experimentação humanista, mas de canonização realista socialista, uma era mais bem metaforizada, não em seus carnavais e praças públicas, mas em suas depurações e campos de prisioneiros. Em vez de estar no centro do poder, Bakhtin foi sua vítima, atirado como exilado às remotas paragens de seu vasto país. Sofredor de uma moléstia crônica dos ossos com suas febres queimantes e amputado, dificilmente parece comparável a Rabelais, que não era paciente, porém médico e também celebrante do corpo humano.

No entanto, Rabelais pertence, com Goethe, Dostoiévski e Dante, ao conjunto das quatro figuras mais significativas do panteão particular de Bakhtin, e *Rabelais e seu Mundo*, um estudo sobre *Gargântua* e *Pantagruel*, é das mais importantes obras do autor, tendo se tornado rapidamente um clássico dentre os estudos sobre o Renascimento. Embora a comparação entre o novelista francês e seu crítico russo pudesse ser facilmente rejeitada como a atração de opostos, entre ambos as similaridades são ainda mais significantes. Eles se parecem um ao outro no fôlego do conhecimento, no tique estilístico dos longos catálogos, no amor às pilhérias e em sua profunda tolerância. Os dois nasceram com um dom para o riso e um senso do mundo como ligeiramente louco. Mais importante, porém, do que suas afinidades pessoais é o modo peculiar pelo qual cada um deles, em seu escrever, inscreveu a si mesmo no seu tempo. A Renascença inicial e a Revolução Russa foram épocas limiares, situações limítrofes no mapa da história. Cada qual criou nos habitantes de seu momento uma consciência premente de mudança radical. Ambos constituíram um rasgão na textura do tempo. Como tal, os que viveram nesses períodos viram-se de bom ou mau grado jogados na faina histórica. Ao homem mais comum foi negado o luxo de crer que poderia ser um espectador passivo no teatro da história, apto a ficar sentado e a assistir à atuação dos reis e profetas que representavam o drama. Cada uma dessas épocas mostrou-se, para usar a expressão de Bakhtin, um "teatro sem luzes da ribalta".

Este rompimento dos limites entre o palco e a sala, entre atores e público, em sua respectiva época é uma chave para a preocupação obsessiva na obra de ambos os escritores com a ruptura das fronteiras de todos os tipos. Um e outro se sentem fascinados por combinações e misturas inusuais, pela interpenetração de elementos considerados em outros tempos ou por contemporâneos menos heterodoxos como mutuamente exclusivos. A obra de Rabelais é malafamada por suas quebras do "bom gosto", sua estrambótica confluência de alusão erudita e detalhe escatológico, a propositada entremescla de terminologia médica, tecnológica e vocabulários de alta cultura, autoconscientemente literários, com a mais rude linguagem vulgar. Tais discursos raramente são íntimos um do outro em períodos menos escandalosos que os anos de 1530, no caso de Rabelais, e os de 1930, no de Bakhtin. Esta feição da escritura rabelaisiana é uma das que mais excitam Bakhtin e a que ele, dentre todos os leitores de Rabelais, melhor entende.

Bakhtin compreende tão bem o significado da presteza de Rabelais em mesclar discursos por causa dos paralelismos entre os dois períodos. Bakhtin, como Rabelais, sabia estar vivendo num tempo de um feitio tal como o mundo raramente experimentara. Ao contrário de Dickens na abertura de A *Tale of Two Cities* (*Uma Narrativa de Duas Cidades*), Bakhtin não achava que todas as épocas históricas fossem essencialmente iguais. Há períodos, como o seu próprio, em que as gerações se defrontam com perigos incomuns e oportunidades únicas. Ele respondeu de modo tão profundo à Renascença porque esta era uma época similar à sua em consequências revolucionárias e no agudo senso, que ela engendrou, da morte de um mundo e do nascimento de outro. Tais eras, quaisquer que sejam as consequências para os que as viveram, criam condições particularmente favoráveis ao estudo da relatividade dos sistemas culturais, dos buracos nas muralhas discursivas erigidas pelas culturas com o fito de ordenar as respectivas religiões, leis e gêneros.

Em tais épocas o conceito de texto é ao mesmo tempo problematizado e expandido – problematizado porque a ideia usual de texto como uma estrutura fechada, hermética, sempre adequada a si mesma, é trazida à pauta do debate. No tempo de Rabelais, manuais médicos ou militares "vazavam" os estilos e os tópicos tidos como próprios a esses textos para outros textos, tais como os literários, onde linguagens especializadas colidiam uma com a outra. Na época de Bakhtin, os jornais fundiam-se em novelas e as novelas em panfletos políticos. Problematizados deste modo, os textos nesses períodos inundavam as lindes do que havia sido concebido em tempos mais assentados como sendo os limites textuais apropriados. Além disso, a ideia de texto não se cingia mais a documentos escritos, uma vez que foram derrubadas as velhas maneiras de interpretar eventos e que novas estratégias para efetuar a leitura do mundo se tornaram necessárias.

Este *pathos* do texto aberto explica os experimentos de Rabelais com inusitadas combinações discursivas e não apenas lexicais. *Gargântua* é um feliz laboratório de Frankenstein, e Rabelais, um cientista excêntrico que costura catálogos de partes e funções do corpo que subsequentes gerações de estudiosos qualificariam de monstruosos. Os críticos raramente têm compartilhado do prazer quase malicioso de Rabelais em demonstrar o caráter incompleto dos textos e sua correspondente plenitude. É por isso que Bakhtin declara em *Rabelais e seu Mundo* que, de todos os grandes escritores da literatura mundial nos quatrocentos anos desde o aparecimento de *Gargântua*, "Rabelais é o menos popular, o menos compreendido e apreciado"[1].

Bakhtin pretende que o seu livro, após todos esses séculos de incompreensão, finalmente explica o livro de Rabelais. Bakhtin sente-se justificado em fazer este extravagante reclame da intertextualidade dos dois livros porque ambos nasceram de uma singularidade similar. Cada um deles brota de uma época de revolução e cada um deles representa um senso particularmente aberto do texto. Bakhtin pode ouvir a risada de Rabelais porque sabe como ler o seu livro e demonstra tal capacidade no ato de escrever o seu próprio livro.

O *Rabelais* de Bakhtin poderia muito bem ter por subtítulo um dos ensaios posteriores do autor, "O Problema do Texto". A obra não versa apenas sobre a abertura da novela rabelaisiana, mas é em si mesma um exemplo dessa espécie de texto. No Livro IV do *Gargântua*, Mestre Villon deseja organizar uma peça da paixão que envolva uma boa dose de bruxaria. Tudo o que se faz mister é uma indumentária para Deus Pai. O sacristão local, chocado com os intentos de Villon, recusa-se a emprestar quaisquer vestimentas eclesiásticas para a ocasião. Villon vinga-se realizando um ensaio geral justo quando o sacristão passa a cavalo; os intérpretes armam tamanha algazarra que assustam a montaria do clérigo, o qual é arrastado ao longo do terreno até que somente um coto de perna resta no estribo direito. Bakhtin faz deste relato uma metáfora daquilo que o próprio Rabelais está promovendo no decurso de sua novela. Assim como Villon por meio da bruxaria faz troça e busca destruir as velharias, aqueles que detestam o riso e constituem as forças sérias da estase e da ideologia oficial, do mesmo modo age Rabelais através de seu *Gargântua:*

1. *Rabelais and His World*, trad. Helen Iswolsky (Cambridge: MIT Press, 1965), p. 3. Esta edição esgotou-se. Uma segunda edição, com a mesma paginação, foi publicada pela Indiana University Press em 1984.

Em sua novela, e por meio de sua novela, Rabelais comporta-se exatamente como Villon se comportou [...] atua de acordo com os métodos de Villon. Ele usa o sistema festivo popular de imagens com sua carta patente de liberdade consagrada por muitos séculos; e os utiliza para infligir severos castigos a seu inimigo, a era gótica [...]. Neste cenário de direitos consagrados, Rabelais ataca os dogmas e sacramentos fundamentais, o santo dos santos da ideologia medieval[2].

Esta passagem é uma das brechas que Bakhtin sempre deixa aberta em sua própria obra. Ao descrever a estratégia de Rabelais, o crítico russo revela a sua própria. A relação de Rabelais com Villon espelha a de Bakhtin com Rabelais. Bakhtin escreveu um livro sobre um outro livro que joga constantemente com as categorias e transgride os limites estabelecidos pelas forças da ideologia oficial. Como Rabelais, Bakhtin explora de uma ponta a outra de seu texto a interface entre uma estase imposta de cima e um desejo de mudança vindo de baixo, entre o velho e o novo, o oficial e o inoficial. Tratando dos modos específicos pelos quais Rabelais tentou descobrir fendas nos muros do que era punível e do que não o era nos anos de 1530, Bakhtin está à procura, nos anos de 1930, de aberturas similares nessas fronteiras. Seu exame da licença rabelaisiana é uma meditação dialógica sobre a liberdade.

Bakhtin, que é tão autoconsciente do *status* de seu próprio texto enquanto texto, também emprega a textologia como estratégia básica. Ele sabe que muita coisa ficou para ser dita em seu próprio texto, de modo que a sua chave principal para abrir o *Gargântua* é buscar o não dito no texto de Rabelais. Essa abordagem assume que um texto é reconhecível como tal, uma entidade com fronteiras nítidas, por ser a manifestação de um sistema. Um texto legal é codificado pelo sistema legal, um texto literário, pelo literário. Os sistemas que os textos manifestam também podem ser pensados como ideologias. A ideologia neste sentido é localizável em tudo o que os textos dão por suposto, as precondições tidas como tão certas por seus autores que não precisam ser declaradas. Os pilares de sustentação do mundo presumido de um texto são, assim sendo, invisíveis, a tal ponto que não necessitam ser expressos. A ideologia deve ser entrevista nos buracos de um texto, naquilo que este achou possível deixar não enunciado. Na medida em que a ideologia é a matéria a partir da qual uma cultura manufatura suas maiores certezas, ela é sempre extremamente conservadora em seus efeitos. Requerem-se grandes esforços até para vê-la, visto ser parte bem grande de sua função a de assegurar que jamais ela se tornará uma questão independente do material que organiza. Como Bakhtin observa,

Cada época tem suas próprias normas de fala oficial e propriedade. E cada época tem seu próprio tipo de palavras e expressões que são dadas como sinal para falar livremente, para chamar as coisas por seus nomes próprios, sem quaisquer restrições mentais e eufemismos [...]. Todos os povos [...] contam com enormes esferas de fala que não foram tornadas públicas e são inexistentes do ponto de vista da linguagem literária, escrita[3].

2. *Rabelais*, p. 268.
3. Idem, p. 188, 421.

A história dos estudos rabelaisianos é o relato de como as sucessivas gerações de especialistas têm suprimido aqueles aspectos de Rabelais que consideram, à luz de seus próprios preconceitos, impróprios ou não literários.

Assim, quando Bakhtin tenta ouvir o que não é dito no *Gargântua*, ele empreende duas coisas. Primeiro, recupera literalmente aquelas porções dos textos de Rabelais que, até onde foram ignoradas ou reprimidas em épocas anteriores, permaneceram "não ditas". Segundo, mapeia os parâmetros do sistema social da Renascença que possibilitou uma proporção mais equilibrada entre linguagem permitida versus não permitida do que a conseguida desde então. Bakhtin trata as esferas da linguagem permitida e da não permitida como textos por direito nato, cada qual com suas próprias brechas e buracos característicos. Ele identifica dois subtextos: carnaval, que é uma instituição social, e realismo grotesco, que é um modo literário. *Rabelais e seu Mundo* é um estudo de como o social e o literário interagem. Em acréscimo, é um estudo da semântica do corpo, dos diferentes significados dos membros, aberturas e funções do corpo.

Bakhtin aborda a divisão geral entre o oficial e o não oficial como uma distinção particular entre alta e baixa cultura, uma distinção que pode ser mapeada na atitude de cada nível da cultura para com o riso: "Um mundo ilimitado de formas humorosas [...] oposto ao tom oficial e sério da cultura medieval, eclesiástica e feudal"[4]. Três dessas formas são espetáculos ao ar livre, tais como eram apresentadas nos dias de feira ou celebradas durante os carnavais; paródias, especialmente do ritual da Igreja; e vários gêneros de linguagens vulgares, maldições e juramentos. A mais importante dessas formas, que é de longe a de maior relevo e a que mais claramente revela o significado subjacente a todas elas, vem a ser o carnaval.

Embora o carnaval haja sofrido grande empobrecimento nos tempos modernos, quer como evento quer como conceito, ele desempenhou um papel central na vida de todas as classes sociais durante o Renascimento, quando as cidades devotavam nada menos do que três meses por ano a tais festejos. A importância do carnaval, entretanto, não reside nos grandes lapsos de tempo a ele dedicados, mas, antes, no senso único do mundo que incorpora. Antes de tudo, constituía uma das poucas áreas em que a hegemonia da Igreja Católica Romana não se impusera. Os carnavais são ritualmente despidos de misticismo e piedade. Não têm preces ou magia: "Não comandam nem pedem coisa alguma [...]. Todas essas formas são sistematicamente situadas fora da igreja e da religiosidade. Pertencem a uma esfera completamente diversa". Não só não fazem parte da religiosidade oficial, como tampouco seguem as regras da estética oficial:

> O núcleo carnavalesco básico desta cultura é uma forma puramente artística [...] e nem sequer pertence, falando-se em termos amplos, à esfera da arte em geral [...]. Na realidade, é a vida em si mesma [...] moldada segundo um certo padrão de jogo[5].

4. Idem, p. 11.
5. Idem, p. 7.

Ao contrário do ritual, o carnaval não é organizado por uma casta separada de especialistas que o criam de acordo com seus ditames exclusivos, religiosos ou estéticos. Todo mundo faz carnaval, cada qual é o carnaval: "O carnaval não é um espetáculo visto pelas pessoas, elas vivem nele, e todo mundo dele participa porque sua ideia mesma cinge toda a gente". O carnaval estende uma espécie de hegemonia não apenas sobre todo mundo, mas também por toda a parte: "Enquanto dura, não há outra vida fora dele. Durante o tempo de carnaval, a vida está sujeita somente às suas leis [...] as leis de sua própria liberdade"[6]. O carnaval é um antirritual minimamente ritualizado, uma celebração festiva do outro, as brechas e buracos em todos os mapeamentos do mundo delineados nas teologias sistemáticas, nos códigos legais, nas poéticas normativas e nas hierarquias de classe.

O carnaval não deve ser confundido com o mero jogo do feriado. A capacidade de festejar a variedade do mundo, de celebrar sua abertura e a sempre renovada disposição de causar surpresa é "uma forma especial de vida (*osobaja žiznennaja forma*)", um tipo de heteroglossia existencial[7]. O carnaval é um hiato na textura da sociedade. E dado que a ideologia dominante busca ser o autor da ordem social como um texto unificado, fixo, completo e para sempre, o carnaval representa uma ameaça.

O riso festivo engendrado pelo carnaval mantém vivo o senso de variedade e mudança. Este riso tem uma ligação íntima com a mudança das estações,

> com as fases do sol e da lua, com a morte e o renascimento da vegetação e com a sucessão das estações agrícolas. Nessa sucessão tudo o que é novo ou se renova [...] é enfatizado como sendo um elemento positivo que expressa as esperanças das pessoas em relação a um futuro mais feliz.

Tal acento na mudança e no vir-a-ser é diretamente oposto à ênfase oficial no passado, a uma estase tão completa que se converte em eternidade. Através do carnaval, a gente do povo fica

> livre da opressão de categorias tão tristes como o "eterno", o "inamovível", o "absoluto", o "imodificável" e, ao invés, fica exposta ao alegre e livre aspecto ridente do mundo, com seu caráter inacabado e aberto, com o prazer da mudança e da renovação[8].

Com suas multidões e abundância de comida, a festa é uma forma carnavalesca na medida em que é uma "transferência temporária para o mundo utópico". Como outras formas de carnaval, a festa é uma "ilha" no mar da história. Ela não é apenas o espaço de consumo de enormes quantidades de comida, a ocasião de um mero excesso físico. É antes "um ingrediente primário e indestrutível da civilização humana; pode tornar-se estéril e até degenerada, mas não pode desaparecer", porque é "uma liberação de tudo o que é utilitário e prático[9].

6. Idem, p. 7.
7. Idem, p. 8.
8. Idem, p. 81, 83.
9. Idem, p. 276.

Bakhtin retraça a significação fenomenológica da comida até suas raízes primordiais, a alegria do homem primitivo com a conclusão da caçada:

> A consciência despertante das pessoas não podia deixar de concentrar-se neste momento, não podia deixar de emprestar dele um certo número de [...] imagens a determinar a relação da festa com o mundo. O encontro do homem com o mundo no ato de comer é jubiloso, triunfante; ele triunfa sobre o mundo, devora-o sem ser devorado ele mesmo[10].

Como outros aspectos do carnaval, a festa é uma vitória sobre o medo. Como nos dramas de carnaval na praça do mercado do tardo medievo, que terminavam com a queima do cenário que representava o "inferno", a festa celebra a destruição do que era outrora ameaçador. Aqui está a chave da relação da comida com o trabalho: a luta do homem contra uma natureza hostil é coroada com a comida, seja ao fim da caçada ou ao término de uma colheita. As pessoas "engolem aquilo que derrotaram". *Um pathos* especial caracteriza a declaração amiúde faminta de Bakhtin no sentido de que "nenhuma refeição pode ser triste". Mas os banquetes são especialmente festivos. Em seu âmago encontra-se sempre a celebração da vida sobre a morte: "O corpo vitorioso recebe o mundo derrotado e é renovado". Bakhtin dá como hipótese que as origens da própria linguagem podem residir na partilha da comida como uma expressão primeva da cultura em face da natureza, estabelecendo uma conexão entre digestão e diálogo:

> Até para autores do antigo simpósio, para Platão, Xenófanes, Plutarco, Ateneu, Macróbio e outros, o elo entre comer e falar não era um obsoleto remanescente do passado, porém tinha um significado vivo[11].

A comida compartilhada é um aspecto extremamente importante da festa. Em geral, todas as feições do carnaval servem para reunir as pessoas num quadro comunal. Assim como a festa não é meramente um outro repasto, a turba carnavalesca tampouco é apenas uma outra multidão. "E o povo como um todo, mas organizado *a seu próprio modo* [...] ele se acha fora de toda organização socioeconômica e política, que fica suspensa durante o período da festividade." Este senso majorado de coletividade é possibilitado pelo senso singular de espaço e tempo que reina no carnaval: "A cultura popular não oficial da Idade Média e até da Renascença possuía o seu próprio território e seu próprio tempo particular". Assim como o espaço e o tempo do mundo oficial impõem restrições, as coordenadas do mundo do carnaval conduzem à liberdade e ao destemor:

> O indivíduo sente que é uma parte indissolúvel da coletividade, um membro corpóreo da massa do povo. Neste conjunto, o corpo individual cessa em certa medida de ser ele próprio; é possível, por assim dizer, intercambiar corpos, ser renovado (mediante a troca de indumentária e máscara). Ao mesmo tempo, as pessoas tornam-se conscientes de sua unidade e comunidade corporal, material e sensual[12].

10. Idem, p. 281.
11. Idem, p. 281, 283,284.
12. Idem, p. 10, 154, 255.

Bakhtin conecta, aqui, o carnaval a dois elementos fundamentais em seu esquema, o tempo e o corpo. A espécie de tempo peculiar ao carnaval é desagrilhoada do tempo, é uma suspensão dos padrões históricos relativamente fechados e rígidos que as ideologias dominantes impõem ao fluxo do tempo. Mas esta liberdade não pode ser compreendida meramente como uma maneira de gazear as normas da vida não carnavalizada em qualquer ponto particular na história. A experiência física do carnaval expressa não apenas um escapismo negativo, mas também um aspecto positivo. O carnaval não é um tempo desperdiçado, porém um tempo preenchido com profunda e rica experiência. A unidade vivenciada pela gente no carnaval tem um caráter especificamente histórico: "O corpo de pessoas numa praça do mercado durante o carnaval é antes de tudo consciente de sua unidade no tempo". A multidão festiva não está apenas experimentando um mergulho descuidado na licença inconsciente, uma espécie de nada. Ao contrário, mostra-se altamente ciente, extremamente cônscia de algo único neste fato:

> Tem consciência de sua ininterrupta continuidade no tempo, de sua relativa imortalidade histórica [...] as pessoas não percebem uma imagem estática de sua unidade (*eine Gestalt*), porém, ao invés, a ininterrupta continuidade de seu vir-a-ser e as incessantes metamorfoses da morte e da renovação[13].

Nessa experiência, um tempo carnavalesco específico é ligado a um corpo carnavalesco específico. A fusão é simbolizada nas figurinhas romanas de terracota descobertas em Kerch, que representam antigas bruxas com as faces contorcidas pela gargalhada, as barrigas inchadas pela gravidez: "É uma morte pregnante, uma morte que dá à luz [...]. Ávida é mostrada em seu duplo processo contraditório: é o epitome da incompletude"[14].

Se o corpo deve contar este gênero distintivo de tempo intemporal, ele precisa ser concebido como um tipo especial de relógio. O termo usado por Bakhtin para englobar a visão do corpo que enfatiza as mudanças na natureza por meio do comer, da evacuação ou do sexo, como opostas ao ideal estático representado nos mármores gregos clássicos, é "grotesco". O corpo grotesco é carne enquanto sítio do vir-a-ser. Como tal, os elementos fundamentais do corpo são precisamente aqueles pontos em que ele

> cresce além de seu próprio *self*, transgride seus próprios limites [...] concebe um novo e segundo corpo, as entranhas e o falo [...]. Ao lado das entranhas e dos órgãos genitais é pela boca que entra o mundo a ser engolido [...]. Todas essas convexidades e orifícios têm uma característica comum; é com elas que as fronteiras entre o nosso próprio corpo e o dos outros e entre o corpo e o mundo são rompidas [...] a imagem grotesca ignora a superfície cerrada, lisa e impenetrável do corpo e retém somente suas excrescências (brotos, botões) e orifícios, somente aquilo que leva para além do limitado espaço do corpo e para o interior das profundezas do corpo[15].

13. Idem, p. 255-256.
14. Idem, p. 25-26.
15. Idem, p. 317-318.

Esta imagem do corpo relaciona-se com o tempo do carnaval, que é livre e está em devir, porque partilha da colocação do carnaval para com o espaço como algo livre, inconfinado, que supera constantemente os limites. Mais uma vez, as velhas bruxas grávidas dos ornamentos de Kerch captam este esforço para irromper através das fronteiras típicas do corpo grotesco. Planta, animal e formas humanas entretecem-se fantasiosamente nelas,

como que dando à luz umas às outras. As linhas fronteiriças que dividem os reinos da natureza no quadro visual do mundo foram audaciosamente infringidas. Tampouco se encontrava ali a usual representação estática da realidade. Não mais havia o movimento de formas acabadas, vegetais ou animais, em um mundo terminado e estável, ao invés o movimento interno do próprio ser estava expresso no passar de uma forma para outra, no sempre incompleto caráter do ser[16].

Assim como o carnaval representa a intertextualidade de ideologias, oficiais e não oficiais, do mesmo modo o corpo grotesco projeta em primeiro plano a intertextualidade da natureza. O grotesco é percebido intertextualmente no plano da biologia. O cuidado de Bakhtin com aspectos exuberantemente físicos do corpo remonta ao seu interesse no *corpus Christi,* o corpo efetivo do homem vivo Jesus, e à sua preocupação com a ciência da fisiologia,

O carnaval e o grotesco ambos têm por efeito mergulhar a certeza na ambivalência e incerteza, como resultado de sua ênfase nas contradições e na relatividade de todos os sistemas classificatórios. Daí por que a máscara é tão importante para ambas as formas. A festa medieval, como o antigo carnaval, possui duas faces. A máscara de carnaval é o aspecto de Jano: "Sua face oficial, eclesiástica, foi voltada para o passado e sancionou a ordem existente, mas a face do povo da praça do mercado olhava para o futuro e ria, consciente de que estava assistindo ao funeral do passado e do presente". A máscara, que é

o tema mais complexo da cultura popular [...] está ligada à alegria da mudança e da reencarnação, à jubilosa relatividade e à feliz negação da uniformidade e similaridade; ela rejeita a conformidade com o nosso próprio eu. A máscara relaciona-se com a transição, a metamorfose, a violação das fronteiras naturais[17].

A máscara é a imagem mesma da ambiguidade, da variedade e do fluxo de identidades que de outra maneira, desmascaradas, são concebidas como únicas e fixas.

A ambiguidade permite a Bakhtin cartografar a relação entre expressão corporal e expressão verbal. O carnaval dispõe não só de seu próprio espaço e tempo, como também de suas próprias práticas de linguagem. A linguagem do carnaval aparece em diálogos medievais, como a *Ceia de Cipriano,* e nas paródias dos séculos XV e XVI onde "as imagens do banquetear-se liberam a fala". Tais paródias frequentemente relacionam-se com a Última Ceia: "O simpósio grotesco disfarça e deprecia a puramente

16. Idem, p. 32.
17. Idem, p. 81, 39-40.

idealista, mística e ascética vitória sobre o mundo, a vitória do abstrato". Mas semelhante travestimento não constitui apenas uma sátira destrutiva e não é exclusivamente um ataque a coisas espirituais. Uma sátira estreitamente enfocada, destinada a ferir um alvo específico, não é parte da cultura do riso. Um disfarce é carnavalesco precisamente em sua dualidade e ambiguidade: ele parodia o espírito a fim de enaltecer o corpo. O livre jogo com o sagrado é o conteúdo básico do simpósio grotesco do Medievo. Ao jogar assim com as mais rígidas categorias ideológicas, elementos não oficiais começam a infiltrar-se na linguagem. O poder da comida e da bebida para liberar a fala humana é visível na maneira como "a conversa dos escolásticos e clérigos foi invadida por um largo espectro de paródias 'coloquiais' e travestimentos de textos sagrados relacionados com a defecação e os alimentos". Esta é a essência da novela rabelaisiana, e, portanto, a razão pela qual foi tão violentamente combatida por Calvino e outros homens de igreja contemporâneos, os quais relacionavam as tendências ateístas e materialistas de seu tempo diretamente à atmosfera de banquete que caracterizavam como "libertinismo prandial"[18].

A significação extraliterária do estudo sobre *Rabelais* feito por Bakhtin estende-se para além da mesa do banquete ou da praça pública no carnaval. Quando uma obra que foi escrita na União Soviética ao fim dos anos 1930 e início dos anos 1940 faz tanto caso da liberdade e da distinção oficial/não oficial, não pode deixar de ser em parte um comentário sobre sua época. Embora esses conceitos fossem previamente invocados por Bakhtin, no *Rabelais* eles recebem o seu mais poderoso aeramento. O livro assinala, destarte, uma nítida mudança na escritura de Bakhtin. Ela é mais apaixonadamente argumentativa, mais visionária e mais obviamente ideológica. Ainda que na superfície seja menos russocêntrica do que seus escritos anteriores, representa a crítica mais abrangente de Bakhtin a datar da cultura stalinista, esse sistema singular que havia justamente atingido seu auge nas depurações de 1936-1938.

Rabelais precisa ser visto no contexto de seu tempo. Na dissertação original em que o livro se baseia, Bakhtin, que apimentou seus textos anteriores com remessas a escritores russos como Púchkin, Lermontov, Dostoiévski e Tolstói, faz pouca menção à Rússia ou aos autores russos. Mas esta quase ausência da Rússia no texto torna-a tanto mais presente como referente. De fato, as mais crípticas das raras referências de Bakhtin às coisas russas são alusões esópicas da dimensão política da obra.

Apenas em cinco lugares no texto menciona Bakhtin a Rússia. Duas das passagens em apreço não são particularmente significativas. Uma é uma resenha dos estudos rabelaisianos na Rússia até aquela data, o tipo de coisa que constituía um exercício padrão em todos os escritos mais longos de Bakhtin e era também uma exigência das convenções soviéticas para as dissertações. A outra é uma análise dos aspectos rabelaisianos de Gógol, que é a parte mais fraca do texto e trouxe a

18. Idem, p. 296, 297.

Bakhtin particular dificuldade na sua tentativa de conseguir a aprovação acadêmica para a tese. Esta seção foi eliminada do livro publicado em 1965, sendo, porém, mais tarde incluída como um item à parte na coletânea de seus ensaios editada em 1975.

As três referências mais curtas a coisas russas reportam-se todas a governantes. A primeira passagem, tampouco incluída na edição de 1965, invoca a metáfora com que Lênin caracterizou a revolução, uma mulher em trabalho de parto. A segunda, infiltrada no meio do livro, louva Pedro, o Grande, e Ivan, o Terrível, como czares que "carnavalizaram a Rússia", embora o esforço de Pedro fosse o menor dos dois por haver introduzido rituais do Ocidente de preferência aos nativos[19]. Esta remessa parece ser um gesto para com o pensamento oficial, uma vez que Pedro e Ivã eram usados na retórica dos anos 1930 como símbolos do governante modelar a quem Stálin estaria destinado a representar e, na época em que Bakhtin encetou sua dissertação, Ivã tomara o lugar de Pedro como modelo principal. Todavia, a referência é também ambígua, como Bakhtin em todo caso gostaria que fosse, porque os simples nomes desses czares são sinônimos de governo autocrático e repressão.

Esta passagem acerca de Pedro e Ivã chama a atenção, por ser introduzida como um *non sequitur,* e a referência final de Bakhtin a coisas russas, que conclui o livro, também se faz notar devido à maneira abrupta de sua apresentação. Esta referência inclui uma bem conhecida citação do *Bóris Godunov* de Púchkin, embora nem o autor nem o título sejam identificados no texto:

> Em toda época histórica sempre houve uma praça cheia do riso do povo, exatamente como a que apareceu ao pretendente [Dmitri] em um pesadelo: "Embaixo o povo fervilhava na praça/e às gargalhadas apontava para mim;/senti-me envergonhado e cheio de medo".

O fato de o "pretendente" ser o falso Dmitri só se torna claro indiretamente, por meio da citação inserida, da qual Bakhtin omite o verso crucial, mas não menos conhecido, "O povo caiu em silêncio". Bakhtin então termina o livro com o reparo de que todo ato histórico tem sido acompanhado pelo riso do coro, mas de que não foi em toda época que o coro conseguiu encontrar um corifeu como Rabelais.

A referência ao "pretendente" pode ser uma alusão ao merecimento de Stálin para conduzir a Rússia, e a observação a respeito da falta de um corifeu pode ser uma censura aos escritores contemporâneos por sua covardia. No entanto, em geral não é possível reduzir essa obra ao *status* de mero panfleto político *à clef.* Conquanto Bakhtin lance sem dúvida ambas as referências crípticas a governantes russos para sugerir o fato constituído pelo governo autoritário de Stálin, ele usualmente critica o seu tempo a partir de um plano mais alto, mais geral.

Rabelais apresenta, *inter alia,* uma crítica da ideologia soviética contemporânea. Oferece uma contra ideologia aos valores e práticas que dominavam a vida pública nos anos 1930. Esta contra ideologia é, por sua vez, uma articulação particular e um

19. Idem, p. 270-271.

tanto singular de ideias comumente encontradiças entre a *intelligentsia* na década de 1920, primordialmente entre a vanguarda e os amigos de Bakhtin. Este desenvolve a sua contra ideologia não por um ataque frontal ao stalinismo, mas, antes, por um diálogo com ele.

Por volta de 1935, o stalinismo, a ideologia a que o texto de Bakhtin se dirige, cristalizara-se. Ele trazia consigo não somente a hierarquização e a centralização de todas as instituições soviéticas e o aumento do controle e da repressão estatal, como também os próprios *ethos e* mitos culturais distintivos que acompanhavam tais tendências. A retórica stalinista distinguia grupos inteiros de "gente notável", tais como os stakhanovistas, os heróis da aviação e os alpinistas, como precursores oficiais de uma revolução na antropologia humana que logo deveria afetar todo e qualquer cidadão soviético. Dizia-se que esses "novos homens" eram superiores a todos os heróis prévios. Representavam uma nova ordem de humanidade, diferente dos velhos Ivãs, e impressionantemente parecidos com os modelos de seus papéis na liderança stalinista.

Esses super-heróis funcionavam como figuras míticas a justificar a divisão *de facto no* interior da sociedade entre os poderosos e os privilegiados, de um lado, e as massas, de outro. Representando categorias fora da estrutura de poder como representavam, eles pressagiavam o dia em que as massas por si mesmas atingiriam tão elevado *status. A* divisão que celebravam entre o eleito e o não eleito constituía apenas uma instância da divisão fundamental na ontologia stalinista entre o ordinário e o extraordinário, o mítico, o grande.

Em correspondência a esse dualismo havia duas ordens de tempo e duas ordens de lugar. Os dois tempos formavam um padrão análogo ao do tempo sagrado e profano, sendo o tempo "sagrado" do stalinismo associado à vida de um líder soviético ou de um momento significativo da história bolchevique, e sendo o "profano" identificado com um evento histórico, mundano, não marcado[20]. De maneira similar, os lugares "sagrados" do stalinismo eram os iluminados pela presença de líderes, a exemplo do Kremlin, enquanto o resto do espaço soviético era por ora meramente "profano". Assim, a retórica do stalinismo estabeleceu uma ordenação vertical da realidade, que era simplificada em um contraste binário entre tudo quanto se afigurava ordinário e "baixo", de um lado, e, de outro, tudo quanto se afigurava diferente, incomum e "alto". A epistemologia stalinista era uma forma crua de neoplatonismo em que só o eleito, especificamente os líderes, tinha acesso à ordem superior de realidade[21].

A resposta de Bakhtin ao stalinismo está organizada em torno da dicotomia comum a todos os seus primeiros escritos, ou seja, a distinção entre a cultura oficial e a cultura do povo. No caso do mundo de Rabelais, a oficial era a da Igreja Católica Romana e do Sacro Império Romano, enquanto a popular era a das ordens mais baixas no carnaval

20. Ver Mircea Eliade, *The Myth of the Eternal Return* (Princeton: Princeton University Press, 1971), p. 141-150.

21. Ver Katerina Clark, *The Soviet Novel: History as Ritual* (Chicago: University of Chicago Press, 1981).

e na praça do mercado. A função da cultura popular não é apenas a de desmascarar figuras de autoridades e noções recebidas, como um saudável antídoto ao embotamento e à secura da cultura oficial. O humor popular importa em consideravelmente mais do que mera irreverência galhofeira, pois o povo assume espertamente o papel de baluarte contra a repressão. A peculiaridade do riso de carnaval é sua "indissolúvel e essencial relação com a liberdade". O elemento sério na cultura de classe e a "monolítica seriedade do culto e da visão de mundo cristãos" vão de mãos dadas com o temor e a repressão, enquanto "o poder, a repressão e a autoridade nunca falam na linguagem do riso"[22].

O toma-cá-dá-lá entre o nexo medieval Igreja-e-Estado, de uma parte, e o carnaval, de outra, era uma real luta de poder. O Estado tinha as suas próprias fronteiras temporais e espaciais, e assim também o carnaval. Estes dois países ideológicos encontravam-se em conflito. O riso do carnaval "constrói o seu próprio mundo em oposição ao mundo oficial, sua própria igreja versus a igreja oficial, seu próprio Estado em oposição ao Estado oficial"[23].

A crítica de Bakhtin ao stalinismo não se detém em seu caráter repressivo, mas se atraca também a seu princípio epistemológico fundamental, a ordenação vertical de toda a realidade. Na Idade Média, a alta cultura, dominante, era investida em ensinamentos eclesiásticos e envolvia um "mundo vertical" de valores absolutos[24]. Havia uma hierarquia fixa de *status* social e político, assim como de valor moral e filosófico. A igreja queria organizar tudo, preencher o espaço conceituai por inteiro. Mas o *ethos* do carnaval minou essa megalomania epistemológica. Minou ou desmascarou as ideias absolutas e introduziu, ao invés, um espírito de "jovial relatividade", uma frase que aparece em todas as obras de Bakhtin desse período.

As duas principais armas usadas nesse violento assalto do carnaval foram "a hierarquia reversa", que é uma forma de humilhar, desmascarar ou depreciar tudo quanto é elevado pelos estratos inferiores, como no caso de mendigos que insultam reis ou de irmãos leigos que zombam das maneiras do abade de um mosteiro, ou o rebaixamento de todas as formas de expressão na linguagem e na arte[25]. Os stalinistas não deixaram de fazer tentativas no sentido de cooptar para os seus próprios fins essas técnicas carnavalescas de inversão. No movimento stakhanovista, por exemplo, trabalhadores dos níveis mais baixos foram alçados ao mais alto *status* na sociedade. A. Stakhanov, cujo nome se tornou o do movimento, proporcionou uma metáfora irresistível, a do mineiro que foi trazido das profundezas para converter-se em Herói da União Soviética. Os stakhanovistas eram em geral operários sem especialização ou semiqualificados, não inscritos como membros do Partido, que se distinguiam por suas realizações espetaculares no cumprimento e superação das quotas de produção, muito embora seus feitos fossem na maior parte coreografados e encenados pelos funcionários locais do Partido.

22. *Rabelais*, p. 265, 89, 84, 46, 107, 515, 94.
23. Idem, p. 88.
24. Idem, p. 401-403.
25. Idem, p. 380-396.

Em rituais públicos que celebravam tais êxitos dos trabalhadores, seus superiores na estrutura hierárquica governamental do lugar, na medida em que contraposta à do Partido, eram humilhados ou rebaixados, sendo chamados à ordem por obstruir os esforços dos operários.

Embora na época de Stálin os vários cerimonais associados ao ritual de elevação do inferior incluíssem peças padronizadas de depreciação de figuras das autoridades e fossem assim comparáveis à hierarquia reversa que Bakhtin identifica como elemento básico no carnaval, os impulsos no carnaval e no stalinismo eram diametralmente opostos. A função do carnaval devia prover um rebaixamento e uma democratização geral da linguagem ou das classes, mediante os quais o augusto ar do cerimonial oficial seria solapado. Em contraste, o ritual stalinista tinha por função afirmar e fortalecer o *status quo* e a estrutura hierárquica. Os superiores hierárquicos dos trabalhadores stakhanovistas sofriam admoestações a fim de assegurar o poder dos *seus* superiores, isto é, a própria liderança soviética. Em outras palavras, havia mais uma elevação geral, mesmo que apenas em termos indiciais e simbólicos, do que um rebaixamento de tom, linguagem e indivíduos.

Nos costumes de outras sociedades, tais como os que levam as crianças a disfarçar-se de monstros para assustar os adultos no Halloween (Véspera de Todos os Santos), a hierarquia reversa constitui uma espécie de válvula de segurança pela qual os inferiores são elevados temporal e ritualmente acima de seus superiores como um meio de garantir o *status quo* e possibilitar a prevalência da hierarquia sobre as ordens mais baixas, potencialmente anárquicas. Bakhtin, todavia, postula o espírito e o mundo do carnaval como modelos de uma ordem mundial superior, organizada horizontalmente mais do que verticalmente[26]. No carnaval, argumenta ele, todos são considerados iguais e a fraternidade é universal. Além disso, o espírito do carnaval opõe-se fundamentalmente a todas as hierarquias na epistemologia, a todos os cânones e dogmas, pois no carnaval tudo está em constante movimento e transformação. Suas qualidades essenciais são incompletude, vir-a-ser e ambiguidade.

A questão levantada pelo carnaval de Bakhtin, com sua ênfase na fraternidade, no universalismo e no antidogmatismo, é se semelhante universo horizontalmente ordenado pode ser mantido por algum espaço de tempo sem a introdução de alguma espécie de hierarquia, seja epistemológica ou política. Há, em outras palavras, um forte elemento de idealização e até mesmo de propensão utópico-visionária, na análise bakhtiniana do carnaval. Isto se faz particularmente manifesto na caracterização do popular (*folk*). Precisamente nesta época, a plataforma oficial, quer literária quer política, atribuía-lhe um papel principal em seu próprio esquema das coisas. Por exemplo, Górki, em 1934, instava os escritores a modelar seus heróis com base no folclore. Com estímulo oficial, foi este coletado e publicado em grande quantidade. Bardos

26. Victor Turner, "Variations on a Theme of Liminality", e Roberto da Matta, "Constraint and License: A Preliminary Study of Two Brazilian National Rituals", em *Secular Ritual*, ed. Sally F. Moore e Barbara G. Meyerhoof (Assen/Amsterdam: Van Gorcum, 1977), p. 36-70, 244-264; *Rabelais*, p. 397.

populares receberam o encargo de compor cantos épicos e copias que glorificassem a nova era, seus líderes e suas "lutas". O popular assumiu um papel mais amplo na retórica política e no cerimonial. A liderança escatelou provérbios populares nos discursos, bandas de música popular e grupos de dança passaram a constituir um padrão característico em cerimônias oficiais e indivíduos selecionados do quadro do popular, como os stakhanovistas, eram eleitos para a aclamação pública.

Bakhtin deprecia a estreita concepção de *folk* reinante em seu tempo, que excluía a cultura do riso e da praça do mercado com toda a sua força subversiva, poder de blasfêmia e espalhafatosa "fisicalidade". O resultado dessa exclusão é uma versão embelezada, emasculada do popular, que fica sem dentes para morder. Mas, embora se opondo a uma concepção idealizada do *folk*, a contra imagem do próprio Bakhtin não é menos idealizada, por mais que nela gotejem urina ou fezes. Como outros intelectuais semelhantes a Blok e aos Citas, ele idealiza consistentemente o *folk* como sendo uma força indomável, rebelde, regenerativa que há de destruir o *status quo*, mas de cujas cinzas surgirão universos novos e melhores. Por exemplo, as pessoas do povo são tidas por instintivamente antiabsolutistas, pró-universalistas e antibelicistas. Constituem até o repositório de "a segunda verdade sobre o mundo". Em meio ao tumulto da vida política, sustenta Bakhtin, somente elas estão em condições de manter sua saudável posição de jovial relatividade[27].

Bakhtin ataca ainda outro idealismo inconfesso que se insinuou no stalinismo, o pressuposto subjacente em toda a retórica oficial de que existe uma ordem de realidade superior à qual os cidadãos comuns não têm acesso. Esta assunção é expressa, por exemplo, na principal divisa da década: "Mais alto! (*Vyše*)". Bakhtin salienta o valor de tudo o que é deste mundo e exalta o *folk* por sua função de desmoralizar e desmascarar pretensões de representar algo mais augusto e elevado. Considerando que em época anterior Bakhtin havia manifestado seu pendor antimetafísico por meios tais como o de opor-se à noção vossleriana de uma fonte interna para a palavra, ele agora lhe dá uma nova torção ao enfatizar aqueles aspectos menos metafísicos e mais inetéreos do carnaval, o corpo e suas funções.

Um elemento primário no carnaval, afirma Bakhtin, é a "livre entremescla de corpos", a exibição desavergonhada de funções corpóreas, inclusive a defecação, a cópula e até o trabalho de parto e o nascimento, e a livre interação entre o corpo e o mundo exterior, em atos como a ingestão e a expulsão de alimentos. A cultura oficial encara tais funções corporais como indecentes e tenta negar ao corpo seus maravilhosos orifícios e protusões, quer pôr um fim à júbilosa celebração do corpo e da vida. Gostaria que o corpo ficasse reduzido a uma "superfície que a nada responde, um plano chapado (*gluxaja poverxnost', ravnina*)"[28].

27. M. Gor'kij, "Doklad M. Gor'kogo o sovetskoj literature", *Pervij s"jezd pisatelej: Stenografičeskij otčet* (Moscou: Ogiz, 1934), p. 6; *Rabelais*, p. 161, 147, 94, 335-336, 487.

28. *Rabelais*, p. 347.

A recusa bakhtiniana de homogeneizar a superfície do corpo ou de negar o seu desejo de misturar-se com outros corpos é mais do que uma postura desafiadora em face do idealismo dominante em sua época ou uma arremetida contra o puritanismo da sociedade stalinista. O corpo é uma metáfora comum para o Estado, e as sociedades xenofóbicas que estão procurando controlar o comportamento de seus cidadãos e preservá-lo de contatos externos, amiúde, sublinham a ideia de conservar o corpo puro. Ela foi por certo acentuada sob o domínio de Stálin, assim como na instituição soviética da "purgação". Mary Douglas descreveu a dinâmica geral desta ideia:

> Se um homem reconhece uma sujeição muito forte a um grupo social [...] então o grupo é assemelhado a um corpo humano: os orifícios devem ser cuidadosamente guardados para evitar intrusões ilegais, perigos de envenenamento ou perda de força física [...] dentro torna-se bom e fora, mau.

De acordo com Bakhtin, o carnaval tenta superar este gênero de coisa mediante a celebração do corpóreo[29].

O deleite de Bakhtin com a celebração rabelaisiana dos processos corporais constitui uma afronta outrossim aos princípios e práticas do realismo socialista. Em 1932-1934, quando as diretrizes desta linha estavam sendo formuladas, porta-vozes oficiais precavinham os escritores contra a prática literária de apresentar em suas obras cenas de sexo e funções corporais, o que era chamado eufemisticamente de "naturalismo" ou "zoologismo". Em consequência, relações sexuais explícitas vinham a ser virtualmente um tabu nos romances stalinistas. Bakhtin tenta prudentemente proteger-se das acusações de "zoologismo" ao pretender que o uso particular do elemento corpóreo, por Rabelais, é algo superior ao "materialismo grosseiro ou fisiologismo"[30]. A reação de Bakhtin à ênfase soviética na necessidade de transcender o corpo físico é consistente com sua anterior rejeição das ideias paulinas acerca da necessidade de rejeitar a fisicalidade, tais como expressas por teólogos como Florênski ou pelos seguidores de São Serafim de Sarov.

O realce dado por Bakhtin ao corpo está longe de ser a sua única afronta ao realismo socialista em *Rabelais.* Ele vai muito além de seu ataque anterior ao colocar um ideal compensatório, que chama de "realismo grotesco". Para Bakhtin, o grotesco é a expressão na literatura do espírito do carnaval. Ele incorpora o que são, a seu ver, os valores primordiais: incompletude, vir-a-ser, ambiguidade, indefinibilidade e não canonicalismo – na verdade, tudo o que salta de nossas expectativas normais e complacência epistemológica.

Assim, numa época de crescente arregimentação, Bakhtin escreveu sobre a liberdade. Numa época de autoritarismo, dogmatismo e heróis oficiais, ele escreveu sobre

29. Mary Douglas, *Natural Symbols: Explorations in Cosmology* (Nova York: Pantheon Books, 1970), p. VIII; *Rabelais,* p. 346-347.

30. V. Kirpotin, "Reč", em *Sovetskaja literatura na novom ètape: Stenogramma l-ogo plenuma orgkometa sojuza sovetskix pisatelej* (Moscou: Ogiz, 1933), p. 24; *Rabelais,* p. 243.

as massas como ebulientes, variegadas e irreverentes. Numa época em que a literatura era composta de cânones obrigatórios, ele escreveu sobre a quebra de todas as normas e cânones e ridicularizou os pânditas que os sustentavam[31]. Numa época em que se mandava todo mundo olhar "mais alto" e negar o corpo e seus ditames, ele enalteceu as virtudes do cotidiano e advogou o despertar das funções básicas do que denominou o "estrato corpóreo inferior".

Bakhtin tornou todos esses pontos palatáveis mediante um uso hábil da linguagem e alegoria esópica nas tradições intelectuais russas. Ele explorou o artifício da ambiguidade que admirava em outros, especialmente em Rabelais. Foi também suficientemente sagaz para esboçar sua tese em forma de uma amplificação de pontos de vista já expressos por vozes relativamente tão autorizadas como as de Górki e Lunatchárski. Ele assinalou coisas que eles haviam assinalado e adotou alguns elementos de sua terminologia, embora discordando de suas conclusões em aspectos fundamentais.

As referências a Górki não podem ter sido levadas a mal pela comissão de doutoramento, visto que a dissertação foi apresentada ao Instituto Górki de Literatura Mundial e Górki ainda era o pai fundador oficial do realismo socialista. Em 1934 ele citara *Gargântua e Pantagruel* como exemplos da influência da "literatura popular oral" na literatura escrita, uma influência que gostaria de ver aumentada no realismo socialista. Além disso, encontrava exemplificado em Gargântua e Pantagruel o tipo de tradição popular em que as ordens mais baixas "haviam adquirido a coragem de ridicularizar seus senhores"[32]. Mas tais observações de Górki não eram destinadas a ser levadas mais longe do que o contexto do antagonismo de classe e por certo não à posição geral de Bakhtin contra todo selo de autoridade recebido.

Ao mesmo tempo em que Górki fazia suas reivindicações em favor do *folk*, Lunatchárski, o antigo Comissário da Educação, formou uma Comissão para o Estudo dos Gêneros Satíricos e ele próprio planejou escrever um livro intitulado *O Papel Social do Riso*. Em janeiro de 1931, falou na Academia de Ciências sobre a importância, para a história da sátira, da velha instituição do carnaval que permitia o "livre motejo". Esta exposição não foi publicada até 1935, quando apareceu uma versão da fala na principal revista teórica russa, *Crítica Literária*. É de presumir que Bakhtin tenha lido o artigo por volta desta época, o que poderia explicar o surgimento da palavra "carnaval" na sua própria obra. Bakhtin e Lunatchárski consideram de maneira similar o que acontece no carnaval, mas explicam sua dinâmica básica em termos diametralmente opostos. Enquanto Bakhtin sustenta que no carnaval as ordens inferiores desfecham um golpe na megalomania epistemológica da cultura oficial, Lunatchárski conclui que instituições como o carnaval são meramente "válvulas de segurança" que as classes dominantes

31. Hans Günther, "Mikhail Bakhtins Konzeption ais Alternative zum Sozialistischen Realismus", em *Semiotics and Dialetics*, ed. Peter V. Zima (Amsterdam: John Benjamins B. V, 1981), p. 137-178.
32. Gor'kij, *Pervyj s'jezd*, p. 10.

utilizam como meio de permitir às ordens mais baixas deixar sair o vapor em um inofensivo evento temporário[33].

Rabelais tipifica a espécie de coisa que Bakhtin também praticou em outros lugares, como em *O Marxismo e a Filosofia da Linguagem.* Ele coopta as ideias e a retórica de seu tempo e emprega-as para os seus próprios fins. Além do mais, ele coopta apenas aqueles elementos que de algum modo são passíveis de ser aproximados de seus próprios pontos de vista. *Rabelais* não constitui uma capitulação. De acordo com Bakhtin, o romance é o gênero que executa a sua própria intenção ao dobrar, para o seu uso, os discursos de outras ideologias. *Rabelais* vem a ser uma variante acadêmica dessa apropriação de discursos alheios para os próprios fins de quem os utiliza.

Bakhtin, por exemplo, usa um número impressionante de frases de efeito do stalinismo, como "o povo é imortal", "o movimento progressista avante" e "o novo e melhor futuro", que poderiam parecer um lapso da parte de alguém que clama contra a padronização da linguagem. Mas os contextos em que tais frases são aplicadas sugerem outros significados, além dos que elas comumente representam. "O povo é imortal", por exemplo, é invocado a certa altura para validar a noção bakhtiniana de que o "povo" está sempre crescendo e se desenvolvendo em algo novo, e em outro ponto para descrever uma ideia da imortalidade humana como a formulada por Nikolai Fiodorov, um pensador excêntrico cujas concepções sobre o imperativo ético, de que os filhos se unam a fim de erguer fisicamente dos túmulos os pais, influenciou Dostoiévski em seu período tardio. Em outros casos, Bakhtin introduz frases bolchevistas de efeito somente com o fito de revelar as suposições simplistas que estão por trás delas[34].

Quando Bakhtin coopta as efetivas ideias oficiais de seu tempo, os níveis de significação são até mais múltiplos. Por exemplo, ele isola três vilões políticos que na época de Rabelais ameaçavam o clima cultural e que o autor de *Gargântua,* armado com o humor popular, venceu. O primeiro vem a ser a burguesia, que, na melhor tradição marxista-leninista, é descrita como promotora do "isolacionismo", do "elitismo" (*kamernost*), da "atomização" e da "alienação". Bakhtin, que concede grande valor à mistura de vozes de todos os possíveis níveis do discurso, partilha da desconfiança marxista-leninista pela cultura burguesa assim descrita, mas ele também estende o seu ataque à burguesia a ponto de incluir qualidades normalmente não atribuídas a ela nos escritos marxistas-leninistas e muito presentes no stalinismo, ou seja, o

33. A.V. Lunačarskij, "O semxe", *Literaturnyj kritik,* n. 4 (1935): 3-9. Ver também Turner, "Variations on a Theme of Liminality". Outra fonte provável para o *Rabelais* é um ensaio, de 1900, de Henri Bergson, um pensador muito influente em Petersburgo e Leningrado nos anos de 1910 e 1920, que distingue entre todas as espécies de rigidez, como no pensamento e nos mores, e "a flexibilidade interna da vida", e observa como amiúde algo mecânico está incrustado em alguma forma viva de vida. O cerimonial público, em particular, pede para ser parodiado e desmascarado pelo riso, como no carnaval. Bergson, "Laughter", em *Comedy,* ed. Wylie Sypher (Nova York: Anchor Books, 1956), p. 89.

34. *Rabelais,* pp, 243, 399, 477; M.M. Baxtin, "Rable i Gogol", em *Voprosy literatury i èstetiki* (Moscou: Xudožestvennaja Literatura, 1975), p. 492.

antagonismo para com a imaginação e a fantasia na literatura e o superapego ao triste senso comum e praticidade[35].

O segundo vilão entre os nexos de forças políticas na França do século XVI é o Sacro Império Romano. Bakhtin esforça-se para indicar que Rabelais se alinhava com os movimentos nacionalistas "progressistas", tais como aqueles encabeçados pelos reis franceses que lutavam contra a hegemonia do Sacro Império Romano. Isto pode ser lido como um comentário às tentativas de Stálin para sufocar os movimentos nacionalistas na esfera soviética[36].

O terceiro e maior dos vilões é a Igreja Católica Romana que, argumenta Bakhtin, se constitui no inimigo de tudo quanto Rabelais esposava. O modo como o crítico russo representa o papel da Igreja no feito rabelaisiano serve a quatro diferentes intuitos simultaneamente. Primeiro, para ilustrar suas teses gerais sobre o humor popular e o desenvolvimento do romance, Bakhtin descreve o fenômeno real do humor anticlerical no carnaval e as instituições populares aliadas que procuravam minar a pretensão da Igreja à autoridade universal. Segundo, entoa peças padronizadas da ideologia oficial soviética acerca da opressão das classes mais baixas pela Igreja, e de seu "seco escolasticismo", "misticismo", culto dos padres e "obscurantismo". De fato, um alvo principal do humor popular é precisamente tais qualidades da Igreja. Terceiro, ele usa a Igreja, a autoproclamada "única possessora da verdade", para defender o Partido em seus ataques contra todas as pretensões à posse de uma verdade absoluta e contra todas as fontes de monologismo. Por fim, ele expressa uma forma de ver a Igreja Católica Romana que durante largo tempo gozou de popularidade na *intelligentsia* russa. Em Dostoiévski, por exemplo, a Igreja sustenta o seco escolasticismo, o autoritarismo e a Inquisição. Os bolcheviques puderam de fato abeberar-se numa rica tradição local ao formular seus ataques ao catolicismo romano. Nos círculos em que Bakhtin outrora se movia, quer a Igreja Romana quer a Ortodoxa pareciam a muitos representar um travestimento da verdadeira espiritualidade por causa de seu dogmatismo, obtusidade e tráfico de poder. Por exemplo, Blok distinguia entre um "verdeiro clero" e essa "casta de gente moralmente obtusa que reivindica o título de padre"[37]. Assim, as observações anticlericais de Bakhtin não devem ser encaradas inteiramente como uma linguagem esópica, mas, sim, tomadas em parte por seu valor nominal.

Embora haja, sem dúvida, um elemento de alegoria política no *Rabelais,* a obra não pode ser depreciada como um panfleto antibolchevista ou antistalinista. Nem é possível reduzi-la à condição de um mero comentário sobre os tempos de Bakhtin. Ele mesmo sugere isso quando descreve a maneira de o próprio Rabelais empregar a alegoria

35. *Rabelais,* p. 28, 44, 114.

36. Idem, p. 292, 491-492.

37. Diário, entrada de 18 de fev. 1918, em V.I. Orlov, *Gamajun* (Moscou: Sovetskij pisatef, 1978), p. 593. Para um segundo ponto de vista sobre o catolicismo, ver A. Ždanov, "Reč" sekretarja CK VKP (v) A.A. Ždanov", *Pervyj s"jezd,* p. 3-4; *Rabelais,* p. 159, 181, 249, 258-259.

política. Era costume na época do criador de Gargântua identificar as personagens de um livro a figuras políticas contemporâneas. Mas, argumenta Bakhtin, em Rabelais cada imagem é maior do que suas alusões políticas. Como resultado, "Seria vão buscar uma definida [...] chave para cada imagem"[38]. O que vem à tona de forma mais convincente no *Rabelais* é de fato não o aspecto negativo do diálogo de Bakhtin com sua época, mas antes o positivo. Bakhtin não ataca tanto o stalinismo como adianta a sua própria visão do reino da "jubilosa relatividade".

Bakhtin descreve Rabelais como "um espírito profundamente revolucionário". Esta observação não é, de sua parte, uma cínica manipulação da retórica bolchevista, pois, com outros expoentes intelectuais de seu tempo que não pertenciam ao Partido, comparte do entusiasmo bolchevique pela Revolução, embora a entenda num sentido diferente, mais idealizado e mais idiossincrático. Este grupo de intelectuais inclui vários amigos de Bakhtin no movimento sim-bolista ou na Sociedade Filosófico-Religiosa. Eles saudaram a Revolução e procuraram um tipo de revolução permanente na sociedade, bem como na cultura, ainda que sem nenhuma semelhança com a espécie de revolução política permanente advogada por gente como Trótski. Por exemplo, muitos deles, inclusive Bakhtin, opunham-se à violência e ao derramamento de sangue. Consideravam, antes, o fim da sociedade burguesa com sua moralidade hipócrita, seu convencionalismo, seu retrógrado *establishment* cultural e intelectual, seu amor ao conforto material e sua complacência.

Em última análise, todavia, reagiam não tanto contra a burguesia *per se*, como contra toda espécie de estase, fixidez, intelectual ou moral, e de sistemas "lógicos" nitidamente ordenados. Seu conceito de revolução era um impulso dramático para a perpétua renovação, para confundir cânones, para a aleatoriedade e a diversidade. Um deles, Evguêni Zamiátin, um engenheiro de construção naval, um utopista, e autor de *Nós*, utilizou a metáfora científica da energia e entropia na sua definição de revolução:

> A revolução está em toda a parte, em tudo. É infinita. Não há revolução final, nem número final [...]. É uma lei cósmica, universal, como as leis da conservação da energia e da dissipação da energia (entropia) [...]. Quando a esfera flamejante, fervente (na ciência, religião, vida social, arte) esfria, o magma ardente se reveste de dogmas – uma crosta rígida, ossificada, imóvel. A dogmatização na ciência, religião, vida social ou arte é a entropia do pensamento. Aquilo que se tornou dogma deixa de queimar; apenas desprende calor – é tépido, frio[39].

Bakhtin emprega metáforas da linguagem e da literatura mais do que das ciências naturais a fim de exprimir o seu modo de ver a revolução. Em vez da formulação de Zamiátin, "Não há [...] número final", Bakhtin observa: "Não há última palavra". Ele fala de *"a renovação* dos velhos objetos por um novo uso ou novas e inesperadas

38. *Rabelais*, p. 111-114, 119.

39. Yevgeny Zamyatin, *A Soviet Heretic: Essays*, trad. Mirra Ginzburg (Chicago: University of Chicago Press, 1975), p. 107-108.

justaposições", da importância de destruir as velhas imagens das coisas e olhá-las de novo, e da necessidade de conseguir "um novo sentido de todas as velhas palavras, coisas e conceitos [...] libertando-as temporariamente de todos os elos semânticos e recriando-as livremente". Bakhtin assinala essa característica nos vários gêneros de humor carnavalesco, como nas prolongadas trocas de insultos elaborados ou nas versões obscenas de solene ritual de igreja. Ele identifica tais gêneros como celebrações alógicas em que as palavras são libertadas "das algemas do senso a fim de gozar um período de jogo e completa liberdade e estabelecer inusitados relacionamentos entre si mesmas"[40].

Outro paradoxo em Bakhtin é a contradição entre seu desejo de novas formas e experimentação na teoria e seus gostos estéticos conservadores na prática. Embora expresse ideias próximas às da vanguarda e embora pregue inovação verbal e composicional, em ponto algum aprecia ou advoga a espécie de escritura vanguardista que estava sendo produzida à sua volta. Ademais, seus autores favoritos – Goethe, Dostoiévski, Dante, Rabelais – são todos escolhas convencionais, típicas das pessoas altamente educadas na Rússia de seu tempo.

Um dos muitos enigmas sobre Bakhtin é que ele não faz menção no *Rabelais* ao *Ulisses*, de James Joyce, um livro que poderia ser descrito como uma celebração da heteroglossia e do corpo também. Isto é especialmente surpreendente porquanto Joyce era conhecido por vários dos companheiros de Bakhtin. Pumpiânski estava escrevendo um livro sobre Joyce em 1932, e V.O. Stenich, que tinha muita proximidade com vários membros do círculo de Bakhtin em Leningrado e foi retratado em *A Canção do Sátiro* de Vaguinov, traduziu Joyce. Uma vez mais, a opção de Bakhtin no sentido de não incluir Joyce talvez tenha sido motivada pela política. Pois, ao menos após o Primeiro Congresso de Escritores em 1934, *Ulisses não* podia mais ser elogiado em forma impressa, e isto continuava sendo verdade em 1965 quando a dissertação foi publicada como livro[41]. Assim, Bakhtin dispunha efetivamente de duas alternativas com respeito a Joyce, atacá-lo ou não mencioná-lo.

Rabelais é importante para Bakhtin não porque adota inovações linguísticas *per se*, mas porque se desvia da linguagem estultificada e artificial da cultura oficial de seu tempo e faz uso extensivo das espécies de linguagem mais vitais, variegadas e mutáveis encontradiças no carnaval. Bakhtin admira Rabelais primordialmente por causa do

40. Baxtin, *Èstetika slovesnogo tvorčestva*, p. 373; *Rabelais*, p. 503-504, 477, 463, 423.

41. Gleb Struve, *Russian Literature under Lenin and Stalin* (Norman: University of Oklahoma Press, 1971), p. 268-275. Sidney Monas foi quem melhor definiu a relação entre Rabelais, Joyce e Bakhtin, ao insistir que o elo entre eles todos é "o folclore – um profundo envolvimento nas mais antigas, mais básicas e universais tradições folclóricas". Não, por certo, o *folclórico* sentimental à maneira do crepúsculo céltico. Realmente o material mais fundamental: rituais de fertilidade, com a participação de palhaços rituais que, como os truões Zuni, bebem a sua própria urina, a celebração da vida-de-dentro-da-morte, degradação e renovação, corrupção e ressurreição... remontando para além dos tempos cristãos à Saturnalia Romana e, mais para trás, à pré-história". Monas, "Verbal Carnival: Bakhtin, Rabelais, *Finnegans Wake*, and the Growthesk", comunicação lida na International Bakhtin Conference, Queen's University, Kingston, Ontario, 8 de out. 1983.

número de palavras novas que ele recruta das áreas estritamente orais da sociedade, como a praça do mercado e o patoá dos mercadores, introduzindo-as na linguagem literária francesa, pela primeira vez. Com Calvino, por irônico que seja, Rabelais foi o fundador da moderna língua francesa. Rabelais dispõe essas palavras novas em contiguidade com as velhas, que se esclerosaram devido à sua utilização contínua pela lei, pela corte e pela igreja. Ele cria uma relatividade das linguagens. E como Bakhtin nota em *O Marxismo e a Filosofia da Linguagem,*

As linguagens são filosofias – não abstratas, porém concretas filosofias sociais, penetradas por um sistema de valores inseparável da prática viva e da luta de classes[42].

Ao criar uma relatividade de práticas verbais, Rabelais relativiza visões de mundo que buscam, todas elas, hegemonia e pretendem privilégio único. Ele carnavaliza a própria linguagem e, ao assim proceder, "descoroa" a autoridade que as ideologias oficiais procuram reivindicar para si mesmas no isolamento de seus próprios discursos característicos: "No mundo do carnaval [...] autoridade estabelecida e verdade são relativas". Daí por que a importância de Rabelais não reside em sua própria ideologia particular, mas em sua consciência dos limites, da incompletude, de qualquer ideologia. Não importa quão sério Rabelais se afigure ser em qualquer ponto no texto, ele não esquece de deixar uma brecha, de proporcionar o que Bakhtin chama de

alegre fenda – uma fenda que se abre para o futuro distante e que empresta um aspecto de ridículo ao presente ou ao futuro imediato. Rabelais nunca exaure seus recursos em declarações diretas[43].

Rabelais viveu num momento especial da história da linguagem. O embate do oficial contra o não oficial podia ser visto então com particular clareza porque o conflito entre as duas forças "era travado ao longo da linha divisória do latim com o vernáculo que invadia todas as esferas da ideologia e expulsava o latim". A batalha foi de fato uma luta em três vias, visto que o vernáculo se confrontava não com uma, porém com duas versões do latim: a *língua franca* falada da Europa medieval e o latim dos escolásticos que se aproximava mais das normas clássicas antigas. Foram escritos poemas macarrônicos que conjugavam as duas linguagens:

Nesse processo de mútua clarificação, uma excepcional autoconsciência foi desenvolvida pela realidade viva, isto é, por tudo o que era novo e não existira em termos formais: novos objetos, novos conceitos, novos pontos de vista[44].

42. "V.N. Volosinov", *Marxism and Philosphy of Language,* trad. Ladislav Matejka e I.R. Titunik (Nova York: Seminar Press, 1973), p. 471.

43. *Rabelais,* p. 256, 454.

44. Idem, p. 465, 467.

A sensibilidade de Bakhtin para esse colapso das velhas línguas e o nascimento de novas é subscrita por sua própria experiência com a mesma "morte pregnante do passado" em seu tempo. A geração que viveu em ambos os lados de 1917 viu um destronamento particularmente violento de um sistema de autoridade e o ascenso de outra, com uma ideologia de todo oposta. Este acontecimento político foi marcado também por enormes mudanças na linguagem. O patoá peculiar dos outrora reprimidos bolcheviques tornou-se agora o discurso da autoridade, tanto quanto "camarada" substituiu "senhor" ou "madame" como termo de tratamento polido. Apropria ortografia sofreu modificações, de modo que se podia ver efetivamente a diferença, quando o amiúde usado sinal diacrítico que indicava a pronunciação "dura" de consoantes foi abandonado no novo alfabeto comunista. Os anos que se seguiram imediatamente à Revolução constituíram, no plano linguístico bem como no político, "um teatro sem luzes da ribalta", em que

As fronteiras entre períodos e entre filosofias eram agudamente percebidas. O fluxo do tempo nunca poderia ser tão incisivo e claramente sentido dentro dos confins de um único e gradualmente evolvente sistema de linguagem[45].

Rabelais é importante não só porque deixa Bakhtin falar sobre a evolução da linguagem e a inter-relação entre a linguagem literária e o vernáculo, mas também porque ele lhe permite retornar uma vez mais ao tópico principal de sua carreira, a natureza dialógica da linguagem e sua relação com a natureza dialógica do mundo. As litanias paródicas que desempenham papel tão importante em *Gargântua* condensam as feições distintas da linguagem do carnaval. Na medida em que elas elogiam e injuriam ao mesmo tempo, falam ao "mundo dualmente corporificado do vir-a-ser". As fronteiras que separam os diferentes estratos do discurso fora do mundo do carnaval são rompidas:

Quanto mais inoficial e familiar a fala, mais frequente e substancialmente são combinados esses tons, menos distinta é a linha que divide louvor e insulto. De fato, os dois coincidem em uma pessoa ou objeto na função de representar o mundo do vir-a-ser. As duras linhas oficiais divisórias entre objetos, fenômenos e valores começam a esmaecer. Há um despertar da antiga ambivalência de todas as palavras e expressões, combinando o desejo de vida e de morte, de semear e de renascer. O aspecto inoficial do mundo do vir-a-ser e do corpo grotesco é desvelado[46].

Rabelais é a última expressão de uma completa harmonia entre o impulso popular, carnavalesco, e sua possível expressão em literatura:

A tradição grotesca peculiar à praça do mercado e a tradição literária acadêmica separaram os caminhos e não podem mais ser juntados [...]. O elo com os aspectos essenciais da existência, com o sistema orgânico das imagens populares festivas, foi quebrado. A obscenidade tornou-se estreitamente sexual, isolada, individual, e não tem lugar no novo sistema oficial de filosofia e de imageria.

45. Idem, p. 467.
46. Idem, p. 420.

O senso do corpo que é celebrado no carnaval é agora restrito, também: "Tudo o que protrai, infla, brota e se ramifica [...] é eliminado, escondido, moderado". Este senso restringido do corpo é acompanhado por restrições na fala: "As formas verbais da linguagem oficial e literária, determinadas pelo cânone, proíbem tudo quanto está ligado a fecundação, gravidez, parto. Há uma linha aguda que divide a fala familiar da linguagem 'correta'"[47].

Para Bakhtin, portanto, Rabelais participa não apenas da história política, que tem uma velocidade relativamente alta de mudança, mas também da história da linguagem, que tem um grau de alteração bem mais vagaroso. A intersecção entre as duas velocidades no *Gargântua* marca a importância última de Rabelais. Ele é significativo não por sua oposição a qualquer força política particular. Rabelais ocupa um lugar fundamental na história da liberdade antes porque emprega a linguagem de tal maneira que ela pode ser sempre recuperada como arma na luta contra as ideologias tirânicas.

47. Idem, p. 109, 320, 433.

15

De Saransk a Moscou 1945-1975

A Segunda Guerra Mundial, que lavrou tanta destruição na Rússia, representou ao nível pessoal um retrocesso na carreira de Bakhtin. Na véspera do ataque nazista, ele parecia estar a ponto de encontrar um lugar para si na corrente principal da vida intelectual soviética. O seu livro sobre o romance pedagógico ia ser em breve publicado nas edições do Escritor Soviético (Sovetskij pisatel), e ele havia submetido a dissertação sobre Rabelais ao Instituto Górki, que o estava convidando para ministrar aulas em seu quadro. Mas, quando veio a guerra, tanto a publicação do livro quanto a defesa da dissertação foram proteladas, e os contatos de Bakhtin com o Instituto Górki acabaram-se, pois os professores e pesquisadores foram convocados pelas forças armadas ou evacuados da capital. Pior ainda, o prédio que abrigava os arquivos do Escritor Soviético sofreu um bombardeio e o original de Bakhtin ficou destruído. Isto poderia não constituir uma grande tragédia, não fosse o fato de que durante aqueles anos de guerra, quando o papel era escasso, o descuidadoso Bakhtin usou a maior parte de sua cópia do texto para papel de cigarro.

Ainda que a guerra tenha significado o fim de qualquer pensamento de uma carreira na capital, ela não constituiu um desastre total para Bakhtin, como sucedeu a tantos outros na União Soviética. E provável que o seu trabalho de professor na época de guerra tenha ajudado a compensar a sua ficha política, pois imediatamente após o conflito ele pôde regressar a Saransk e retomar seu antigo cargo no Instituto Pedagógico. Logo depois foi até mesmo promovido, visto que em 6 de julho de 1945 o nomearam chefe do Departamento de Literatura Geral e, em 18 de setembro, elevaram-no ao grau de docente.

Em 1945, as condições em Saransk eram primitivas mesmo segundo os padrões provinciais, permanecendo assim durante todo o período de reconstrução no pós-guerra. O abastecimento da cidade, quanto aos alimentos, era bastante precário; não havia sequer salsichas. Entretanto, Saransk estava recebendo pesado investimento em industrialização e foram construídas novas fábricas para a produção de lâmpadas elétricas, cabos, máquinas operatrizes e equipamento de inspeção[1].

Havia aguda falta de acomodações na cidade e o único local encontrado para alojar Bakhtin foi uma cadeia em desuso. Mesmo ela achava-se em tão mau estado de conservação que era considerada imprópria para morar, mas Bakhtin, que tinha uma fraqueza por velhacos, não apenas se mudou para lá, como fez amizade com um ladrão que vivia no porão. Como antiga prisão, o prédio havia sido construído com compridos corredores e celas ao longo de ambos os lados. O quarto dos Bakhtin dividia-se em duas seções. A primeira constituía território da mulher de Bakhtin, onde todos os assuntos domésticos eram cuidados. Cumpria passar por esta parte a fim de alcançar o domínio de Mikhail, em que avultava sua larga mesa[2].

Apesar de seu passado político duvidoso, Bakhtin era bem-visto pelas autoridades locais, que faziam tudo o que podiam para ajudá-lo. Por exemplo, era difícil para ele circular pela cidade com uma perna só. As autoridades decidiram prover-lhe transporte e, como havia falta de veículos, mandaram-lhe a princípio um cavalo para levá-lo às aulas. Mais tarde, quando o problema dos meios de transporte no após-guerra cessou na cidade, enviaram-lhe um carro com motorista. Em outubro de 1947, o Soviete Supremo de Mordóvia também premiou Bakhtin com um certificado de encômio por longo serviço prestado, embora ele tenha na realidade trabalhado lá somente os dois anos anteriores e o ano de 1936-1937. Este fato foi omitido a fim de que recebesse o benefício do certificado, o que o habilitava a uma pensão maior.

Em Saransk, Bakhtin voltou-se de novo para a sua dissertação sobre "Rabelais na História do Realismo". Em 1946, as rodas foram postas em movimento com vistas ao exame, sendo a defesa fixada para 15 de novembro. A data não foi feliz, pois, antes que a defesa pudesse realizar-se, o Partido adotou medidas que assinalavam o fim do relativo liberalismo cultural dos anos de guerra. Em 14 de agosto, o Comitê Central expediu uma diretiva que criticava as revistas *Zvezdae Leningrad* por imprimirem obras julgadas inaceitáveis nas letras soviéticas. O principal porta-voz do Partido Comunista em questões ideológicas, A.A. Jdanov, também reclamou estrita adesão ao cânone realista socialista na literatura e advertiu contra obras demasiado críticas em relação à "realidade soviética". Assim nasceu uma nova época tenebrosa na cultura soviética, que se tornou conhecida como o período jdanovista. Além disso, Jdanov anunciou o fim da idolatria das formas *folk* na literatura e na crítica, condenando obras que fizessem o povo soviético e a realidade da URSS parecerem "primitivos": "Chegou o tempo de elevar o nível de sofisticação na literatura. O público leitor está melhor educado e simplesmente não quer tolerar literatura pobre ou simplista".

1. I.I. Voronin, V. Ostroumov e I. Čemakin, *Saransk, stolica Mordovskoj ASSR: Istoriko-arxitekturnyj očerk* (Saransk: Mordovskoe knižnoe izdatel'stvo, 1960), p. 20.

2. Bevta Urickaja, "Vspominaja prosloe", na 2. ed. de *Marija Veniaminovna Judina.*

Tomando suas deixas destas observações, os críticos saíram em grande número e com alacridade para declarar a excessiva veneração das formas populares como uma "concepção errônea"[3]. Assim, uma das principais estratégias utilizadas por Bakhtin na dissertação e em outros textos a fim de apresentar a sua filosofia da liberdade de um modo politicamente aceitável, identificando sua teoria com a noção de Górki e de outras autoridades, segundo a qual as formas *folk* e o humor popular haviam desempenhado um papel central na evolução da literatura, não era mais viável.

Os anos do pós-guerra foram também o ponto alto da Guerra Fria. Dentro da União Soviética o sentimento chauvinista nacional coloria a retórica oficial e a maioria das coisas estrangeiras ou ocidentais eram olhadas com desconfiança. Uma assim chamada campanha anticosmopolita foi lançada, que era em parte uma forma disfarçada de antissemitismo mas manifestava também um antiocidentalismo tão rápido que se tornou difícil, para quem trabalhava em teoria ou crítica literária, escrever sobre literatura ocidental ou mesmo citar autoridades ocidentais neste campo. Assim, o tópico sobre Rabelais converteu-se de um tema comum para os interessados em teoria literária, como era ao tempo em que Bakhtin escrevera a sua dissertação no fim dos anos 1930, num assunto politicamente traiçoeiro. O problema combinou-se com o fato de que na era Jdanov a sociedade soviética tornou-se ainda mais puritana do que na década de 1930. Passaram uma legislação especial para fazer mais difícil a obtenção de divórcio e acentuar a responsabilidade de todos os pais como procriadores e educadores da nova geração socialista. As escolas foram até segregadas segundo o sexo dos alunos. Essa tendência tornou o tema do *Gargântua* de Rabelais, com seu erotismo explícito, uma área a ser evitada.

Por força de tais circunstâncias, a defesa da tese de Bakhtin converteu-se em um acontecimento épico. Os primeiros a falar foram os seus examinadores, A.A. Smirnov e I.M. Nusinov, ambos doutores em filologia, e A.K. Djivelogov, um doutor em belas-artes. Eles não só elogiaram a dissertação como ainda recomendaram que fosse considerada para o grau de Doutor, muito embora tivesse sido submetida tão-somente para a de Candidato (o grau de doutor é equivalente *grosso modo* a um D. Lit. [Doutor em Literatura] no Ocidente e o de candidato ao Ph. D. [Doutor em Filosofia]). Ademais, quando o trabalho foi lançado à discussão aberta, várias pessoas da sala apoiaram as teses de Bakhtin. Todavia, elas se defrontaram com veemente oposição de base ideológica, particularmente de parte de N.K. Piksanov, um especialista em clássicos russos e em Górki, de N.L. Bródski, um estudioso do século XIX, e de V. Ja. Kirpótin, um veterano do Partido, que na qualidade de responsável pela Seção Literária do Comitê Central, de 1932 a 1936, havia desempenhado um papel fundamental na institucionalização e formulação do realismo socialista. Os três acadêmicos tinham mostrado grande zelo no desvelamento do conteúdo ideológico de obras literárias, e todos eles acharam a dissertação de Bakhtin objetável por sua blasfêmia e desdém ao dogma. As críticas

3. "Doklad t. Ždanova o žurnalax 'Zvezda' i 'Leningrad'", *Oktjabr'*, n. 9 (1946): 3, 19; Nikolaj Leont'ev, "Zatylok k buduščemu", *Novyj mir*, n. 9 (1948): 248-266.

10. Bakhtin (terceira fila, centro) com seus alunos do segundo ano no curso de literatura mundial, na Universidade Estatal da Mordóvia. Saransk, fins dos anos 1950.

obrigaram os examinadores oficiais a arguir a dissertação uma segunda vez, depois da qual uma tempestuosa discussão continuou por sete horas. No encerramento, Bakhtin fez sua própria defesa vivaz da obra. A dissertação recebeu aprovação unânime para o grau de Candidato, mas foi recomendada ao doutorado apenas por sete votos contra seis. Era uma margem tão estreita que a decisão final em ambos os graus foi transferida a um corpo de revisão, o Comitê Superior de Confirmação[4].

Os membros da comissão resolveram realizar uma audiência sobre a questão. Em 9 de maio de 1947 convidaram Bakhtin a comparecer no dia 21 ou 28 de maio e citaram as suas apreensões a respeito da tese, como, por exemplo:

> O senhor ignorou por completo a concepção [da novela de Rabelais] e seu lado ideológico e isto dá a seu trabalho um caráter formalista [um termo de repúdio]. O senhor se concentra de forma quase exclusiva no assim chamado realismo folclorístico de Rabelais, em cenas e imagens que envolvem o bobo e, além disso, mostra uma propensão para olhar imagens de caráter cruamente fisiológico [...] com semelhante abordagem o senhor diminuiu o estilo realista de Rabelais de maneira quase insuportável.

Objetaram também ao modo como Bakhtin traçava paralelos entre Rabelais e Gógol, ignorando o conteúdo ideológico e a significação nacional da obra de Gógol, ao focalizar suas "imagens e cenas que envolvem o bobo"[5].

Não se sabe o que ocorreu a seguir nessa defesa, mas, entrementes, a piora do clima político tornava menos provável uma decisão positiva. Em novembro de 1947, o artigo "Nós não Devemos Ficar para Trás na Elaboração de Problemas Correntes nos Estudos Literários", de V. Nikolaiev, apareceu na revista *Cultura e Vida* (*Kul'tura i žizn'*), que assinalou um marco na campanha anticosmopolita. O escrito atacava o Instituto Górki por sua falta de "espírito militante bolchevique" e por demonstrar "medo e covardia" no seu trabalho. Na resultante reorganização que varreu o instituto, todos os diretores, inclusive Kirpótin, foram substituídos por funcionários da Seção Cultural do Comitê Central, e vários pesquisadores perderam os postos. O artigo também castigava o Conselho Acadêmico do instituto por sua "atitude irresponsável, antigovernamental" na reavaliação de recentes dissertações e apontava a de Bakhtin como exemplo, chamando-a de "freudiana" (que era então um termo de invectiva) e "anticientífica" com suas "grotescas imagens corporais"[6].

Depois que apareceu esse texto, o Comitê Superior de Confirmação resolveu adiar o exame da dissertação de Bakhtin, e não firmou uma decisão até junho de 1951. O comitê pronunciou-se então contra a adjudicação do grau de Doutor a

4. "Rable v istorii realizma", em "Zaščita dissertacij", *Vestnik Akademii nauk SSSR,* n. 9 (1948): 3, 19.

5. A. Najdenova, Chefe da Seção da Universidade do Comitê Superior de Confirmação do Ministério da Educação Superior, para Bakhtin, 9 de maio, 1947.

6. V. Nikolaev, "Preodolet' otstavanie v razrabotke aktual'nyx problem literaturovedenija", *Kul'tura i žizn',* n. 32 (20 de nov. 1947): 3; N. Janevič "Institut mirovoj literatury v 1930-e –1970-e gody", *Pamjat': Istoričeskij sbornik,* n. 5 (Paris: YMCA Press, 1982), p. 98-101.

Bakhtin, embora lhe outorgasse o de Candidato. Este veredicto só se tornou oficial em 12 de setembro e Bakhtin teve que esperar até 2 de junho de 1952 para receber efetivamente o título que lhe fora reconhecido. Em outras palavras, levou quase doze anos após o término da dissertação a fim de que ele recebesse a titulação. A sua reação à estupidez de lhe conferirem a graduação menor não passou de um encolher de ombros[7]. A decisão significava, entretanto, que a obra sobre Rabelais permaneceria inédita por inteiros vinte e cinco anos.

A campanha anticosmopolita não apenas pôs em perigo a dissertação de Bakhtin, como ameaçou também a sua carreira. No fim da década de 1940, corria o risco de ser demitido ou detido, seja por ser antigo preso político, seja por ser membro do corpo docente do Instituto Pedagógico, que ensinava primordialmente literatura ocidental, professando cursos acerca das letras europeias dos períodos clássico e medieval, do Renascimento e dos séculos XIX e XX[8]. Neste caso, contudo, a sorte o favoreceu. O ilustrado Merkuchin convidou Bakhtin e a esposa para tomar champanha com ele na passagem do Ano Novo de 1950. Este gesto público foi interpretado como um sinal e Bakhtin nunca foi incomodado.

Apesar da boa estrela, Bakhtin manteve-se circunspecto. Durante os anos do pós-guerra em Saransk, desempenhou o papel de chefe modelar de departamento universitário soviético. Ia às conferências de professores, mantinha correspondência com seus pares em outros institutos pedagógicos provinciais e proferia muitos discursos oficiais. De fato, era tão soberbo orador público que anos a fio foi convidado a pronunciar o discurso de formatura pela universidade toda. Talhava seus discursos segundo o estilo e a linguagem exigidos naquele tempo. Não pensava mal daqueles que se haviam adaptado ao stalinismo, e ele próprio tentava ser diplomático ao responder até mesmo à mais extrema retórica da era jdanovista. Como último recurso, diria sempre: "Isto é muito interessante". Ainda que não dado às coisas mundanas em outros aspectos, mostrava-se afinado no tocante às nuanças políticas. Por exemplo, para uma alocução sobre o discurso de Stálin ao Décimo Sétimo Congresso do Partido, sublinhou passagens no texto de Stálin e fez apontamentos marginais, um indicação de que estava lendo nas entrelinhas. Bakhtin também era, presume-se, discreto nas suas aulas de pós-graduação, especialmente porque discorria sobre assuntos tão delicados como "Stálin e a Burguesia Inglesa" e "Marx e Engels sobre Byron". Mas também podia tratar de temas mais próximos de seu coração, como Dante, Shakespeare, Cervantes e Sófocles.

Bakhtin era um professor extraordinariamente popular. Suas aulas atraíram um público tão numeroso que os alunos oficialmente matriculados amiúde tinham dificuldade de encontrar um assento vago, a menos que chegassem à sala de preleção muito

7. Nikolaj Lepin, "Parafrazy i pamjatovanija", *Sintaksis*, n. 7 (1980): 104.

8. V. Kožinov e S. Konkin, "Mixail Mixajlovič Baxtin: Kratkij očerk žizni i dejatel'nosti", em *Problemy poètiki v istorii literatury: Sbornik statej*, ed. S.S. Konkin *et. al.* (Saransk: Universidade da Mordóvia, 1973), p. 14.

antes; do contrário, o recinto ficava apinhado de estudantes de todas as outras faculdades do Instituto Pedagógico. Bakhtin realçava suas exposições com dramáticas citações de poesia que declamava de memória. Recitava versos clássicos gregos ou latinos no original e, embora os auditórios pudessem nem sempre necessariamente entendê-los, eram cativados pelos sons[9]. Bakhtin mesmo sentia-se com frequência arrebatado pelo *pathos* da poesia. Numa preleção sobre o compositor Dargomíjski, ficou tão excitado enquanto cantava velhas epopeias folclóricas russas que jogou para o lado as muletas e começou a pular em derredor com uma perna só.

Não obstante seus depreciativos comentários sobre a poesia em comparação com as formas da prosa, Bakhtin vivia em essência com a poesia. Quando falava a grupos de pessoas ou indivíduos, quer formal quer informalmente, com frequência prorrompia em recitação espontânea de um poema de que gostasse particularmente e que lhe parecesse apropriado para o momento[10]. Os russos têm notável capacidade de memorizar grandes porções de poesia, mas a memória de Bakhtin para os versos era simplesmente prodigiosa, mesmo nos padrões russos. Ainda assim, embora discorresse amiúde sobre poesia e escrevesse periodicamente sobre tópicos como Púchkin e a lírica, conservou definitivamente como seu principal foco a prosa.

A atividade docente de Bakhtin em Saransk não ficou de modo algum confinada ao Instituto Pedagógico. Durante anos, conduziu também um seminário sobre estética e história do teatro no Teatro de Mordóvia para Música e Drama, como fizera em Nevel e Vitebsk. Além do mais, ministrava cursos na União dos Escritores de Mordóvia e deu centenas de palestras para funcionários de vários tipos em Saransk, sobretudo para operários fabris, mas também para mestres-escolas e servidores civis[11]. Bakhtin veio a ser extremamente popular mesmo entre os trabalhadores na área das fundições. Conseguia ajustar o tom de suas preleções a qualquer nível. Numa série de conferências sobre estética que proferiu, nos fins dos anos 1950, numa fábrica de lâmpadas elétricas, o local estava sempre superlotado, com não menos do que 700 operários eletricistas presentes, a despeito do caráter abstruso do tema. Bakhtin interessava seu auditório no assunto que pretendesse expor, utilizando-se de uma abordagem que remetia até certo ponto à tradição de Florênski; ou seja, começava com um exemplo da vida diária e passava dali para ideias mais abstratas ou difíceis. Abria uma palestra, por exemplo, falando da visão binocular, a razão pela qual as pessoas possuem dois olhos em vez de um e o que acontecia quando perdiam uma das vistas. Deste ponto ia para o fato de que as personagens de Púchkin tinham às vezes olhos vesgos e depois passava a discutir o adágio: "Os olhos são o espelho da alma". A esta altura trazia à baila o seu principal tópico: O que é

9. Jury Basixin, "O Mixaile Mixajlovice Baxtine", *Rodnye prostory: Literaturno-xudožestvennyj sbornik* (Saransk: Mordovskoe knižnoe izdatel'stvo, 1978) p. 204.

10. Basixin, "O Mixail Mixajloviče Baxtine", p. 206-207.

11. Kočinov e Konkin, "Mixail Mixajloviče Baxtine", p. 14-15.

estética? Bakhtin também dava aulas particulares, como procedera em Vitebsk e em Leningrado.

Todo este trabalho de ensino e administração deixava a Bakhtin pouco tempo para a sua própria obra. Além disso, era extraordinariamente generoso na assistência aos estudantes em matéria de leitura e escritura, o que lhe tirava tempo. Pouca coisa subsistiu de todos aqueles anos em Saransk, de 1945 a 1961, embora este fato sozinho não garanta que não tenha escrito lá, mesmo porque era notoriamente descuidado quanto à preservação de seus originais. Talvez tenha colaborado periodicamente na gazeta local *Mordóvia Soviética* (*Sovetskaja Mordovija*), pois sabe-se que publicou neste jornal um artigo, em 1954, sobre Maria Stuart[12]. O único trabalho conhecido provindo desses anos é "O Problema dos Gêneros Locutivos", escrito em 1952-1953. Bakhtin viu-se encorajado a tentar de novo a veiculação impressa pelo artigo de Stálin "Sobre Linguística", publicado em 1950. Nesse texto Stálin atacava a predominante explicação da linguagem apresentada por Marr, que a considerava uma função da base econômica e, em decorrência, que havia diferentes linguagens para diferentes classes. Bakhtin concorda com Stálin em que a linguagem é mais um produto da base do que da superestrutura, e ele especifica o modo pelo qual as mesmas palavras podem ser usadas por classes diferentes. A fim de facilitar a publicabilidade de seu artigo, Bakhtin também escreveu um preâmbulo onde figurava uma série de citações do escrito de Stálin. Mas o esforço de nada adiantou, pois o artigo não foi aceito para a publicação e o preâmbulo veio a ser omitido quando o trabalho foi incluído postumamente em *A Estética da Criação Verbal* (1979).

A despeito de sua pesada carga de responsabilidades e não obstante as limitações políticas que o cercavam, a posição de Bakhtin em Saransk foi provavelmente a melhor que ele conheceu em sua vida adulta. Não só estava assegurado materialmente pela primeira vez, como também ganhara reconhecimento local. Era uma celebridade em Saransk. A própria cidade não constituía um completo deserto cultural, tendo obtido um teatro. Mais importante ainda, encontrava-se bastante próxima de Moscou e de Leningrado para que Bakhtin pudesse ir a essas duas cidades com maior frequência do que em Kustanai. Apesar das más condições de suas pernas, conseguiu realizar tais viagens ocasionalmente. Em 1948, por exemplo, em Moscou, compareceu à noite de homenagem ao ator judeu Míkhoels, que fora seu contemporâneo na Universidade de Petrogrado e que pouco tempo depois da solenidade morreu assassinado, presumivelmente em prosseguimento à campanha anticosmopolita. No fim da década de 1940, Bakhtin também deu uma conferência sobre a balada para os alunos de Iudina no Instituto Gnésin de Música, em Moscou, e esteve presente a uma leitura em casa de Iudina na mesma cidade, na qual Pasternak apresentou a sua nova tradução do *Fausto*. Bakhtin também visitou Leningrado, pelo menos uma vez, por volta de 1951, para uma reunião dos remanescentes do velho grupo, inclusive Kanaiév, Nina Arkadievna Volochinova e Ana Sergueiévna

12. Baxtm, "Marija Stjuart", *Sovetskaja Mordovija*, n. 245 (12 de dez. 1954): 2.

11. Bakhtin em Moscou, fins dos anos 1960.

Ruguévitch. Vários dos velhos amigos de Bakhtin também puderam visitá-lo em Saransk. Iudina, por exemplo, esteve com ele em 1951 ou 1952. Como fazia muito tempo desde a última vez em que Bakhtin a ouvira tocar, ela resolveu oferecer um improvisado concerto local. Isto criou problemas, uma vez que não havia sala de concerto na cidade, nem um piano digno de uma pianista de sua envergadura. O melhor piano achava-se na estação de rádio local, e foi lá que Iudina deu o seu concerto. A notícia espalhou-se rapidamente pela cidade e o povo aglomerou-se no pequeno estúdio para ouvi-la[13].

Depois da morte de Stálin em março de 1953 e, em especial, após o ascenso de Nikita Khruschev ao poder em meados dos anos 1950, muitas das injustiças cometidas contra intelectuais, sob o regime stalinista, foram revistas. Milhares de presos políticos foram libertados e muitos dos que haviam sido condenados à prisão ou exilados foram reabilitados, sendo suas sentenças revogadas e, quando possível, suas antigas graduações e honradas devolvidas, amiúde postumamente. A maioria daqueles que por longo tempo estiveram proibidos de residir nas principais cidades da Rússia receberam autorização para retornar, e grande número dos que figuravam nas listas negras, durante anos, puderam por fim obter emprego em posições mais apropriadas a suas capacidades e qualificações e tiveram inclusive permissão para publicar seus trabalhos.

Para Bakhtin, entretanto, a era Khruschev não trouxe de início nenhuma reparação aos anos de obscuridade que sofrerá no cenário nacional, nem qualquer promoção a um lugar mais adequado a um homem com tal soma de realizações, como seria o caso de um professorado no Instituto Górki de Literatura Mundial em Moscou. Em termos estritos, Bakhtin não podia sequer ser reabilitado, porque jamais fora acusado formalmente. Mas o principal motivo pelo qual sua posição não foi melhorada é que ele era uma pessoa insuficientemente agressiva e não se empenhava de modo ativo a obter reparação. Envelhecido e enfermo, com uma perna só, morando longe de Moscou, não estava em condições de conduzir aquela espécie de campanha incansável que seria necessária a fim de conseguir a republicação de seus livros. Bakhtin poderia, apesar de tudo, ter logrado bem mais, não fosse ele tão fleumático e tão singularmente desprovido de ambição, como se evidencia por sua aversão a escrever cartas.

A situação de Bakhtin melhorou, entretanto, por outras vias e sem os seus esforços. Em 1º de outubro de 1957, o Instituto Pedagógico Polejaiev de Mordóvia, onde lecionava, foi elevado em seu *status* e passou a chamar-se Universidade Ogarev de Mordóvia. Em 14 de março de 1958, o próprio Bakhtin foi alçado ao posto de Chefe do Departamento de Literatura Russa e Estrangeira na nova universidade. Um benefício tangível dessa promoção foi que lhe deram melhores acomodações. Para o restante de sua permanência em Saransk, viveu em um apartamento de dois quartos, no

13. Urickaja, "Vspominaja prošloe".

segundo andar de um prestigioso edifício, na praça central da cidade. O poeta do carnaval deleitou-se porque, de seu apartamento, podia acompanhar as paradas[14].

Neste novo apartamento os Bakhtin viveram em relativa paz e conforto. No escritório de Mikhail havia grandes estantes abarrotadas de livros. Tinha também um mesa feita especialmente para ele, bem com uma ampla poltrona com braços de madeira convenientes para apoiar livros e papéis. O hábito de Bakhtin era o de ficar sentado nessa poltrona lendo ou conversando com alunos ou amigos, enquanto sua mulher trabalhava na cozinha preparando comida ou um de seus eternos copos de chá. Perto do fim da estada de Bakhtin em Saransk, ele e a esposa também passavam um ou dois meses, nas férias de verão, num sanatório da União dos Escritores, perto de Moscou, como hóspedes de seus amigos, o especialista em Shakespeare, L.E. Pínski e sua mulher. Na volta para casa, os Bakhtin costumavam ficar alguns dias com Zaliéski em Moscou e visitar outros velhos amigos[15].

Esta vida tranquila, longe das luzes da ribalta, era a que Bakhtin preferia. Ele não era pessoalmente ambicioso e sempre recusara, em Saransk, a ser promovido a professor titular ou a tornar-se membro da União dos Escritores. Achava que se ingressasse nessa associação todos os escritores locais ficariam querendo vir a seu apartamento para beber. Surgiram-lhe algumas oportunidades de se transferir para postos em instituições mais centrais, mas não as aproveitou. Por exemplo, em 1958, foi convidado a aceitar uma colocação no Instituto Pedagógico de Novizibkóvski, perto de Briansk. A ideia atraiu o casal porque o instituto se encontrava na mesma área geral que Nevel e Vitebsk, mas, ainda assim, declinaram da oferta. Bakhtin também se correspondeu com um estabelecimento das proximidades de Moscou, com respeito a um outro posto, mas não levou à frente a ideia. Nem ele nem sua mulher estavam bem de saúde. Anos de pesada entrega ao fumo cobravam-lhes seu tributo, e ele teve severo enfisema, em acréscimo à osteomielite na perna remanescente, enquanto ela ficou com problemas cardíacos. Não quiseram, pois, passar por todo o incômodo do trabalho de mudar-se, de modo que permaneceram em Saransk.

Gradualmente, porém, o mundo começou, uma vez mais, a tomar reparo da existência de Bakhtin. Na realidade, nunca figurara na lista negra e o livro sobre Dostoiévski não fora tirado de circulação. Apenas era, do ponto de vista político, imprudente referir-se a ele. Em consequência, fora de Saransk, era conhecido principalmente por aquelas poucas pessoas que tinham tomado ciência de seu trabalho nos anos 20. Ao que parece, o primeiro a citá-lo em menção impressa, após um longo hiato, foi um americano, Vladimir Seduro, que em 1955, em estudo de sua autoria, discutiu o trabalho de Bakhtin sobre Dostoiévski. Por irônico que seja, a primeira referência soviética que se conhece, em mais de vinte cinco anos, veio do antigo formalista, Victor

14. Rua Sovetskaya, n. 31, ap. 30. Ver Voronin *et. al.*, *Saransk*, p. 23.

15. Basixin, "O Mixail Mixajloviče Baxtine", p. 205. Ver também a discussão que Bakhtin faz da obra de Pínski, em *Rabelais and His World*, trad. Helen Iswolsky (Cambridge: MIT Press, 1968), p. 32, 130, 140-143.

Chklóvski, que em 1957 retomou o diálogo com ele, fazendo uma crítica respeitosa ao livro de Bakhtin sobre o autor de *Crime e Castigo*, em *Pró e Contra: Notas sobre Dostoiévski*. Outro velho integrante do Formalismo, Roman Jakobson, teve um papel básico nesta refocalização acadêmica da análise bakhtiniana, quando em maio de 1956, na qualidade de membro do Comitê Internacional de Eslavistas, em sua reunião de Moscou a fim de organizar uma conferência internacional, falou em numerosas ocasiões não só de Bakhtin, como também de Vigotski, que estava igualmente relegado ao esquecimento. Jakobson aludiu ainda a Bakhtin na resenha crítica do *Pró e Contra* de Chklóvski, publicada em 1959 no número inaugural da *International Journal of Slavic Linguistics and Poetics*. Jakobson levou consigo cópias, em pré-publicação, do referido artigo, quando foi ao Congresso Internacional de Eslavistas em Moscou, em setembro de 1958, onde as distribuiu em profusão. O texto atraiu considerável atenção, visto que os estudiosos soviéticos viram-se então colhidos por uma controvérsia a respeito de *Pró e Contra*. Entre Chklóvski e Jakobson, Bakhtin tornou-se amplamente conhecido, pela primeira vez; seu livro sobre o romance dostoievskiano na realidade passara quase despercebido ao sair do prelo em 1929, pois o autor já se achava no exílio. Em fins da década de 1950, os estudantes nos seminários de doutorandos da Universidade de Moscou estavam discutindo o texto de Bakhtin sobre Dostoiévski, que nunca havia sido mencionado em classe anteriormente[16].

As pessoas que mais contribuíram para tirar Bakhtin da obscuridade e estabelecê-lo como uma figura destacada com reputação internacional não foram, porém, as de sua geração, mas ambiciosos jovens *scholars* literários que nunca tinham ouvido falar dele antes. Os moços foram a sua via de escape. O mais zeloso deles veio a ser Vadim Valerianovitch Kojinov, que desde então publicou muita coisa sobre poesia russa e teoria da literatura. Kojinov deparou com o estudo de Bakhtin sobre Dostoiévski quando ainda estudante de pós-graduação no Instituto Górki. Para a sua surpresa, ficou sabendo que Bakhtin tivera na realidade alguma relação com a faculdade; alguns dos membros do corpo docente eram capazes, inclusive, de lembrar-se das preleções dadas por ele pouco antes da Segunda Guerra Mundial. Eventualmente Kojinov chegou a inteirar-se de que a dissertação sobre Rabelais encontrava-se nos arquivos do instituto e obteve permissão para mandar buscá-la e lê-la.

Julgando que Bakhtin estivesse morto, Kojinov começou a empenhar-se para levar ao prelo os livros do crítico. Em 1960, junto com dois outros alunos de pós-graduação, Serguei Georguiévitch Bocharov e Geórgui Dmitriévitch

16. Vladimir Seduro, *Dostoevskovedenie v SSSR* (Munique: Instituto para o Estudo da História e da Cultura da U.S.S.R., 1955), p. 67, 68; V.I. Seduro, "Dostoevskij kak sozdatef polifoničeskogo romana: Baxtin o forme romana u Dostoevskogo", *Novyj žurnal*, n. 52 (1958) 71-93; V. Šklovskij, *Za iprotiv: Zametki o Dostoevskom* (Moscou: Sovetskij pisatel', 1957), p. 221-223; V.V. Ivanov, "Roman Jakobson: The Future", em *A Tribute to Roman Jakobson, 1892-1982* (Berlim, Nova York, Amsterdam: Mouton, 1983), p. 56; R.Jakobson, "Za i protiv Viktora Šklovskogo", *International Journal of Slavic Linguistics and Poetics*, n. 1-2 (1959): 305-310.

Gachev, Kojinov escreveu ao diretor do instituto recomendando a reedição da obra sobre Dostoiévski. Não houve resposta. Em 20 de dezembro, voltou a escrever ao diretor, sugerindo que algo fosse feito acerca do brilhante estudo de Bakhtin sobre Rabelais que estava languescendo nos arquivos do instituto. O pedido foi rejeitado.

Neste ínterim, Kojinov descobriu que Bakhtin ainda vivia e entrou em correspondência com ele. Em 6 de junho de 1961, recebeu uma carta da esposa de Bakhtin que o instava a vir visitá-los, e pouco depois os três amigos, Kojinov, Bocharov e Gachev, partiram de trem para ver o seu ídolo em Saransk. Haveriam de efetuar muitas outras viagens iguais, mas então já não seriam os únicos, pois Moscou começara por fim a tomar tento de Bakhtin, que recebeu numerosos jovens discípulos em Saransk. Em 1962, por exemplo, o professor de letras Vladimir Nikolaiévitch Túrbin empreendeu a mesma viagem. Túrbin ministrava um seminário de literatura extremamente popular na Universidade de Moscou e uma de suas pupilas, Leontina Sergueiévna Melíkhova, também começou a visitar Bakhtin.

Os visitantes de Bakhtin não estavam destinados a sentar-se passivamente aos pés do mestre. Algo naquele homem inspirava as pessoas que entravam em contato com ele a congregarem-se e querer ajudar-lhe. Onde quer que houvesse vivido, sempre encontrou gente para salvá-lo do pior que a sorte tinha a oferecer-lhe. E agora esses jovens enérgicos se propuseram a levá-lo de volta a Moscou, primeiro de maneira figurativa e depois literalmente. Para tal fim, elaboraram uma divisão de trabalho. Kojinov e Bocharov cuidavam das publicações de Bakhtin e dos arquivos literários, Túrbin dos problemas de reinstalá-lo na capital, e Melíkhova das necessidades médicas do casal.

Desde logo Kojinov discutiu com Bakhtin a possibilidade de republicar o livro sobre a novela dostoievskiana. Embora se mostrasse ambivalente na questão, Bakhtin acabou concordando em retrabalhar o texto com vistas a uma edição. Em 24 de julho de 1961, ele pediu aposentadoria de seu cargo universitário por motivo de saúde, mas não há duvida que foi também motivado em parte pelo desejo de dispor de mais tempo para reelaborar seus manuscritos. O problema da edição de seus trabalhos, entretanto, continuou a residir em sua natureza fleumática e na sua incapacidade de conduzir qualquer texto ao término.

Já em 9 de dezembro de 1961 Bakhtin também ventilava com Kojinov a possibilidade de ser publicada a dissertação sobre Rabelais e oferecia-se para revê-la. Kojinov percebeu que seria extremamente difícil conseguir a edição desta obra, de modo que adotou a estratégia de empenhar-se na publicação do livro sobre Dostoiévski primeiro, e só depois tentar a do estudo acerca do autor de *Gargântua*. Porém mesmo a versão revista do estudo sobre o romance dostoievskiano ficou dormindo algum tempo nas prateleiras da editora Escritor Soviético sem o menor sinal de que seria aceita.

Como último recurso, Kojinov empregou um ardil para mover os editores. Ele sabia que o eslavista italiano Vittorio Strada, que se familiarizara com o livro de Bakhtin sobre Dostoiévski quando estudante de pós-graduação na Universidade de Moscou, nos

12. O estúdio e as muletas de Bakhtin, a poltrona especialmente desenhada para seu uso e uma gravura de Dostoievski, no último apartamento que ocupou na Rua Krasnoarmeiskaia, n. 21. Moscou, 1972-1975.

fins dos anos 1950, tinha entrado em correspondência com o crítico e contratado a publicação traduzida de uma versão retrabalhada do referido texto como parte de uma edição das obras do romancista russo que Strada conseguira promover na casa editorial italiana Einaudi. Nos termos estipulados, o original deveria estar pronto por volta do mês de setembro de 1961. Kojinov mostrou a cópia do contrato aos funcionários do Escritor Soviético, a fim de intimidá-los com a sugestão de que poderiam estar a braços com "outro *Dr. Jivago*". A alusão era ao escândalo ocorrido na União Soviética em 1958, quando o romance de Pasternak, cuja edição havia sido cancelada lá, apareceu na Itália; denúncias rituais do procedimento do poeta foram lançadas por funcionários, críticos e escritores, e Pasternak viu-se privado de sua condição de membro da União de Escritores. Kojinov também conseguiu, através de vários artifícios, uma entrevista com o Vice-Ministro do Comércio e o persuadiu, graças à analogia com o *Dr. Jivago,* a assinar um documento que instava o Escritor Soviético não só a lançar o livro sobre Dostoiévski, como ainda a apressar sua impressão e a fazê-lo imediatamente.

Kojinov entregou esta carta ao pessoal da casa editora, mas, ainda assim, a publicação da obra se arrastava, de modo que ele começou a puxar mais cordéis. Primeiro redigiu uma carta, dirigida ao Escritor Soviético, na qual declarava ser aquele livro sobre Dostoiévski trabalho da maior importância que deveria ser publicado sem demora. Em seguida, induziu um grupo de escritores e *scholars em* literatura a assiná-la, entre eles o estudioso da obra dostoievskiana L. Grossman, o principal autor soviético e intelectual do *establishment* K. Fédin, o especialista literário conservador M. Khrapchenko, o historiador da literatura stalinista L. Timofeiev, o funcionário do Partido para as letras B. Riurikov, além de Vinogradov, Chklóvski e Kirpótin. Quando a editora alegou ter perdido esta carta, Kojinov montou uma campanha de imprensa[17]. Por fim o livro foi aceito e em 26 de setembro de 1963, Bakhtin escreveu a Kojinov que ocorrera um "milagre": ele recebera provas da nova edição. Somente alguém com a energia, a determinação, o desembaraço e a astúcia de um Kojinov poderia, concebivelmente, ter levado a coisa a termo. Em outras palavras, mesmo no liberalizado clima pós-Stálin dos anos de Khruschev, o livro sobre Dostoiévski e, portanto, a maior parte também das demais publicações de Bakhtin poderiam jamais ter sido editadas –um sóbrio pensamento.

A recepção do livro foi em geral favorável e, em 1964, a Universidade de Moscou dedicou-lhe uma noite especial. Entretanto, também houve detratores. Por exemplo, o velho teórico do Partido, A. Dimshits, atacou Bakhtin em um artigo "Ideologia e Monopólio", na *Gazeta Literária* de julho de 1964[18].

Mesmo antes do aparecimento do livro sobre Dostoiévski, Kojinov começara a trabalhar para que a tese sobre Rabelais fosse editada. Bakhtin, que sempre fora um

17. "Literatura i literaturovedenie", em *Literatura i žizn',* n. 32, (16 de mar. 1962). Einaudi para Bakhtin, 23 de mar. 1961; Bakhtin para Einaudi, 9 de abr. 1961; International Book (a antiga agência soviética de direitos autorais) para Einaudi, 22 de abr. 1961 (autorizando o projeto); Einaudi para a International Book, 8 de jun. 1961 (anexando o contrato).

18. A. Dymšic, "Ideologija i monopolija", *Literaturnaja gazeta,* 11 de jul. 1964.

tanto exigente no tocante às fontes, disse que não poderia retrabalhar a dissertação a não ser que Kojinov lhe obtivesse tudo quanto surgira de importante no campo da crítica rabelaisiana no Ocidente desde que escrevera originalmente a obra, em 1940. Bakhtin mesmo estava informado da existência de cerca de setenta livros e artigos, e Kojinov logrou trazê-los para Saransk, em levas, perto de dez de cada vez. Bakhtin, no entanto, mostrava-se ainda mais relutante em separar-se deste original do que se mostrara com o de Dostoiévski e, no fim, sua mulher disse a Kojinov que simplesmente o arrancasse das mãos de Bakhtin em uma de suas visitas, o que ele acabou fazendo. Foi mais fácil obter a publicação deste livro porque o de Dostoiévski já havia sido aprovado. Não obstante, houve mister de uma campanha de imprensa. Kojinov conseguiu, por exemplo, que o escritor Fédin, o filólogo Vinogradov e o tradutor do francês Liubimov se manifestassem em favor da pronta edição da obra, subscrevendo uma carta estampada, sob o título "Um Livro que o Povo Precisa", na *Gazeta Literária* de junho de 1962. Em 7 de dezembro, Bakhtin havia recebido a notícia de que o livro fora acolhido[19].

Restavam algumas questões delicadas a serem passadas a ferro. O livro continha boa dose de escatologia que, para um *establishment* cultural tão puritano como o soviético, não podia de maneira alguma ser levada à publicação. Certas seções tiveram que ser excisadas, mas Kojinov tentou salvar tudo o que pôde mediante a sugestão de que algumas das palavras mais ofensivas fossem conservadas no original francês, como *baton demariage* em vez de "pênis". No seu costumeiro estilo diplomático, Bakhtin, em 4 de novembro de 1965, congratulou-se com Kojinov a propósito das correções, que, segundo afirmava, nem ele mesmo poderia detectar. A principal diferença entre a dissertação e a versão publicada está na omissão de um capítulo sobre Gógol. Também não consta do texto impresso a análise de uma alocução de Lênin em que este comparava a Revolução a uma mulher em trabalho de parto e algumas passagens insertas originalmente a fim de apaziguar os stalinistas.

Conquanto Bakhtin se encontrasse agora aposentado em Saransk, ele não perdeu contato com a universidade. Generoso como sempre com o seu tempo, recebia uma caudal de antigos alunos e colegas a quem ajudava nos seus trabalhos e publicações. Continuou também a interessar-se pelo que acontecia no mundo à sua volta. Era um ávido ouvinte das notícias radiofônicas e acompanhava nos jornais os pormenores dos desenvolvimentos políticos, sublinhando passagens de maior significação onde quer que as deparasse. Em suas férias anuais, enquanto permanecia no sanatório da União dos Escritores, gostava de assistir aos filmes lá mostrados, o que incluía películas estrangeiras não exibidas ao público em geral. Não perdia sessão, muito embora isto significasse para ele subir como uma só perna as escadas de acesso à sala de cinema.

19. K. Fedin, V. Vinogradov e N. Ljubimov, "Kniga nužna ljudjam", *Literaturnaja gazeta,* n. 74 (23 de jun. 1962). Como parte de sua campanha em favor do livro de Rabelais, Kojinov também publicou um artigo em *Destin du roman,* um número especial de *Recherches internationales,* n. 50 (nov.-dez. 1965).

Entretanto, à medida que os anos avançavam a situação dos Bakhtin tornava-se cada vez mais difícil por causa da saúde declinante de ambos. Nos últimos e poucos anos restantes de sua estada em Saransk, quase nunca saíam de casa, e eram os amigos que lhes faziam as compras. Por volta de 1966 as coisas ficaram críticas. A outra perna de Bakhtin se fora por completo e tanto ele quanto sua esposa tiveram de ser hospitalizados diversas vezes. Os seus discípulos em Moscou compreenderam que os dois não mais podiam viver entregues a si mesmos e que precisavam de cuidado médico. Não era fácil, porém, achar uma solução, pois o casal tinha necessidades muito próprias que não podiam ser atendidas sem maiores problemas.

De um lado, os Bakhtin sempre haviam levado uma vida simples, ascética, mas, de outro, seus hábitos estavam tão fixados neste ponto que existia pouquíssima flexibilidade. Elena, por exemplo, recusava-se a admitir uma empregada para serviços domésticos ou aliviar o seu próprio fardo de algum modo. Bakhtin tomava chá o dia inteiro, que ela insistia em preparar e servir pessoalmente. Não concordava em usar uma chaleira elétrica, de forma que quaisquer novas acomodações que fossem providenciadas teriam de dispor de um fogareiro para que ela pudesse ferver a água. Não permitia sequer que os amigos carregassem por ela o lixo para fora, ainda que em seus últimos anos mal pudesse manquejar e arrastar os pés. Os dois eram tão apegados um ao outro que insistiam em não ficar separados, o que constituía outra dificuldade porque a maioria das instituições não admitia no mesmo quarto ou enfermaria pessoas de sexos diferentes.

Por um golpe de sorte, a filha de Andropov, o cabeça da KGB, estudava no seminário de Túrbin. Ela persuadiu o pai a internar Bakhtin e a esposa no prestigioso hospital do Kremlin, reservado a gente altamente colocada, em Moscou[20]. Túrbin organizou a mudança, em outubro de 1969. O casal Bakhtin viajou de trem, mas como Mikhail contava somente com uma perna, Túrbin conseguiu licença do chefe da estação principal de Moscou para estacionar o seu carro junto à plataforma onde o casal deveria chegar. Aparentemente Bakhtin era tão desligado das coisas práticas que não se deu conta sequer de que devia trazer consigo seus documentos a fim de registrar-se na polícia de Moscou, tendo deixado em Saransk o seu passaporte interno.

Os Bakhtin foram internados numa ala do hospital do Kremlin destinada a pacientes do Terceiro Mundo. Bakhtin, com o seu domínio de línguas, serviu de intérprete a outros doentes, de maneira que pudessem comunicar-se entre si. Por outra parte, de um modo geral, sentia-se frustrado no hospital, porque todas as condutas médicas tornavam difícil o seu trabalho ali. Na área em volta de seu leito viam-se pilhas de pastas de anotações que Bakhtin ansiava por continuar elaborando. Elena, que sempre acreditara que não se devia prestar atenção às aparências ou preocupar-se com a forma de a pessoa se conduzir, tornou-se alvo dos olhares por ficar andando pelo hospital em uma

20. Joseph Kraft, "Letter from Moscow", *The New Yorker* (31 de jan. 1983): 105.

velha camisola. Repeliu todas as sugestões de que comprasse um roupão. O casal apresentava-se em tal desalinho que eram tidos por velhos bolcheviques.

Finalmente Andropov disse a sua filha que nem mesmo ele poderia manter por mais tempo os Bakhtin no hospital do Kremlin, e mais uma vez surgiu o problema de descobrir um lugar para colocá-los. Por sugestão de uma enfermeira, eles se mudaram para um asilo de velhos em Grivno, perto de Podolsk e não longe de Moscou, em 15 de maio de 1970. Lá, receberam um apartamento reservado a funcionários e não um dos quarto destinados aos pacientes, de sorte que ficavam em condições de viver em relativa independência e, ao mesmo tempo, dispor da ajuda necessária. Embora o arranjo lhes tenha parecido boa solução por um certo tempo, logo passaram a lamentar a mudança. Para começar, a localização era inconveniente para seus amigos, que se viam obrigados a viajar uma certa distância a fim de lhes trazer suprimentos de remédios e médicos especialistas. Acima de tudo, reinava uma atmosfera muito deprimente no asilo, onde as mortes eram frequentes e os residentes que haviam renunciado a suas pensões para poderem viver lá na maioria não tinham dinheiro e amiúde pediam algum aos Bakhtin.

Em Grivno, não obstante, Bakhtin contou com maior paz e pôde escrever. Ele acrescentou material ao capítulo acerca de Gógol na dissertação, e redigiu textos mais curtos sobre vários tópicos, a maioria dos quais publicados postumamente. Em algum momento em 1970 também preparou uma "Resposta a Perguntas do Conselho Editorial do *Novy mir*"[21], que aborda mais uma vez seus temas sobre extralocalidade, *self* versus outro e a semiótica dos sistemas de cultura, mas apenas de uma forma muito geral e descomprometida.

Em 1970, Bakhtin celebrou seu septuagésimo quinto aniversário. Recebeu tantos telegramas que o pessoal do asilo quis saber quem ele era. Quando descobriram, os professores locais pediram-lhe que desse uma palestra, o que ele fez no mês de agosto, mostrando que não havia perdido a capacidade de manter uma audiência sob o seu fascínio com longas declamações de poesia. Esta foi provavelmente a sua última preleção pública.

Em Grivno, o estado do coração de Elena deteriorou-se a ponto de ser preciso hospitalizá-la. Como o hospital do Kremlin se encontrasse agora fechado para eles, no fim de novembro de 1971 ela foi internada em outro, perto de Podolsk, onde a instalaram na ala cirúrgica, porque era a única que podia oferecer ao casal um quarto duplo. Elena morreu na noite de 13 de dezembro, e seus últimos pensamentos foram, como sempre, como arrumar o chá para Bakhtin. Amigos organizaram mais tarde um serviço religioso em sua memória, oficiado pelo Padre Dmitri Dudko, um dos favoritos entre a *intelligentsia* moscovita, em sua casa em Moscou, que contava com todos os requisitos canônicos mínimos de uma igreja. Bakhtin não se achava então em Moscou e não compareceu à cerimônia.

Bakhtin sofreu terrivelmente com a morte de sua esposa. Durante todos aqueles anos de casamento, haviam constituído um casal extraordinariamente unido, e agora ele tinha perdido muito de seu gosto pela vida. As pessoas que o tinham visitado em

13. Bakhtin no trabalho, em sua poltrona, com o cigarro e a chávena de chá forte característicos, primavera de 1974.

Saransk, nos anos de 1960, haviam ficado surpreendidas com a descoberta de que Bakhtin não aparentava de modo algum a idade que tinha, mas agora ele havia envelhecido com rapidez e perdera peso, apresentando uma magreza atípica. Seu único consolo era um gato persa, chamado Kissing, que aparecera pouco depois do falecimento de Elena.

Uma vez mais surgiu a questão de como e onde acomodá-lo. Bakhtin queria viver sozinho e não queria ir para nenhum lugar que tivesse alguma associação com sua mulher, e isto eliminava muitas possibilidades. Por fim assentiu em tornar-se membro da União dos Escritores por causa da moradia e da clínica médica que ela oferecia, e em seguida seus amigos arrumaram-lhe uma estada na Casa da Criatividade em Peredelkino, um hotel onde escritores podiam viver sem maiores ônus para "temporadas criativas". Bakhtin mudou-se para lá na véspera do Ano Novo de 1971. O verão de 1972 foi péssimo para os moscovitas devido ao extremo calor. Incêndios irromperam nos arredores, destruindo muitas florestas e a fumaça dos incêndios pendia sobre Moscou. Para Bakhtin, entretanto, com o seu enfisema, foi um bom verão, porque o ar estava mais seco do que de costume. Ele pôde até mesmo sair para passeios.

Entrementes, desencadeara-se uma campanha a fim de conseguir um apartamento para Bakhtin em Moscou. Ele não tinha direito de viver na capital por causa de um sistema que limitava a população das principais cidades russas às pessoas já com registro local e a seus parentes imediatos. Contudo, alguns membros dos mais proeminentes da União dos Escritores fizeram uma petição em seu favor, e as autoridades outorgaram-lhe por fim a permissão de registrar-se como domiciliado em Moscou. Do ponto de vista técnico, ele cessou de ser um residente de Saransk e conquistou a residência em Moscou em 31 de julho de 1972.

Bakhtin desconfiava dos apartamentos de propriedade estatal e queria comprar um que fosse de cooperativa. Não lhe faltava dinheiro, pois Elena, que sempre pensara que morreria antes dele, fora notória unha-de-fome, economizando para o negro amanhã, e agora havia também o dinheiro dos direitos autorais. Bakhtin comprou um apartamento da União de Escritores, que pagou inteiramente à vista e mudou-se para lá no mês de setembro. Era na Rua Krasnoarmeiskaia, n. 21, ap. 42. Os dois números agradaram-lhe, pois gostava muito de três e sete, dos quais os números do endereço e do apartamento eram múltiplos. Vinte e um também era o número do túmulo de sua esposa.

Assim começou a fase final de Bakhtin. Vivia sozinho em relativo conforto, num apartamento de dois dormitórios, com uma governanta que ocupava um deles e, desde o fim de 1974, com enfermeiras dentro de casa. O seu quarto de dormir tinha pouca mobília, como sempre, mas ali estavam a mesa de escrever especial e a espaçosa poltrona de leitura que, ainda em Saransk, havia mandado fazer. Bibliófilo apaixonado no passado, agora não mais se dava ao trabalho de colecionar livros por si mesmo e as prateleiras das estantes e paredes encontravam-se em boa parte repletas de livros e objetos presenteados por visitantes.

Por fim, estava desfrutando da fama e do respeito que merecia. Teóricos da literatura puseram-no no pedestal, quer os estruturalistas e semioticistas de Tartu, à esquerda, em particular Uspênski e Ivanov, quer, à direita, os arquirrivais destes, um grupo ligado em grande parte a *Kontekst,* uma revista publicada anualmente pelo setor teórico do Instituto Górki e, inclusive, várias figuras russo-ortodoxas e nacionalistas russas. Toda essa gente era da geração mais jovem, porém a geração do próprio Bakhtin tampouco o negligenciou. Chklóvski, que habitava um apartamento no mesmo conjunto da União dos Escritores, frequentemente vinha visitá-lo. A certa altura, aparentemente, os dois trocaram notas em que cada um expressava não estar em desacordo fundamental com as ideias do outro. Bakhtin passava amiúde os dias deitado num canapé, vestido apenas com um robe e recebendo as pessoas que vinham visitá-lo. Ele salientava a sua semelhança com Oblomov neste hábito, observando pesarosamente que a Rússia só produzia Oblomovs.

Bakhtin não era, porém, um homem inteiramente entregue ao ócio. Acompanhava as revistas soviéticas *Questões de Literatura, Literatura Estrangeira, Ciência e Vida,* e o jornal *Pravda,* bem como os novos livros surgidos nos campos de seu interesse. Escrevia também um pouco. Após a morte de Elena, mandou Kojinov a Saransk à procura dos manuscritos que lá deixara. Kojinov sentiu-se horrorizado ao encontrá-los em más condições, armazenados em um quarto de despejo. Os escritos incluíam "Autor e Herói" e outros textos de 1918-1920, assim como vários ensaios longos dos anos de 1930 e começos de 1940. Mais tarde, quando se evidenciou que os cuidados médicos em casa iriam corroer-lhe as finanças, seus amigos resolveram publicar uma seleta desses ensaios e de outros de seus primeiros escritos com o fim de assegurar-lhe uma nova fonte de direitos autorais. Ele retrabalhou um pouco os textos, eliminando em particular as passagens religiosas. No verão de 1973, por exemplo, Bakhtin escreveu uma conclusão para "As Formas do Tempo e o Cronótopo no Romance" e, em 1974, redigiu "A Metodologia do Estudo Literário", uma versão abreviada de "Rumo a uma Metodologia das Ciências Humanas", que apareceu em 1974 em *Kontekst.* Este artigo foi o último que Bakhtin reviu para ser publicado.

Bakhtin começou a trabalhar em um novo projeto, um livro sobre Gógol, e também retomou outro mais antigo, um estudo acerca de Dostoiévski e o Sentimentalismo. Nenhum dos dois projetos chegou muito longe, embora o crítico tenha deixado numerosas notas a respeito de *Passagens Seletas da Correspondência com Amigos,* de Gógol, e do *Diário de um Escritor,* de Dostoiévski. A produção de Bakhtin nesses anos não foi grande, em parte porque sua saúde deteriorante estava minando-lhe a energia, mas em parte também porque não havia mais necessidade premente de escrever. Melíkhova, num esforço para encorajá-lo, ofereceu-se para anotar o que ele ditasse, mas ele não aceitou a proposta, explicando que não estava habituado a tal prática e não sabia escrever dessa maneira. Bakhtin também achava que devia estar em condições de escrever durante ao menos cinco ou seis horas a fio, pois era somente então que lhe acorriam suas melhores ideias, mas agora simplesmente não tinha mais energia para trabalhar por tanto tempo.

Os fragmentos remanescentes desses derradeiros anos figuram, ainda assim, entre as realizações mais importantes de Bakhtin. Há maior sabedoria e tolerância nos lançamentos do caderno de notas e uma maturidade de pensamento que os qualificam como uma suma, embora não no sentido de uma palavra final, cuja impossibilidade é um de seus temas recorrentes. Ao contrário, tais escritos servem como a mais econômica afirmação de posições cuja elaboração requererá antes livros inteiros. Alguns dos apontamentos nos cadernos de 1971 aparecem em forma tão altamente concentrada que transmitem a sensação de ser *koans*.

Por volta do mês de agosto de 1974 o estado de saúde de Bakhtin deteriorara-se ao ponto de ele não mais poder trabalhar. Seu enfisema tornava-lhe difícil respirar e sentia dores muito intensas devido às supurações na perna e no peito por causa da osteomielite. Durante anos tomara analgésico para minorar a dor, mas agora isto já não bastava mais, e ele começou a receber lenitivos em forma de injeções. Em qualquer outra pessoa essa dose constante de lenitivos teria comprometido o coração, mas o de Bakhtin era tão forte que nada sofreu. De fato, de acordo com seus médicos, não fossem os pulmões, poderia ter continuado a viver por muitos anos ainda.

O regime de injeções obrigou à contratação de enfermeiras. De início havia apenas uma para a noite, depois duas, mas Bakhtin entrava em tamanho pânico durante a hora e meia entre as mudanças de enfermeira que se decidiu contratar uma terceira. Para aliviar seus problemas respiratórios foram instalados cilindros de oxigênio. Assim, ele contava efetivamente com o cuidado hospitalar dentro de casa, um arranjo que era extremamente raro na União Soviética e seria de outro modo encontrável apenas entre a elite. Mas as despesas de todos esses cuidados consumiram virtualmente todas as economias e os direitos autorais de Bakhtin.

Bakhtin morreu às duas horas da madrugada de 7 de março de 1975. A única pessoa em serviço era a enfermeira da noite, que anotou suas últimas palavras: "Eu vou ter contigo". Estas palavras são ambíguas, uma vez que podem significar ou que esperava reunir-se à esposa, ou que estava indo ter com Deus. Em todo caso, estava procedendo ao expirar exatamente como procedera em todo o curso de sua longa vida, dirigindo-se ao encontro do outro. Era uma boa morte para alguém que jamais se cansou de dizer que o grande diálogo nunca termina.

Assim, até em sua declaração final, Bakhtin mostrou-se enigmático com respeito à sua posição religiosa. O enigma foi composto igualmente pelo fato de que, achando-se em seu leito de morte, apareceu um padre no limiar da porta para lhe prestar os sacramentos derradeiros, e Bakhtin o mandou embora com um aceno. Mas a recusa dos últimos ritos não era em si significativa, visto que existe uma tradição ortodoxa firmada no sentido de recusá-los e o próprio Bakhtin sempre havia sido cético em relação ao ritual formal da religião, crendo na importância maior da espiritualidade interior e da comunhão humana.

14. O corpo de Bakhtin, num ataúde aberto, sendo levado da Rua Krasnoarmeiskaia, no dia 9 de março de 1975. Da esquerda: Gachev, Kojinov, Chúbin e Uspênski. Ocultos, do outro lado do ataúde, estão: Bocharov e Chudakov.

Qualquer que fosse o significado atribuído por Bakhtin a suas últimas palavras e ações, depois que ele faleceu quem tomou conta de seu destino foram os mais religiosos dentre os que o cercavam. Iúri Seliverstov, um artista russófilo e de orientação ortodoxa, dirigiu-se ao apartamento do morto e fez sua máscara mortuária. Depois Seliverstov e outros amigos conseguiram dispor o corpo segundo o ritual para um enterro de monge porque consideravam Bakhtin uma figura religiosa[21].

O funeral em si desenrolou-se, porém, como uma cerimônia civil e Bakhtin foi sepultado no cemitério de Vvedenskoie, às vezes chamado de Cemitério Alemão, ao lado de sua mulher. O túmulo de Iudina, que morrera em 1970 de diabetes, ficava perto. O caixão foi carregado pela velha troica, Bocharov, Gachev e Kojinov, junto com A.P. Chudakov, testamenteiro literário de Vinogradov; L. Chúbin, o editor da segunda edição do livro de Dostoiévski; e B.A. Uspênski. Uma grande multidão compareceu ao féretro, pois Bakhtin tornara-se àquela altura um verdadeiro guru da jovem intelectualidade. Veio também Chklóvski, o último sobrevivente dentre as principais figuras que participaram dos debates originais, nos anos 1920, sobre a função da linguagem na literatura.

Numa sessão *in memoriam* realizada mais tarde, naquele ano, no Museu de Belas-Artes, houve leituras de escritos de Bakhtin e discursos solenes, mas foi Pínski, um especialista nos truões em Shakespeare, que soou uma nota apropriadamente bakhtiniana. Sua fala entretecida de ironia, caracterizou o extinto como um homem que "levara uma vida mais pacífica que a nossa [...] durante trinta e cinco anos nada do que era seu apareceu". Pínski salientou o papel dissidente exercido por Bakhtin ao desbaratar os clichês literários dos estudos acadêmicos. Ele comentou os paradoxos e contradições que se encontram não só na vida de Bakhtin como também em sua obra. Por exemplo, Bakhtin mostrou a importância do individualismo em Dostoiévski, que pertencia à tradição em quintessência russa de comunalidade, e Bakhtin usou Rabelais, que vinha da Renascença com sua nova ênfase no indivíduo, a fim de estabelecer uma dimensão extrapessoal para a existência. Pínski concluiu que a obra de Bakhtin é excitante precisamente por seu caráter contraditório e sua capacidade de lançar diferentes e inesperadas interpretações e que se deve tomar cuidado para não atribuir a seus escritos uma única e autorizada interpretação.

Por ora, contudo, a maioria das pessoas no auditório a que Pínski se dirigia tinham uma noção apenas limitada do que eram os escritos de Bakhtin. Mesmo com o aparecimento póstumo das *Questões de Literatura e Estética,* naquele mesmo ano, ele ainda era visto como um teórico e historiador literário, embora com propensão filosófica. Kojinov e Bocharov, a quem Bakhtin deixara a maior parte de seus arquivos literários e profissionais, puseram-se a corrigir essa imagem, divulgando tanto quanto puderam os trabalhos filosóficos em jornais e revistas. O objetivo foi em grande parte

21. Seliverstov fez a gravação da figura de Bakhtin utilizada na capa de M.M. Bakhtin, *Estetique et théorie du roman,* trad. Darian Olivier (Paris: Gallimard, 1978).

atingido com a publicação, em 1979, de *A Estética da Criação Verbal*, editada por Bocharov. Pouca coisa do material subsistente remanesceu inédito. Grande parte do que resta a aparecer em forma impressa é constituída de notas tomadas por outras pessoas durante as preleções de Bakhtin, tais como as de Mirkina, que ainda não foram levadas ao prelo, e os cadernos de apontamentos de Bakhtin.

Conclusão

Em seu leito de morte, Bakhtin pediu que lhe contassem de novo a sua história predileta, o relato do *Decamerão* em que se operam milagres junto à tumba de um homem tido como um santo, mas que fora na realidade um terrível velhaco. Entre as lições a serem tiradas de uma história tão complexa, a mais significativa para entender Bakhtin é que há sempre uma escapatória: "A vida é cheia de surpresas", ou "Deus age por vias estranhas para realizar seus milagres". Conclusões aparentemente tão banais reconhecem uma condição que em outro nível sempre atormentou a metafísica: nada jamais é completo, nenhuma palavra é final, não há explanações últimas que todo mundo, sem exceção, aceitará como esgotantes de todas as possibilidades.

Bakhtin não está só ao reconhecer a heterogeneidade e a contradição que dominam a vida humana e a consequente especiosidade de todas as pretensões ao absoluto. Mas, ao contrário de muitos outros, ele não julga que a ausência de certeza seja algo a ser deplorado. Sua singularidade reside nos múltiplos modos pelos quais celebra e especifica o caráter impredizível do mundo. O dialogismo baseia-se na inelutabilidade de nossa ignorância, na presença necessária de brechas em nossos mais caros esquemas e mais elaborados sistemas. Bakhtin regozija-se com a fatalidade da incerteza, que ele interpreta como a constante disponibilidade de uma via de escape, não havendo nenhum beco sem saída. O dialogismo é uma metafísica da escapatória. E embora esta fenda de escape seja a fonte da frustração, da dor e do perigo que temos de enfrentar em um mundo tão dominado pelo incognoscível, também constitui a necessária precondição para qualquer liberdade que possamos conhecer.

A capacidade, embora altamente circunscrita como é, de a pessoa moldar em forma de diálogo significados fugazes deu origem muito cedo à ilusão de que o significado é fixo. Os que mantinham esse ponto de vista podiam abrir mão da baralhada e da incerteza de um mundo que está em incessante fluxo. Mas o preço pago por semelhante

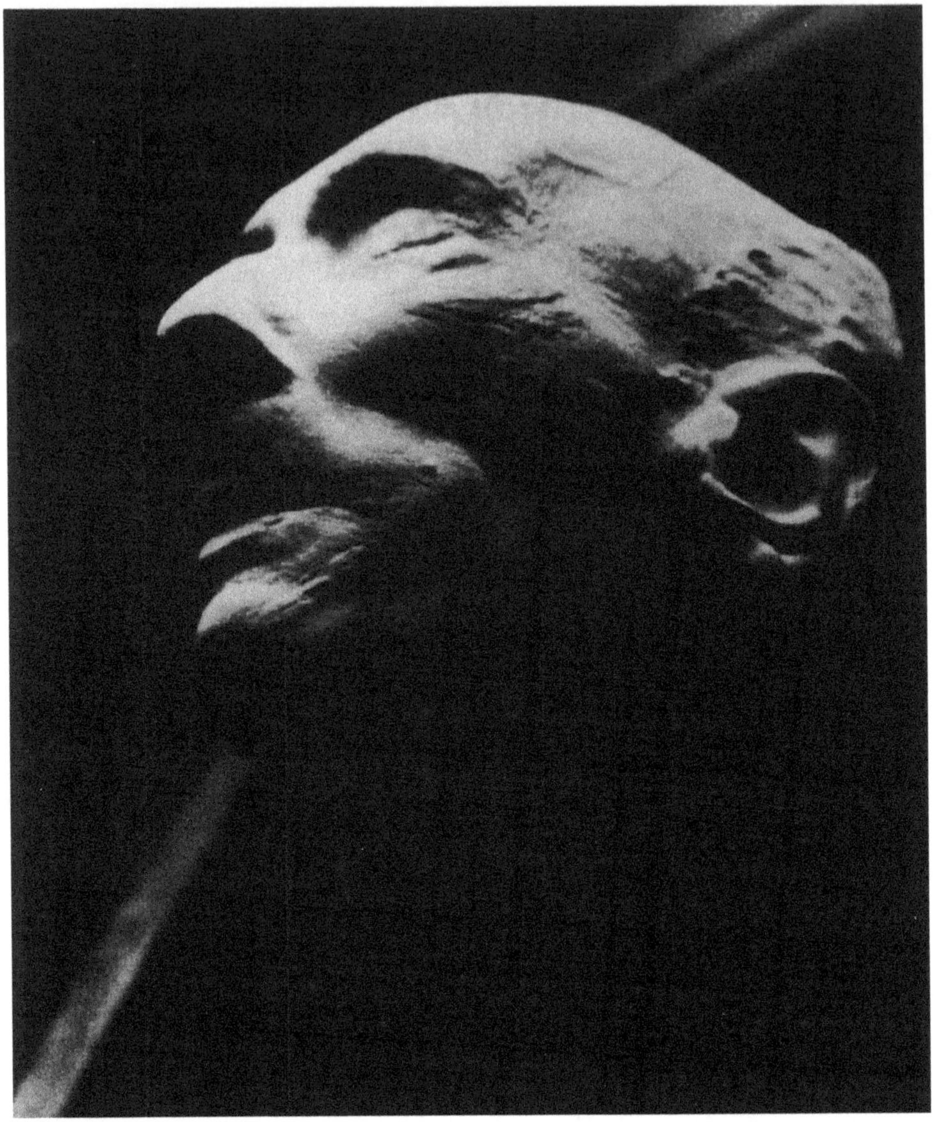

15. A máscara mortuária de Bakhtin, preparada por Seliverstov, 8 de março de 1975.

certeza era alto: a superstição que afirma ser possível a verdade absoluta deu origem a opressivos sistemas políticos e religiosos, dos quais nunca conseguimos nos libertar; e jamais podemos fazê-lo enquanto aceitarmos a condição prévia que habilitou todos eles, isto é, a possibilidade de alguma verdade que seja absoluta. Os sistemas monológicos de crença invariavalmente sustentam que uma só verdade está contida numa só instituição, como o Estado, ou num só objeto, como um ídolo ou um texto, ou numa só identidade, como Deus, o ego concebido como um sujeito absoluto, ou o artista-gênio que produz textos únicos. O monologismo é a cola conceituai que mantém junto o complexo mosaico de atitudes religiosas, políticas, psicológicas e estéticas que eram típicas da maioria das culturas no passado.

O dialogismo é a tentativa de Bakhtin pensar o caminho de saída de um tal monologismo difundido por toda a parte. O dialogismo não pretende ser meramente outra teoria da literatura ou mesmo outra filosofia da linguagem, mas uma explicação das relações entre povos e entre pessoas e coisas que atalha fronteiras religiosas, políticas e estéticas. Apesar da enorme extensão de tópicos para os quais é relevante, o dialogismo não é o usual sistema abstrato de pensamento. Ao contrário de outros sistemas que reivindicam semelhante abrangência, o bakhtiniano nunca perde de vista as miudezas da vida cotidiana, com toda a sua inabilidade, confusão e dor peculiares ao *hic et nunc,* mas também com toda a alegria que só a imediação do aqui e agora pode trazer.

E ao contrário de outras filosofias que se opõem à individualidade radical em nome do primado maior dos grupos socialmente organizados, a de Bakhtin jamais rebaixa a dignidade das pessoas. De fato, o dialogismo liberta precisamente por insistir que todos nós estamos envolvidos necessariamente no fazimento do significado. Na medida em que todos nós estamos envolvidos na arquitetônica da respondibilidade por nós mesmos e assim um pelo outro, somos todos autores, criadores de seja qual for a ordem e o sentido que o nosso mundo possa ter.

Uma vez que tentamos neste livro compreender Bakhtin utilizando suas próprias categorias, não deve constituir surpresa que não possamos terminá-lo. O melhor que podemos fazer é pedir a outros que leiam Bakhtin. Com esse espírito, rendemos homenagem à expectativa genérica de encerramento citando as palavras finais de Bakhtin sobre a impossibilidade de haver términos com que ele fechou o último artigo que escreveu:

> Não há nem primeira palavra nem derradeira palavra. Os contextos do diálogo não têm limite. Estendem-se ao mais remoto passado e ao mais distante futuro. Até significados trazidos por diálogos provenientes do mais longínquo passado jamais hão de ser apreendidos de uma vez por todas, pois eles serão sempre renovados em diálogo ulterior. Em qualquer momento presente do diálogo há grandes massas de significados esquecidos, mas estes serão de novo reinvocados em um dado momento no curso posterior do diálogo quando ele há de receber nova vida. Pois nada é absolutamente morto: todo significado terá algum dia o seu festival de regresso ao lar[1].

1. M.M. Baxtin, "K metodologii gumanitarnyx nauk", *Èstetika slovesnogo tvorcestva* (Moscou: Iskusstvo, 1979), p. 373.

Bibliografia Selecionada

Para as traduções francesas das obras de Bakhtin e os estudos a seu respeito em inglês e francês, ver Mary Sadowski, John Sadowski e Clive Thompson, "Appendices and Bibliography of English and French Translations of Works by the Bakhtin Circle", e Mary Sadowski e Clive Thompson, "Analytical Bibliography of Recent Criticism in English and French on the Bakhtin Circle", *University of Ottawa Quartely* 53.1 (jan.-mar. 1983): 125-131.

OBRAS DE BAKHTIN

1912. "Iskusstvo i otvetstvennost'" ["Arte e Respondibilidade"]. *Den' iskusstva,* Nevel (3 de set. 1919): 3-4. Reimpresso em *Voprosy literatury* 6 (1977): 307-308; M.M. Baxtin, *Èstetika slovesnogo tvorčestva* (Moscou: Iskusstvo, 1979), p. 5-6.

1920-1924. "Avtor i geroj v èstetičeskoj dejatel'nosti" ["Autor e Herói na Atividade Estética"]. Em *Èstética slovesnogo tvorčestva.* Extratos transcritos em "Problema avtora" ["A Questão do Autor"], *Voprosy filosofi* 7 (1977): 148-160; "Problema otnočenija avtora k geroju" ["O Problema da Relação do Autor com o Herói"] e "Prostranstvennaja forma geroja" ["A Forma Espacial do Herói"], *Voprosy literatury* 12 (1978): 260-310. Trad, em *The Architetonics of Answerability,* ed. Michael Holquist, trad. Vadim Liapunov e Kenneth R. Brostrom (Austin: University of Texas Press).

1924. "Problema soderžnija, materiala y formy v slovesnom xudožestvennom tvorčestve" ["O Problema do Conteúdo, Material e Forma na Criação Artística Verbal"]. Em *Voprosy literatury i èstetiki,* Moscou: Xudožestvennaja literatura, 1975, p. 6-71. Trad. em *The Architetonics of Answerability.* Extratos transcritos em "K èstetike slova" ["Rumo à Estética da Palavra"], *Kontekst, 1973* (Moscou: Nauka, 1974), p. 258-280. Extrato trad. por Kenneth R. Brostrom em *Dispositio* 4.11-12 (1977): 299-315.

1929a. *Problemy tvorčestva Dostoevskogo* [Problemas das obras criativas de Dostoiévski]. Leningrado: Priboj.
1929b. "Predislovie" ["Prefácio"] a L.N. Tolstoj. *Polnoe sobranie xudožestvennyx proizvedenij*, ed. K. Xalabaev e B. Ejxenbaum. Moscou-Leningrado: Gosizdat: vol. ll, p. III-X.
1930. "Predislovie" ["Prefácio"] a L.N. Tolstoj. *Voskresenie*. Em *Polnoe sobranie xudožestvennyx proizvedenij*, vol. 13, p. III-XX.
1934. "Opyt ižucenija sprosa kolxoznikov" ["Descobertas Baseadas em um Estudo das Necessidades de Membros de Fazendas Coletivas"]. *Sovetskaja torgovlja* 3 (mai. jun. 1934): 107-118.
1934-1935. "Slovo v romane" ["Discurso no Romance"]. Em *Voprosy literatury i èstetiki*, p. 72-233. Trad. em *The Dialogic Imagination*, ed. Michael Holquist, trad. Caryl Emerson e Michael Holquist (Austin: University of Texas Press, 1981), p. 259-422. Extrato trad., em "The World in the Novel", *Comparative Criticism Yearbook* 2 (1980): 84-95. Extratos em "Slovo v poèzii i v proze" ["O Discurso na Poesia e na Prosa"], *Voprosy literatury* 6 (1972): 54-83.
1936-1938. "Roman vospitanija i ego značenie v istorii realizma" ["O Romance Pedagógico e sua Significação na História do Realismo"]. Partes subsistentes em *Èstetika slovesnogo tvorčestva*, p. 188-236. Trad. em *Speech Genres and Other Late Essays*, ed. Michael Holquist, trad. Vern McGee (Austin: University of Texas Press).
1937-1938. "Formy vremeni i xronotopa v romane" ["As Formas do Tempo e o Cronótopo no Romance"], Em *Voprosy literatury i èstetiki*, p. 234-407. Trad. em *The Dialogic Imagination*, p. 84-258. Extratos em "Vremja i prostransivo v romane" ["Tempo e Espaço no Romance"]. *Voprosy literatury 3* (1974): 133-179.
1930s-1940s. "K filosofskim osnovam gumanitarnyx nauk" ["Sobre as Bases Filosóficas das Ciências Humanas"]. Revisto e abreviado por Bakhtin em 1974 como "K metodologii gumanitarnyx nauk". Em *Èstetika slovesnogo tvorčestva*, p. 361-373. Trad. *em Speech Genres and Other Late Essays*. Extratos em "K metodologii literaturovedenija" ["Sobre a Metodologia dos Estudos Literários"], *Kontekst 1974*, p. 408-446.
1940a. "Iz predistorii romannogo slova" ["Da Pré-história do Discurso Romanesco"]. *Russkaja izarubežnaja literatura.* Učenye zapiski saranskogo universiteta, n. 61. Saransk: Universidade de Saransk, 1967, p. 3-23. Ampliado em *Voprosy literatury i èstetiki*, p. 408-446. Trad., em *The Dialogic Imagination*, p. 408-446.
1940b. "F. Rable v istorii realizma" ["F. Rabelais na História do Realismo"]. Dissertação no Instituto Górki de Literatura Mundial, Moscou.
1941. "Èpos i roman (k metodologii issledovanija romana)" ["Épica e Romance [para uma Metodologia para o Estudo do Romance]"], *Voprosy literatury* 1 (1970): 95-122. Ampliado em *Voprosy literatury i èstetiki*, p. 447-483. Trad., em *The Dialogic Imagination*, p. 3-40.
1952-1953. "Problema rečevyx žanrov" ["O Problema dos Gêneros Locutivos"]. Em *Èstetika slovesnogo tvorčestva*, p. 237-280. Trad., em *Speech Genres and Other Late Essays.* Extratos em *Literaturnaja uçeba* 6.1 (1978): 200-219.
1954. "Marija Stjuart" ["Maria Stuart"]. *Sovetskaja Mordovija* 245 (12 de dez.): 2.
1959-1961. "Problema teksta v lingvistike, filologii i drugix gumanitarnyx naukax: Opyt filosofskogo analiza" ["O Problema do Texto em Linguística, *Filologia* e Outras Ciências Humanas: Uma Tentativa de uma Análise Filosófica"]. *Em Èstetika slovesnogo tvorčestva*, p. 281-307. Trad., em *Speech Genres and Other Late Essays.* Abreviado e alterado como "Problema teksta: opyt filosofskogo analiza", *Voprosy literatury* 10 (1976): 122-151.

1960-1962. Cartas a I.I. Kanaiev sobre Goethe. Em *Èstetika slovesnogo tvorčestva,* p. 396-397.

1961. "K pererabotke knigi o Dostoevskom" ["Sobre a Revisão do Livro acerca de Dostoiévski"]. *Kontekst, 1976,* p. 296-316. Também em *Èstetika slovesnogo tvorčestva,* p. 308-327. Trad., em *Problems of Dostoevsky's Poetics,* trad. Caryl Emerson. Minneapolis: University of Minnesota Press, 1984.

1963. *Problemy poètiki Dostoevskogo [Problemas da Poética de Dostoiévski},* versão revista e ampliada de *Problemy tvorčestva Dostoevskogo* (1929). Moscou: Sovetskij pisatel, 1963, também 1972, 1979. Trad. R.W. Rotsel (Ann Arbor: Ardis, 1973). Trad. Caryl Emerson (Minneapolis: University of Minnesota Press, 1984); extratos sob o título de "The Dismantled Consciousness: An Analysis of *The Double",* em *Dosteovsky (New Perspectives),* ed. Robert Louis Jackson, Twentieth Century Views (Englewood Cliffs), N.J.: Prentice-Hall, 1984, p. 19-34.

1965. *Tvorčestvo Fransua Rable i narodnaja kul'tura srednevekov'já [A Obra de François Rabelais e a Cultura Popular na Idade Média],* versão revista e ampliada de "F. Rable v istorii realizma" (1940). Moscou, 1965. Trad., em *Rabelais and His World,* trad. Hélène Iswolsky (Cambridge: MIT Press, 1968, também 1971).

1970a. "Rable i Gógol" ["Rabelais e Gógol"], versão ampliada de um capítulo de "F. Rable v istorii realizma" omitido em *Tvorčestvo Fransua Rable.* Em *Voprosy literatury i èstetiki,* p. 484-495. Também publicada como "Iskusstvo slova i narodnaja smexovaja kul'tura (Rable i Gogol)" ["A Arte do Discurso e do Humor Popular (Rabelais e Gógol)"], *Kontekst, 1972,* p. 248-259.

1970b. "Otvet na vopros redakcii 'Novogo mira'" ["Resposta a um Questão Colocada pelo Conselho Editorial de 'Novy mir'"]. Publicado como "Smelee pol'zovat'sja vozmožnostjami" ["Façam Uso mais Arrojado do Potencial"]. *Novyj mir 11* (1970): 237-240. Republicado sob o título original em *Èstetika slovesnogo tvorčestva,* p. 328-335.

1970c. Resenha crítica interna do trabalho de L.E. Pinsky *Šekspir [Shakespeare].* Em *Èstetiska slovesnogo tvorčestva,* p. 411-412.

1970-1971a. "O polifoničnosti romanov Dostoevskogo" ["Sobre a Natureza Polifônica dos Romances de Dostoiévski"]. *Rossija/Russia* 2 (Turim, 1975): 189-198.

1970-1971b. "Iz zapisej 1970-1971 godov" ["Dos Cadernos de Notas de 1970-1971"]. Em *Èstetika slovesnogo tvorčestva,* p. 336-360. Trad., em *Speech Genres and Other Late Essays.*

1975. *Voprosy literatury i èstetiki [Questões de Literatura e Estética].* Moscou: Xudožestvennaja literatura. Contém trabalhos de 1924, 1934-1935, 1937-1938, 1940a, 1941, 1970a. Trad., de 1934-1935, 1937-1938, 1940a, 1941 em *The Dialogic Imagination.*

1979. *Èstetika slovesnogo tvorčestva [A Estética da Criação Verbal].* Moscou: Iskusstvo. Contém trabalho de c. 1920-1924, 1936-1938, 1952-1953, 1959-1961, 1960-1962, 1961, 1970b, 1970c. Trad., em *The Architetonics of Answerability, Speech Genres and Other Later Essays.*

OBRAS DE "I.I. KANAIEV"

1926. "Sovremennyj vitalizm" ["Vitalismo Contemporâneo"]. *Čelovek i priroda* 1: 33-42; 2: 9-23.

OBRAS DISPUTADAS DE "P.N. MEDVEDEV"

1925. "Učênyj sal'erizm" ["Salierismo Acadêmico"]. *Zvezda* 3: 264-276.

1926a. "Soziologizm bez sociologii (o metodologičeskix rabotax P.N. Sakulina)" ["Sociologismo sem Sociologia (sobre os Trabalhos Metodológicos de P.N. Sakúlin)"]. *Zvezda* 2: 267-271.

1926b. Recensão crítica sobre V.M. Žirmunskij, *Vvedenie v metriku. Zvezda* 4: 301-302.

1928. *Formal'nyj metod v literaturovednii: Kritičeskoe vvedenie v sociologičeskuju poètiku* [*O Método Formal no Estudo Literário: Uma Introdução Crítica à Poética Sociologica*]. Leningrado: Priboj. Reimpresso em Hildesheim: G. Olm, 1974. Extratos transcritos como "Problema žanra", em *Iz istorii sovetskoj èstetičeskoj mysli, 1917-1932: Sbornik materialov,* ed. G.A. Balaja (Moscou: Iskusstvo, 1980), p. 418-424. Trad., em *The Formal Method in Literary Scholarship,* trad. Albert J. Wehrle (Baltimore: The John Hopkins University Press, 1978).

OBRAS DISPUTADAS DE "V.N. VOLOŠINOV"

1925. "Po tu storonu social'nogo" ["Para além do Social"]. *Zvezda* 5: 186-214.

1926. "Slovo v žizni i slovo v iskusstve" ["O Discurso na Vida e o Discurso na Arte"]. *Zvezda* 6: 244-267. Reimpresso como "Slovo v žizni v slovo v poèzii" em Belaja, *Iz istorii sovetskoj èstetičeskoj mysli,* p. 383-396. Trad., em *Freudianism: A Marxist Critique,* trad. I.R. Titunik (Nova York: Academic Press, 1973), p. 93-106.

1927. *Frejdizm: Kritičeskij ocerk* [*Freudismo: Um Esboço Crítico*]. Moscou-Leningrado: Gozidat. Reimp. "Les Editeurs Reunis". Paris, 1982. Trad., em *Freudianism.*

1928. "Novejšie tečenija lingvističeskoj mysli na zapade" ["As Últimas Tendências no Pensamento Linguístico no Ocidente"]. *Literatura i marksizm* 5: 115-149.

1929. *Marksizm i filosolija jazyka: Osnovnye problemy sociologičeskogo metoda v nauke o jazyke* [*O Marxismo e a Filosofia da Linguagem: Problemas Básicos em Sociolinguística*]. Leningrado: Priboj. 2. ed. 1930. Reimpresso em Haia: Mouton, 1972. Trad., em *Marxism and the Philosophy of Language,* trad. Ladislav Matejka e I.R. Titunik Nova York: Seminar Press, 1973.

1930a. "Stilistika xudožestvennoj reči" ["A Estilística da Fala em Arte"]. *Literaturnaja učëba,* 2, 3, 5.

1930b. "O granicax poètiki i lingvistiki" ["Nos Limites da Poética e da Linguística"]. Em *V bor'be za Marksizm v literaturnoj nauke,* ed. V.A. Desnickij. Leningrado: Priboj.

ANOTAÇÕES DE ESTUDANTE SOBRE PRELEÇÕES DE BAKHTIN

MIRKINA, R.M. "Iz lekcii po istorii russkoj literatury: Vjačeslav Ivanov" ["Das Preleções sobre a História da Literatura Russa: Viatschelav Ivanov"]. Em *Èstetika slovesnogo tvorčestva,* p. 374-383.

_____. "Konspekty lekcij M.M. Baxtina" ["Notas das Aulas de M.M. Bakhtin"] (sobre Tolstói). *Prometej: Istoriko-biografičeshj al'manax* 12 (Moscou, 1980): 257-268.

______. Preleções sobre A. Beli e F. Sologub. Em *Studia Slavica.* Budapeste.

______. Preleção sobre A. Blok. Em *Aleksandr Blok: Novye materialy i issledovanija,* livro 4, vol. 92 de *Literaturnoe nasledstvo.* Moscou: Nauka.

MEMÓRIAS

BASIXIN, Jurij. "O Mixaile Mixajloviče Baxtine" ["Sobre Mikhail Mikháilovitch Bakhtin"]. In *Rodnye prostory: Literaturno-xudožestvennyj sbornik.* Saransk: Mordovskoe knižnoe izdatel'stvo, 1978, p. 203-209.

NEVEL'SKAJA, K. (pseud.), ed. "M.M. Baxtin i M.I. Kagan". Em *Pamjat': Istoričeskij sbornik,* n. 4, Paris: YMCA Press, 1981, p. 249-281.

OBRAS SOBRE BAKHTIN

ANON. "Pamjati M.M. Baxtina" ["M.M. Bakhtin, *in memoriam*"]. *Sintaksis* 7 (Paris, 1980): 102-105.

IVANOV, V.V. "Značenie idej M.M. Baxtina o znake, vyskazyvanija i dialoge dlja sovremennoj semiotiki" ["A Significação das Ideias de M.M. Bakhtin sobre o Signo, a Enunciação e o Diálogo para a Semiótica Contemporânea"]. *Trudy po znakovym sistemam,* vol. 6 de *Učenye zapiski Tartuskogo gosudarstvennogo universiteta.* Tartu, Universidade de Tartu. 1973, p. 5-45. Trad., *em Semiotics and Structuralism: Readings from the Soviet Union,* ed. Henryk Baran (White Plains, Nova York: International Arts and Sciences Press, 1974).

KONKIN, S.S., ed. *Problemy poètiki i istorii literatury: Sbornik v čest M.M. Baxtina* [*Problemas de Poética e História da Literatura: Festschrift para M.M. Bakhtin*]. Saransk: Universidade da Mordóvia, 1973.

MORSON, Gary Saul, ed. "Forum on Mikhail Bakhtin", com artigos de Morson, Caryl Emerson, Susan Stewart, Michael André Bernstein e Michael Holquist, *Critical Inquiry* 10.2 (dez. 1983): 225-319.

TODOROV, Tzvetan. *M.M. Bakhtine: Le príncipe dialogique.* Paris: Editions du Seuil, 1981.

Índice Remissivo

Coleção Perspectivas

Eleonora Duse: Vida e Arte, Giovanni Pondero.
Linguagem e Vida, Antonin Artaud.
Aventuras de uma Língua Errante, J. Guinsburg.
Afrografias da Memória, Leda Maria Martins.
Mikhail Bakhtin, Katerina Clark e Michael Holquist.
Ninguém se Livra de Seus Fantasmas, Nydia Lícia.
O Cotidiano de uma Lenda, Cristiane Layher Takeda.
A Filosofia do Judaísmo, Julius Guttman.
O Islã Clássico: Itinerários de uma Cultura, Rosalie H. de Souza Pereira (org.).
Todos os Corpos de Pasolini, Luiz Nazario.
Fios Soltos: A Arte de Hélio Oiticica, Paula Braga (org.).

Este livro foi impresso na cidade de Cotia,
nas oficinas da Meta Brasil, para a Editora Perspectiva.